Helga Krohn

»Es war richtig,
wieder anzufangen«

Die Autorin:

Helga Krohn, geboren 1939 in Hamburg, Dr. phil., freiberufliche Historikerin. Bis Ende 2004 Wissenschaftliche Mitarbeiterin des Jüdischen Museums und Kuratorin mehrerer Ausstellungen. Veröffentlichungen zur Geschichte der Juden in Hamburg und Frankfurt am Main, u.a. Rachel Heuberger/Helga Krohn, *Hinaus aus dem Ghetto... Juden und Frankfurt am Main 1800-1950*, Frankfurt am Main 1988 und: *Ostend, Blick in ein jüdisches Viertel*, Frankfurt am Main 2000.

Helga Krohn

»Es war richtig, wieder anzufangen«

Juden in Frankfurt am Main seit 1945

Brandes & Apsel

Auf Wunsch informieren wir regelmäßig über das Verlagsprogramm:
Brandes & Apsel Verlag, Scheidswaldstr. 22, 60385 Frankfurt am Main, Germany
Internet: www.brandes-apsel-verlag.de
E-Mail: info@brandes-apsel.de

1. Auflage 2011
© Brandes & Apsel Verlag GmbH, Frankfurt am Main
Alle Rechte vorbehalten, insbesondere das Recht der Vervielfältigung und Verbreitung sowie der Übersetzung, Mikroverfilmung, Einspeicherung und Verarbeitung in elektronischen oder optischen Systemen, der öffentlichen Wiedergabe durch Hörfunk-, Fernsehsendungen und Multimedia sowie der Bereithaltung in einer Online-Datenbank oder im Internet zur Nutzung durch Dritte.
Lektorat: Volkhard Brandes, Frankfurt am Main
Umschlag und DTP: Franziska Gumprecht, Brandes & Apsel Verlag, Frankfurt am Main
Druck: STEGA TISAK d.o.o., Printed in Croatia
Gedruckt auf säurefreiem, alterungsbeständigem und chlorfrei gebleichtem Papier

Bibliografische Information Der Deutschen Nationalbibliothek:
Die Deutsche Nationalbibliothek verzeichnet diese Publikation in der
Deutschen Nationalbibliografie; detaillierte bibliografische
Daten sind im Internet über http://www.dnb.de abrufbar.

ISBN 978-3-86099-691-1

Inhalt

Einleitung   9

I. Die Vernichtung der Jüdischen Gemeinschaft. Ein Rückblick   15
   1. Der Gegensatz   15
   2. »Frankfurt ist judenrein«   20

II. 1945-1949 »Befreit, aber nicht frei«. Organisierung des Überlebens   27
   1. Alles fehlt: Lebensmittel, Kleidung, Wohnung, Zuwendung   27
   2. »Holt uns zurück.« Rückkehr aus Theresienstadt   33
   3. »Es ist eine Selbstverständlichkeit, auf den Trümmern wieder aufzubauen« Die jüdische Gemeinschaft als Zuflucht und »Zuhause«   40
   4. Warten auf die Einwanderung nach Palästina und in die USA: Displaced Persons im Lager Frankfurt-Zeilsheim   49
   5. Das »Komitee der befreiten Juden in Frankfurt am Main« – eine zweite jüdische Gemeinde   57
   6. Der Zusammenschluss der »deutschen« Gemeinde mit dem »Komitee der befreiten Juden in Frankfurt am Main« im April 1949   59

III. Rückkehr aus der Emigration und Zuwanderung   63
   1. Ein Aufruf zur Rückkehr   63
   2. Remigration aus politischen und beruflichen Gründen   66
   3. Zuzug von Rückkehrern   75

IV. Entschädigung und Wiedergutmachung – Die Hoffnung auf finanzielle Autonomie   81
   1. »Wiedergutmachung darf kein Almosen bedeuten«   81
   2. Rückerstattung von Eigentum   86
   3. Einigungen zwischen der Stadt Frankfurt, der Jüdischen Gemeinde und der JRSO   89

V. Das Fortleben des Antisemitismus   97

| VI. | Konsolidierung der Jüdischen Gemeinde in den fünfziger Jahren | 109 |

1. Steigende Mitgliederzahlen durch Zuwanderung — 109
2. »Der einzige Gemeinderabbiner in ganz Deutschland«
   Synagogeneinweihung – Gemeindezentrum – Schule — 112
3. Orte der Identifikation: Gemeindezentrum und Schule — 118
4. Die wirtschaftliche und soziale Situation — 123
5. Innerjüdische Differenzen und Konflikte — 125
6. Bleiben oder gehen? – Der Staat Israel als »Lebensversicherung« — 129
7. Die Stadt und »ihre« Juden – die Juden und »ihre« Stadt? — 133

| VII. | Gibt es eine Zukunft für die jüdische Jugend in Deutschland? | 137 |

1. Die zweite Generation: »Suche nach eindeutigen Zugehörigkeiten« — 137
2. »Dabei wird das jüdische Leben in Israel als Vorbild dienen müssen« — 142
3. Suche von Jugendlichen nach einem Weg
   zwischen »Ghetto – Israel – Assimilation« — 150

| VIII. | Die Anziehungskraft der Studentenbewegung
und die Auseinandersetzung mit der deutschen Linken | 155 |

1. »Es war das erste Mal, dass ich ›wir‹ mit einer deutschen Gruppe rief« — 155
2. Aufstand in der Gemeinde — 159
3. Recht und Anspruch auf gesellschaftliche Teilnahme — 167

| IX. | Selbstbewusste Präsenz – Öffentliche Einmischung | 175 |

1. »Das Ende der Schonzeit«? oder keine Normalität:
   Auseinandersetzungen um ein Theaterstück — 176
2. Ein Skandal mit langer Vorgeschichte:
   Börneplatz-Mahnmal oder Mahnmal Börneplatz? — 182

| X. | »Wer ein Haus baut, will bleiben, und wer bleiben will,
erhofft sich Sicherheit« | 195 |

1. »Es war richtig, wieder anzufangen –
   und dies soll auch mit dem neuen Haus deutlich sichtbar werden« — 195
2. »Mit dem Bau des Hauses ist ein Zeichen gesetzt, dass die neue Generation
   wieder einen festen Bestandteil der Frankfurter Bevölkerung darstellt.« — 199

	3. Das erste Jüdische Museum in Deutschland	210
	4. »Weiterleben mit der Hoffnung«	215
XI.	Das Ende der Nachkriegsgeschichte? Die russisch-jüdische Zuwanderung und der Weg zu einem neuen deutschen Judentum	229
XII.	Texte und Dokumente	243

Walther H. Rothschild / August Adelsberger / Valentin Senger / Stefanie Zweig / Arno Lustiger / Anatol Chari / Ernst Loewy / Gitta Guttmann / Lea Fleischmann / Esther Alexander-Ihme / Minka Pradelski / Ignatz Bubis / Moshe Zuckermann / Susann Heenen / Micha Brumlik / Paul Arnsberg / Claudia Michels u.a.

Anhang

Ausgewählte Biografien	315
Glossar	343
Zitierte Literatur	351
Bildnachweis	360
Personenregister	361
Danksagung	365

Einleitung

Gegenwärtig leben etwa 110.000 Juden in Deutschland als Mitglieder der rund 95 Jüdischen Gemeinden. Damit ist diese jüdische Gemeinschaft nach Großbritannien und Frankreich die drittgrößte in Europa.

Viele der noch immer recht kleinen Gemeinden wurden erst in den letzten Jahren gegründet, alle Gemeinden erfuhren einen starken Mitgliederzuwachs durch Zuwanderer aus den Nachfolgestaaten der Union der Sozialistischen Sowjetrepubliken (UdSSR). Die Einwanderung vor allem aus Russland und der Ukraine hat Ende der 1980er Jahre eingesetzt und hält bis heute – wenn auch mit geringeren Zahlen – an. Vor dieser Zuwanderung hatte sich die Anzahl der jüdischen Gemeinden in der Bundesrepublik stetig verringert. Von den 80 Gemeinden der 1950er Jahre bestanden 1990 noch 58, von denen die Hälfte weniger als 100 Mitglieder hatte. Die Alterspyramide ließ einen weiteren Rückgang befürchten.

Neubauten von Synagogen und Gemeindezentren, neue oder erweiterte Sozialeinrichtungen, Gründungen von jüdischen Kindergärten und Schulen bezeugen heute die Vergrößerung der Gemeinden. Zwischen 1991 und 2009 kamen etwa 210.000 jüdisch-russische Einwanderer nach Deutschland, darunter sind auch die nichtjüdische Angehörigen erfasst. Etwa 90.000 von ihnen sind Mitglied einer jüdischen Gemeinde geworden.[1]

Die Verdreifachung der Mitgliederzahlen innerhalb von etwa 15 Jahren stellt bis heute eine große Herausforderung dar, da den Jüdischen Gemeinden und der Dachorganisation »Zentralwohlfahrtsstelle der Juden in Deutschland« Aufgaben der sozialen Integration in die deutsche Gesellschaft übertragen wurden und sie auch die Integration in jüdische Religion und Tradition wahrzunehmen haben. Die Mehrheit der Zuwanderer hatte zwar die Nationalität »Jude« im Pass stehen, aber keine oder nur geringe Beziehungen zum Judentum.

Der Zentralrat der Juden in Deutschland und die Gemeinden haben die Zuwanderung begrüßt, wenn sie auch mit Schwierigkeiten und Spannungen verbunden ist. Die tiefgehenden Veränderungen, die sich in den kommenden Jahren in den Gemeinden vollziehen werden, lassen sich erahnen, aber noch nicht eindeutig bestimmen.

Die Jüdische Gemeinde Frankfurt am Main hat ebenfalls Teil an diesem Wandel. Im Unterschied zu vielen anderen Gemeinden allerdings traf die unerwartete und heftige Zuwanderung auf eine selbstbewusste und mit einer guten Infrastruktur ausgestattete

---

[1] Dmitrij Belkin/Raphael Gross (Hrsg.), Ausgerechnet Deutschland. Jüdisch-russische Einwanderung in die Bundesrepublik, Berlin 2010, S. 15.

Gemeinde, die in der Lage war, die Integration gut zu bewältigen. Dennoch kann das letzte Kapitel dieses Buches, das sich mit der Zuwanderung und ihren Folgen in der Frankfurter Jüdischen Gemeinde beschäftigt, nur ein Ausblick sein. Die sechzigjährige Nachkriegsgeschichte hat mit der massiven Zuwanderung einen Endpunkt erreicht, die weitere Entwicklung zu einer neuen deutsch-jüdischen Kultur und einem breiten religiösen Spektrum erst begonnen. Die viel diskutierte Identitätsfrage: »Juden in Deutschland« oder »deutsche Juden« wird sich wahrscheinlich in Zukunft nicht mehr stellen. Die heutige Mehrheit der Juden lebt nicht mit einem schlechten Gewissen hier, sondern lebt in einem Land, das sie sich ausgesucht hat, für das sie sich entschieden hat, und sie wird deshalb die Bezeichnung »deutsche Juden« oder »jüdische Deutsche« annehmen.

Der Beginn einer neuen Entwicklung bedeutet also gleichzeitig den Abschluss einer bisherigen, und das ermöglicht die historische Bearbeitung einer für die jüdische Geschichte der Zeit nach 1945 intellektuell und politisch bedeutenden Jüdischen Gemeinde.

Die herausragende Stellung, die die Jüdische Gemeinde Frankfurt am Main nach 1945 einnehmen konnte, steht in einem engen Zusammenhang mit der besonderen Situation, die den Juden in dieser Stadt Frankfurt begegnete. Die amerikanischen Streitkräfte wählten die in Trümmern liegende Stadt zum Sitz ihres europäischen Hauptquartiers und zum Verwaltungssitz des Vereinigten Wirtschaftsgebiets der amerikanischen und britischen und später auch der französischen Zone. Diese Entscheidung begünstigte den wirtschaftlichen und kulturellen Wiederaufbau und den Ausbau der Stadt zu einem Verkehrknotenpunkt. Die von den Amerikanern gegründete Presseagentur DENA, aus der später die Deutsche Presseagentur (dpa) hervorging, hatte hier ihren Sitz. Von großer Bedeutung war auch der von dem Amerikanern bereits 1945 eingerichtete Sender »Radio Frankfurt«. Der damalige amerikanische Offizier Golo Mann, in dessen Verantwortung der Aufbau dieses Senders fiel, übertrug die Kulturredaktion dem aus der Emigration zurückgekehrten Hans Mayer, der bald auch die politische Chefredaktion des Senders übernahm. Leiter der Literaturredaktion war Stephan Hermlin. Als erste Zeitung in der amerikanischen Zone erhielt die »Frankfurter Rundschau« am 1. August 1945 eine Lizenz. Von dieser Zeitung wurde ebenso wie von »Radio Frankfurt« ein wichtiger Beitrag zum demokratischen Aufbau und zu einer »Reeducation« der Deutschen erwartet. Frankfurt war daher für die hier lebenden Juden auch eine Stadt, deren Wiederaufbau von einem großen demokratischen Engagement begleitet wurde.

Diese allgemeine politische Situation bildete einen nicht unwesentlichen Rahmen für die Gründung und Entwicklung einer jüdischen Gemeinde, doch ausschlaggebend für die innere Entwicklung waren aber andere Faktoren. Einige jüdische Persönlichkeiten, die in der vornationalsozialistischen Zeit in der Jüdischen Gemeinde und in Frankfurt aktiv waren, hatten die Verfolgungen der nationalsozialistischen Zeit überlebt und setzten sich intensiv für eine Gemeindegründung als einen Ort der sozialen Zuflucht ein. Sie kannten sich in der Vorkriegssituation aus und meldeten Rechte an, sie verstanden es, mit Behörden umzugehen und konnten eine dringend notwendige Unterstützung erreichen. Jüdische Flüchtlinge aus Breslau und anderen polnisch gewordenen Orten flohen in die amerikanische Besatzungszone, kamen nach Frankfurt und unterstützten den Aufbau einer Gemeinde. Im Frankfurter Stadtteil Zeilsheim richtete die amerikanische Militärregierung ein Lager für »displaced persons« ein, für verschleppte heimatlose Juden aus Osteuropa, die nach Palästina oder in die USA einwandern wollten. Dort entwickelte sich ein intensives jüdisches kulturelles und religiöses Leben, das sich in vielfältiger Weise mit dem Leben der Juden in Frankfurt verband.

In den ersten Jahren stand die materielle Versorgung der Juden, die überlebt hatten, im Vordergrund. Die Rückgabe von ehemaligem Gemeindeeigentum durch die Stadt Frankfurt und Entschädigungszahlungen ermöglichten der kleinen Gemeinde, soziale und religiöse Einrichtungen aufzubauen und 1966 die erste jüdische Grundschule im Nachkriegsdeutschland einzurichten. Die Fluktuation in der Gemeinde durch Auswanderung und Zuwanderung behinderte viele Jahre die kontinuierliche Entwicklung. Seit den 1960er Jahren aber lässt sich eine personelle Kontinuität in der Leitung der Kindergärten und der Schule, der Altenheime und der Gemeindeverwaltung nachweisen, die anderen Gemeinden fehlte. Allen Nachkriegsgemeinden mangelte es an Rabbinern und Kantoren, aber auch in dieser Hinsicht ging es der Frankfurter Gemeinde besser als anderen. Einige Rabbiner blieben über viele Jahre und legten bleibende Fundamente für die Religionsgemeinschaft. Ein über Frankfurt hinaus bekannt gewordener Architekt, Hermann Zwi Guttmann, ließ sich nach dem Abschluss des Studiums hier nieder, engagierte sich stark in der Gemeinde und entwarf und leitete die ersten Neubauten; ein jüngerer Architekt, Salomon Korn, baute später das Gemeindezentrum und ist heute Vorsitzender der Gemeinde und stellvertretender Vorsitzender des Zentralrats der Juden in Deutschland.

Große Unsicherheiten über das weitere Leben in Deutschland, dem Land der Täter, bestimmten über Jahrzehnte das Leben vieler Juden, beeinflussten ihre berufliche Tätigkeit und die Erziehung der Kinder.

Remigranten bereicherten das Gemeindeleben, mehrere Rechtsanwälte halfen in den Entschädigungs- und Wiedergutmachungsverfahren. Durch die Rückkehr von Emigranten wie Max Horkheimer und Theodor W. Adorno und die von ihnen entwickelte Kritische Theorie gewann die Universität große Anziehungskraft auch für jüdische Studenten. Die Studentenbewegung ermöglichte jungen Juden erstmalig eine Beteiligung, erstmalig ein »wir« mit Nichtjuden, dem allerdings eine reflektierte Distanzierung folgte. Konfliktreiche gesellschaftliche Auseinandersetzungen in den 1980er Jahren stärkten das Selbstbewusstsein der Gemeinde. Gemeindevorstand und Gemeindemitglieder wehrten sich öffentlich mit einer Bühnenbesetzung gegen die Aufführung des Theaterstücks von Rainer Werner Fassbinder »Der Müll, die Stadt und der Tod«. Die Auseinandersetzung um den Erhalt der Fundamente von Häusern aus der Judengasse am Börneplatz führten Juden und Nichtjuden gemeinsam.

Einleitung

Viele der in Frankfurt lebenden Juden sind über die Stadt hinaus bekannt geworden. Von ihnen repräsentieren Ignatz Bubis und Salomon Korn die Jüdische Gemeinde in Frankfurt. Zu den bekannten Wissenschaftlern und Schriftstellern gehören die Philosophen Max Horkheimer und Theodor W. Adorno, der Wirtschaftswissenschaftler Franz Neumark, der Historiker Paul Arnsberg, der Literaturwissenschaftler und Exilforscher Ernst Loewy, der Jurist Fritz Bauer, die Pädagogen Ernest Jouhy und Berthold Simonsohn, der Literaturkritiker Marcel Reich-Ranicki, der Gewerkschafter Jakob Moneta und der Historiker und Publizist Arno Lustiger – um hier nur einige zu nennen. Manche der Genannten standen der Jüdischen Gemeinde fern, sie fühlten sich aber der jüdischen Gemeinschaft zugehörig und wurden als Juden wahrgenommen. Zu der in Frankfurt geborenen oder durch ihr Leben in dieser Stadt geprägten Generation gehören Michel Friedman, Micha Brumlik, Daniel Cohn-Bendit, Dan Diner, Cilly Kugelmann. Sie haben auf die Entwicklung der Jüdischen Gemeinde in bewegenden Zeiten Einfluss genommen, haben Konflikte ausgetragen und sich an Diskussionen und Auseinandersetzungen innerhalb der deutschen Gesellschaft beteiligt. Alleine diese wenigen und nur beispielhaft erwähnten Namen unterstreichen den intellektuellen Reichtum der Juden für das kulturell-gesellschaftliche Leben der Stadt Frankfurt.

Frankfurter Juden hatten und haben eine wichtige Stimme im Diskurs über jüdisches Leben in Deutschland. Auf dem Weg zu einer religiös-pluralistischen Struktur, in der das gesamte Spektrum zwischen orthodox und liberal vertreten ist, und zu einer modernen pädagogischen, kulturellen und sozialen Innenstruktur ist diese Gemeinde heute weiter als viele andere Gemeinden in Deutschland. Aus diesem Grund kann eine Darstellung der Geschichte der Juden in Frankfurt den Zugang zur Nachkriegsgeschichte der Juden in Deutschland eröffnen.

Die Darstellung selbst stellt eine Verbindung zwischen historisch-thematischen Kapiteln und individuellen Lebenserfahrungen und Sichtweisen dar.

Die Geschichte der Juden nach 1945 ist geprägt durch ganz unterschiedliche Schicksale, Lebenserwartungen, Hoffnungen und Ängste. Jeder Jude hatte individuelle Motive oder Zwänge, in Frankfurt zu bleiben oder nach Frankfurt zu gehen; jeder musste sein persönliches Verhältnis zu Deutschland und auch zum Staat Israel finden. Es waren individuelle Entscheidungen, sich in der deutschen Gesellschaft einzumischen oder das Land doch zu verlassen. Trotz aller Individualität aber gibt es in diesen Biografien Gemeinsamkeiten. Es sind die durch den Holocaust geprägten kollektiven Erfahrungen, Verhaltensweisen und Hoffnungen und die geschärfte Sensibilität gegenüber allen Erscheinungsformen des Antisemitismus und der gesellschaftlichen Entwicklung in Deutschland. Diese kollektive Prägung wiederum wirkte sich auf die Generation derjenigen, die Verfolgungen und Konzentrationslager überlebt hatten, anders aus als auf die Generation der nach 1945 Geborenen und wieder anders auf die dann folgende Generation. Der Begriff der Generation beschreibt die Verbindung zwischen den Individuen.

Mehrere Frankfurter Juden haben autobiografische Berichte veröffentlicht, andere

Einleitung

sich in Gesprächen, Interviews und Diskussionsbeiträgen geäußert und mit ihrer Lebenserfahrung öffentlich Stellung bezogen. Die Spannweite der Dokumente des persönlichen Lebens zeigt sich schon in Buchtiteln und reicht von »Dies ist nicht mein Land« (Lea Fleischmann) über »Kein Weg als Deutscher und Jude« (Micha Brumlik) bis »Ich bin ein deutscher Staatsbürger jüdischen Glaubens« (Ignatz Bubis). Sie sind für das Verständnis der Entwicklung, der Auseinandersetzungen und der Schwierigkeiten in der Nachkriegszeit eine große Hilfe und wurden deshalb in die Darstellung eingearbeitet.

Das vorliegende Buch richtet sich in erster Linie an eine nichtjüdische Öffentlichkeit, die wenig über die Geschichte der hier lebenden Juden weiß, aber immer wieder Fragen stellt. Das Interesse ist gewachsen, seitdem Juden in der Öffentlichkeit präsent sind und in Schule, Nachbarschaft und Universität als Juden erlebt werden und jüdische Einrichtungen wieder zum Stadtbild gehören. Für Frankfurt gilt zudem in besonderer Weise, dass Juden sich im politischen und öffentlichen Leben engagieren und eine verantwortliche Rolle übernehmen. Besorgnis muss hervorrufen, dass bei vielen arabischen und türkischen Migranten ein neues Feindbild »Jude« entstanden ist, das wenig mit den hier lebenden Juden zu tun hat, aber für sie bedrohlich werden kann.

Juden sind in der deutschen Gesellschaft nie uneingeschränkt als eine Minderheit akzeptiert worden. Die Schwierigkeit, Juden weder ausschließlich als Religionsgemeinschaft noch als Volksgruppe beschreiben zu können, verstärkt Unsicherheiten ihnen gegenüber. Die Nationalsozialisten haben mit Unterstützung und Zustimmung der Bevölkerung die »deutschen Staatsbürger jüdischen Glaubens« zu Feinden erklärt, sie aus der »deutschen Volksgemeinschaft« ausgestoßen, verfolgt, vertrieben und ermordet. Folgen dieser Ausgrenzung zeigen sich bis heute in der Befangenheit vieler gegenüber Juden, in der Hemmung, die Bezeichnung Jude zu benutzen und in der Scheu, jüdische Einrichtungen zu betreten. Sie zeigt sich aber noch stärker in der Unterscheidung zwischen Juden und Deutschen, das heißt in der bewussten oder auch unbewussten Ablehnung der Juden als Deutsche und der mindestens gefühlsmäßigen Zuordnung als Fremde. Der gegenwärtige Vorsitzende der Jüdischen Gemeinde Frankfurt am Main Salomon Korn weist immer auf diesen Tatbestand hin, der eine Normalität zwischen Juden und Nichtjuden verhindert.

Ein Buch hat wahrscheinlich nur geringen Einfluss auf eine Veränderung von Haltungen und Einstellungen. Verfasst wurde es dennoch mit der Hoffnung, dazu Anstöße zu geben.

I. Die Vernichtung der jüdischen Gemeinschaft
Ein Rückblick

1. Der Gegensatz

»Leben denn heute Juden in Frankfurt?« – »Warum sind nicht alle ausgewandert?« – »Wo steht die Synagoge?« – »Warum trifft man keine Juden?«

Fragen wie diese werden immer wieder gestellt. Angesichts der Präsenz von Juden im öffentlichen Leben Frankfurts erstaunen die Unkenntnis und Ignoranz über die Zahl der Juden und über die Jüdische Gemeinde und ihre Einrichtungen. Namen wie Ignatz Bubis, Salomon Korn, Marcel Reich-Ranicki sollten allgemein bekannt sein; das Angebot von Klezmer-Musik und jüdischer Literatur sollte Interesse geweckt und das seit mehr als 20 Jahren bestehende Jüdische Museum Kenntnisse vermittelt haben. Sollte.

»Wir sind da« lautet der Titel einer mehrfach im Fernsehen gezeigten Filmreihe über Juden im gegenwärtigen Deutschland. »Wir sind da« im Sinne von »Wir leben hier« versichern sich Juden gegenseitig und bestätigen es der nichtjüdischen Bevölkerung. Rund 7.000 Juden leben heute in Frankfurt als Mitglieder der Jüdischen Gemeinde, viele weitere, die der Gemeinde nicht angehören. Frankfurt war lange die drittgrößte jüdische Gemeinde nach Berlin und München, infolge der Verteilung der russischen Zuwanderer ist sie 2009 von Düsseldorf überholt worden.

Es gibt hier mehr jüdische Einrichtungen, als die meisten Einwohner wissen: Im Westend die große Synagoge in der Freiherr-vom-Stein-Straße und das Gemeindezentrum in der Savigny- und Westendstraße, in dem sich ein Kindergarten, ein koscheres Restaurant,[2] ein Jugendclub, das Rabbinat und die Verwaltung befinden. Im Osten der Stadt liegen ein gerade modernisiertes Altenzentrum, zwei Synagogen, ein Kindergarten. In der Altenwohnanlage und dem Pflegeheim Henry und Emma Budge-Stiftung in Seckbach leben Juden und Nichtjuden. Die jüdische Schule ist 2006 in das renovierte und umgebaute Philanthropin in der Hebelstraße gezogen. In der Hanauer Landstraße befindet sich ein koscheres Lebensmittelgeschäft. Neben dem Hauptfriedhof an der Eckenheimer Landstraße liegt der große jüdische Friedhof mit einer Trauerhalle und einem imposanten Eingangstor mit der weithin sichtbaren hebräischen Inschrift, die in der Übersetzung lautet: »Wandeln werde ich vor dem Antlitz des Ewigen in den Gefilden des Lebens«. Südlich davon an der Rat-Beil-Straße befindet sich der ältere jüdische Friedhof, und in der Altstadt an der Battonnstraße einer der ältesten und bedeutendsten jüdischen Friedhöfe in Deutschland.

---

[2] Koscher bedeutet: hergestellt gemäß den Gesetzen der jüdischen Religion.

I. Die Vernichtung der jüdischen Gemeinschaft

75jähriges Jubiläum der Realschule mit Lyzeum der Israelitischen Religionsgesellschaft Frankfurt a. M.

Die Jüdische Volkshochschule wendet sich mit einem weit gefächerten Programm an Juden wie Nichtjuden; die Jüdischen Kulturwochen laden zu Musik, Film und Lesungen ein. Das städtische Jüdische Museum im Rothschildpalais am Untermainkai und seine Dependance, das Museum Judengasse am Börneplatz, informieren in Dauerausstellungen über die Geschichte der Frankfurter Juden und laden zu vielseitigen Sonderausstellungen ein.

Trotz dieser Präsenz fallen andere Minderheiten mehr auf als die Juden, weil man ihnen als Menschen überall begegnet, in ihren Läden einkauft, sie in der Schule Probleme aufwerfen, sie sich in ihrer Sprache unterhalten und sie in der Politik umworben und beachtet werden. Moscheen fallen mehr ins Auge als die Synagogen, etwa 75.000 Muslime leben in Frankfurt, 7.000 Juden.

Das vor 1933 bestehende jüdische Milieu mit seinem Netz von religiösen und sozialen Institutionen und einem pluralistischen Judentum wurde gewaltsam ausgelöscht und konnte so nicht wieder erstehen. 1925 lebten knapp 30.000 Personen jüdischer Religionszugehörigkeit in Frankfurt, das entsprach 6,3 Prozent der Gesamtbevölkerung. Vier große Synagogen, drei Schulen und ein sehr großes Krankenhaus prägten das Stadtbild. Am Röderbergweg befand sich eine soziale Einrichtung neben der anderen: Waisenhaus, Krankenhaus, Erholungsheime und Altersheime. Die drei Friedhöfe wurden schon erwähnt. Unzählige Vereine und Stiftungen waren Ausdruck der Verantwortung der Wohlhabenden gegenüber Minderbemittelten. Mit Stolz verwiesen

I. Die Vernichtung der jüdischen Gemeinschaft

Juden immer wieder auf die Bedeutung dieser Gemeinde als religiöses und soziales Zentrum mit einer jahrhundertelangen Geschichte. Neben der Israelitischen Gemeinde – wie sich die jüdische Gemeinde damals bezeichnete –, zu der die Mehrheit der religiös-liberal und religiös-konservativ eingestellten Juden sich zählte, bestand die Israelitische Religionsgesellschaft, die eine sehr strenge religiöse Lebensführung verlangte.³ Beide Gemeinden zusammen bildeten die zweitgrößte jüdische Gemeinschaft in Deutschland – mit Abstand die größte war in Berlin – mit einem intensiven Gemeindeleben der liberalen, der konservativen wie der orthodoxen Ausrichtung. Umfangreiche religiöse, soziale, pädagogische Einrichtungen sowie zahlreiche Geschäfte ermöglichten ein »jüdisches Leben«.

Die Mehrheit der Juden empfand sich als integrierter Teil der Frankfurter Bürgergesellschaft, die sie politisch, gesellschaftlich und sozial mitgestaltete. Juden gehörten unterschiedlichen Parteien und unterschiedlichen gesellschaftlichen Schichten an. Viele bekannte Namen befanden sich darunter, an einige wird in Straßennamen erinnert. Zahlreiche Stiftungen und soziale Vereine für alle Ein-

von links oben:

Börnestraße mit der 1860 erbauten und 1938 zerstörten Hauptsynagoge der Israelitischen Gemeinde, um 1890

Synagoge Friedberger Anlage, Synagoge der Israelitischen Religionsgesellschaft, 1907 eingeweiht, 1938 zerstört

Synagoge Börneplatz, 1882 eingeweiht und 1938 zerstört, um 1925

Samson-Raphael-Hirsch-Schule, 1881 eingeweihte Realschule der Israelitischen Religionsgesellschaft, Am Tiergarten

Krankenhaus der Israelitischen Gemeinde, Gagernstraße 36

Das Philanthropin, jüdisch-liberale Schule der Israelitischen Gemeinde 1908 bis 1942, Hebelstraße 15-17, 1909. Seit 2006 ist in diesem Gebäude die Isaak E. Lichtigfeld-Schule, die Schule der Jüdischen Gemeinde.

---

3 Nach ihrer erfolgten Gleichstellung Mitte des 19. Jahrhunderts wollten viele Juden die durch Ausgrenzung und Feindschaft belastete Bezeichnung Jude oder jüdisch nicht mehr benutzen. Sie griffen deshalb auf die biblische Volksbezeichnung Israeliten zurück. Davon ist das Adjektiv israelitisch abgeleitet, das nicht mit israelisch verwechselt werden darf, das sich auf den Staat Israel bezieht.

wohner waren von ihnen gegründet oder mitgestaltet worden, sie lehrten und forschten an der Universität und betrieben bedeutende Geschäftshäuser. Der letzte Frankfurter Oberbürgermeister vor der Zeit des Nationalsozialismus, Ludwig Landmann, war Jude. Zur damaligen Normalität gehörte, dass viele Frankfurter davon erst durch antisemitische Angriffe und seine Entlassung 1933 erfuhren.

»In Frankfurt zu Hause«, dieser in der Erinnerung von emigrierten Juden immer wieder geäußerte Satz kennzeichnet wohl am besten das damalige Lebensgefühl von Juden. Viele von ihnen waren Mitglieder im »Centralverein deutscher Staatsbürger jüdischen Glaubens«. Sie waren Frankfurter Bürger jüdischen Glaubens und empfanden die Demokratie der Weimarer Republik als Zeit höchster Integration und vollkommener Zugehörigkeit.

Nach dem Ersten Weltkrieg radikalisierte sich allerdings der Antisemitismus auch in Frankfurt, immer häufiger wurden Juden als Fremde und Nichtdeutsche angegriffen. Die zahlreichen antisemitischen Flugblätter z.B. des »Deutsch-völkischen Schutz- und Trutzbundes« sowie die Angriffe auf Juden in den vielen Wahlkämpfen wurden nicht ernst genug genommen, nur wenige sahen eine politische Gefahr in dieser Bewegung und in den Nationalsozialisten, die seit 1925 hier auftraten.

2. »Frankfurt ist judenrein«

Dass Frankfurt »judenrein« würde, war ein Ziel der Nationalsozialisten in Frankfurt, die bei der Wahl am 12. März 1933 zusammen mit der Deutschnationalen Partei die Mehrheit erlangten und die Reichspolitik rücksichtslos und schnell umsetzten.

Der radikale Bruch 1933 traf die meisten Juden überraschend. Sie brauchten lange, um die Gefahr zu erkennen, die zur Ausraubung, Vernichtung der wirtschaftlichen Existenz, zur Vertreibung und ab Oktober 1941 zur Deportation und Ermordung führte.[4]

Aus geachteten Bürgern wurden innerhalb weniger Jahre ausgegrenzte und missachtete Personen. Die Stadtverwaltung war der erste Arbeitgeber, der Juden entließ, Unternehmen folgten bald. Der offizielle Boykott jüdischer Geschäfte, Rechtsanwälte

---

[4] Siehe dazu: Dokumente zur Geschichte der Frankfurter Juden 1933-1945, herausgegeben von der Kommission zur Erforschung der Geschichte der Frankfurter Juden, Frankfurt am Main 1963; Rachel Heuberger/Helga Krohn, Hinaus aus dem Ghetto... Juden in Frankfurt am Main 1800-1950, Frankfurt am Main 1988 und 1997; Wolfgang Wippermann, Das Leben in Frankfurt zur NS-Zeit. Bd. 1: Die nationalsozialistische Judenverfolgung, Frankfurt am Main 1986; Monica Kingreen (Hrsg.), »Nach der Kristallnacht«. Jüdisches Leben und antijüdische Politik in Frankfurt am Main 1938-1945, Frankfurt am Main/New York 1999; Helga Krohn (Hrsg.), Ostend – Blick in ein jüdisches Viertel, Frankfurt am Main 2000; Jüdisches Museum (Hrsg.), »Und keiner hat für uns Kaddisch gesagt...«. Deportationen aus Frankfurt am Main 1941-1945, Frankfurt am Main 2004.

I. Die Vernichtung der jüdischen Gemeinschaft

und Ärzte bewirkte in den kommenden Monaten einen erheblichen Umsatzrückgang zahlreicher Geschäfte und Betriebe und den Verlust von Arbeitsplätzen. Die Nürnberger Gesetze vom September 1935 bestimmten den Begriff »Jude« rassisch und schlossen damit viele zum Christentum Übergetretene ein. Sie nahmen den Juden alle bürgerlichen Rechte, fortan gab es keine deutschen Juden mehr, sondern nur noch Juden in Deutschland. Gesang- und Sportvereine führten den »Arierparagraphen« ein und strichen die jüdischen Mitglieder aus den Listen. Badeanstalten und Bänke in den Parks durften Juden nicht mehr benutzen, Kino und Theater waren nicht länger erlaubt. Die Anzahl der jüdischen Kinder in den öffentlichen Schulen wurde beschränkt und Schilder mit der Aufschrift »Juden werden hier nicht bedient« in Geschäften angebracht.

Die Maßnahmen im Jahr 1938 waren besonders einschneidend: Sie waren auf die Ausplünderung der Juden und ihre weitere Ausgrenzung durch äußere Kennzeichnung gerichtet. So musste im April eine genaue Aufstellung des Vermögens eingereicht werden, und der Druck zum preiswerten Verkauf der Häuser und Geschäfte stieg. Im August wurden Juden gezwungen, ihrem Namen einen jüdischen Vornamen – in der Regel Israel und Sara – hinzuzufügen. Im Oktober wurden Ausweise und Pässe eingezogen und mit einem »J« gestempelt. Die Ausweisung von polnischen Juden, darunter 2.000 aus Frankfurt, und ihre zwangsweise Verschleppung über oder an die polnische Grenze Ende Oktober zeigte die Absicht der Nationalsozialisten, die Juden gewaltsam zu vertreiben.

Die Ereignisse seit den frühen Morgenstunden des 10. November 1938 machten in aller Öffentlichkeit deutlich, dass Juden hier keine Lebensmöglichkeit mehr haben sollten. Unter Beteiligung der örtlichen Bevölkerung zerstörten SA-Einheiten und Mitglieder der Hitlerjugend Synagogen und Geschäfte. Wohnungen wurden durchsucht, Personen verletzt und Männer zwischen 16 und 60 Jahren verhaftet und in die Konzentrationslager Dachau und Buchenwald verschleppt und dort furchtbaren Bedingungen und Misshandlungen ausgesetzt.

Abbruch der Synagoge am Börneplatz, Anfang 1939

Dieses Jahr 1938 verbreitete Angst und Schrecken und machte aus Auswanderungsbemühungen eine Fluchtvorbereitung. Wer konnte, verließ Frankfurt und Deutschland. Aber es wurde immer schwieriger und teurer, Einreisevisa für andere Länder zu bekommen. Das nach der »Kristallnacht« auferlegte »Sühnegeld« raubte den Juden die

I. Die Vernichtung der jüdischen Gemeinschaft

letzten Mittel und erschwerte die Auswanderung. Das Ausbleiben großzügiger Hilfe aus dem Ausland ließ die Menschen verzweifeln. Nach dem November 1938 hat fast jeder hier lebende Jude sich um die Ausreise bemüht, vielen aber ist die Flucht nicht mehr gelungen.

Die sozialen und erzieherischen Einrichtungen der Jüdischen Gemeinde konnten einige Jahre weiter arbeiten und Juden, insbesondere auch Kindern und Jugendlichen, das Leben erleichtern. Die vorhandene Infrastruktur führte dazu, dass Frankfurt ein Zufluchtsort wurde für Verfolgte aus kleinen Gemeinden in Süd- und Mittelhessen. Die noch bestehenden Inseln jüdischen Lebens wie die Schulen, die Ausbildungsstellen, Kinderheime und das Krankenhaus sowie Hilfs- und Beratungsstellen unterstützten die Juden in der Bewältigung ihres Alltags. 1939 wurde die Jüdische Gemeinde gezwungen, ihre Immobilien der Stadt Frankfurt zu verkaufen; gegen die Zahlung von Miete erhielt sie die Möglichkeit, einige Einrichtungen unter strenger Aufsicht der Gestapo weiter zu betreiben.[5] Nach Kriegsbeginn wurden die Lebensbedingungen unerträglich. Wohnraum stand kaum noch zur Verfügung, es fehlte an Nahrungsmitteln, Heizmaterial und Kleidung, und die Menschen litten unter Vereinsamung und Hoffnungslosigkeit. Im September 1941 trat die Anordnung in Kraft, dass jeder Jude sich mit einem gelben Judenstern zu kennzeichnen habe.

Bis zum Beginn des Krieges war es das Ziel der Nationalsozialisten, die Juden aus Deutschland zu vertreiben, d.h. sie zur Auswanderung zu zwingen. Als Auswanderung kaum noch möglich und nach Kriegsbeginn ausgeschlossen war, folgte die gewaltsame Vertreibung in besetzte Gebiete, die »Evakuierung«, wie die Nationalsozialisten die Deportationen umschrieben.

Am 19. Oktober 1941 begannen die Deportationen aus Frankfurt.[6] Von den ersten drei großen Transporten nach Lodz/Litzmannstadt, Minsk und Kowno/Kaunas waren mehr als 3.000 Personen betroffen. Lediglich 13 von ihnen erlebten 1945 die Befreiung. Im Mai und Juni 1942 wurden 2.486 Frankfurter in drei Transporten nach Majdanek oder Izbizka deportiert, von denen keiner überlebte. Im August und September

---

[5] Die sogenannten Judenverträge spielten in der Nachkriegszeit eine wichtige Rolle in den Rückerstattungs- und Entschädigungsfragen. Am 3. April 1939 wurde ein Vertrag zwischen der Stadt Frankfurt und der Jüdischen Gemeinde abgeschlossen, in dem die Gemeinde zahlreiche in ihrem Besitz befindliche Grundstücke und Gebäude der Stadt veräußerte. Dokumente zur Geschichte der Frankfurter Juden 1933-1945, Frankfurt am Main 1963, S. 262ff. Weitere Grundstücke mit noch genutzten Einrichtungen mussten der Reichsvereinigung der Juden in Deutschland übertragen werden, die diese am 20. Oktober 1942 zwangsweise der Stadt verkaufte. Ebenda S. 271ff.

[6] Monica Kingreen, Gewaltsam verschleppt aus Frankfurt. Die Deportationen der Juden in den Jahren 1941-1945. In: Monica Kingreen (Hrsg.), »Nach der Kristallnacht«. Jüdisches Leben und antijüdische Politik in Frankfurt am Main 1938-1945, Frankfurt am Main 1999, S. 357-390. Mit vielen biografischen Beispielen: Jüdisches Museum (Hrsg.), »Und keiner hat für uns Kaddisch gesagt...«. Deportationen aus Frankfurt am Main 1941-1945, Frankfurt am Main 2004.

I. Die Vernichtung der jüdischen Gemeinschaft

Markus Stutzmann an dem Namensfries entlang der Friedhofsmauer Battonnstraße. Seine Mutter Amalie Stutzmann wurde am 11. November 1941 nach Minsk deportiert und dort ermordet. Er entkam mit einem Kindertransport im April 1939 nach Palästina, 2008

folgten drei Transporte mit überwiegend alten Menschen aus Heimen und dem Krankenhaus und einigen Kindern aus Heimen nach Theresienstadt. Theresienstadt war ein sogenanntes Altersghetto, in das sich Menschen zwangsweise einkaufen mussten. Es war kein Vernichtungslager, diente aber auch als Durchgangslager nach Auschwitz. Von den fast 3.000 dorthin Deportierten, haben 154 überlebt. Zwei Wochen nach dem letzten Transport nach Theresienstadt wurden die Mitarbeiter der geräumten jüdischen Einrichtungen nach Raasiku in Estland deportiert und fast alle sofort ermordet. Von den 234 Deportierten sind zehn Überlebende bekannt.

Nach der Durchführung dieser Massendeportationen lebten in Frankfurt nur noch Juden, die mit Nichtjuden verheiratet waren sowie »Mischlinge« aus solchen Ehen. 571 »Rasse- und Geltungsjuden« zählte der »Beauftragte der Geheimen Staatspolizei bei der Jüdischen Wohlfahrt« Ende September 1943, außerdem 31 Glaubensjuden, d.h. Christen, die zum Judentum konvertiert waren.[7] Nur wenigen gelang mit Hilfe von Freunden und Verwandten und einem Rettungsnetzwerk die illegale Flucht ins Ausland oder in

---

[7] Dokumente zur Geschichte der Frankfurter Juden 1933-1945, Frankfurt am Main 1963, S. 502ff.

I. Die Vernichtung der jüdischen Gemeinschaft

die Illegalität in Deutschland. Viele von ihnen (mind. 200) wurden im Laufe der Jahre 1943 bis 1945 willkürlich verhaftet und deportiert. Am 14. Februar 1945 wurden 191 in Mischehe lebende Personen und deren Kinder nach Theresienstadt verschleppt, am 15. März noch einmal 5. Zu den letzten Transporten waren einige Aufgeforderte nicht erschienen.

Zwei Wochen später besetzten die US-Streitkräfte Frankfurt am Main. Neue Forschungen haben ergeben, dass mindestens 12.000 Juden aus Frankfurt deportiert wurden. Es gibt keine gesicherten Zahlen, wie viele Frankfurter Juden darunter waren, wahrscheinlich etwa 8.000.[8]

1942 löste die nationalsozialistische Regierung die Frankfurter Jüdische Gemeinde mit der verfügten Eingliederung in die Reichsvereinigung der Juden in Deutschland auf.[9] Verschwindend wenige Juden waren noch in der Stadt, illegal oder versteckt. Einige waren vor der letzten Deportation im Umland untergetaucht.

Eugen Mayer, der 1933 nach Palästina ausgewanderte Syndikus der Israelitischen Gemeinde, verfasste 25 Jahre später einen fiktiven Eintrag in das nicht mehr existierende Memorbuch der Jüdischen Gemeinde. Er schrieb: »In der langen Liste der Toten und Märtyrer der Gemeinde beginnt jeder einzelne Eintrag auf den Pergamentblättern des Memorbuchs mit dem in großen hebräischen Lettern geschriebenen Wort ›Jiskor‹ – ›Gedenke‹. Ein neuer und letzter Eintrag würde in einem sich der traditionellen Form nähernden Wortlauf die Fassung erhalten:

Gedenke
der heiligen Gemeinde Frankfurt am Fluß Main
die zu bestehen aufhörte am 16. Tag des Monats
Marcheschwan im Jahre des Unheils 5703.
Gesegnet sei ihr Andenken!«[10]

---

[8] In der Datenbank des Jüdischen Museums Frankfurt am Main sind die Daten von 12.800 aus Frankfurt deportierten Personen zusammengetragen. An der Gedenkstätte Börneplatz erinnern 11.957 Steine mit Namen an die Opfer.

[9] Zur Reichsvereinigung der Juden in Deutschland und weiteren Begriffen siehe Glossar.

[10] Eugen Mayer, Die Frankfurter Juden, Blicke in die Vergangenheit, Frankfurt am Main 1966, S. 69. – Der 15. Tag des Marcheschwan ist der 27. Oktober 1942. Das Memorbuch (abgeleitet von dem lateinischen Wort memoria – Gedächtnis) ist eine der ältesten Formen des Totengedenkens im Judentum. Das erhalten gebliebene Frankfurter Memorbuch wurde von 1628-1907 geführt. Es enthält die Namen und biografischen Daten mit Beschreibung der Frömmigkeit und der guten Eigenschaften wichtiger Personen, und es hält bedeutende Ereignisse der Gemeinde fest.

I. Die Vernichtung der jüdischen Gemeinschaft

	Jüdische Gemeinde		Komitee der befreiten Juden
1933	29.385 Mitglieder		
Aug.- Dez.1945	450-600		
1946	600-700		500 – 700
Nov. 1947	670	205 in Frankfurt geboren, darunter 13 Nachkriegskinder; 368 in einer anderen deutschen Stadt, 97 außerhalb Deutschlands	700 – 850
Ende 1948			1.180
1. Jan. 1949	847	230 Mitglieder in jüdischer Ehe, 225 in interreligiöser Ehe, 392 unverheiratet, darunter 75 Kinder unter 18 Jahren	
April 1949 Fusion zwischen Gemeinde und Komitee	835/1.908		1.073 Komiteemitglieder treten der Gemeinde bei
1. Juli 1952	1.082		
April 1955	1.308		
Ende 1959	2.478		
1. Juli 1963	2.698	590 im Alter 0 bis 20 Jahre,1.648 im Alter 21 bis 60 Jahre; 460 über 60	
1. Juli 1964	2.837	57 im Alter 0 bis 6 Jahre; 377 im Alter 7 bis 15 J.; 180 im Alter 16 bis 20 J.; 136 im Alter 21 bis 30 J.; 305 im Alter 31 bis 40 J.; 478 im Alter 41-50 J. 608 im Alter 51 bis 60 J.; 414 im Alter 61 bis 70 J.; 266 über 70 J.	
1969	4.300		
1971	4.913		
1980	4.987		
1984	5.145	220 Mitglieder sind Kinder bis zu 6 J, 231 sind zwischen 7 und 15 Jahre alt, 164 sind Jugendliche zwischen 16 und 20, 1.730 Erwachsene zwischen 20 und 40 Jahren, 1.280 sind über 60.	
31. Dez. 1990	4.823		
31. Dez. 1993	5.777		
31. Dez. 1996	6.289		
31. Dez. 2000	6.602		
31. Dez 2006	7.085		
31. Dez. 2008	6.870		
31. Dez. 2010	6.832		

Quelle: Frankfurter Jüdisches Gemeindeblatt; Alon Tauber, Zwischen Kontinuität und Neuanfang, Wiesbaden 2008; Mitgliederstatistik der Jüdischen Gemeinde

II. 1945-1949 »Befreit, aber nicht frei«
Organisierung des Überlebens

1. Alles fehlt: Lebensmittel, Kleidung, Wohnung, Zuwendung

Am Gründonnerstag, dem 29. März 1945 besetzten US-Streitkräfte Frankfurt am Main. Die nationalsozialistische Stadtregierung verschwand, und einen Tag später setzten die Amerikaner Wilhelm Hollbach[11] als amtierenden Bürgermeister ein und beauftragten ihn mit einer Reihe von Aufgaben, zu denen auch die »Betreuung der jüdischen und wegen ihrer politischen Haltung bisher benachteiligten Einwohner« gehörte. Wochen vor Kriegsende also begann in Frankfurt – wie in anderen Orten der amerikanischen Besatzungszone – die Betreuung der hier lebenden Juden und der von den Nationalsozialisten zu Juden erklärten Personen.

Die amerikanische Militärregierung überreichte dem Bürgermeister durch Oberst Criswell eine Liste mit Namen von 78 in Frankfurt lebenden Juden mit der Aufforderung: »Es soll alles getan werden, um diese Leute, welche in der Vergangenheit verfolgt wurden, zu rehabilitieren und sie sollen für die Zukunft jede Art Hilfe erhalten.«[12] Wilhelm Hollbach bestätigte wenige Tage später, dass ihm die Betreuung der Juden besonders am Herzen liege: »Grundsätzlich habe ich angeordnet, dass die schweren Benachteiligungen, die die jüdischen Mitbürger unter dem Nazi-Regime in Bezug auf Ernährung, Wohnung, Arbeitsplatz usw. erlitten haben, wieder gutzumachen sind.«

Diese Liste mit den 78 Namen liegt nicht bei den Akten der Stadtverwaltung Frankfurt. Die erste bekannte Namensliste veröffentliche der »Aufbau«, die New Yorker Zeitschrift der deutsch-jüdischen Emigranten Ende April. Er hatte sie vom World Jewish Congress erhalten, und sie umfasst 160 Namen. Es handelte sich um »Volljuden« – wie die Zeitung schrieb –, die mit Nichtjuden verheiratet waren und einige »Mischlinge«.[13] Drei Wochen zuvor hatte ein Kriegskorrespondent der Jewish Telegraphic Agency (JTA)

---

[11] Wilhelm Hollbach war von 1931 bis 1944 Schriftleiter der in Frankfurt am Main erscheinenden Zeitung Das Illustrierte Blatt, seit 1934 auch der Neuesten Zeitung. Beide erschienen wie auch die Frankfurter Zeitung, für die er ebenfalls schrieb, im Societätsverlag. Er galt als politisch unbelastet und hatte sich am 26. März 1945 kurzerhand zum Geschäftsführer des Verlags gemacht, nachdem tags zuvor die nationalsozialistische Geschäftsführung geflohen war.

[12] 10. April 1945 Oberst Criswell an Hollbach. Institut für Stadtgeschichte Frankfurt am Main (IfS), Fürsorgeamt Akte 461.

[13] Aufbau, 11. Jg., Nr. 17, 27. April 1945, S. 19. Es wurde bisher nicht recherchiert, wer die Liste zusammengestellt hat, wer erfasst ist und wie diese Personen überlebt haben.

Juden in Frankfurt a. M., Bonn und München-Gladbach

Die nachfolgende Liste haben wir vom Büro des World Jewish Congress, 1834 Broadway, New York City, erhalten, durch das ausschliesslich weitere Informationen eingeholt werden können.

Juden in Frankfurt am Main

Adelsberger, August.

Bar, Julius; **Bar,** Susanne; **Becker,** Franziska, geb. Kohn; **Becker,** Anna, geb. Bentheimer; **Benedick,** Rosa, geb. Neumann; **Bengel,** Hilda, geb. Fuld; **Bodenheimer,** Albert; **Bodenheimer,** Eva; **Bommersheim,** Karoline, geb. Moses; **Breunike,** Julie, geb. Strauss; **Breitenbaud,** Mathilde, geb. Klein.

Cahn, Dr. Ernst; **Cahn,** Max L.; **Cassel,** Isidor.

Daum, Melitta, geb. Scheuer; **Dellheim,** Alfred; **Diehl,** Karoline, geb. Bienes; **Dietz,** Jeanette, geb. Rothschild; **Dodel,** Irene, geb. Levy; **Doppes,** Bertha, geb. Landau; **Dreyfuss,** Fritz.

Erlich, Anton; **Ermann,** Vernard; **Euler,** Henriette, geb. Hochschild.

Faulstroh, Betty, geb. Stern; **Fischbach,** Charlotte, geb. Fuld; **Fleischhacker,** Moses; **Friedmann,** Arthur.

Garbe, Friedel, geb. Munster; **Gerber,** Emma, geb. Simons; **Girgulsky,** Marie; **Goldschmidt,** Dr. Alfred; **Goldschmidt,** Friedrich; **Grossmann,** Paula; **Gutmann,** Leopold.

Hammel, Julius; **Heinemann,** Arthur; **Heimann,** Adolf; **Helfrich,** Leva, geb. Gottseelig; **Herovitz,** Samska; **Herterich,** Hedwig, geb. Lahnstein; **Herz,** Else, geb. Roman; **Hesekiel,** Moses; **Hirsch,** Max; **Hirschfeld,** Ernst; **Hirschfeld,** Otto; **Hirschler,** Alfred; **Hirschmann,** Irma, geb. Grunebaum; **Hoffmann,** Grete, geb. Lippmann; **Hohenemser,** Rudolf; **Hutter,** Alma, geb. Eichberg; **Hutzler,** Bertha, geb. Roth; **Hahn,** Cilla, geb. Bierich.

Jackel, Elsa, geb. Herzfeld; **Janitz,** Frieda, geb. Michael; **Jansen,** Anna; **Itkes-Rabinovitz,** Rubin.

Karplus, Dr. Hans; **Katz,** Katharina; **Keller,** Max; **Kettner,** Friedel, geb. Reis; **Kipp,** Johanna, geb. Eisenmann; **Kirchholtes,** Gertrud, geb. Sulzbach; **Kirchheim,** Rebekka, geb. Hahn; **Kohler,** Helene, geb. Freund.

Laas, Johanna, geb. Wertheimer; **Liebman,** Siegmund; **Lindheimer,** Elise; **Lob,** Leo; **Lorey,** Bertha; **Lion,** Herman; **Lorey,** Paul.

Mai, Arthur; **Mayer,** Arthur; **Marx,** Elise; **Mathern,** Ella, geb. Deneberger; **Michel,** Mathilde; **Missler,** Erna, geb. Bergmann; **Morgenthal,** Leopold.

Nass, Zilla, geb. Freund; **Neumann,** Frieda, geb. Schuster.

Obst, Louis; **Oeschger,** Ida, geb. Gottlieb; **Oetzel,** geb. geb. Levitus; **Oppenheim,** Sally; **Oppenheimer,** Heinrich; **Oppenheimer,** Karl; **Oppenheimer,** Lazarus.

Puttrich, Frieda, geb. Laupheim.

Raab, Paula, geb. Frohlich; **Rahm,** Rosa, geb. Rothenberg; **Ravicky,** Katharine; **Renys,** Frieda, geb. Schonfeld; **Rosemann,** Max, **Rosselit,** Nanny; **Rothermel,** Clare, geb. Lowenthal; **Rothschild,** Adolf; **Rothschild,** Emanuel; **Rothschild,** Karl; **Rudert,** Frieda, geb. Ganger; **Ruckdechel,** Paula, geb. Steinberger; **Riegler,** Hilde.

Salomon, Karl; **Saalberg,** Elisabeth; **Seelig,** Rosel; **v. Seggern,** Beatrice, geb. Goldschmidt; **Sichel,** Josephine; **Siegel,** Moritz; **Simon,** Erich; **Spitz,** Hugo; **Scheel,** Magda, geb. Spanier; **Schmitz,** Franziska, geb. Spitz; **Schmitz,** Louise; **Schmitz,** Klementine, geb. Marx; **Schonfeld,** Karl; **Schonfeld,** Elfriede; **Scholz,** Lilly, geb. Simon; **Schramm,** Gudella, geb. Kahn; **Schramm,** Hermann; **Schwiegershausen,** Jenny, geb. Rosenberg; **Schutz,** Johanna, geb. Lion; **Scheuer,** Louis; **Stein,** Friedrich; **Stemmler,** Paula, geb. Windmueller; **Straus,** Lina; **Strauss,** Sally; **Strauss,** Erich; **Strauss,** Max.

Tischmann, Wolf; **Trembelis,** Anna Rifka, geb. Girgulski.

Ullmann, Ludwig.

Wagner, Irene, geb. Grunebaum; **Wagner,** Martha, geb. Honi; **Weck,** Ilse, geb. Weil; **Weil,** Anna; **Weilm,** Hermann; **Weil,** Siegfried; **van Wien,** Joseph; **Wrede,** Eva, geb. Levy; **Wisloch,** Betti; **Wolf,** Moritz; **Wustinger,** Bertha, geb. Oppenheimer.

Zernik, Paul; **Zernik,** Anna; **Ziegelstein,** Jakob.

Halbjuden: **Dodel,** Walter; **Frankel,** Johanna, geb. Obst; **Frommann,** Albert; **Levy,** Horst; **Levy,** Hilde; **Levy,** Astrid; **Levy,** Manfred; **Levy,** Ruth; **Marx,** Klara; **Muller,** Helmut; **Muller,** Hertha; **Niklas,** Amalie; **Rosenberg,** Annelore; **Sichel,** Rudolf; **Siegel,** Ruth.

Juden in Bonn

Gemlau, Moses geb. 22. 6. 1898, Rattingen).

Kaufmann, Martin (geb. 15. 2. 1885, Mülheim, Ruhr).

Heymann, Josef (geb. 14. 8. 1884, Bonn).

Schrader, Hilde, geb. Beer (geb. 4. 3. 1907, Bonn).

Beehr, Hermann (geb. 16. 5. 1876, Bornheim).

Beehr, Johann (geb. 30. 9. 1909, Bonn).

Muchwitsch, Rosa, geb. Isidor (geb. 8. 1882, Nassau).

Graf, Berta, geb. Marx (geb. 3. 9. 1887, Bonn).

Klein, Bertha, geb. Abramowitsch (geb. 23. 10. 1876, Wilna).

Moses Gemlau und Johannes Beehr haben sich als "Halbjuden" registriert.

Juden in München-Gladbach

Frau Andree.
Frau Allertz.
Frau Rechtsanwalt Furst.
Frau Gysbertz.
Frau Hacklander.
Frau Horn.
Frau Kadaun.
Frau Klara Kugler.
Frau Josefine Kuklen.
Familie Jaspers.
Heinz Jennessen.
Willy Rutten.
Frau Albert Roth.
Berthold Spiegel.
Frau Vergossen.
Otto Wirtz.
Hans Zumbruch.

PERSONALIA

82. Geburtstag: **Julie Stern,** geb. **Meyerhoff** (fr. Bigge, Westf.), 23. April: 4625 N. Marvine St., Philadelphia 40, Pa.

80. Geburtstag: **Jenny Rosenbaum,** geb. **Katz** (fr. Kassel), 8. Mai: c/o Berthold Rosenbaum, 2927 N. Woodstock St., Philadelphia 32, Pa. — **Therese Wolff,** geb. **Reiss** (fr. Stuttgart), 29. April: 6200 Jackson St., Pittsburgh, Pa. — **Ferdinand Kahn** (fr. Mainz), 1. Mai: 2132 Bonnycastle, Louisville, Ky.

75. Geburtstag: **Louis Kronenberger** (fr. Wiesbaden), 2. Mai: 512 West 122nd St., New York City.

70. Geburtstag: **Joseph Marx** (fr. Wien), 23. April: 1120 15th Ave., Seattle, Wash. — **Freda Arensberg,** 15. Mai: 5 Burns St., Nottingham, England. — **Wally Tischler,** geb. **Steinfeld** (fr. Breslau), 18. Mai: 81 Boulevard Voltaire, Asnieres, Seine, France.

60. Geburtstag: **Ernst Eckstein** (fr. Mannheim), 8. Mai: 8 East 167th St., Bronx 52, N. Y. — **Max Burns-Braunschweig** (fr. Essen), 29. April: 2101 W. Tioga St., Philadelphia 40, Pa.

Silberne Hochzeit: **Erich** und **Senta Goldberg,** geb. **Frank** (fr. Hildesheim), 6. Mai: 5814 Third Place, N.W., Washington 11, D. C. **Benny** und **Elsie Nussbaum,** geb. **Hesekiel,** 6. Mai: 47-36 44th St., Woodside, L. I. — **Otto** und **Gertrude Oppenheim** (fr. Elmshorn bei Hamburg), 6. Mai: c/o Rudolf Oppenheim, 5549 Pershing Ave., St. Louis 12, Mo.

Bei Trauerfällen
telefonieren Sie:
Beerdigungs-Institut
Park West
Memorial Chapel
FUNERAL DIRECTORS:
BERMAN E. MEYERS ALPERT BROTHERS
115 West 79th St., N. Y. C.
ENdicott 2-3600
LONG ISLAND:
1284 Central Avenue
Far Rockaway
FAr Rockaway 7-3104

GRABSTEINE
LIPSTADT MEMORIAL COMPANY
370 Amsterdam Avenue
(nahe 78. Str.) Tel. TR 4-2211
Samstags geschlossen.

Frau
Mathilde Wertheimer
dankt Allen, die sich ihres
102. Geburtstages
in solch liebevoller und ehrender Weise erinnert haben, recht herzlich.

Am 1. Mai feiert
Mr. Ferdinand Kahn
(formerly Mainz a. Rh.)
2132 Bonnycastle
Louisville, Ky.
im Kreise seiner Kinder in bester Gesundheit seinen 80. Geburtstag.
Wir wünschen ihm weiter alles Gute.

HANS und ARNULF ZWEIG
übermitteln ihren Eltern
Max u. Clara Zweig
240 Rosedale Street
Rochester 7, N. Y.
die allerherzlichsten Glückwünsche zu ihrem
30. Hochzeitstage
am 2. Mai 1945.

Zur silbernen Hochzeit meiner Eltern
Gustav u. Emily Sorter
(früher Wien)
225 Foster Ave., Brooklyn,
am 28. April gratuliert herzlichst ihre dankbare Tochter GRETE.

Unseren lieben guten Eltern
Siegfried und Gitta Rosenfeld
geb. Heinemann
(fr. Schopfloch, Bayern)
wünschen wir zu ihrem
Silbernen Hochzeitsfest
langes Leben und von allem Guten nur das Beste.
SOFIE und KAROLA
7316 Blackstone Avenue
Chicago 19, Ill.
6. Mai 1945

Meinen lieben Eltern
Benny und Elsie Nussbaum
geb. Hesekiel
47-36 44th Street
Woodside, L. I.
zum 25. Hochzeitstag am 6. Mai 1945 meine herzlichsten Glückwünsche.
Pfc. RUDI NUSSBAUM
U. S. Army

Oscar und Nellie Wolf
née Engel
feiern am 6. Mai 1945 ihre
Silber-Hochzeit
Empfang Sonntag 6. Mai von 2 bis 6 Uhr
2046 Collingwood Avenue
Detroit 6, Mich.
Früher Bergen-Frankfurt a/M.

We are happy to announce the arrival of Regina's baby-sister
Susan
on April 16, 1945
Raphael & Johanna Weiss
née Lump
1986 East 22nd Street
Brooklyn 29, N. Y.
(f'ly Cologne) (f'ly Fulda)

Unsere
SYLVIA und YVONNE
haben ein Brüderchen
JORGE AMERICO
bekommen.
Sao Paulo, Brasilien
Rua Cristiniano Vianna, 290
Hugo Baer u. Frau Meta
geb. Heymann
früher Marburg/Lahn, früher Berlin

We are happy to announce the birth of our son
STANLEY KALMAN
on April 24, 1945
HENRY and IRMA ROSENBERG
née Hahn
4420 Broadway
New York City

We are happy to announce the arrival of our daughter
Diane Helen Carol
April 22, 1945
Alexander & Ruth Melamid
née Caro
243 Riverside Dr., N.Y. 25, N.Y.
(f'ly Antwerp-London) (f'ly Cologne-London)

Die glückliche Geburt unserer Tochter
Rosemarie
zeigen hocherfreut an
Ing. Oscar Etwarik u. Frau
Meta, geb. Liebstaedter
Januar 1945
Casilla 678, Quito, Ecuador

We proudly announce the happy arrival of our son
Kenneth Max
on April 15, 1945
Kurt & Hilda Wissbrun
née Rosenbaum
1933 East 90th Street
Cleveland 6, Ohio
(f'ly Hamm-Frankfurt a. M.)

We are happy to announce the arrival of our son
Ralph Joseph
on April 19, 1945
Kurt and Rosi Ibson
née Katz
19 Bond Place
North Arlington, N. J.
(f'ly Hannover) (f'ly Göttingen)

Die glückliche Geburt ihrer Tochter
Miriam Beatrice
zeigen hocherfreut an
FRITZ und ILSE KOHN
geb. Herzog
(früher Berlin)
Montevideo/Uruguay
Canelones 2616, Ap. 6
Casilla Correo 111
8. April 1945

We are happy to announce that our baby girl
Barbara Judith
has arrived,
April 18, 1945
Manfred und Hanne Hahn
née Mayer
676 Riverside Drive, N. Y. C.

We are happy to announce the arrival of our daughter
Joan Evelyn
on Marh 26, 1945.
Martin and Rose Aron
née Josephs
264 Echo Place, Bronx 57, N.Y.
formerly Hamburg, formerly Jever (Oldbg.)

We are happy to announce the arrival of Jerry's little sister
Susan Ruth
April 18, 1945
Arthur and Gerda Aufox
née Herrmanns
102-07 63rd Road
Forest Hills, L. I., N. Y.

Dr. GOTTFRIED KRUPNIK
LILLY KRUPNIK, geb. Bier
(fr. Wien) (fr. St. Gallen)
zeigen hocherfreut die Geburt ihrer Tochter
Nomi
an.
Tel-Aviv
31 Neweschahnanstr.

We are happy to announce the arrival of our daughter
Marilyn
on April 15, 1945
GERT & PAULA ROSENTHAL
née Pretzfelder
(f'ly Köln, Fürth) with the U. S. Army in Germany
2505 Brookfield Ave., Baltimore 17, Md.

I announce
my happy landing
on April 21st, 1945
STEPHEN FRANKLIN BERGEN
son of
Mr. and Mrs. WALTER M. BERGEN
née Ursula Guttfeld
Forest Hills, L. I., N. Y.
68-29 Clyde Street
(f'ly Berlin, Wittenbergpl.)

We are happy to announce the arrival of Leonard Albert's baby brother
Ramon A.
on April 20, 1945
Leonard J. & Trudel Grossman
née Adler
5637 N. Kenmore Avenue
Chicago 40, Ill.
(formerly Frankfurt a. M.)

We are happy to announce the arrival of our son
Peter Nicholas
on April 22, 1945
Mr. & Mrs. Hans J. Elsner
née Stefanie Froehlich
(John Henry Elton, Sgt. in the R.A.F.)
13 Lawn Rd., London N.W. 3
(formerly Berlin, Gleiwitz)

We are happy to announce the birth of our third boy
Benny Abraham
April 26, 1945
SEMI & BETTY WECHSLER
née Schloss
735 W. 183rd St., N.Y.C.
(f'ly Amsterdam)

PHOTO-WEITZMANN
UNSERE 3 STUDIOS:
2424 Broadway, N. Y. C.
(bet. 89th-90th Sts.) SC 4-6270
441 Knickerbocker Ave.
GL 2-3570 Brooklyn
LORRAINE Photo Studio
1156 Flatbush Ave., B'klyn
BU 2-9159

We are happy to announce the arrival of our son
Michael Franklin
Paul & Greta Friedhoff
née Günzburger
6629 N. 20th Street
Philadelphia 38, Pa.

Mr. & Mrs. MORRIS SHERMAN
(formerly Inge Kugelmann of Cologne)
are very happy to announce the arrival of a son
Robert Arnold
14 Caryl Avenue
Yonkers 5, N. Y.

Max & Gretel Firn-Bacher
née Wolf
announce the birth of their daughter
JUDITH ANNE
on March 2, 1945
231 The Terrace,
Wellington C1, New Zealand
Formerly Regensburg, Formerly Wiesbaden-Haifa

We are happy to announce the arrival of our son
Allen Peter
April 16, 1945
Hugo & Charlotte Rosenthal
née Hornik
555 Crown Street
Brooklyn 13, N. Y.
(formerly Dresden)

The Barmitzwoh of
Bernard Borg
son of the late Mr. Gustav Borg and Mrs. Pauline Borg,
285 North Park Avenue
Buffalo 16, N. Y.
will take place Saturday, April 28, in Temple Beth Zion.

Die Barmitzwah unser. Sohnes
Herbert
findet am Samstag, 5. Mai, im Tempel Beth El, Richmond Ave., 10.30 Uhr vorm., statt.
JULIUS ZIMMERN und Frau LENCHEN, geb. Schwab
165 Claremont Avenue
Buffalo, N. Y.
Empfang: Samstag nachmitt.

Die Barmitzwoh unser. Sohnes
Bernard David
findet am 5. Mai 1945 in der Synagoge der Young Men's Hebrew Ass'n, 410 Ft. Washington Ave. u. 178. Str., statt.
Harry Reicher und Frau
Annie geb. Berndt
112 Haven Avenue
New York City

FELIX & FRANZEL SIMON
geb. Behr
zeigen die Barmitzwoh ihres Sohnes
Herbert
an.
28. April 1945.
57 Myrtle Street, Boston, Mass.
(fr. Kaiserslautern)

Julian Russ
Rabbiner Dr. Fritz Steinthal
danken herzlichst für die zahlreichen Aufmerksamkeiten anlässlich der Verlobung ihrer Kinder
Inge-Marion und Heinz
Buenos Aires
Tucuman 255, 3. p., dep. A.

JULIUS HAMBURGER
WATCHES • JEWELRY
DIAMOND RINGS
SILVERWARE
255 Ft. Washington Ave.
(Corner 171st Street)
Tel.: WA 8-3381

Photo-Goldschmidt
4260 BROADWAY
Corner 183st St. 3rd Floor
Portraits, Kinderaufnahmen
Reproduktionen
Photos für Bürgerpapiere
Photokopien schnellstens
Tel.: WAdsworth 3-0735

Hiermit geben wir die Verlobung unserer Kinder
MARIANNE und WILLI
bekannt.
ISMAR KOLTON und Frau LISSY
(früher Gleiwitz, Oberschlesien)
LEO BEHR und Frau BERTA, geb. Altgenug
(früher Hagen in Westfalen)
Bogotá, Colombia, S.-A. - 6. April 1945
Carrera 9 No. 19-76 Apart. 201)
Carrera 5 No. 21-75

Irma Hamberg
Cpl. Steven W. Meyer
Engaged
April, 1945
U. S. Army
310 W. 95th St., N. Y. C., F'ly Breuna, Bez Kassel
570 W. 191st St., N. Y. C., F'ly Moers, Rh.

Mr. & Mrs.
MAX GROSS
(formerly Berlin)
announce the engagement of their daughter
Eve
to
Harvey Rosenberger
2683 Fullerton Avenue
Detroit 6, Mich.

Rosa Augusta Kampler
T-4 Julius Weissman
Engaged
March 22, 1945
Italy, formerly Frankfurt a. Main
New York, N.Y., 35 Hillside Ave., f'ly Frankfurt a. Main
At the present time with the Armed Forces in Italy.

MR. and MRS.
Herman Hirscheimer
10 Reeser Place
Louisville 8, Ky.
(formerly Stuttgart)
announce
the marriage of their daughter
Hannelore
to
Mr. Martin Strauss
3316 Menlo Drive
Baltimore 15, Md.
May 1st, 1945

Eva Stein
Fritz Mendel
ENGAGED
April, 1945
(f'ly Alsfeld) 558 West 189th St.
(f'ly Wittlich) 601 West 156th St.
New York City
Reception Sunday,
April 29, 1945.

Dr. and Mrs. Hugo Loew
announce the marriage of their daughter
Elizabeth
to
Howard E. Easton, M. E.
The ceremony will take place on April 30, 1945, at 8 p. m.
220 West 98th Street
New York City

FRED J. OBERLANDER
wishes to announce the wedding of his sister
Laura M. Oberlander
(f'ly Munich, Germany)
to
Tom Moffet Gilkerson
of Berkeley, Calif., and Bozeman, Montana
At home Sunday, April 29
2-4 p. m.:
1643 Cragmont Avenue
Berkeley 8, Calif.

Mr. and Mrs.
ALBERT ASCHENBRAND
are happy to announce the marriage of their daughter
Hildegard
to
Pfc. Leon Jacobson
son of Mrs. Rose Jacobson
108 Marcy Pl., Bronx, N. Y. (f'ly Sontra, Bez. Kassel)
presently U.S.A. home address: Gloversville, N. Y.

Gerhard Intrator
Lotte Intrator
née Rothschild
Married
April, 1945
425 Riverside Dr., New York City
33-15, 89th Jackson Hts.

Mr. and Mrs. Max Gordon
(Max Goldbaum, Pforzheim)
announce the marriage of their daughter
Irene
to Ensign
S. G. Rosenthal
April 1, 1945
654 — 29th Avenue,
San Francisco 21, Calif.

We have married
Sgt. Gerd Strauss
Palestine Regiment
Inge Liebman
Haifa, Palestine, Apr. 15, 1945, f'ly Giessen
81 Cranley Gardens, Muswell Hill, London N. 10, Engl., f'ly Limburg-Lahn

Mrs. IDA GREENBAUM
5806 Phillips Avenue
Pittsburgh 17, Pa.
announces the marriage of her daughter
ILSE to
Sgt. LOUIS ECKSTEIN
(f'ly Seligenstadt, Hessen) (f'ly Kesselbach, Hessen)
March, 1945

Alexander Berger
Ilda Berger
geb. Sonnenschein
VERMÄHLTE
(früher Wien)
3. März 1945
Arenales 1056, Buenos Aires

einen Bericht geschickt: »106 Juden existieren noch in sechs ›Judenhäusern‹ in dieser halb in Ruinen liegenden Stadt. Sie sind alles, was von den etwa 40.000 Juden übrig geblieben ist, die hier vor Hitlers Machtübernahme lebten. Das habe ich festgestellt, als ich heute mit Truppen der 5. Infanteriedivision der 3. amerikanischen Armee in Frankfurt eingetroffen bin.« Er nennt einige Personen, die ihm berichtet und ihn herumgeführt haben, und er erwähnt weitere, die Verwandte in den USA haben. Unter anderen nennt er Fritz Stein, dessen Schwester in New York lebt: »Stein kehrte heute in die Stadt zurück, nachdem er sich für Wochen in den Wäldern verborgen gehalten hatte. [...] Hundert nichtjüdische Ehefrauen der im Februar deportierten Männer hausen noch im Judenviertel und haben die Hoffnung nicht aufgegeben, dass ihre Gatten noch am Leben sind.«[14] Ende April war in der gleichen Zeitung zu lesen: »Ein Berichterstatter der JTA, der in Frankfurt am Main eingetroffen ist, meldet, dass die körperliche Verfassung der weniger als hundert Juden, die in dieser Stadt geblieben sind, ganz erschreckend sei. Indessen hat der inzwischen von den Alliierten aufgestellte neue Frankfurter Bürgermeister dafür gesorgt, dass diesen Juden zusätzliche Lebensmittel zur Verfügung gestellt werden, damit sie wieder etwas zu Kräften kommen.«[15]

links: In der USA veröffentliche Liste mit Namen von Juden, die im April 1945 in Frankfurt am Main lebten, Aufbau, 27. April 1945

oben: Die in Bombenangriffen zerstörte Börnestraße, 1945

---

[14] Aufbau, 11. Jg., Nr. 14, 6. April 1945, S. 1f.: »Die Letzten von Frankfurt«. Der Artikel wurde am 1. April geschrieben, d.h. zwei Tage nach der Besetzung Frankfurts durch die Amerikaner. Die Militärregierung beauftragte Fritz Stein mit der Verwaltung der Gebäude und Friedhöfe der Jüdischen Gemeinde.

[15] Aufbau, 11. Jg., Nr. 17, 27. April 1945, S. 1 und 3: »Die Letzten von Leipzig«.

II. »Befreit, aber nicht frei«

Es war nicht einfach für den amtierenden Bürgermeister, seine Oberst Criswell gegebene Zusage einzuhalten. Nach den Luftangriffen der Alliierten lag die Stadt in Trümmern. 80 Prozent aller Gebäude waren zerstört oder beschädigt, von etwa 177.000 Wohnungen waren 90.000 zerstört. Die Deutschen hatten beim Vormarsch der Amerikaner alle Brücken über den Main gesprengt. Im Jahr 1939 hatte Frankfurt 553.000 Einwohner, im März 1945 lebten etwa 240.000 Menschen in der Stadt, darunter Zehntausende von Zwangsarbeitern. Im Umland warteten zahlreiche ausquartierte Frankfurter auf eine Möglichkeit zur Rückkehr. Es herrschten Hunger und Kälte.

Die zugesagte Unterstützung der wenigen Juden war also nur ein Teil der Probleme, vor denen die provisorische Stadtregierung stand. Während Bürgermeister Hollbach sich mit persönlichem Engagement für sie einsetzte, waren andere Mitarbeiter der Stadtverwaltung durchaus der Meinung, dass alle Einwohner gleich behandelt werden sollten. Die amerikanische Militärregierung stellte Hollbach ein Gremium von sechs Referenten zur Seite. Zum Mitglied dieses »Councils« ernannte sie den damals 66jährigen August Adelsberger und beauftragte ihn mit der Betreuung der Juden. Die Nationalsozialisten hatten Adelsberger nicht nur als Juden, sondern auch wegen seiner pazifistischen Anschauungen verfolgt. Verheiratet war er mit einer evangelischen Frau, die ihm das Überleben ermöglicht hatte. Das kinderlose Ehepaar war 1939 von Wiesbaden nach Frankfurt gezogen, seit 1943 musste er von seiner Frau getrennt in verschiedenen »Judenhäusern« leben und Zwangsarbeit leisten. Er gehörte keiner Religionsgemeinschaft an.[16] Dem schon zitierten amerikanischen Kriegsberichterstatter gegenüber brachte er Ende April zum Ausdruck, wie verlassen sich die wenigen Überlebenden damals fühlten: »Ich habe das Empfinden, dass die Juden niemals wieder als Gleichberechtigte im deutschen Volke aufgenommen werden. Ich habe mit allen meinen Freunden aus der Vorkriegszeit jeden Kontakt verloren, wir sind uns alle so fremd geworden, dass ich glaube, das Leben für Juden wird niemals wieder so sein, wie es vor Hitler war.«[17]

August Adelsberger verstand sich als Anwalt der »Juden, Mischlinge und jüdisch Angeheirateten«[18]. Er erfuhr einerseits guten Willen und Entgegenkommen, andererseits geringes Verständnis für die besondere psychische und materielle Situation der Juden. »In allen laufenden Fragen sollen sich die Juden an die bestehenden Ämter und Dienststellen der Stadtverwaltung wenden und die Betreuungsstelle soll nur dann tätig werden, wenn die Juden sich an dieser Stelle benachteiligt fühlen«, beschloss die

---

[16] Zu Adelsberger: Alon Tauber, Zwischen Kontinuität und Neuanfang. Die Entstehung der jüdischen Nachkriegsgemeinde in Frankfurt am Main 1945-1949, Wiesbaden 2008, S. 24f. und Hessisches Hauptstaatsarchiv Wiesbaden (HHStAW) Abt. 518 Nr. 697 und Abt. 519/3 Nr. 29559. August Adelsberger starb 1952 in Frankfurt.
[17] Aufbau, 11. Jg., Nr. 17, 27. April 1945, S. 3.
[18] August Adelsberger, Rechenschaftsbericht, 16. Juli 1945, Zentralarchiv (ZA) Heidelberg, Akten der Jüdischen Gemeinde Frankfurt am Main B1/13, A 114. Siehe auch XII. Texte und Dokumente, S. 246ff. in diesem Band.

Stadtverwaltung.[19] Man konnte oder wollte sich nicht vorstellen, dass Juden sich nicht überwinden konnten, Ämter zu betreten, deren Mitarbeiter sie vor wenigen Jahren als »Feinde des deutschen Volkes« ausgeschlossen hatten. Viele Überlebende waren in einem schlechten gesundheitlichen Zustand und hatten keine Kraft, irgendwo Schlange zu stehen. Ihnen fehlten auch alle Beziehungen, die man damals brauchte, um das Leben zu erleichtern.

Dass die Bevölkerung in dieser Zeit Juden – wenn sie diese denn überhaupt wahrnahm – nicht uneingeschränkt eine besondere Fürsorge zugestand, geht aus Hinweisen auf eine befürchtete antijüdische Propaganda hervor. Als die Militärregierung eine einmalige Sonderzuteilungen für Juden und andere Verfolgte des Naziregimes anordnete, verfügte die Stadtverwaltung: »Um eine mögliche antijüdische Propaganda zu vermeiden, soll die Verteilung nicht durch Bezugsscheine über den Lebensmittelhandel erfolgen, sondern die Waren sollen in Naturalien der Jüdischen Gemeinde in der Fichtestraße 10 (Leiter Herr Oppenheimer) zugeleitet werden.«[20]

Die Militärregierung verlangte die rasche Beendigung der »Ghettoisierung«, d.h. die Auflösung der »Judenhäuser«. Rechtlich bestand kein Zwang mehr, dort zu wohnen, aber angesichts der großen Wohnungsnot war es nahezu unmöglich, Wohnungen zur Verfügung zu stellen. Anfangs beschlagnahmte die Stadtverwaltung Wohnungen von Nazi-Funktionären, die geflohen waren oder unter Anklage standen. Bald aber wurden dagegen juristische Bedenken erhoben. Nicht selten wurde jemand in eine völlig leergeräumte Wohnung eingewiesen, denn die Nazis hatten schnell reagiert und ihre Möbel in Sicherheit gebracht. Möbel zu beschaffen, war damals schier unmöglich, und mancher Überlebende musste sich mit einer schlechten und unzureichenden Einrichtung abfinden. Andere wurden in möblierte Zimmer bei unbekannten Familien eingewiesen. Die Wohnungs- und Möbelbeschaffung belasteten Adelsberger und die Stadtverwaltung außerordentlich. Die Frage, ob »eine Beschlagnahme der seinerseits den Juden widerrechtlich weggenommenen Möbelstücke erfolgen kann«[21], wurde wegen auftretender juristischer Schwierigkeiten verneint.

Zur Unterbringung von Juden, Einrichtung von Büros und eines Gottesdienstraums ließ Hollbach Ende April die Häuser Baumweg 5-7 und Sandweg 7 beschlagnahmen und der entstehenden Jüdischen Gemeinde zurückgeben. Im Baumweg war bis zur Nazi-Zeit ein jüdischer Kindergarten untergebacht, das Wohnhaus Sandweg 7 wur-

---

[19] Niederschrift einer Besprechung am 13. April 1945. Institut für Stadtgeschichte, Fürsorgeamt Akte 461.
[20] Ebenda. Fichtestraße 10 war das Büro der Reichsvereinigung der Juden in Deutschland und Karl Oppenheimer war bis zuletzt als Beauftragter der Reichsvereinigung tätig. Er hatte zwangsweise mit der Gestapo zusammenarbeiten müssen und wurde deshalb von etlichen Überlebenden als Kontaktperson abgelehnt und von den Amerikanern seiner Stellung enthoben.
[21] Ebenda.

Baumweg 5-7, 1989
In diesem Gebäude befand sich von 1906 bis 1938 der Kindergarten der Moritz und Johanna Oppenheimer'schen Stiftung für Israeliten. Von 1945 bis etwa 1965 war es Sitz der Gemeindeverwaltung, seit 1945 wurden hier Gottesdienste durchgeführt.

de von der Reichsvereinigung der Juden in Deutschland als Alten- und Kinderheim genutzt. Da beide Gebäude später durch NS-Organisationen belegt waren, konnten sie leicht beschlagnahmt und auf Kosten der Stadt renoviert und teilweise umgebaut werden. Adelsberger beschwerte sich in vielen Briefen und Mitteilungen an die Stadtverwaltung über das schleppende Vorangehen der Baumaßnahmen, weil die Militärverwaltung das Baumaterial nicht frei gab und den Spediteuren und Handwerkern nicht die notwendigen Fahrten genehmigte. Das bis auf die Seitenflügel zerstörte jüdische Krankenhaus in der Gagernstraße erhielt die Gemeinde ebenfalls zurück, die Renovierungsarbeiten wurden aber zunächst zurückgestellt. Die Zeit drängte, denn es meldeten sich immer mehr Juden in Frankfurt, die untergetaucht waren, aus dem Exil zurückkamen oder auf den Todesmärschen geflohen waren. Vor allem aber erwartete man die Rückkehr von Überlebenden aus Konzentrationslagern.

Arbeitsplätze wurden ebenfalls gesucht. Da viele Betriebe noch nicht wieder arbeiten durften, gab es einen großen Mangel an Arbeitsplätzen. Einige der arbeitssuchenden Überlebenden fanden Beschäftigung bei der Stadtverwaltung und anderen Behörden. Andere versuchten sich selbständig zu machen. Der eine oder andere fand Arbeit bei der amerikanischen Militärregierung. Ausländische Hilfsorganisationen schufen ebenfalls einige Arbeitsplätze. Kaum einer konnte seine Vorkriegstätigkeit wieder aufnehmen.

Bedauerlicherweise gibt es keine Berichte von Juden über diese ersten Monate nach der Befreiung. Wahrscheinlich sind sie auch nie gefragt worden, wie sie die diese Zeit erlebt haben. Valentin Senger hat zwanzig Jahre später eindrucksvoll den alltäglichen Überlebenskampf einer befreiten jüdischen Familie geschildert.[22] Die Ju-

---

[22] Valentin Senger, Kaiserhofstraße 12, Hamburg/Zürich 1978 (Neuausgabe 2010); Der Heimkehrer, München 1995; Kurzer Frühling, Zürich 1984; Auszüge siehe XII. Texte und Dokumente, S. 256ff. in diesem Band.

den waren befreit von Unterdrückung, Ausgrenzung und Verfolgung, aber sie waren nicht frei, eine neue Existenz aufzubauen, ein neues Leben zu beginnen. Die Rückkehr in eine Gesellschaft, die Juden Hilfe verweigert, sie verschmäht und denunziert hatte, war unmöglich ohne starke psychische Unterstützung und ohne entscheidende materielle Hilfe. Zu vielen Fragen hatten die Überlebenden eine andere Einstellung als Mitarbeiter in der Stadtverwaltung und besonders in der Fürsorgeabteilung, die mit dem Hinweis auf Gleichbehandlung eine besondere Unterstützung der Juden ablehnten.

Erschwerend kam hinzu, dass die »deutschen Juden« von jüdischen Organisationen der USA schlechter versorgt wurden als die verschleppten und geflohenen polnischen Juden, weil die Deutschen verpflichtet werden sollten, sich um diese Juden zu kümmern und weil angenommen wurde, dass sie leichter – z.B. mit Hilfe der nichtjüdischen Ehepartner – zurechtkommen würden als die Polen.[23] Mitarbeiter der amerikanischen Militärregierung vertraten eine ähnliche Auffassung. Die »Frankfurter Rundschau« berichtete in einer ihrer ersten Ausgaben, dass der Leiter der Fürsorgeabteilung, Major Alden Bevier, die Einführung eines gerechten Wohlfahrtssystem verlangte und die Anwendung gleicher Grundsätze für alle Fürsorgefälle: »So wird z.B. eine jüdische Witwe genau die gleichen Zuwendungen erhalten wie die Witwe eines an der Front gefallenen SS-Offiziers.«[24] Die Entwicklung bewegte sich durchaus in diese Richtung.

2. »Holt uns zurück.« Rückkehr aus Theresienstadt

Außerordentlich bedrückend war für viele Juden wie für die Nichtjuden, deren Männer oder Frauen nach Theresienstadt verschleppt worden waren, dass sie keine Informationen über ihre deportierten Angehörigen erhielten. Vergeblich bemühte sich Bürgermeister Hollbach darum, diesem Personenkreis Radioapparate zur Verfügung zu stellen, als im April und Mai die amerikanische und die sowjetische Armee die Konzentrationslager befreiten und erste Namen Ermordeter und Überlebender bekannt gegeben wurden. Die Amerikaner beanspruchten aber alle verfügbaren Apparate für sich. Telefon- und Postverkehr funktionierten nicht, daher war die Unsicherheit über das Schicksal von Deportierten groß, und immer wieder fragten Angehörige in der Betreuungsstelle nach, ob es neue Nachrichten gäbe.

Das Fürsorgeamt verschickte am 12. Mai 1945 folgende Sonderverfügung an sämtliche betroffenen Ämter: »Wie die amerikanische Militärregierung soeben mitteilt, ist ab sofort mit dem Eintreffen von rund 400 politischen Häftlingen aus Konzentrationslagern

---

[23] Zu den polnischen Flüchtlingen in Frankfurt siehe S. 49ff.
[24] Frankfurter Rundschau, 1. September 1945, S. 49: Frankfurter Wohlfahrtspflege.

in Frankfurt am Main zu rechnen. Zur teilweisen Wiedergutmachung der ihnen widerfahrenen Ungerechtigkeit soll ihnen eine ganz besondere Fürsorge zuteil werden«.[25] Die »ganz besondere Fürsorge« bezog sich auf Lebensmittel, Kleidung und Beihilfen. Die Stadt reservierte Betten in Hotels und organisierte die Verpflegung. Als Erste trafen politische Häftlinge aus Buchenwald ein, das im Zuständigkeitsbereich der Amerikaner lag. Zwischen Mitte April und Mitte Mai kehrten 65 jüdische und nichtjüdische Frankfurter in drei Transporten zurück,[26] unter ihnen Emil Carlebach.[27] Aus Theresienstadt, das von der sowjetischen Armee befreit war, kamen keine Nachrichten.

Am 12. Mai schlug Bürgermeister Hollbach der amerikanischen Militärregierung vor, eine Kommission mit einem Vertreter der Juden sowie der Stadtverwaltung nach Auschwitz und Theresienstadt fahren zu lassen.[28] Er machte die Angelegenheit sehr dringend, erhielt aber keine Antwort. Zwei Wochen später erinnerte er an diesen Vorschlag, nach einer weiteren Woche bat er August Adelsberger, ebenfalls vorstellig zu werden. Ohne Zustimmung der Militärregierung, ohne Genehmigung von Autos, Reisepapieren und Lebensmitteln konnte nichts unternommen werden.

Aus Theresienstadt trafen inzwischen Briefe ein, mitgebracht von Überlebenden, die sich auf eigene Faust durchgeschlagen hatten. So u.a. der folgende:

»26. Mai, Theresienstadt, Bahnhofstraße 9:

Die nachstehend verzeichneten Juden, die am 14. Februar 1945 nach Theresienstadt verschleppt wurden, bitten den Herrn Oberbürgermeister bei der dortigen Besatzungsbehörde vorstellig zu werden, um zu beantragen, dass eine Hilfsaktion in die Wege geleitet wird, die die sofortige Rückführung der nach Theresienstadt Verbannten zur Folge hat. [...]« Es folgten 75 Namen mit Anschriften ihrer Verwandten in Frankfurt. Beigelegt war eine Abschrift des Deportationsbefehls vom 8. Februar 1945.[29]

Frau Lina Degenhardt schilderte am 27. Mai die Zustände in Theresienstadt und schrieb, dass 450 Juden und 250 in Mischehe Lebende bäten, bei den Besatzungsbehörden zu veranlassen, sobald als möglich geholt zu werden. August Adelsberger erhielt 320 Briefe, die ein deutscher Nichtjude ihm übergeben hatte und die er an die Angehörigen verteilen ließ: »Aus allen Briefen nur ein Schrei ›Holt uns zurück‹ [...] Schlagen Sie diesen kaltherzigen amerikanischen Offizieren ins Gesicht, die den Ruf

---

[25] Sonderverfügung des Fürsorgeamts an sämtliche Kreisstellen und Abteilungen vom 12. Mai 1945. Institut für Stadtgeschichte, Fürsorgeamt Akte 459.
[26] Hierzu und zum Folgenden: Viktoria Pollmann, Frankfurter KZ-Häftlinge kehren zurück, Nassauer Annalen 116, 2005, S. 563-586.
[27] Emil Carlebach war Jude, wurde aber als Kommunist verhaftet und nach Buchenwald verschleppt. Er war Sprecher der hessischen Häftlinge in Buchenwald. Er wandte sich an Adelsberger, von dem er in einer Armeezeitung gelesen hatte. Alon Tauber, Zwischen Kontinuität und Neuanfang. Die Entstehung der jüdischen Nachkriegsgemeinde in Frankfurt am Main 1945-1949, Wiesbaden 2008, S. 26.
[28] Institut für Stadtgeschichte, Fürsorgeamt Akte 461.
[29] Ebenda.

Th[eresienstadt], d.[en] 4.5. 45
An das Jüdische Comité
Frankfurt/Main

Sehr geehrte Herren!

Durch Gelegenheit meines Schülers Lippmann bin ich in der Lage Ihnen einige Zeilen zukommen zu lassen und Sie zu bitten, alles zu tun, um die Frankfurter und Ungebung von hier möglichst bald abzuholen am besten durch Autobusse. Es handelt sich um ca. 400 Menschen, die sehnsüchtig darauf warten, von hier in die Heimat zu kommen. Bitte tun Sie Ihr möglichstes und warten Sie nicht länger. Ich selbst bin bald drei Jahre hier und so geht es allen anderen auch, mehr oder weniger. Sie wollen die Papiere <u>von dort</u> besorgen, daß unserer Rückkehr seitens der dortigen Behörden nichts im Wege steht. Dann wird der Abtransport von hieraus schon erfolgen. <u>Ich hoffe</u> bestimmt, daß Sie alles tun. <u>Ich beschwöre Sie aufs dringenste.</u>

Mit ergebenen Grüßen

Ihr Rabbiner Dr. Neuhaus
Hauptstraße 2
Theresienstadt

Rabbiner Leopold Neuhaus an das Jüdische Comité in Frankfurt, Theresienstadt 4. Mai 1945

ihres eigenen Volks verleugnen«, schrieb er daraufhin dem Oberbürgermeister, und wenige Tage später drohte er damit, seine Tätigkeit einzustellen.[30]

Nach den vorliegenden Akten muss davon ausgegangen werden, dass die Militärregierung aus nicht ersichtlichen Gründen den Rücktransport aus Theresienstadt behinderte. Unklar ist, warum es anderen Städten bereits gelungen war, ihre Bürger zu holen. Das Konzentrationslager Theresienstadt war am 8. Mai durch sowjetische Truppen befreit worden. Noch immer waren die Menschen dort vom Tod bedroht, da Typhus und Fleckfieber herrschten und die Versorgung und Ernährungslage sich nur langsam besserten. Die Zeit verstrich. Verzweifelt versuchte der Bürgermeister herauszufinden, ob ein Rücktransport mit der Reichsbahn möglich wäre. Aber der Personenverkehr war noch nicht auf allen Strecken wieder aufgenommen. Mitte Juni traf ein Brief von Rabbiner Neuhaus ein, dem letzten Frankfurter Rabbiner, der im August 1942 zusammen mit seiner Frau nach Theresienstadt deportiert worden war. In diesem Brief forderte er ganz dringend die Sendung von Autobussen und Lastwagen. Bereits Anfang Mai hatte Neuhaus die Nachricht überbringen lassen, dass ca. 400 Überlebende aus Frankfurt und der Umgebung darauf warteten, aus Theresienstadt »in die Heimat« geholt zu werden.[31]

Mitte Juni lief die Rückholaktion endlich an. Für den ersten Transport standen nur Lastwagen zur Verfügung. Die Fahrt war äußerst mühsam, und ein Teil des Gepäcks ging verloren. 124 Personen trafen am 22. und 23. Juni ein, 82 wurden zu ihren Angehörigen gebracht, die übrigen in Hotels und Heimen untergebracht.[32] Für den nächsten Transport konnten in Wiesbaden Omibusse gemietet werden. Sie brachten am 7. und 18. Juli weitere etwa 225 Überlebende. Die Stadt begrüßte sie mit einem Blumenstrauß und Zigaretten. Einige von ihnen wurden im gerade notdürftig hergestellten Seitenflügel des ehemaligen Jüdischen Krankenhauses in der Gagernstraße untergebracht, andere im Heim am Sandweg. 68 Rückkehrer wurden sofort zu einem mehrwöchigen Erholungsaufenthalt in das nach Köppern ausgelagerte Hospital zum Heiligen Geist transportiert.[33]

Die ausführlichen Fahrtenberichte machen deutlich, wie mühsam die Reisen von und nach Theresienstadt waren. Viele Kontrollen und zahlreiche Autopannen, fehlendes Benzin bzw. Holz für die Holzvergaser der Lastwagen erschwerten die Reise. Für alle musste die Verpflegung bereits in Frankfurt organisiert werden. Auch in Theresienstadt dauerte die Abwicklung mindestens einen Tag. Für die vielen Schwachen und Kranken war die mehrtägige Fahrt eine Tortur.

Mitte Juli wurden Frankfurter Häftlinge aus dem Konzentrationslager Mauthausen

---

[30] 10. Juni und 13. Juni 1945, Briefe von Adelsberger an den Oberbürgermeister. Institut für Stadtgeschichte Frankfurt, Fürsorgeamt Akte 461.
[31] ZA Heidelberg, Akten der Jüdischen Gemeinde Frankfurt am Main B1/13, A 126.
[32] 26. Juni 1945, Entwurf zu einem Bericht. Institut für Stadtgeschichte, Fürsorgeamt Akte 461.
[33] 20. Juli 1945, Bericht des Fürsorgeamts an die Militärregierung. Institut für Stadtgeschichte, Fürsorgeamt Akte 460.

zurückgeholt. Die sowjetische Militärverwaltung in Österreich hatte die Ausreise gesperrt, einige waren aber nach Linz geflohen. 16 ehemalige Häftlinge konnten von dort nach Frankfurt gebracht werden, erwartet hatte man 80 bis 100.[34] Vereinzelt trafen Überlebende aus anderen Konzentrationslagern oder deren Außenlagern ein.

Zerstörtes Jüdisches Krankenhaus Gagernstraße, 1945

Anfang Juli 1945 lebten etwa 550 Juden in Frankfurt. Die Versorgungslage war äußerst angespannt. Die Stadt hatte innerhalb des Fürsorgeamts eine »Betreuungsstelle für Sonderfälle« eingerichtete, die sich intensiv für die Versorgung mit Lebensmitteln einsetzte und immer wieder Beschwerden vorbrachte, dass zu wenig getan werde für »die Opfer des Nazismus«. Anfang Februar 1946 hatte sie 720 politisch und religiös Verfolgte zu betreuen und 569 rassisch Verfolgte. Die Letzteren waren Juden.[35] Die Amerikaner hatten angeordnet, die Überlebenden der Konzentrationslager mit 2.000 Kalorien am Tag zu versorgen. Die Stadtverwaltung legte eine zeitliche Begrenzung für Sonderzuteilungen fest, versuchte den Kreis der Bezugsberechtigten einzuschränken

---

[34] 4. August 1945, Bericht über den Transport nach Frankfurt. Institut für Stadtgeschichte, Fürsorgeamt Akte 460.

[35] 4. Februar 1946, Bericht der Fürsorgeleitung. Institut für Stadtgeschichte, Fürsorgeamt Akte 462.

und warnte ständig vor der kritischen Versorgungslage.³⁶ Immer wieder musste die vordringliche Versorgung mit Kleidung angemahnt werden, und Beschwerden wiederholten sich, dass die ehemaligen KZ-Insassen – wie der behördliche Sprachgebrauch war – für ihre Bezugsscheine keine Waren beziehen konnten, weil die Läden leer waren.

Ein emigrierter Frankfurter besuchte als amerikanischer Offizier seine Heimatstadt im April und Juli 1945 und berichtete voller Entsetzen in die USA über die zerstörte Stadt und die Lebenssituation der Juden: »Das Hospital [in der Gagernstraße] ist fast ganz zerstört. In dem am wenigsten beschädigten Flügel sind die unglücklichen Leute [aus Theresienstadt] untergebracht. Zu unserer, der Amerikanischen Besatzungsmacht, ewigen Schande muss gesagt werden, dass diese armen Leute nicht gut versorgt sind, dass ihnen alles mangelt, dass sie alles brauchen, Pflege, Nahrung, Wärme, Kleidung und Hilfe. Zu unserer ewigen Schande muss gesagt werden, dass offenbar nichts für sie getan wird. Da sind sie, die einzigen lebenden Überreste einer jüdischen Gemeinde von über 25.000 Menschen, zusammengepfercht in ehemaligen Krankenzimmern, nicht in Betten, sondern in hölzernen Kojen, doppelstöckigen, mit all ihren schäbigen Habseligkeiten in ein Zimmer gestopft, unzureichende sanitäre Einrichtungen, fünf oder sechs Personen in einem Zimmer, Männer und Frauen, Alte und Junge, Kinder und Erwachsene, kaum ein Tisch, um daran zu sitzen, kaum ein paar Stühle und unzulängliche Nahrung.«³⁷

August Adelsberger wurde nach einer dreimonatigen intensiven Tätigkeit von den Amerikanern abgesetzt, als sie ihre Militärverwaltung auflösten. Er hatte sich bei ihnen unbeliebt gemacht wegen seines konsequenten Einsatzes für die Belange der jetzt wieder in Frankfurt lebenden Juden. Seine Nachfolge trat der gerade aus Theresienstadt zurückgekommene Rabbiner Leopold Neuhaus an. Er hatte keinen unmittelbaren Zugang mehr zu den Militärs und musste sich direkt mit den Frankfurter Behörden auseinandersetzen.

Das Verständnis der Behörden für die besondere materielle und psychische Notlage der Juden schien von Woche zu Woche abzunehmen. Kostenfragen, Rechtsfragen und Streit um Zuständigkeiten sowie die Forderung nach »Gleichbehandlung« aller statt »Bevorzugung« rückten in den Vordergrund. Wie unterschiedlich die Sichtweise von Juden und Behörden war, geht aus der Zusammenfassung einer Unterredung zwischen Rabbiner Neuhaus und Herrn Levitus seitens der Jüdischen Gemeinde und dem Hauptverwaltungsamt Anfang November 1945 hervor. Neuhaus und Levitus forderten die bessere Versorgung für alle Verfolgten, die Übernahme der Wohnungsmiete und die Beschaffung von Möbeln, einen Vorschuss auf die Wiedergutmachung von 500 RM so-

---

[36] Viktoria Pollmann, Frankfurter KZ-Häftlinge kehren zurück. Nassauische Annalen 116, 2005, S. 574ff.
[37] Walter H. Rothschild am 29. Juli 1945. Zitiert aus: Sabine Hock, Frankfurt am Main zur Stunde Null 1945. Zwei Briefe von Walter H. Rothschild. In: Archiv für Frankfurts Geschichte und Kunst 63, 1997, S. 555f. Siehe auch XII. Texte und Dokumente, S. 243ff. in diesem Band.

II. »Befreit, aber nicht frei«

Rabbiner Neuhaus beim Unterschreiben eines Ehevertrags, 1946

wie die bevorzugte Einweisung in Arbeitsstellen. Die Beamten reagierten mit der Frage, »ob sie eine bevorzugte Betreuung der Juden gegenüber den anderen politisch Verfolgten sowie gegenüber der Gesamtbevölkerung verantworten könnten. Dieses wurde seitens der Herren bejaht.« Daraufhin wiesen die Beamten auf die darin liegende Gefahr hin: »Die Demokratie kennt nur einen Staatsbürger und wolle weder eine Benachteiligung noch eine Bevorzugung aus politischen, rassischen und religiösen Gründen.«[38] Im Juli 1946 schrieb der seit einem Jahr amtierende Oberbürgermeister Blaum an das Großhessische Staatsministerium: »Es widerspricht dem Charakter des demokratischen Staates, daß eine bestimmte Personengruppe des Volkes dauernd hervorgehoben wird. Das gemeinsame Schicksal eines geschlagenen Volkes mit all seinen Begleiterscheinungen muß gemeinsam getragen werden. Die dauernde Hervorhebung einer Personengruppe schafft eine politische Mißstimmung, die in ihren Auswirkungen in keinem Verhältnis steht zu den kleinen Vorteilen, die dieser Personengruppe gewährt werden können. Dies wird von politisch einsichtigen Exponenten der politisch, rassisch und religiös Verfolgten auch anerkannt.« Auf wen er sich dabei bezog, bleibt offen.[39]

---

[38] Unterredung am 6. November 1945. Bericht des Hauptverwaltungsamts an den Oberbürgermeister. Institut für Stadtgeschichte, Magistratsakten 8.833.
[39] 26. Juli 1946. Ebenda.
Bürgermeister Wilhelm Hollbach war Anfang Juli 1945 von den Amerikanern abgesetzt wor-

3. »Es ist eine Selbstverständlichkeit, auf den Trümmern wieder aufzubauen« Die jüdische Gemeinschaft als Zuflucht und »Zuhause«

Mit dem zweiten Transport aus Theresienstadt war Rabbiner Dr. Leopold Neuhaus, der bis August 1942 Rabbiner der Frankfurter Jüdischen Gemeinde gewesen war, zurück nach Frankfurt gekommen. Drei Jahre hatten er und seine Frau im Konzentrationslager verbringen müssen. Gemeinsam mit Rabbiner Leo Baeck gehörte er dem dortigen Ältestenrat an. Er hat sich besonders um die aus Frankfurt deportierten Juden gekümmert, von denen er viele in Theresienstadt beerdigen musste. Neuhaus wurde der einzige deutsche Rabbiner, der nach der Rückkehr seine frühere Tätigkeit wieder aufnahm. Schon in einem Brief aus Theresienstadt hatte er sein Interesse daran bekundet und angefragt: »Mich persönlich interessiert es, ob eine Gemeinde besteht und ob eine Gemeindebildung möglich ist.«[40]

Der Wiederaufbau der jüdischen Gemeinde war ihm ein wichtiges Anliegen trotz der großen Enttäuschung nach der Rückkehr in die zerstörte Stadt, in der er nur noch wenige Bekannte fand.

Rabbiner Neuhaus ging mit einer unvorstellbaren Energie an die Arbeit. Er war sehr unzufrieden mit dem Zustand der aus praktischen Erwägungen zusammengeführten jüdischen Gemeinschaft, die nicht in erster Linie auf einer religiösen Zusammengehörigkeit beruhte. Neben den Überlebenden von Konzentrationslagern meldeten sich bei der Betreuungsstelle vor allem Ehepartner oder Kinder aus christlich-jüdischen Familien. Um aus der Isolation heraus zu kommen, schlossen sie sich der entstehenden Jüdischen Gemeinde an, obwohl die meisten von ihnen dem Judentum nicht nahe standen.

Im Unterschied zu vielen anderen Orten wurden in Frankfurt neben Neuhaus weitere Personen aktiv, die in der Vorkriegszeit in der Jüdischen Gemeinde gearbeitet hatten und Neuhaus beim Aufbau einer Gemeinde unterstützten. Die »Leitung der Geschicke der Jüdischen Gemeinde« wurde in die Hände des 37jährigen Kaufmanns Fritz Stein gelegt, sein Gehalt trug die Stadt. Stein war bereits von 1938 bis 1944 Angestellter der Jüdischen Gemeinde und später der Reichsvereinigung der Juden in Deutschland. Er lebte in einer religiös gemischten Ehe und hatte sich der drohenden Deportation

---

den, vermutlich weil er die amerikanische Entnazifizierungspolitik kritisiert und sich gegen die Beschlagnahme von Wohnraum durch die Besatzungsmacht gewehrt hatte. Es hat wohl auch eine Rolle gespielt, dass er kein Verwaltungsfachmann war und sich nicht immer in den Behörden durchsetzen konnte. Die Amerikanische Militärregierung ernannte am 5. Juli Kurt Blaum zum Oberbürgermeister, der bis 31. März 1933 Oberbürgermeister in Hanau gewesen war und dort im Mai 1945 wieder eingesetzt worden war.

[40] Rabbiner Neuhaus an August Adelsberger, Theresienstadt, den 14. Juni 1945. ZA Heidelberg, Akten der Jüdischen Gemeinde Frankfurt am Main B 1/13, A 126.

nach Theresienstadt im Februar 1945 durch Flucht entzogen und sich acht Wochen im Taunus im Wald versteckt. »Es war nach meiner Rückkehr aus der Flucht vor der Zwangsverschickung eigentlich nicht meine Absicht, mich weiterhin im Gemeindewesen zu betätigen«, schrieb er einige Monate später im »Mitteilungsblatt der jüdischen Gemeinden und Betreuungsstellen«, »doch konnte ich den an mich ergangenen Ruf nach neuerlicher Mitarbeit aus verschiedenen Gründen nicht ablehnen.«[41] Als Gründe führt er seine Kenntnisse über die früheren Gemeindeverhältnisse, seine Vorliebe für organisatorische Arbeiten und seine Dankbarkeit für die Errettung an. »Es ist eine Selbstverständlichkeit, auf den Trümmern wieder aufzubauen, einerlei, wie viele von den jetzt noch hier befindlichen Glaubensgenossen auswandern werden, wenn diese Möglichkeit gegeben ist.«

Die Überlebenden brauchten neben der materiellen und sozialen Betreuung insbesondere Beratung und einen Ort der Begegnung und des Zusammenseins und des Gottesdienstes. Fritz Stein berichtete Ende 1945: Der »historisch erste Gottesdienst in Frankfurt am Main und wahrscheinlich auch in ganz Deutschland nach der Befreiung von der Nazityrannei hat [...] am 1. April d. J. [1945] im Hause Weiherstraße 6 stattgefunden. Seit 15. Mai finden regelmäßig Freitag und Samstag die Sabbatgottesdienste statt« im Baumweg.[42] Zu den ersten Amtshandlungen des von der amerikanischen Militärregierung eingesetzten Bürgermeisters Hollbach gehörte die Anweisung, drei Gebäude sofort den Juden zu überlassen. Das waren, wie schon erwähnt, das wenig zerstörte Haus Baumweg 5-7 und das Wohnhaus Sandweg 7. Das dritte Gebäude war das bis auf den Rundbau und einen Flügel stark zerstörte Jüdische Krankenhaus in der Gagernstraße. Es war nach der Auflösung der Gemeinde vom Heiligen Geist-Hospital genutzt worden, aber nach der Zerstörung geräumt. Das einzige unbeschädigt gebliebene Gebäude der ehemaligen Israelitischen Gemeinde, das Schulgebäude Philanthropin, wurde noch als Lazarett genutzt, wie auch das Haus Friedrichstraße 29 neben der Westend-Synagoge.

Der Baumweg wurde das Zentrum der kleinen Gemeinde. Das Gebäude war zwar beschädigt, aber in der Substanz erhalten geblieben. Wie schon erwähnt, bereitete die Beschaffung von Baumaterialien große Schwierigkeiten. Dennoch konnte Rabbiner Neuhaus dort regelmäßig Schabbatgottesdienste durchführen und Religionsunterricht sowie hebräische Sprachkurse anbieten. Etwas später stand auch ein Raum für kulturelle und gesellschaftliche Zwecke zur Verfügung. Die für die Durchführung von Gottesdiensten notwendigen Kultusgegenstände – Gebetbücher, Thorarollen, Thoramäntel, Gebetschals – erhielt die Gemeinde aus den USA. Bisher ist nur ein Fall bekannt geworden, dass eine Privatperson, nämlich Wilhelm Wagner jun., Thorarollen und Gebet-

---

[41] Fritz Stein, Ein neuer Abschnitt in der Geschichte der Jüdischen Gemeinde Frankfurt am Main. Mitteilungsblatt der jüdischen Gemeinden und Betreuungsstellen, Nr. 4, 7. Dezember 1945
[42] Ebenda.

II. »Befreit, aber nicht frei«

1949 eingeweihte Synagoge Baumweg, 1988

bücher und andere hebräische Ritualien, die er im Auftrag von Gemeindemitgliedern aus der Synagoge Friedberger Anlage gerettet hatte, nach 1945 zurückgegeben hat.[43]

Durch Initiative der amerikanischen Militärrabbiner wurde die erhalten gebliebene, aber durch eine Bombe im Inneren zerstörte Westend-Synagoge durch die Stadt soweit hergerichtet, dass im September 1945 Rosch Haschanah und Jom Kippur – das Neujahrsfest und der Versöhnungstag – in dieser Synagoge gefeiert werden konnten. Der Neujahrsgottesdienst war gleichzeitig ein Gedenken an die ermordeten Frankfurter Juden. Rabbiner Judah Nadich, der im Auftrag Eisenhowers Jüdische Gemeinden und Flüchtlingslager besuchte, berichtete, dass etwa 3.000 Männer und Frauen an den Gottesdiensten teilgenommen haben: Amerikanische jüdische und nichtjüdische Soldaten, überlebende Frankfurter Juden und Displaced Persons aus dem Lager Zeilsheim.[44] »Es war die erschütterndste Stunde seit dem Einzug der Amerikaner«, schrieb die »Frankfurter Rundschau«. »In der ausgebrannten, notdürftig instand gesetzten Synagoge fand sich zusammen, was von der großen und berühmten jüdischen Gemeinde Frankfurts übriggeblieben war.«[45] Aus Frankfurt erhielt die deutschsprachige Emigrantenzeitung »Aufbau« einen Bericht, in dem es heißt: »In einer der ergreifendsten Stunden seit dem Einmarsch der amerikanischen Truppen in Frankfurt am Main, wurde am Vorabend des Rosch-ha-Schona-Tages die notdürftig instand gesetzte Synagoge in der Freiherr-vom-Stein-Straße wieder eingeweiht. In dem letzten jüdischen Gotteshaus der Stadt, das der viehische Hass der braunen Kulturschänder nicht ganz vernichtet hatte, in einem Raum, der noch ohne Orgel, ohne das alte Gestühl war, in dem aber doch schon wieder die tröstlichen Kerzen brannten, hatte sich zusammengefunden, was von der einst grossen und für ihre

---

[43] Petra Bonavita, Mit falschem Pass und Zyankali. Retter und Gerettete aus Frankfurt am Main in der NS-Zeit, Stuttgart 2009, S. 103ff.
[44] Judah Nadich, Eisenhower and the Jews, New York 1953, S. 128.
[45] Frankfurter Rundschau, 12. September 1945. Die erste Ausgabe der Frankfurter Rundschau war am 1. August 1945 erschienen. Sieben Personen – darunter Emil Carlebach – hatten von der amerikanischen Besatzungsmacht die Lizenz dafür erhalten. Im April 1946 folgte die Frankfurter Neue Presse und im November 1949 die Frankfurter Allgemeine Zeitung.

wohltätigen Stiftungen weltberühmten Gemeinde übrig geblieben war. Wenige nur waren es [...]. Das Grauen der letzten Jahre, die sie erleben mussten, sprach noch aus ihren Augen, die Angst war von ihren Gesichtern noch nicht verschwunden, als sie von amerikanischen Soldaten, denen es schwer fiel, in dieser feierlichen Stunde ohne Tränen der Erschütterung zu bleiben, an ihre Plätze geleitet wurden.« Die Predigt, »die zugleich eine Einweihungsrede war«, hielt Rabbiner Neuhaus. Er erinnerte an die Zerstörungen im November 1938, an die Ermordeten und besonders an die ermordeten Kinder. Und er dankte der amerikanischen Verwaltung für ihre bisher geleistete Hilfe.[46]

Westend-Synagoge in der Freiherr vom Stein-Straße, 1965

Diese große Synagoge wurde zunächst nur an den hohen Feiertagen benutzt, eine gründliche Renovierung erfolgte erst 1950.

Der Verwaltungsleiter Fritz Stein kümmerte sich auch intensiv um alle Bauarbeiten. Im November 1945 weihte Rabbiner Neuhaus im ehemaligen Krankenhaus Gagernstraße das »Alters- und Siechenheim« mit »50 Betten in gut eingerichteten, luftigen und freundlichen Zimmern mit fließendem Wasser« ein.[47] Dieser Bericht von Stein war wohl zu euphorisch, denn bald schon mussten weitere Bau- und Umbaumaßnahmen vorgenommen werden. Für die Wahrnehmung sozialer Aufgaben stand außerdem das Wohnhaus Sandweg 7 zur Verfügung. Es war als Durchgangsunterkunft für 40-50 Personen vorgesehen und enthielt eine Suppenküche. Sie wurde bald in die ehemalige Suppenanstalt in der Theobald-Christ-Straße verlegt. »In der Volksküche wird jeden Tag Essen ausgeteilt, welches die Amerikaner von ihren Überresten der jüdischen Gemeinde geben, leider nicht koscher«, schrieb Rabbiner Neuhaus einem Freund.[48] Auch die ehemalige Israelitische Volksschule im

---

[46] Egon Stadelmann, Frankfurter Synagoge wieder eingeweiht. In: Aufbau, 11. Jg., Nr. 40, 5. Oktober 1945, S. 15.

[47] Fritz Stein, Ein neuer Abschnitt in der Geschichte der Jüdischen Gemeinde Frankfurt am Main. Mitteilungsblatt der jüdischen Gemeinden und Betreuungsstellen, Nr. 4, 7. Dezember 1945.

[48] 22. Februar 1946, Neuhaus an seinen Logenbruder Dr. J. Meyer in London. ZA Heidelberg, Akten der Jüdischen Gemeinde Frankfurt am Main B1/13, A 194.

II. »Befreit, aber nicht frei«

oben: Mitglieder der Jüdischen Gemeinde auf dem Börneplatz während der Enthüllung der Tafeln zum Gedenken an die zerstörten Synagogen, 20. März 1946
Auf Anordnung der Militärregierung wurden Tafeln in der Börnestraße, am Börneplatz und in der Friedberger Anlage angebracht.

unten: Im März 1946 angebrachte Gedenktafel an der noch stehenden Brandmauer der zerstörten Hauptsynagoge Börnestraße: »Hier stand die Hauptsynagoge Börnestrasse, welche von Nazi-Verbrechern am 9. November 1938 zerstört wurde«.

Röderbergweg musste notdürftig hergerichtet werden und diente insbesondere polnischen Juden als provisorische Unterkunft. Große Schwierigkeiten warf nicht nur die Durchführung der Baumaßnahmen auf, sondern auch die Ausstattung der Gebäude mit Betten, Tischen, Haushaltsgegenständen, die Beschaffung von Heizmaterial – um jede Einzelheit mussten umfangreiche Verhandlungen mit der Stadtverwaltung geführt werden.

Fritz Stein war zusätzlich verantwortlich für die Wiederherstellung der teilweise zerstörten und überwucherten jüdischen Friedhöfe. »Diese Arbeiten werden durch einige zugelassene Steinmetzfirmen und eine größere Anzahl Nazis ausgeführt, nehmen aber noch eine lange Zeit in Anspruch, bis die frevlerischen Zerstörungen, namentlich der schwer beschädigten Grabsteine ausgemerzt sein werden«, berichtete Stein im Dezember 1945.[49] Damals schon wurde ein Mahnmal für die Opfer des Nationalsozialismus auf dem Friedhof gewünscht, die Realisierung zog sich noch viele Jahre hin, bis 1959.

Im März 1946 brachte die Stadt Frankfurt auf Initiative der Militärregierung Gedenksteine an den Plätzen der zerstörten Hauptsynagoge Börnestraße, der Synagoge am Börneplatz und der Synagoge Friedberger Anlage an. Die damit verbundene Gedenkfeier fand am Dominikanerplatz statt, wie die Nationalsozialisten den Börneplatz benannt hatten. »Am 20. März 1946 wurde im Beisein der gesamten jüdischen Gemeinde, namhafter Vertreter der Militär- und der deutschen Regierung und der Bevölkerung in Frankfurt eine Gedenktafel für die von den Nationalsozialisten am 9. November 1938 zerstörte

Herrmann Zvi Guttmann, Entwurf eines Denkmals in der früheren Börnestraße, um 1960

Synagoge am Börneplatz eingeweiht. Die Enthüllung nahm Oberst James R. Newman, der Direktor der Militär-Regierung von Groß-Hessen vor, neben ihm nahm Regierungs-Präsident Dr. Martin Mischalke, Rabbiner Dr. Neuhaus und Oberbürgermeister Dr. Blaum an der Feier teil.«[50] In späteren Jahren gedachte die Gemeinde – unter Beteiligung von Vertretern der Stadt – in der Friedberger Anlage jährlich am 9. November der Zerstörung der Synagogen und der Vertreibung und Ermordung der Frankfurter Juden.

---

[45] Fritz Stein, Ein neuer Abschnitt in der Geschichte der Jüdischen Gemeinde Frankfurt am Main. In: Mitteilungsblatt der jüdischen Gemeinden und Betreuungsstellen, Nr. 4, 7. Dezember 1945.

[50] Beschriftung des dpa Bildes mit der Gedenktafel und Oberst Newman. Jüdisches Museum Frankfurt am Main.

II. »Befreit, aber nicht frei«

Ende Dezember 1945 hatte also die kleine jüdische Gemeinde in Frankfurt zur Wahrnehmung ihrer religiösen Aufgaben ein Gemeindehaus mit Betraum und eine große Synagoge für die Feiertage; sie verfügte über soziale Einrichtungen für alte Menschen, Unterkünfte für polnische Juden und einen Friedhof. Personen, die in schon in der Zeit vor dem Nationalsozialismus aktiv waren und sich gut auskannten, hatten die Verantwortung und Leitung übernommen, ein Rabbiner leitete die Jüdische Betreuungsstelle[51] und kümmerte sich um alle religiösen Belange. Rabbiner Neuhaus war die dominante Persönlichkeit in der Jüdischen Gemeinde. Als Leiter der Jüdischen Betreuungsstelle hielt er ständigen Kontakt mit der Stadtverwaltung und führte viele aufreibende Verhandlungen. Von der Militärregierung erhielt er die Genehmigung, das »Mitteilungsblatt der jüdischen Gemeinden und Betreuungsstellen« herauszugeben, das sich als wichtiges Informationsblatt erwies, aber nach der Auswanderung von Neuhaus eingestellt wurde.

Nicht unproblematisch allerdings war die Zusammensetzung der Gemeinde. War es zunächst so, dass alle unter dem Nationalsozialismus als Juden Verfolgte Mitglieder werden konnten, verlangte Rabbiner Neuhaus die Beachtung der halachischen Vorschrift. Danach ist ein Jude, wer von einer jüdischen Mutter abstammt oder übergetreten ist. Neuhaus verlangte Nachweise z.B. der Bar Mizwa (ähnlich Konfirmation) oder der jüdischen Trauung. Eigentlich wünschte Neuhaus als Mitglieder nur Personen mit einer Beziehung zum religiösen Judentum. Einige der damals Aktiven wie zum Beispiel der nichtreligiöse August Adelsberger waren für ihn keine »wirklichen« Juden. Mit der Begründung, dass sie nur vorübergehend in Frankfurt sich aufhielten, wollte Neuhaus keine polnischen Flüchtlinge in die Gemeinde aufnehmen.

Im Sommer 1946 hatte die Gemeinde zwischen 600 und 700 Mitglieder. Weitere 10 bis 20 Personen in Frankfurt waren »volljüdischer Abstammung, jedoch konfessionslos«, 75 Personen waren »jüdischer Abstammung, aber christlichen Glaubens«.[52]

Eine eindeutige Festlegung der Mitgliedschaft erfolgte in der im Februar 1948 verabschiedeten Satzung. In ihr bezeichnete sich die Gemeinde als »eine Vereinigung von Personen, die sich zum jüdischen Glauben bekennen und in Frankfurt am Main oder Umgebung wohnberechtigt sind« und definierte als Zweck »die Pflege des jüdischen Kultus und die Wahrnehmung der Interessen ihrer Mitglieder als Angehörige

---

[51] Die Jüdische Betreuungsstelle der Stadt Frankfurt war für deutsche Staatsbürger zuständig, die in der NS-Zeit aus rassischen Gründen verfolgt waren. Diese Verfolgung hatte nicht nur »Volljuden« betroffen, sondern auch Nichtjuden, Menschen, die getauft waren oder schon aus christlichen Familien stammten. Diese waren erst zu einem späteren Zeitpunkt Verfolgungen ausgesetzt, und deshalb wurde in der Zeit des großen Mangels eine Unterscheidung zwischen Opfergruppen getroffen. Dazu ausführlich Alon Tauber, Zwischen Kontinuität und Neuanfang. Die Entstehung der jüdischen Nachkriegsgemeinde in Frankfurt am Main 1945-1949, Wiesbaden 2008, S. 85f. und S. 112f.

[52] Ebenda, S. 98, zitiert aus einem Brief von Fritz Stein.

dieser Religionsgemeinschaft«.[53] Weiter hieß es in der Satzung, dass alle Mitglieder der Gemeinde Frankfurt ohne Unterschied des Geschlechts, der Herkunft, der Rasse und der politischen Überzeugung gleiche Rechte und Pflichten hätten. Die Mitgliedschaft wurde durch die Geburt von einer jüdischen Mutter und die Aufnahme durch den Vorstand aufgrund einer Beitrittserklärung erworben. Mit dieser Satzung konnten sogenannte Ostjuden, die in Frankfurt lebten, Gemeindemitglieder werden, weshalb der Verabschiedung heftige Diskussionen vorausgegangen waren. Die halachische Vorschrift ist noch heute gültig, von Herkunft und Rasse ist jedoch nicht mehr die Rede.

Obwohl immer wieder vom Neuaufbau oder Wiederaufbau des jüdischen Gemeindelebens gesprochen wurde, wartete die Mehrheit der damaligen Mitglieder auf die Auswanderung. Etwa zwei Drittel gaben auf dem Antrag zur Mitgliedschaft an, dass sie auswandern wollten, in der Regel in die Vereinigten Staaten. Die Einwanderung dorthin wurde erst nach Öffnung amerikanischer Konsulate im Frühjahr 1946 möglich. Für deutsche Juden bestanden keine großen formalen Hindernisse, nachdem es jüdischen Organisationen erlaubt wurde, die Bürgschaft pauschal zu übernehmen. Krankheiten allerdings schlossen für viele diesen Weg aus.

Rabbiner Neuhaus, der sich intensiv für den Gemeindeaufbau einsetzte, und seine Frau, die sich um die Sozialarbeit kümmerte, waren sich immer bewusst, dass viele Frankfurt verlassen würden. Sie selbst überlegten, zu ihrem Sohn nach New York zu ziehen, nachdem sie erkennen mussten, dass die neue Gemeinde keinen Bezug mehr zur früheren hatte, weil dafür die Menschen fehlten. Die schwierigen Erfahrungen in Frankfurt bestärkten sie in diesem Beschluss. Wir haben »die Absicht, sobald es möglich ist, zu unseren Kindern nach New York auszuwandern. Auf keinen Fall bleiben wir hier in Frankfurt/M., um mit den Nazis weiter dieselbe Luft zu atmen«,[54] teilte Leopold Neuhaus schon im November 1945 einem Freund mit. Rabbiner Neuhaus und seine Frau verließen im Juni 1946 Frankfurt. Der damals 67jährige konnte jedoch nicht mehr Fuß fassen in den USA: Er fand keine feste Anstellung als Rabbiner, und es gelang ihm nicht, seine Rentenansprüche gegenüber Deutschland zufriedenstellend durchzusetzen.

Seine Frau und er wurden immer wieder über die große Not in Frankfurt informiert und gebeten, die Zusendung von Paketen zu veranlassen. Sie fanden gelegentlich Geldgeber dafür, konnten aber die große Not nur geringfügig erleichtern. Auch andere Emigranten wie z.B. Therese Freimann organisierten in der ersten Nachkriegszeit Paket- und Geldsendungen. Neuhaus hoffte vergeblich, noch einmal nach Frankfurt eingeladen zu werden. Mit großer Sehnsucht nach Frankfurt starb er 1954 in Armut und Verbitterung.[55]

---

[53] Ebenda, S. 36 und 51.
[54] Brief vom 5. November 1945, zitiert bei Alon Tauber, Zwischen Kontinuität und Neuanfang. Die Entstehung der jüdischen Nachkriegsgemeinde in Frankfurt am Main 1945-1949, Wiesbaden 2008, S. 165.
[55] Briefwechsel zwischen Leopold und Cilly Neuhaus und Max Meyer. ZA Heidelberg, Akten der Jüdischen Gemeinde Frankfurt am Main B1/13, A 803.

II. »Befreit, aber nicht frei«

Max Meyer (1884-1971) stiftete der Synagoge Baumweg einen Torazeiger. Die Inschrift lautet: »Zum Beginn, nach der Großen Flut« [Gen. 10,1] »Stiftung von Herrn Meir, Sohn des Herrn Jakob, Jahr 706« [1945/46]

Der dominante Rabbiner ließ eine verunsicherte und überforderte Gemeinde zurück. Ihre Funktionsfähigkeit sah nach außen besser aus als sie tatsächlich war. Nach heftigen Auseinandersetzungen über eine Satzung und die Wahlordnung trat erst im Januar 1947 der erste gewählte Vorstand sein Amt an. Den Geschäftsführenden Vorstand bildeten drei Männer, die lange in Frankfurt lebten und schon in der Vorkriegsgemeinde aktiv gewesen waren: Max Meyer, Max L. Cahn und Sally Buch. Max Meyer übernahm die Verwaltung des Kultusressorts, Fritz Stein leitete weiterhin die Verwaltung, Wilhelm Stern übernahm die Betreuungsstelle. Der Rechtsanwalt und Notar Max L. Cahn (geb. 1889) gehörte zu den wenigen entlassenen Anwälten in Frankfurt, die als »jüdische Konsulenten« in einem bestimmten Umfang und unter Aufsicht der Gestapo über 1938 hinaus tätig sein konnten. Er und seine nichtjüdische Frau konnten trotz der schwierigen Umstände manchem Juden Hilfe zuteil werden lassen. Vor der drohenden Deportation im Februar 1945 tauchte er in Kelkheim unter. Ihm gelang es aufgrund noch bestehender Beziehungen, 1945 schnell wirtschaftlich und gesellschaftlich Fuß zu fassen. Der religiös konservative Kaufmann May Meyer (geb. 1884) war ebenfalls mit einer Nichtjüdin verheiratet, die ihn unterstützte und bis zum Februar 1945 vor der Deportation bewahrte. Unmittelbar nach der Rückkehr aus Theresienstadt bemühte er sich um den Wiederaufbau der Gemeinde, zunächst insbesondere um die Durchführung von Gottesdiensten. Beruflich eröffnete er seine Fellhandlung wieder, konnte aber kaum davon leben. Sally Buch (geb. 1877) war erfolgreicher Kaufmann in Frankfurt, bis ihm die Zulassung als Handelsvertreter entzogen wurde. Im September 1942 wurde zu gemeinsam mit seiner Schwester, der bekannten Bildhauerin und Malerin Amalie Seckbach, nach Theresienstadt deportiert. Seine Schwester kam um, er überlebte, konnte aber aufgrund schwerer gesundheitlicher Schäden und seines Alters seinen Beruf nicht mehr ausüben und zog sich 1949 auch aus der Gemeindeführung zurück.

Die Suche nach einem neuen Rabbiner erwies sich als außerordentlich schwierig. Max Meyer wünschte einen deutsch-jüdischen Rabbiner, der die alten Frankfurter Traditionen fortsetzen könnte. Mehr als zwei Jahre lang wurden zur Durchführung der Gottesdienste an den hohen Feiertagen wechselnde Rabbiner eingeladen, für andere Handlungen sprang der Rabbiner des »Komitees der befreiten Juden in Frankfurt am

Main«, Rabbiner Thorn, ein.[56] Überhaupt bereitete die Einstellung von Personen mit einem religiösen Beruf wie Schächter, Beschneider, Lehrer und Bestatter größte Schwierigkeiten. Immer wieder musste auf Mitglieder des Komitees zurückgegriffen werden oder auch auf Personen aus dem Lager für Displaced Persons in Zeilsheim. Bei der Auflösung des Lagers bemühte sich die Gemeinde erfolgreich darum, solche Personen zum Zuzug nach Frankfurt zu bewegen.

Im Juli 1948 trat Rabbiner Dr. Wilhelm Weinberg das Amt des Gemeinderabbiners in Frankfurt und des Landesrabbiners von Hessen an. Mit der Gründung des Landesverbandes der Jüdischen Gemeinden in Hessen 1948 schufen sich die Juden eine Vertretung gegenüber der Landesregierung, die staatliche Gelder zur Verfügung stellte.[57] Die Einrichtung des Landesrabbinats sollte den kleinen Gemeinden helfen, die keinen eigenen Rabbiner bezahlen konnten. Für den Frankfurter Rabbiner war die Ausübung beider Ämter eine Doppelbelastung, aber die meisten Gemeinden waren sehr klein, und man rechnete ja damit, dass noch viele Juden Deutschland verlassen würden.

4. Warten auf die Einwanderung nach Palästina und in die USA: Displaced Persons im Lager Frankfurt-Zeilsheim

Während die Frankfurter Stadtverwaltung sich um die Versorgung der wenigen überlebenden deutschen Juden mit Lebensmitteln, Kleidung, Wohnraum und Möbeln kümmerte, wiesen die Amerikaner ab August 1945 mehrere tausend Juden aus Polen, Rumänien, Ungarn, Litauen in ein Lager im Stadtteil Zeilsheim ein. Es handelte sich um sogenannte Displaced Persons (DPs, heimatlose Personen)[58], Menschen, die während

---

[56] Zum »Komitee der befreiten Juden in Frankfurt am Main« siehe S. 57ff.

[57] Die hessische Landesregierung hatte den Juristen Dr. Curt Epstein schon im April 1946 als Staatskommissar für die Betreuung der (deutschen und ausländischen) Juden in Hessen bestellt und ihn auch mit der Wiederherstellung der Synagogen und Friedhöfe beauftragt. Zuvor war er – nach seiner Befreiung aus dem Konzentrationslager – Angestellter des Frankfurter Fürsorgeamts. 1947 wurde er Leiter der Abteilung Wiedergutmachung für politisch, rassisch und religiös Verfolgte im hessischen Innenministerium. Er war sehr einflussreich, besonders zwischen Neuhaus und ihm und dem Frankfurter Gemeindevorstand gab es immer wieder Kompetenzstreitereien. Nach der Bildung des »Landesverbandes der jüdischen Gemeinden in Hessen« wurde sein Arbeitsvertrag bei der hessischen Landesregierung aufgelöst. Er verließ 1950 Frankfurt und wanderte aus. Der Grund war wohl der Verdacht gegen die »Jüdische Industrie- und Handelsbank Frankfurt«, illegal Gelder ins Ausland zu transferieren. Epstein saß im Aufsichtsrat. Bei den Geldüberweisungen ging es darum, Juden im Ausland ohne große Verluste ihre Wiedergutmachungsgelder zukommen zu lassen.

[58] Die Bezeichnung ist von der UNO geprägt worden. Benutzt wurde eigentlich nur die Abkürzung DP [dipi ausgesprochen].

der Nazizeit aus ihrer Heimat in Konzentrations- und Zwangsarbeiterlager verschleppt und von den Alliierten befreit worden waren. Betroffen waren Juden wie Nichtjuden. Während aber die Nichtjuden allmählich in ihre Heimat zurückkehrten, warteten die jüdischen DPs in der amerikanischen Zone in Lagern zusammengefasst auf die Einwanderung nach Palästina und in die USA.[59] Da für beide Länder strenge Einwanderungsbeschränkungen bestanden, wurden sie im »Wartesaal« festgehalten. Jacob Olejski sprach in ihrem Namen, als er auf der »Friedens-Siegeskundgebung« in Landsberg am 24. August 1945 rief: »Nein, wir sind keine Polen, trotzdem wir in Polen geboren sind; wir sind keine Litauer, auch wenn unsere Wiege einstmals in Litauen gestanden haben mag; wir sind keine Rumänen, wenn wir auch in Rumänien das Licht der Welt erblickt haben. Wir sind Juden! Wir fordern daher, daß für uns die Tore Palästinas weit geöffnet werden, damit wir dort als freie Menschen und als freies, unabhängiges und selbständiges Volk leben können.«[60] Andere Displaced Persons wollten in die Vereinigten Staaten, weil sie dort Verwandte hatten oder aus anderen persönlichen Gründen.

Die Zahl der DPs stieg ständig, insbesondere aus Polen trafen Juden ein, die nicht mehr dort leben wollten, weil ihre Familien ermordet und ihre Gemeinden zerstört waren. Die Überlebenden fühlten sich nicht nur unerwünscht, sondern bedroht. Ein starker Antisemitismus war in Polen spürbar, der sogar zu Pogromen gegen Juden führte. 1946 flohen polnische Juden nach Westen, die aus der Sowjetunion nach Polen zurückgekehrt waren und ihre Heimatorte verwüstet vorgefunden hatten und ihre Häuser von Polen bewohnt, die sie abwiesen und oft sogar bedrohten. Die meisten Flüchtlinge, die allein oder in Gruppen unterwegs waren oder in den befreiten Konzentrationslagern warteten, gelangten in die amerikanische Besatzungszone. Die amerikanische Besatzungsmacht, die auf diese Gruppen nicht vorbereitet war, richtete in Bayern und Hessen Assembly Centers, Sammellager, ein. Nach der Etablierung des sowjetischen Einflussbereichs in Osteuropa verließen Juden mit Hilfe jüdischer Fluchthilfeorganisationen Ungarn, Rumänien und Litauen. Weiterhin trafen mehrere Gruppen von elternlosen Kindern ein.

Zeilsheim gehörte zu den besseren DP-Lagern. Die Amerikaner nutzten Baracken,

---

[59] Zu den Displaced Persons gibt es eine relativ umfangreiche Literatur. Grundlegend: Angelika Königseder/Juliane Wetzel, Lebensmut im Wartesaal. Die jüdischen DPs (Displaced Persons) im Nachkriegsdeutschland, Frankfurt am Main 1994; Jacqueline Giere/Rachel Salamander (Hrsg.), Ein Leben aufs neu: Das Robinson Album. DP-Lager: Juden auf deutschem Boden, Wien 1995; Wolfgang Jacobmeyer, Die Lage der Jüdischen Displaced Persons in den deutschen Westzonen 1946/47 als Ort jüdischer Selbstvergewisserung. In: Micha Brumlik u.a. (Hrsg.), Jüdisches Leben in Deutschland seit 1945, Frankfurt am Main 1986, S. 31-48; Michael Brenner, Nach dem Holocaust. Juden in Deutschland 1945-1950, München 1995.

[60] Wolfgang Jacobmeyer, Die Lage der Jüdischen Displaced Persons in den deutschen Westzonen 1946/47 als Ort jüdischer Selbstvergewisserung. In: Micha Brumlik u.a. (Hrsg.), Jüdisches Leben in Deutschland seit 1945, Frankfurt am Main 1986, S. 31f.

II. »Befreit, aber nicht frei«

Eingang zum Lager für »Displaced Persons«, das offiziell Assembly Center hieß, in Frankfurt-Zeilsheim, 1946

die die IG-Farben für Zwangsarbeiter errichtet hatte, und beschlagnahmten zusätzlich etwa 200 Wohnungen und Häuser. Die Bewohner mussten ihre Wohnungen über Nacht verlassen und Möbel, Matratzen, Geschirr und Lampen zurücklassen. Für die Zeilsheimer folgte auf die »Hitlerzeit« die »Polenzeit«, in der ehemalige Zwangsarbeiter frei kamen, und dann die dreijährige »Judenzeit«, wie sie es nannten.

Geplant war das Lager für etwa 2.000 Menschen, bald aber mussten auf dem gleichen Raum 5.000 leben. Sie waren entwurzelt, ihre frühere Lebenswelt war unwiderruflich zerstört, sie hatten Furchtbares durchgemacht und litten darunter, zu den wenigen Überlebenden zu gehören. She'erit Hapleita – Rest der Geretteten oder Rest, der entkommen ist – nannten sie sich selbst. Alle hatten zahlreiche Angehörige verloren oder keine Nachricht von ihnen, sie trauerten um Millionen von Toten. Suchlisten wurden aufgestellt und allen örtlichen jüdischen Komitees und den Alliierten zugestellt. Die Überlebenden sammelten Aussagen über die Verfolgungen, die Konzentrationslager und die Flucht. Die Freude über die Befreiung verband sich mit der Mahnung des »Zachor – Erinnere dich«. Im Mai 1946 wurde im DP-Lager Zeilsheim ein großes steinernes Denkmal für die Opfer der Judenvernichtung eingeweiht, das unter einem Davidstern die hebräische und englische Inschrift trug: »In memory of our dear people who were murdered under the Nazi-rule.« Dieses große Denkmal ist nach der Auflö-

II. »Befreit, aber nicht frei«

links: Einweihung des Denkmals für die Opfer der Judenvernichtung durch Rabbiner Thorn, 15. Mai 1946
rechts: Heutige Gedenktafel an das Zwangsarbeiterlager und das DP-Lager im Park hinter der Stadthalle in Zeilsheim, 2009

sung des Lagers Ende 1948 irgendwann verschwunden; es ist ungeklärt, wann und durch wen es entfernt wurde. Seit 1988 erinnert im Park hinter der Stadthalle eine freistehende Gedenktafel an das Lager Zeilsheim.

Die Menschen in den Lagern waren enttäuscht. Sie hatten geglaubt, die Gegner der Nationalsozialisten würden sie mit offenen Armen empfangen, willkommen heißen und alles tun, um ihnen sofort ein besseres Leben in Freiheit zu ermöglichen. Sie aber saßen ausgerechnet in Deutschland fest, wenn auch gewissermaßen »exterritorial« in der amerikanischen Besatzungszone, aber abhängig von der völlig überforderten Militärregierung und von Hilfsorganisationen, ohne Möglichkeit, ihr Leben selbst in die Hand zu nehmen. Das Pessachfest im März 1946 konnte nicht, wie erhofft, als Fest der Befreiung aus der Knechtschaft gefeiert werden: »Der Weg durch die ›Wüste‹, wie überhaupt alle Bewegungslinien, sind gesperrt. Die Juden sind weder Subjekt der Geschichte noch Schmiede ihres eigenen Schicksals. Sie sind kein freies Volk«, heißt es verzweifelt in dem damals veröffentlichten »Pessach-Buch. Zum ersten Freiheits- und Frühlingsfest der Überreste Israels in Europa«.[61] Die Lebensbedingungen waren schwie-

---

[61] Dr. S. Gringauz, Knechtschaft – Freiheit – Eigenstaatlichkeit vor 3000 Jahren und heute. In: Israel Blumenfeld (Hrsg.), Pessach-Buch 5706-1946. Zum ersten Freiheits- und Frühlingsfest der Überreste Israels in Europa, Jüdische Rundschau, Marburg 1946, S. 12f.

II. »Befreit, aber nicht frei«

rig, oft trostlos, öde und bedrückend. Keiner wusste, wie lange die Wartezeit dauern und wie die Zukunft aussehen würde.

Dennoch: Mit der Hoffnung auf ein neues Leben schufen die Bewohner zahlreiche Ausbildungs-, Bildungs- und Kultureinrichtungen. Eine jiddischsprachige Zeitung mit dem bezeichnenden Titel »Unterwegs« wurde herausgegeben, Unterricht für Kinder und Erwachsene eingerichtet, handwerkliche Ausbildungen organisiert. Theater- und Filmvorführungen wurden angeboten, und der Sport spielte eine wichtige Rolle. Man heiratete und brachte als Ausdruck des Lebenswillens zahlreiche Kinder zur Welt. In den DP-Lagern gab es in den Jahren nach der Befreiung die höchste Geburtenrate aller jüdischen Gemeinden auf der Welt. Bei aller Freude über jedes neugeborene Kind, blieb die Vergangenheit stets im Gedächtnis, und so gaben viele Menschen ihren Kindern Namen der ermordeten Verwandten. Den Kindern ging es gut im Lager, sie

oben: Titelblatt der in Jiddisch herausgegebenen Zeitung »Unterwegs«, 15. Juli 1946 Die Überschrift des Artikels lautet: »Im Kampf für unsere Befreiung«.

unten: Hochzeit im DP-Lager, 1946

II. »Befreit, aber nicht frei«

Mütter mit Kindern, die im Lager geboren wurden, 1946

waren die Zukunft, und für sie wurde alles getan, wie zahlreiche Erinnerungen belegen.

Jiddisch war die Lagersprache, jüdische Feiertage bestimmten den Lebensrhythmus, Gottesdienste wurden in ostjüdischer Form durchgeführt. Die Displaced Persons schufen eine eigene Verwaltung, die das Leben im Lager regelte. Die US-Militärbehörden anerkannten das in Bayern gebildete »Zentralkomitee der befreiten Juden in der US-Zone Deutschlands« als Vertretung der DPs. Unterhalb dieses Komitees bestanden Regional- und Lokalkomitees wie das »Komitee der befreiten Juden, Zeilsheim bei Frankfurt« und das »Komitee der befreiten Juden in Frankfurt am Main« (siehe auch XII Texte und Dokumente S. 264ff. in diesem Band).

Das politische Leben im Lager bestimmten mehrere zionistische Parteien. Der bestehende Kampf um einen jüdischen Staat bot den DPs die Möglichkeit einer aktiven Beteiligung am Schicksal ihres Volkes: Die Forderung nach einem eigenen Staat wurde bei jeder sich bietenden Gelegenheit geäußert und sogar in Demonstrationen zum Ausdruck gebracht. Der jüdische Staat sollte ein Ort sein, an dem »keiner in der Welt [uns] wird sagen können: ›Haut ab!‹« (Lekh, lekh).[62] Zweimal besuchte David Ben Gurion, damals Vorsitzender des jüdischen Exekutivkomitees in Palästina, Zeilsheim und weckte Hoffnungen auf einen baldigen jüdischen Staat, ermunterte allerdings auch zur illegalen Einwanderung nach Palästina.

Die Displaced Persons waren als Flüchtlinge anerkannt und wurden von der Flüchtlingsorganisation der Vereinten Nationen, der UNRRA, und der amerikanisch-jüdischen Hilfsorganisation Joint (American Jewish Joint Distribution Committee) versorgt. Die Verpflegung war ausreichend, aber für den Alltag fehlten viele Dinge. So entstand schnell ein Tauschmarkt: z.B. Fett gegen frische Äpfel oder Zigaretten gegen Eier. Deutsche und DPs profitierten davon. Der Tauschhandel erweiterte sich zum Schwarzmarkt,

---

[62] Refleksn fun a Na-venadinik, Unterwegs Nr. 8, 23. Januar 1947. Zitiert in: Jacqueline Giere/Rachel Salamander, Ein Leben aufs neu. Das Robinson-Album. DP-Lager: Juden auf deutschem Boden 1945-1948, Wien 1995, S. 30.

auf dem sich Bauern und Lagerbewohner, Einwohner und Kriminelle begegneten. In das eigentliche Lager durften Deutsche nicht, aber in dem umliegenden Sperrgebiet, in dem viele Displaced Persons wohnten, entwickelte sich der blühende Handel. Die Deutschen brachten aus ihren Wohnungen und Gärten, was sie umsetzen konnten, die DPs aus den Paketen alles, was sie nicht brauchten. Die Zentrale der großen Geschäfte war in einer von einem Deutschen geführte Bäckerei, in der es ein Telefon gab. Neben diesen Alltagsgeschäften wurde aber auch viel Gestohlenes verkauft und ebenfalls Papiere und Dokumente aller Art gehandelt. Immer wieder berichteten Zeitungen darüber, beschwerten sich Zeilsheimer über den schlechten Ruf ihres Stadtteils und mussten sich die Zollfahndung und die Stadtverwaltung mit den schnellen Geschäften beschäftigen. Hin und wieder fanden Razzien statt.

Razzia auf dem Schwarzmarkt in der Taunusstraße, 28. November 1945

Nur wenige Deutsche interessierten sich für das, was die im Lager lebenden Menschen durchgemacht hatten, und versuchten zu verstehen, dass viele von ihnen nicht in der Lage waren, ein »normales bürgerliches Leben« zu führen. Die »Begegnungen« im Handel prägten sehr nachhaltig das Bild vieler Deutschen über die ersten Juden im Nachkriegsdeutschland. Deutsche, die die aus dem Schwarzmarkt entstehenden Spannungen spürten, protestierten energisch gegen die Aufführung des »Kaufmanns von Venedig« von William Shakespeare, die die Städtischen Bühnen für Dezember 1946 planten.[63] Die Nationalsozialisten hatten dieses Drama mit einer falschen Interpretation als Hetzstück gegen die Juden eingesetzt. Auch bei einer sehr differenzierten Inszenierung be-

---

[63] Madlen Lorei/Richard Kirn, Frankfurt und die drei wilden Jahre, Frankfurt am Main 1962, S. 159.

II. »Befreit, aber nicht frei«

stand die Gefahr, dass die Figur des jüdischen Geldverleihers Shylock vorhandenen Antisemitismus verstärken könnte. Die »Frankfurter Rundschau« machte hin und wieder darauf aufmerksam, wie gut es den Nazis schon wieder gehe, die sich »mit allen Vorteilen in die demokratischen Verhältnisse« eingebracht hätten und forderte zur Toleranz gegenüber den besitz- und beziehungslosen DPs auf, und sie wies darauf hin, dass der Schwarzmarkt auch ohne DPs blühen würde.[64] Derartige Meinungsäußerungen waren eine Ausnahme.

Eine von vielen Lehrwerkstätten im DP-Lager, 1946

Der passionierte Fotograf Ephraim Robinson hielt das Leben im »Assembly Center« Zeilsheim in allen denkbaren Facetten fest. Bald nach seiner Einwanderung in die USA 1948 sortierte er die Fotos und klebte ausgewählte in ein Album und beschriftete sie. Im Vorwort dazu schrieb er: »Dieses Album zeigt die weitere Tragödie, die diese Menschen durchleben mussten: die bebilderte Geschichte eines modernen Nachkriegslagers – Zeilsheim bei Frankfurt/Main in Deutschland, 1945-1948«.[65]

---

[64] z.B. Frankfurter Rundschau, 2. April 1946.
[65] Das Album wie auch ein von Ephraim Robinson in Zeilsheim gedrehter Film liegen im Holocaust Museum in Washington. Die Fotos aus dem Album sind reproduziert: Jacqueline Giere/ Rachel Salamander (Hrsg.), Ein Leben aufs neu. Das Robinson-Album. DP-Lager: Juden auf

Je länger die Wartezeit dauerte, desto schwieriger wurde die Versorgungs- und Lebenssituation der DPs. Zwischen den Flüchtlingsorganisationen kam es zu Kompetenzstreitereien, die Versorgung aus den USA ließ nach, die kleinen Tauschgeschäfte wurden geringer, und den Displaced Persons fehlte es an vielen Alltagsdingen, z.B. Windeln für Kinder. Andererseits waren zwischen manchen DPs und einigen Deutschen über Arbeitsbeziehungen auch Freundschaften entstanden oder der Liebe folgten Hochzeiten.

Erst nach der Gründung des Staates Israel 1948 und der Verabschiedung eines auf DPs gerichteten Einwanderungsgesetzes in den USA verließ der größte Teil der Displaced Persons Deutschland, die Auswanderung ging allerdings sehr langsam vor sich. Mitte November 1948 schlossen die Amerikaner das Lager und verteilten die noch verbliebenen etwa 2.000 bis 2.500 Bewohner auf andere Lager. Nur rund 200 von ihnen erlangten eine Zuzugsgenehmigung für Frankfurt. Es waren Kranke und Alte, die keinen weiteren Ortswechsel wollten oder nicht in die USA einreisen durften, Studierende und Personen, die sich inzwischen eine wirtschaftliche Existenz geschaffen oder sich mit jemandem aus Frankfurt verheiratet hatten.

Anfang 1949 erhielten die alten Wohnungsinhaber in Zeilsheim ihre Häuser und Wohnungen zurück, und viele erhoben Klagen und Beschwerden über zerstörte Möbel und verwohnte Häuser.

5. Das »Komitee der befreiten Juden in Frankfurt am Main« – eine zweite jüdische Gemeinde

Nicht alle Displaced Persons aus Osteuropa, die in Frankfurt gestrandet waren, ließen sich von der amerikanischen Militärregierung in Lager einweisen. Viele weigerten sich, wieder in einem Lager zu leben und blieben in der Stadt. Im Winter 1945/46 hielten sich zwischen 250 und 300 polnische Juden im Frankfurter Stadtgebiet auf, ein halbes Jahr später waren es schon 550.[66] Einige von ihnen gründeten das »Komitee der befreiten Juden in Frankfurt am Main«, das dem Zentralkomitee der befreiten Juden in der US-Besatzungszone in Deutschland unterstand. Die Stadtverwaltung hatte zunächst Hotels zur Unterbringung der DPs angemietet; die deutsch-jüdische Gemeinde,

---

deutschem Boden 1945-1948, Wien 1995. – Ephraim Robinson ist 1913 in Warschau geboren und 1989 in den USA gestorben. Er hatte das große Glück, mit seiner Frau und einer Tochter überlebt zu haben. Die Tochter hat Erinnerungen an ihre Zeit als Kind in Zeilsheim festgehalten, die nicht veröffentlicht sind. Eine Kopie liegt im Archiv des Jüdischen Museums Frankfurt am Main.

[66] Alon Tauber, Zwischen Kontinuität und Neuanfang. Die Entstehung der jüdischen Nachkriegsgemeinde in Frankfurt am Main 1945-1949, Wiesbaden 2008, S. 75f.

II. »Befreit, aber nicht frei«

Anatol Chari als Student der Zahnmedizin. Chari lebte zunächst im DP-Lager Zeilsheim, dann in Frankfurt, 1951 wanderte er in die USA aus.

die diese Displaced Persons als »Durchreisende« betrachtete, stellte Betten in der Gagernstraße zur Verfügung sowie das nur sehr notdürftig hergerichtet Gebäude der ehemaligen Israelitischen Volksschule Röderbergweg 29. In unzureichenden hygienischen Verhältnissen waren dort 100 bis 150 ausländische Juden untergebacht. Ende 1946 wurde das Gebäude renoviert und umgebaut, blieb aber eine sehr problematische Unterkunft. Die DPs richteten sich in diesem Haus später eine Synagoge ein, nachdem es ständig Auseinandersetzungen zwischen den deutschen Juden und den Ostjuden gegeben hatte über die Durchführung der gemeinsamen Gottesdienste und das Verhalten im Gottesdienst – zwei Traditionen stießen hier aufeinander.

Diese polnischen Juden, die ja als Flüchtlinge anerkannt waren, wurden von der jüdisch-amerikanischen Hilfsorganisation Joint (American Jewish Joint Distribution Committee) mit Lebensmitteln, Kleidung, Geld und notwendigen Dingen für die Religionsausübung unterstützt. Die Stadt beschlagnahmte eine Nazi-Wohnung im Sandweg 8 und stellte sie dem Komitee als Büro zur Verfügung. Dieses schuf mit dem Geld des Joint zahlreiche Arbeitsstellen für seine Mitglieder, anderen DPs gelang es, für die Militärregierung zu arbeiten. Der Jüdische Studentenverband in der Amerikanischen Zone half Flüchtlingen, die keine Nachweise und Dokumente mehr hatten, an die Universität zu kommen. Um die 100 Studenten erhielten 1947/48 Beihilfen von der hessischen Regierung und von jüdischen Hilfsorganisationen.

Neben der Versorgung seiner Mitglieder sah das Komitee seine Hauptaufgabe darin, Sprach- und Religionsunterricht sowie kulturelle Veranstaltungen anzubieten und vor allen Dingen Gottesdienste durchzuführen und ein jüdisches Leben entsprechend den Religionsgesetzen zu ermöglichen. Die Zahl der Mitglieder stieg ständig, denn das Komitee kümmerte sich erfolgreich um Zuzugsgenehmigungen. Ende 1946 trafen um die 100 ungarische Juden in Frankfurt ein, die dem Komitee beitraten.

Die beiden Gruppierungen – die Jüdische Gemeinde und das Komitee der befreiten Juden – agierten als separate jüdische Gemeinden, obwohl eine Zusammenarbeit an zahlreichen Stellen notwendig war. Das Komitee, das keine Beschränkungen bei der Aufnahme vorsah, bestand nicht ausschließlich aus polnischen, ungarischen und anderen osteuropäischen Juden, sondern ihm schlossen sich ebenfalls viele Juden aus den polnisch gewordenen deutschen Ostgebieten an. Gerade in der Leitung waren Juden aus Breslau und Juden, ursprünglich »Ostjuden« genannt, die vor der Nazizeit in Frankfurt gelebt hatten. Möglicherweise fühlten sie sich als Flüchtlinge fremd in Frankfurt, wollten auswandern und kamen mit den Vorstellungen der deutsch-jüdischen Gemeinde nicht zurecht. Außerdem konnten sie nur im Komitee als Flüchtlinge anerkannt werden. Nicht wenige allerdings hatten sogar eine Doppelmitgliedschaft.

6. Der Zusammenschluss der »deutschen« Gemeinde mit dem »Komitee der befreiten Juden in Frankfurt am Main« im April 1949

Obwohl die deutsche jüdische Gemeinde und das Komitee nebeneinander bestanden und eigene Ziele verfolgten, nahmen im Laufe der Zeit die Berührungspunkte und die Notwendigkeit einer Zusammenarbeit zu. Die jüdischen Friedhöfe z.B. unterstanden der Gemeinde, aber die für die Beerdigung notwendige Chevra Kadischa, die Beerdigungsbrüderschaft, konnte nur das Komitee zusammenbringen. Die Gemeinde hatte eine Synagoge eingerichtet, aber nur wenige Gottesdienstbesucher, das Komitee hatte keine Synagoge, aber viele Mitglieder, die regelmäßig beten wollten. Da beide Gruppen Schwierigkeiten hatten, Rabbiner zu finden, fühlten sich die amtierenden Rabbiner für alle Juden zuständig.

Ein besonders wichtiger Punkt war die Versorgung der Juden mit zusätzlichen Zuteilungen über das American Jewish Joint Distribution Committee (Joint). Der Joint – wie diese Organisation allgemein bezeichnet wurde – arbeitete mit dem gut organisierten Komitee zusammen und vertrat wie alle internationalen jüdischen Organisationen die Auffassung, dass Juden auf Dauer nicht in Deutschland bleiben sollten. Er behandelte die deutschen Juden, die ein geringeres Auswanderungs-

Versorgung mit koscheren Lebensmitteln durch den Joint (American Jewish Joint Distribution Committee), 1946

interesse zeigten, in erster Linie als Deutsche und unterstützte sie nicht. Das Nebeneinander von zwei kleinen jüdischen Gemeinden lehnte der Joint ab. Wegen der besseren Versorgung traten sogar Gemeindemitglieder dem Komitee bei, das alle Juden aufnahm. Die Stadt Frankfurt lehnte es ebenfalls ab, auf Dauer mit zwei Gruppen zu verhandeln. In dem 1948 gebildeten Landesverband der Juden in Hessen waren beide Gemeinden vertreten, der Landesverband aber verlangte schon wegen der Verteilung von Staatsgeldern den Zusammenschluss. Von mehreren Seiten also nahm der Druck zur Fusion zu.

Nach der Auswanderung von Rabbiner Neuhaus, der die Aufnahme von »Ostjuden« in die Gemeinde zu verhindern versucht hatte, gab es immer wieder Fusionsgespräche. Es bedurfte aber eines weiteren äußeren Drucks, um die seit Frühjahr 1946 bestehende Spannung zu überwinden. Die Währungsreform im Juni 1948 brachte beide Gemeinden in erhebliche finanzielle Schwierigkeiten, das Nebeneinander ähnlicher oder gleicher Einrichtungen wurde unbezahlbar. Für das Komitee verschlechterte sich die Situation dramatisch durch die starke Auswanderungswelle nach der Gründung des Staates Israel und nach Inkrafttreten neuer Einwanderungsbestimmungen der USA. Das »Zentralkomitee der befreiten Juden in der US-Zone Deutschlands« verlangte die sofortige Auswanderung aller Displaced Persons und die Auflösung des Frankfurter Komitees. Der Zufluss ausländischen Gelder verebbte, und der Joint stellte seine Lieferungen ein. Viele Mitglieder des Komitees, auch führende wie der äußerst aktive und fähige David Werba, verließen Frankfurt.

Ein Zusammenschluss der beiden jüdischen Gruppen in Frankfurt wurde unvermeidlich. Das personell und finanziell geschwächte Komitee konnte allerdings keine Neugründung durch Fusion erreichen, sondern die Komiteemitglieder mussten einzeln der Gemeinde beitreten. Damit gelang der Gemeinde die Durchsetzung ihres Standpunkts, dass die deutsch-jüdische Gemeinde die etablierte Jüdische Gemeinde Frankfurt war, das Komitee dagegen nur eine provisorische. Die deutsch-jüdische Gemeinde fürchtete aber dennoch die Majorisierung durch Ostjuden und legte deshalb fest, dass dem neu zu wählenden Vorstand höchsten vier Komiteemitglieder angehören dürften, während sie fünf Vorstandsmitglieder und den Vorsitzenden beanspruchte.

1.073 Komiteemitglieder traten Anfang 1949 der Gemeinde bei, die damals 835 Mitglieder zählte. Die Auswanderungswelle war jedoch noch in vollem Gange, und die Mitgliederzahlen der neuen Gemeinde sanken erheblich bis zu Beginn des Jahres 1951 auf 1.369.[67]

Das Hessisches Kultusministerium anerkannte die Jüdische Gemeinde Frankfurt am Main am 10. März 1949 als Körperschaft des öffentlichen Rechts. Damit erhielt sie die Möglichkeit, eine Kultussteuer von den Mitgliedern zu erheben. Mit der Ende April 1949 durchgeführten Wahl eines neuen Vorstands nahm sie ihre Arbeit auf. Die Wah-

---

[67] Ebenda, S. 203.

len bestätigten die bis dahin aktiven deutschen Vorstandsmitglieder und Komiteemitglieder. Max Meyer war der alte und neue Vorsitzende und blieb es bis 1960.

Beim Nachrücken und bei weiteren Wahlen spielte die Fusionsvereinbarung keine Rolle mehr. Adolf Olkowicz und Lucian Rogozinski, die beide aus dem Komitee beigetreten waren, gehörten viele Jahre dem Gemeinderat und dem Vorstand an. Der 1901 geborene Adolf Olkowicz hatte in Breslau als selbständiger Kaufmann gearbeitet. Nach dem Aufenthalt im Konzentrationslager Buchenwald wurde er gezwungen, in Breslau in einem ghettoähnlichen Viertel zu leben und musste Zwangsarbeit für die örtliche SS leisten. 1944 kam er in das Zwangsarbeiterlager Grünthal-Dirschken (Schlesien), wo er von den Russen befreit wurde. Im Januar 1946 wurde er als Deutscher aus Breslau ausgesiedelt. Olkowicz lebte die ersten Jahre von der Unterstützung jüdischer Hilfsorganisationen und erhielt 1951 eine Anstellung in der Entschädigungsbehörde in Wiesbaden. 1960 bis zu seiner Pensionierung 1966 war er Verwaltungsdirektor der Jüdischen Gemeinde.[68] Lucian Rogozinski stammte aus Lodz, wurde 1902 geboren und war Textilingenieur in der väterlichen Firma. Im Warschauer Ghetto musste er mehrere Jahre für die Deutsche Wehrmacht arbeiten, nach seiner Flucht aus dem Ghetto und seiner Festnahme wurde er in das Strafarbeitslager Vörde-Ost bei Wesel verschleppt. In Frankfurt wurde er Geschäftsführer der Jüdischen Volksküche.[69]

Es gab nun also ab April 1949 nur noch eine Gemeinde in Frankfurt. Konfliktfrei verlief das Zusammenleben nicht. Gerade im zwischenmenschlichen Bereich blieben Animositäten bestehen zwischen »Polen« und »Deutschen« und wirkten sich noch viele Jahre lang aus. Infolge der Mehrheitsverhältnisse und durch weitere Zuwanderer verlor die Gemeinde den deutsch-jüdischen Charakter. In der Folgezeit wurden Spannungen zwischen orthodoxen und liberalen Richtungen und zwischen Generationen stärker als die zwischen Herkunftsländern.

---

[68] Entschädigungsakte Adolf Olkowicz. Hessisches Hauptstaatsarchiv Wiesbaden, Abt. 518 Nr. 14543 Bd. 1-3.
[69] Entschädigungsakte Lucian Rogozinski. Hessisches Hauptstaatsarchiv Wiesbaden, Abt. 518 Nr. 14544 Bd. 1-5.

III. Rückkehr aus der Emigration und Zuwanderung

1. Ein Aufruf zur Rückkehr

»Frankfurt am Main besitzt nach Berlin und München heute wieder die drittgrößte jüdische Gemeinde im Bundesgebiet. Ich hatte schon bald nach meinem Amtsantritt als Oberbürgermeister dieser Stadt im Jahre 1946 die noch im Ausland lebenden ehemaligen jüdischen Mitbürger Frankfurts aufgerufen, wieder in ihre alte Heimat zurückzukehren. Zu dieser selbstverständlichen Äußerung der Toleranz fühlte ich mich, der ich selbst vom Naziregime verfolgt wurde und für meine Überzeugung im Gefängnis und Konzentrationslager war, berechtigt, zugleich aber auch für die Bevölkerung Frankfurts verpflichtet, denn es wird immer unvergessen bleiben, was die alte Handelsmetropole am Main ihren jüdischen Mitbürgern verdankt.«[70] Mit diesen Sätzen leitete Oberbürgermeister Walter Kolb seinen kurzen Beitrag im Jewish Travel Guide 1952 ein, um dann im Folgenden ausführlich die Leistungen von Juden in Frankfurt im 19. und frühen 20. Jahrhundert zu würdigen. Auf die gegenwärtige Situation und auf die Folgen seines früheren Aufrufs ging er nicht ein.

Zum Jahreswechsel 1946/47 hatte der Oberbürgermeister im Rundfunk die »einstigen Mitbürger jüdischer Konfession, die heute in aller Welt verstreut sind« zur Rückkehr aufgerufen: »Wir wissen alle, daß Frankfurt reich und groß wurde, nicht zuletzt durch die Leistungen und die Arbeit seiner jüdischen Mitbürger, von denen ein unsagbarer Strom des Segens und des Wohltuns ausgegangen ist. Und ich kann nur ganz schlicht die Hoffnung und die Bitte aussprechen an manchen der alten Frankfurter jüdischer Konfession, die ja noch im Herzen Bürger dieser Stadt geblieben sind, sich die ernsthafte Überlegung zu stellen, ob sie nicht trotz aller Not und allen Mißtrauens wieder zurückkehren wollen. Wir versprechen von ganzem Herzen, sie aufzunehmen, und sichern ihnen feierlich zu, unser Bestes zu tun, daß sie sich in Ihrer alten Heimat wohlfühlen werden.«[71]

Diese einzige offizielle Einladung eines Bürgermeisters an jüdische Emigranten zur Rückkehr fand ein sehr geteiltes Echo, und zwar bei Juden wie Nichtjuden. Vertreter der Jüdischen Gemeinde bedankten sich für die »von hohem sittlichen Verantwortungsgefühl getragenen Worte«, die »bei allen hier und im Ausland lebenden Juden

---

[70] Walter Kolb in: The Jewish Travel Guide 5713 (1952-1953), German Edition, Frankfurt am Main 1952. S. 65. Der Kandidat der SPD Kolb war 1946 in der ersten Kommunalwahl gewählt worden und trat am 1. August 1946 sein Amt an.

[71] Frankfurter Rundschau, 2. Januar 1947. Der Text der Ansprache ist nicht erhalten.

die Hoffnung auf eine bessere und segensreichere Zukunft in einem demokratischen Deutschland weckten«.[72] Der Vorsitzende der Gemeinde, Max Meyer, reagierte äußerst geschickt und nahm Oberbürgermeister Kolb beim Wort. Er schickte ihm einen Brief, den er aus Shanghai erhalten hatte: 2.500 Personen wollten von dort nach Deutschland zurückkehren und brauchten Hilfe. »Wir haben auf diesen Brief noch nicht geantwortet«, schrieb er, »weil wir nicht wissen, ob wir die Verantwortung dafür übernehmen können, dem in Betracht kommenden Personenkreis eine Rückkehr hierher zu empfehlen. Seitens der Jüdischen Betreuungsstelle wurde Ihnen, sehr verehrter Herr Oberbürgermeister, dieser Tage schon mitgeteilt, welche Schwierigkeiten jüdische Rückwanderer hier erwarten. Ich selbst, der ich so eng mit Frankfurt verwurzelt bin, hatte nach meiner Rückkehr aus Theresienstadt im vergangenen Jahr soviel Schwierigkeiten zu überwinden, dass ich alle meine Energie daran setzen musste, um mir wieder eine bescheidene Existenz hier aufzubauen.

Ihre gestrigen Ausführungen ermutigen mich nunmehr, dem oben erwähnten Personenkreis eine Rückkehr zu empfehlen. Welche Garantien kann ich aber zusagen? Vielleicht aber würden sich diese Leute noch mehr angesprochen fühlen und in ihren Hoffnungen bestärkt werden, wenn die Stadt Frankfurt von sich aus in dem gestern geäußerten Sinne direkte Schritte unternimmt.«[73]

Es gibt keinen Nachweis, dass der Oberbürgermeister einen derartigen Schritt unternommen hat. Tatsächlich hat die Flüchtlingsorganisation der Vereinten Nationen (UNRRA) die Rückkehr aus Shanghai organisiert. Etwa 20 Personen kamen in Frankfurt an und wurden überwiegend in dem Altenheim Gagernstraße 36 untergebracht. Unter ihnen war der Arzt Dr. Paul Bendix, der sich aktiv am Aufbau der deutsch-jüdischen Gemeinde beteiligte.

In den städtischen Akten finden sich mehrere Briefe von Juden im Ausland, darunter Nichtfrankfurter, die ihr Interesse an einer Rückkehr bekundeten und dafür tatkräftige Hilfe und Zusagen erbaten. Die Stadt aber konnte ihnen wenig bieten, vor allem gab es keine Wohnungen und keine Arbeit. Das betonten auch Frankfurter Juden voller Empörung. Die »nur durch ein Wunder« gerettete Maria Fulda zweifelte, dass der Oberbürgermeister »über die Tragweite seines Wunsches und die Lebensbedingungen unserer jüdischen Mitbürger in Frankfurt orientiert« ist. »Menschen, die in Schmach und Schande von Haus und Hof vertrieben wurden und die sich im Ausland unter grossen Schwierigkeiten neue Lebensmöglichkeiten erkämpft haben, einzig und allein mit ›freudigem Herzen‹ entgegenzutreten, hiesse die Wunden der Vergangenheit wieder neu aufzuwühlen, aber nicht sie heilen.« Sie beschreibt ihre eigene schlechte Lebenssituation und begründet weiter, warum sie von einer Rückkehr abrät: »Es sind nicht nur die

---

[72] W. Stern (Leiter der jüdischen Betreuungsstelle), 16. Januar 1947. Institut für Stadtgeschichte, Magistratsakte 4.388. Wilhelm Stern wanderte Ende 1947 aus.
[73] Max Meyer, 2. Januar 1947. Institut für Stadtgeschichte, Magistratsakte 4.388 Blatt 28

materiellen Existenzbedingungen, die mich zu dieser Ansicht kommen lassen, sondern darüber hinaus und in erster Linie die völlige Verständnislosigkeit unserer christlichen Mitbürger, deren Gesinnung in keiner Weise dem entspricht, was man als ›Wiedergutmachung‹ erwarten müsste.«[74]

Der Gewerkschaftsfunktionär Paul Kronberger, der sich selber als »Rassejude« bezeichnete und 1945 aus dem Exil in Großbritannien zurückgekommen war, warnte: »Im Interesse der jüdischen Menschen würde ich Sie verehrter Herr Oberbürgermeister ersuchen, die Juden nicht mehr aufzufordern nach Deutschland zurückzukehren, denn so wie ich die Dinge sehe, würden dieselben nur eine zweite Enttäuschung erleben und würden sie Sie dann dafür verantwortlich machen müssen.« Er begründete seine Bitte mit der »heutigen Mentalität der deutschen Bevölkerung«, denn »bis weit in die Kreise unserer Partei und Gewerkschaftsbewegung hat das deutsche Volk nur eine Reue, den Krieg verloren zu haben, und kennt nur noch ein Mitleid, das Mitleid für sich selbst.«[75]

Ein anderer äußerte sich viel drastischer: »Solange den wenigen deutschen Juden, die die Schrecken der Nazizeit überlebten, nicht volle Wiedergutmachung widerfahren ist, solange viele der nazistischen Peiniger noch unter wesentlich besseren Lebensbedingungen leben wie die Zurückgekehrten, solange viele der wenigen Heimgekehrten noch nicht einmal eine halbwegs anständige Wohnung zugeteilt bekamen oder wie ich persönlich mit meiner Frau nur über ein altes Bett, einen unbrauchbaren Schrank und einen wackeligen Tisch verfügen, solange die Leitung des Frankfurter Theaters erst auf Drängen des ›Comités der Befreiten Juden Hessens‹ hin den ›Kaufmann von Venedig‹, das einzige Shakespeare-Stück mit antisemitischer Tendenz vom Spielplan absetzt, solange muss ich allen Juden, die dem Nazisystem entronnen sind, dringend davon

---

[74] Maria Fulda, 2. Januar 1947, Ebenda Blatt 30. Maria Fulda war Bildhauerin. Viermal war es ihr gelungen, mit Hilfe von ärztlichen Attesten von Deportationstransporten zurückgestellt zu werden. Im September 1942 tauchte sie in der Wohnung einer befreundeten Rechtsanwältin unter, bis sie 1944 als »Bombenopfer« nach Ziegenhain floh. Petra Bonavita, Mit falschem Pass und Zyankali. Retter und Gerettete aus Frankfurt am Main in der NS-Zeit, Stuttgart 2009, S. 54-57.

[75] 30. Dezember 1946. Der Verfasser hatte von der geplanten Rede in der Presse gelesen. Institut für Stadtgeschichte, Magistratsakte 4.388 Blatt 109. Paul Kronberger (ursprünglich Paul Walter) wurde 1897 in Wien geboren. Er wuchs in einer jüdischen Familie auf, trat aber 1924 aus der Israelitischen Kultusgemeinde Wien aus. In Berlin arbeitete er an verschiedenen Banken, betätigte sich gewerkschaftlich und trat der SPD und später der SAP bei. 1933 wurde er aus rassischen Gründen entlassen, 1935 aus politischen Gründen verhaftet. 1935 flüchtete er nach Prag, Ende 1938 nach Großbritannien, wo er sich in gewerkschaftlichen und sozialdemokratischen Exilgesellschaften betätigte. Ende Mai 1945 kam er nach Frankfurt, trat der SPD bei und arbeitete hauptberuflich für den Neuaufbau der Gewerkschaft der Banken- und Versicherungsangestellten. 1955 starb Paul Kronberger unerwartet. Dazu: Siegfried Mielke/Peter Rüttgers, die politischen Häftlinge des KZ Oranienburg. www.stiftung-bg.de/KZ-Oranienburg.

abraten, wieder zurückzukommen, sofern sie nicht von vornherein ganz besonders dringende Aufgaben und Verpflichtungen in Deutschland erkennen.«[76]

Reaktionen aus der nichtjüdischen Bevölkerung, soweit sie in den Akten zu finden sind, waren ablehnend: Die Verfasser der Briefe verlangten, dass der Oberbürgermeister für die Rückkehr der Ausgebombten und Evakuierten sorgen sollte und beklagten, dass die Ernährung leiden würde und Bürger ihre Wohnung räumen müssten, wenn viele Juden zurückkämen. Einer empörte sich: Das »haben wir von ihnen nicht erwartet, dass sie die Juden wieder rufen«.[77] Es ist davon auszugehen, dass nur wenige Juden dem Aufruf von Walter Kolb gefolgt sind. Viele Emigranten hatten nicht einmal das Geld für die Reise. Andere bekundeten ihr Interesse an einer Rückkehr, wollten aber ihre Existenz im Ausland erst aufgeben, wenn eine in Deutschland gesichert war. So schrieb Ernst May aus Nairobi Mitte 1947, dass er nach Deutschland zurück möchte, »sobald ich fühle, dass ein solcher Schritt verantwortet werden kann«. Seine Arbeitsfelder in Nairobi könne er erst aufgeben, wenn er in Deutschland Aufgaben erhielte. Außerdem möchte er die außenpolitische Entwicklung abwarten.[78]

2. Remigration aus politischen und beruflichen Gründen

Es gab Rückkehrer. Die ersten kamen aus politischen Gründen, weil sie ihre Auswanderung als Exil verstanden und nach dem Krieg am Aufbau eines demokratischen Staates mitarbeiten wollten. Es waren Sozialdemokraten wie Joseph Lang und Kommunisten wie Peter Gingold. Sie kehrten in ihre politischen Kreise und Aufgaben zurück, wie Joseph und Erna Lang nach ihrer Rückkehr aus den USA Freunden und Genossen schrieben: »Wir glauben, dass die Aufgaben, an deren Lösung wir seit Jahrzehnten mit Euch zusammenarbeiten, im Kern die gleichen geblieben sind. Wir sind zurückgekommen, da wir nicht länger Zaungäste sein, sondern an Eurer Arbeit, Euren Versuchen und Euren Kämpfen teilnehmen wollen.«[79] Joseph Lang – genannt Jola – führte viele Jahre die bedeutende und vielbesuchte Buchhandlung im Frankfurter Gewerkschaftshaus, ein Treffpunkt der Linken.

---

[76] Fritz Uhlmann, 2. Januar 1947. Institut für Stadtgeschichte, Magistratsakte 4.388 Blatt 37. Unter dem Brief steht ein Aktenvermerk: »Uhlmann ist in der KPD-Frankfurt tätig. Wird zu einem persönlichen Gespräch eingeladen.«
[77] Carl Greiner, 11. Januar 1947. Ebenda, Blatt 44.
[78] Ebenda, Blatt 82. Im Januar 1954 kehrte Ernst May zurück nach Deutschland und ließ sich in Hamburg nieder.
[79] Zitiert bei Monica Kingreen, Zurück nach Frankfurt. Rückkehr aus dem Exil in die Stadt Frankfurt am Main. In: »Auch in Deutschland waren wir nicht wirklich zu Hause«. Jüdische Remigranten nach 1945, Hrsg. Irmela von der Lühe, Axel Schilpt, Stefanie Schüler-Springforum, Göttingen 2008, S. 125.

III. Rückkehr aus der Emigration und Zuwanderung

»Wir gehörten zu den ersten Juden, die gleich nach dem Zusammenbruch des Hitlerreiches wieder nach Deutschland kamen«, berichteten Etty und Peter Gingold in einem 1979 veröffentlichten Interview über ihre Rückkehr aus Frankreich: »Ich befand mich schon seit Juni 1945 in Berlin, und unsere Familie lebt seit Anfang 1946 in Frankfurt a. M. Sicherlich wären wir nach dem, was geschehen ist, nicht ohne weiteres als Juden wieder nach Deutschland zurückgekehrt. Wir kamen aber als Deutsche zurück [...] Wir sind als deutsche Antifaschisten zurückgekehrt [...] in dieser Zeit des Neubeginns.«[80]

Die meisten der politischen Remigranten traten nicht der Jüdischen Gemeinde bei. Viele von ihnen wurden enttäuscht von der Haltung der Bevölkerung, die keine Schuld und Reue zeigte und überwiegend an die eigenen Leiden dachte. Und auch die politische Entwicklung entsprach nicht ihren Vorstellungen und Hoffnungen. Etty und Peter Gingold sowie ihrer 1946 in Frankfurt geborenen Tochter wurden 1956 die deutschen Pässe entzogen und durch Pässe als Staatenlose ersetzt. Peter Gingold war 1916 in Aschaffenburg als Sohn polnischer Juden geboren, die nicht die deutsche Staatsbürgerschaft erlangt hatten. Deshalb stand sie auch ihm nicht zu nach dem gültigen Staatsbürgerrecht von 1903. »Meine Eltern waren vor dem Ersten Weltkrieg aus Polen eingewandert. Wir Kinder waren hier geboren, sprachen kein Wort Polnisch und haben uns immer als Deutsche gefühlt. Mit meiner Frau standen wir mit Deutschen im Widerstand. Als wir zurückkamen, haben wir uns einfach bei der Meldestelle als zurückgekehrte Deutsche gemeldet und anstandslos die deutschen Ausweise erhalten. Irgendein Beamter muss in den 50er Jahren, vielleicht, weil wir als engagierte Antifaschisten und Kommunisten auffällig geworden waren, mit Akribie in den Akten unserer Familie und Vorfahren geforscht und dabei festgestellt haben, dass es kein Einbürgerungsverfahren gegeben hatte.«[81] Als die Gingolds Mitte der 60er Jahre ihre Einbürgerung betrieben, damit die Tochter das Staatsexamen als Lehrerin ablegen durfte, wurde diese von den hessischen Instanzen befürwortet, aber vom Bundesinnenministerium abgelehnt, weil sie als Kommunisten angeblich gegen die »freiheitlich-demokratische Grundordnung« agierten. Erst durch ein Urteil des Frankfurter Verwaltungsgerichts Anfang der 70er Jahre erhielt die Familie die deutsche Staatsbürgerschaft.

Dasselbe widerfuhr auch Valentin Senger und seinen Töchtern. Weil dieser »Fall« gut dokumentiert ist, soll er hier dargestellt werden. Sengers aus Russland stammende Familie war staatenlos, ihre Einbürgerungsanträge waren in den 1920er Jahren abgelehnt worden. Als staatenloser Redakteur am Hessischen Rundfunk beantragte Valentin Senger 1958 die deutsche Staatsbürgerschaft. Sein handgeschriebener Einbürgerungsantrag lautet: »Ich bitte um Einbürgerung in die Bundesrepublik Deutschland. Ich bin in

---

[80] Etty, Peter und Silvia Gingold: Die Antwort heißt Assimilation. In: Henryk M. Broder/Michel Lang, Fremd im eigenen Land, Frankfurt am Main 1979, S. 157.
[81] Peter Gingold, Paris, Boulevard St. Martin No. 11. Ein jüdischer Antifaschist und Kommunist in der Résistance und der Bundesrepublik, Köln 2009, S. 141f.

III. Rückkehr aus der Emigration und Zuwanderung

Valentin Senger mit seiner Frau Irmgard und den Töchtern Jonka und Judith und Rüdiger, dem Sohn aus Irmgards erster Ehe, um 1960

Frankfurt a. Main geboren, spreche nur die deutsche Sprache, bin in deutschem Sinne erzogen, habe immer in Frankfurt a. Main gewohnt, habe in der Deutschen Wehrmacht gedient, bin nie mit den Gesetzen in Konflikt gekommen, meine Frau ist Deutsche und ich habe nicht die Absicht, Deutschland jemals zu verlassen. Meine Eltern kamen im Jahre 1905 nach Deutschland und lebten seit 1911 ständig bis zu ihrem Tod in Frankfurt a. Main.«[82]

Der Antrag wurde mit einer politischen Begründung vom sozialdemokratisch geführten hessischen Innenministerium abgelehnt: »Auf Grund seiner Tätigkeit in Vergangenheit und Gegenwart bietet er nicht die Gewähr, daß er sich zur freiheitlichen demokratischen Grundordnung bekennt und für die Erhaltung eintreten wird.« Er darf nicht »eingebürgert werden, weil er durch seine politische Bindung die innere und äußere Sicherheit der Bundesrepublik gefährdet«.[83] Die gleichzeitig gestellten Einbürgerungsanträge für die Töchter wurden ebenfalls zurückgewiesen, weil der Vater »der demokratischen Grundordnung der Bundesrepublik Deutschland negativ gegenübersteht. Diese Einstellung dürfte auch die Entwicklung der Töchter beeinflus-

---

[82] Antrag vom 4. Januar 1958. Hessisches Hauptstaatsarchiv Wiesbaden, Abt. 650 S 38/63.
[83] Valentin Senger, Kurzer Frühling, Zürich 1984, S. 320f. Senger beschreibt in dem Kapitel »Staatenlos« sehr ausführlich und humorvoll den Vorgang der Einbürgerung, der sich über 24 Jahre hingezogen hat.

sen.«⁸⁴ Sengers Eltern waren Mitglied der KPD, und er selbst war nach 1945 aktiv in der Kommunistischen Partei, bis er sich 1958 von der seit zwei Jahren illegalen Partei trennte. Spätere Anträge, auch solche nur für seine Töchter, wurden ebenfalls abgelehnt. Selbst nach der Veröffentlichung seiner Überlebensgeschichte »Kaiserhofstraße 12« änderten die Beamten nicht ihre Haltung. Nur mit Hilfe von Freunden erhielt Valentin Senger 1981 – gegen die Zahlung von 1.500 Mark – die Staatsbürgerurkunde.

Zu den Menschen, für die eine Rückkehr in den Jahren des Exils außer Frage stand, gehörte Artur Lauinger. Er hatte als Journalist in England nicht Fuß fassen können, das Exil war für ihn trostlos und demütigend trotz großzügiger Gastfreundschaft der Engländer. Er wartete auf die Rückkehr, die ihm dank großzügiger finanzieller Unterstützung jüdischer Hilfsorganisationen in London im Oktober 1946 gelang. Der ehemalige recht bekannten Wirtschaftsredakteur der »Frankfurter Zeitung« konnte trotz seiner 67 Jahre sofort wieder an seine publizistischen Erfolge anknüpfen. 1948 trat er in die Redaktion der neugegründeten »Frankfurter Neuen Presse« ein. Die Integration in die Frankfurter Gesellschaft fiel ihm auch deshalb leichter als anderen, weil er in der Zeit des Nationalsozialismus große Hilfe von Nichtjuden erfahren hatte. Die Dankbarkeit der Stadt Frankfurt für Rückkehrer wie Artur Lauinger fand ihren Ausdruck in der Rückgabe der Goethe-Plakette, die ihm 1932 als Vorsitzendem des »Vereins der Frankfurter Presse« verliehen und von den Nationalsozialisten genommen worden war. 1952 verlieh der Bundespräsident ihm das große Verdienstkreuz des Verdienstordens der Bundesrepublik Deutschland.⁸⁵

In der Emigration warteten eine Reihe von Wissenschaftern darauf, an die Frankfurter Universität zurück geholt zu werden. Ria Drevermann schrieb 1948 an den mit ihr befreundeten Max Horkheimer über ihr bekannte Emigranten in den USA: Sie »kommen allmählich in eine Verbitterung, weil die Johann Wolfgang Goethe Universität sich nicht um sie kümmert. Und es ist ja richtig: von ihr aus hat der erste Schritt zu geschehen.«⁸⁶ Die meisten warteten vergeblich. Ein allgemeiner Ruf ist so wenig ergan-

---

⁸⁴ Der Hessische Minister des Inneren, 13. August 1963. Hessisches Hauptstaatsarchiv Wiesbaden Abt. 650 S 38/63.

⁸⁵ Artur Lauinger hat drei autobiographische Skizzen hinterlassen Sie liegen im Nachlass Lauinger im Institut für Stadtgeschichte und wurden in gekürzter Form mit dem Titel »[...] in besonderer Weise dazu berufen, dem Deutschland der Zukunft einen besseren Weg zu bereiten« veröffentlicht in: Frankfurter Jüdische Erinnerungen. Ein Lesebuch zur Sozialgeschichte 1864-1951, hrsg. von der Kommission für die Geschichte der Frankfurter Juden, bearbeitet von Elfriede Pracht, Sigmaringen 1997, S. 300-307.
S. a. Legalisierter Raub. Der Fiskus und die Ausplünderung der Juden in Hessen, Frankfurt am Main 2002, S. 25f.

⁸⁶ 8. August 1948, Max Horkheimer Archiv II 5.335. Zitiert bei Monica Kingreen, Max Horkheimers »Erkundungsreisen« an die Universität Frankfurt 1948 und 1949. In: Monika Boll/Raphael Gross (Hrsg.), Eine Rückkehr nach Frankfurt. Die Frankfurter Schule und Frankfurt, Göttingen 2009, S. 34.

III. Rückkehr aus der Emigration und Zuwanderung

Max Horkheimer (Mitte links) und Theodor W. Adorno (Mitte rechts) in einer Besprechung des Instituts für Sozialforschung, März 1955

gen wie die Rücknahme anderer Unrechtsentscheidungen wie der Entzug des Doktortitels.

Interesse zeigten die Stadt, die Universität und das hessische Kultusministerium 1946, die renommierten Wissenschaftler des Instituts für Sozialforschung für eine Rückkehr aus den USA nach Frankfurt zu gewinnen.[87] Max Horkheimer hatte selbst ein Interesse daran, ergriff aber erst 1948 die Gelegenheit, besuchsweise zu einer Vortragsreise nach Deutschland und Verhandlungen nach Frankfurt zu kommen. 1950 entschied er sich zur Rückkehr nach Frankfurt, blieb aber amerikanischer Staatsbürger. Er wusste, worauf er sich einließ in einer Universität, in der noch viele Professoren aktiv waren, die 1933 den Ausschluss der Juden unterstützt hatten, und andere, die Lehrstühle der jüdischen Professoren eingenommen hatten. »Mich haben der Rektor, die beiden Dekane und andere süß, aalglatt und verlogen, ehrenvoll begrüßt«, berichtete er seiner Frau während des ersten Besuchs. »Sie wissen noch nicht genau, sollen sie in mir einen relativ einflußreichen Amerikareisenden oder den Bruder ihrer Opfer sehen, dessen Gedanke die Erinnerung ist. Sie müssen sich fürs letztere entscheiden.«[88]

---

[87] Dazu: Monika Boll/Raphael Gross (Hrsg.), Eine Rückkehr nach Frankfurt. Die Frankfurter Schule und Frankfurt, Göttingen 2009.
[88] Frankfurt, 26. Mai 1948 an Maidon Horkheimer. Max Horkheimer, Gesammelte Schriften Bd. 17, Briefwechsel 1941-1948, Frankfurt am Main 1996, S. 976.

Die Sehnsucht nach ungestörter philosophischer Arbeit, aber ebenso die Hoffnung auf Einflussnahme gegen die reaktionäre Entwicklung mit falschen Geschichtsdeutungen und die Gefahren für eine demokratische Entwicklung Deutschlands im beginnenden Kalten Krieg zogen ihn nach Deutschland. Nach Horkheimer entschieden sich Friedrich Pollock und Theodor W. Adorno zur Rückkehr. Mit Unterstützung von Oberbürgermeister Walter Kolb und Finanzmitteln der Stadt, aber insbesondere mit den durch den US-amerikanischen Hohen Kommissar John McCloy zur Verfügung gestellten Mitteln konnte für das durch Bomben zerstörte Institut für Sozialforschung ein Neubau an der Senckenberganlage errichtet werden und im Sommer 1950 die erste empirische Untersuchung beginnen über das politische Bewusstsein der Deutschen. Max Horkheimer hatte bereits 1949 eine ordentliche Professur auf dem neugeschaffenen Lehrstuhl für Philosophie und Soziologie erhalten. Ein Jahr später schon wurde er zum Dekan und dann zum Rektor der Universität gewählt. Max Horkheimer war der erste Jude, der nach dem Krieg eine solche herausragende Stellung erreichte, und zwar als amerikanischer Staatsbürger. Friedrich Pollock und Theodor W. Adorno erhielten zunächst nur außerordentliche Lehrstühle, die den Makel von »Wiedergutmachungslehrstühlen« trugen. Erst 1956 wurde Theodor W. Adorno ordentlicher Professor.

Die Sozialphilosophen des Instituts für Sozialforschung kamen als verfolgte Wissenschaftler und Juden zurück, die sehr interessiert daran waren, die intellektuelle Entwicklung Deutschlands zu beeinflussen. Sie wollten die Universität verändern und besonders mit Studenten das Gespräch suchen; sie wollten Nationalsozialismus und Antisemitismus analysieren und die Grundlagen einer demokratischen Gesellschaft reflektieren und zur Stärkung einer demokratischen Entwicklung beitragen. Zur Verbreitung ihrer Ergebnisse und Einsichten wandten sie sich über den Wissenschaftsbetrieb hinaus mit Vorträgen und Zeitungsartikeln an eine breitere Öffentlichkeit und nutzten die Medien Radio und später Fernsehen.

Max Horkheimer trat der Jüdischen Gemeinde und der Loge Bnai Brith bei und

Einladung der Jüdischen Gemeinde zu einem Vortrag von Max Horkheimer mit dem Thema »Das Vorurteil«, November 1955

gehörte schnell zu den Mitgliedern, die »im allgemeinen öffentlichen Leben oder jüdischen Leben führende Rollen spielen«.[89] Seine Frau trat zum Judentum über. Horkheimer, der aus einer konservativen jüdischen Familie stammt, hat sich lebenslang mit dem Judentum beschäftigt, das sein Welt- und Menschenbild stark beeinflusste.[90] Die Situation und die Rechte der Juden waren für Horkheimer ein Maßstab für den demokratischen Gehalt einer Gesellschaft. Er engagierte sich in Diskussionsveranstaltungen der Jüdischen Gemeinde und übernahm Vorträge. 1960 hielt er den Festvortrag zum zehnjährigen Bestehen des Zentralrats der Juden in Deutschland. Horkheimer ließ sich als Mitglied der 1961 gegründeten »Kommission zur Erforschung der Geschichte der Frankfurter Juden« gewinnen, gehörte wie auch Theodor W. Adorno zum Kuratorium der »Vereinigung der Freunde der Hebräischen Universität« und war Ehrenmitglied der »Vereinigten Israel Aktion, Keren Hayessod«. Bei seinen wiederholten Reisen in die USA hatte er Kontakt mit internationalen jüdischen Organisationen.

Als Dekan und Rektor der Universität nahm Horkheimer Einfluss auf die Berufung von Professoren und den Ausbau des Universitätsbetriebs und damit auf einen neuen Geist im universitären Lehrbetrieb. In den USA verhandelte er mit der Loeb Foundation über die Einrichtung von Gastvorlesungen über Geschichte, Religion und Wissenschaft des Judentums. Die Liste der Referenten ist beeindruckend. Die erste Gastprofessur erhielt Leo Baeck, der letzte amtierende Rabbiner in Deutschland und Vorsitzender der Reichsvereinigung der Juden in Deutschland, der Theresienstadt überlebte und nach England emigrierte. Andere bekannte Persönlichkeiten wie Gershom Scholem, Nahum Goldmann, Robert Weltsch, Martin Buber, Leo Löwenthal, Herbert Marcuse – um nur einige zu nennen – folgten. Horkheimers längerfristiges Ziel war die Einrichtung eines Lehrstuhls für Geschichte, Kultur und Religion des Judentums. 1967 wurden die Loeb Lectures eingestellt, aber schon vorher ein entsprechender Lehrstuhl geschaffen, der einige Jahre später Kern des neu gegründeten Seminars für Judaistik wurde.

Die Stadt Frankfurt verlieh Max Horkheimer zu seinem 65. Geburtstag die höchste städtische Auszeichnung, die Ehrenbürgerschaft. In der Begründung dankte sie ihm dafür, »dass er, unbeirrbar in seiner Treue zur deutschen Heimat, als einer der ersten aus der erzwungenen Emigration heimkehrte, um mit gütigem Herzen und wachem Verstand an dem Wiederaufbau deutscher Kultur teilzunehmen. Im Geiste der Versöhnung hat Max Horkheimer durch sein Handeln und Wirken dem Namen Frankfurts besondere Ehre erwiesen und zur Mehrung des Ansehens unserer Stadt in der freien Welt

---

[89] Tobias Freimüller, Max Horkheimer und die Jüdische Gemeinde in Frankfurt am Main nach 1945. In: Monika Boll/Raphael Gross (Hrsg.), Eine Rückkehr nach Frankfurt. Die Frankfurter Schule und Frankfurt, Göttingen 2009, S. 150.

[90] Dazu: Zvi Rosen, Max Horkheimer. Über die gesellschaftliche Rolle des Judaismus. In: Ebenda, S. 128-135 und Zvi Rosen, Max Horkheimer, München 1995.

in hohem Maße beigetragen.«[91] Kurz vor dieser Verleihung hatte Horkheimer sich mit seiner Frau und dem Ehepaar Pollock bereits aus Frankfurt zurückgezogen nach Montagnola im Schweizer Tessin. Eine Gedenkplakette an seinem ehemaligen Frankfurter Wohnhaus in der Westendstraße 79 erinnert an sein Wirken, eine Straße wurde bis heute nicht nach ihm benannt.

Einen Rückruf an die Universität erhielt der Wirtschaftswissenschaftler Fritz Neumark 1947 über seinen Lehrer Professor Wilhelm Gerloff, dessen Nachfolge er bald antrat. Neumark hatte sich in Frankfurt habilitiert und dort gelehrt, bis er 1933 als »Nichtarier« entlassen wurde. Er fand Zuflucht in Istanbul, wo Staatspräsident Atatürk eine moderne, westlich orientierte Universität aufbaute und zahlreichen europäischen Wissenschaftlern zeitlich begrenzte Verträge anbot. Die von Neumark in der Türkei begründete Steuerreform ist noch heute Grundlage des Steuersystems der Türkischen Republik. In seinen 1980 veröffentlichten Erinnerungen benennt er Gründe für die Rückkehr:

Ankündigung der Vorlesungen über Geschichte, Philosophie und Religion des Judentums, Philosophische Fakultät der Johann Wolfgang Goethe-Universität, Wintersemester 1957/58

»Die Motive, die die Emigranten bestimmten, den ›Weg zurück‹ zu beschreiten,

---

[91] Urkunde der Stadt Frankfurt zur Verleihung des Ehrenbürgerrechts. Mitteilungen der Stadtverwaltung Frankfurt am Main Nr. 8, 1960, S. 84. Es handelt sich um die 17. Ehrenbürgerschaft seit 1795. 1953 hatte Horkheimer bereits die Goethe-Plakette erhalten.
Leopold Gans und Arthur von Weinberg wurden 1933 zum Verzicht auf das Ehrenbürgerrecht gezwungen, aber nach 1945 wieder in die Liste aufgenommen. 1956 hatte der (getaufte) Industrielle Richard Merton das Ehrenbürgerrecht erhalten. Er war 1939 nach England geflohen und 1947 zurückgekehrt und konnte seine Geschäftstätigkeit wieder aufnehmen.

waren unterschiedlich und im einzelnen verschieden gewichtet; sie lassen sich aber im wesentlichen auf zwei Überlegungen bzw. Fakten zurückführen: einmal die emotionale Tatsache, dass wir Rückwanderer ganz überwiegend – trotz allem Furchtbaren, was wir und unsere Freunde und Verwandten während des ›Dritten Reichs‹ erlitten hatten – an einem nie ganz abgestorbenen Heimweh litten, und zum anderen, vor allem für die Älteren, die rational begründete Sorge um die materielle Zukunft, um die eigene und die unserer Angehörigen.

Heimweh hatten wir nach der Landschaft und vor allem nach ›unserer‹ Sprache. Ich wüßte nicht zu sagen, was bei mir stärker war – vermutlich die Sprache.«[92]

Trotzdem haben er und seine (nichtjüdische) Frau gezögert, die Berufung anzunehmen. Sie hatten Zweifel, ob sie das Gefühl des »Zu-Hause-seins« wieder gewinnen könnten. Insbesondere stellte Neumark sich die Frage, ob man noch miteinander gut auskommen könnte in der Fakultät und sich menschliche Beziehungen herstellen ließen.

Mehrere Erfahrungen haben dazu geführt, dass seine Rückkehr eine Heimkehr wurde. Einen wesentlichen Anteil hatten frühere Freunde, Professoren wie Franz Böhm[93], und die Studenten – obwohl er ihr politisches Desinteresse bedauerte. Er führte auch Gründe an, die das Leben in Frankfurt immer wieder erschwerten, insbesondere die Erfahrung, »dass es plötzlich nur noch Nazigegner und Widerstandkämpfer gegeben zu haben schien.«[94] Die materiellen Schwierigkeiten in den 50er Jahren machten ihm ebenfalls zu schaffen; vor allem die beengte Wohnung – er und seine Frau mussten eine Fünfzimmerwohnung in der ziemlich zerstörten Gräfstraße mit der Besitzerin und ihrer Tochter, einer Polin mit ihrem kleinen Sohn, »die zu den ›displaced persons‹ gehörte und häufig Herrenbesuche von wechselnder Zusammensetzung« empfing, und noch einem jungen italienischen Philosophen teilen. Veränderungen in der deutschen Sprache empfand er nach seiner 16jährigen Abwesenheit als »Mißbildung der Muttersprache« und waren ihm schwer erträglich.

1952 nahm Neumark den Ruf auf den Lehrstuhl für Finanzwissenschaft in Frankfurt an, auf dem er bis zu seiner Emeritierung 1970 lehrte. 1954-55 und 1961-62 war er

---

[92] Fritz Neumark, Zuflucht am Bosporus. Deutsche Gelehrte, Politiker und Künstler in der Emigration 1933-1953, Frankfurt am Main 1980, S. 228.

[93] Der Jurist Prof. Franz Böhm war 1945 zunächst Prorektor der Universität Freiburg, dann Kultusminister der ersten hessischen Landesregierung. Er war wesentlich an der Wiedereröffnung der Frankfurter Universität beteiligt, dessen Rektor er 1948 wurde. Er war Mitglied der CDU und enger Berater Bundeskanzler Adenauers in Fragen der Wiedergutmachung. 1952 wurde er Leiter der deutschen Delegation bei den Wiedergutmachungsverhandlungen mit Israel und den jüdischen Weltverbänden in Den Haag. Eine führende Rolle spielte er in der »Gesellschaft für jüdisch-christliche Zusammenarbeit«. 1953-1965 war er Mitglied des Bundestags. 1951-1969 war er Vorstandsvorsitzender der Stiftung »Institut für Sozialforschung«. Franz Böhm war der Schwiegersohn von Ricarda Huch.

[94] Fritz Neumark, Zuflucht am Bosporus. Deutsche Gelehrte, Politiker und Künstler in der Emigration 1933-1953, Frankfurt am Main 1980, S. 234.

Rektor der Frankfurter Universität. Gastprofessuren führten ihn nach Basel und an die Columbia University in New York. Bis zu seinem Tod 1991 war er in nationalen und internationalen Wirtschaftsgremien tätig. Neumark wurde nicht Mitglied der Jüdischen Gemeinde, und das Judentum hatte keine Bedeutung in seinem Leben.

Weniger prominente Rückkehrer hatten es viel schwerer, Arbeit, Einkommen und Anerkennung zu finden als renommierte Wissenschaftler. So z. B. Max Neumann, vielleicht der bedeutendste Repräsentant jüdisch-liturgischer Musik in Europa, früherer Leiter des Synagogenchors der Israelitischen Religionsgesellschaft und Musiklehrer. Er war 1938 nach Paris geflohen, hatte dort mittellos gelebt, wurde interniert und in mehrere Lager verschleppt. Auf der Flucht vor der Gestapo lebte er viele Monate im Wald und tauchte dann bei einem Bauern unter. Da er in Paris kein Einkommen fand, kehrte er 1948 nach Frankfurt zurück bzw. pendelte zwischen Paris und Frankfurt. Er gab hin und wieder Konzerte mit dem von ihm in Paris gegründeten Chor »Oratorio de Paris«, aber er fand keine Möglichkeit, in seinem Beruf zu arbeiten. Bis zur ab 1955 einsetzenden Zahlung von Entschädigungsgeldern, um die er sehr kämpfen musste, lebte er in großer Armut und schlechtem Gesundheitszustand.[95]

Einige Juristen wie Joseph Klibansky, der aus dem französischen und italienischen Exil zurückkehrte, und andere Juristen, die vor der Nazizeit nicht in Frankfurt gelebt hatten, wie Erich Cohn-Bendit, der aus Paris nach Frankfurt kam und sich als Anwalt niederließ, und Walter Zweig, der aus Namibia kam und eine Stelle am Oberlandesgericht erhielt, engagierten sich stark für die Jüdische Gemeinde und vertraten Juden in Rückerstattungs- und Entschädigungsangelegenheiten.[96]

3. Zuzug von Rückkehrern

Frankfurt am Main hatte das Glück, dass sich viele Rückkehrer hier niederließen, die nach Deutschland zurück wollten, aber aus persönlichen oder beruflichen Gründen nicht an ihren Herkunftsort. Der Journalist Leopold Goldschmidt kehrte aus dem englischen Exil nach Deutschland zurück und wurde als Mitherausgeber und Chefredakteur an die »Frankfurter Neue Presse« gerufen. Von Anbeginn an arbeitete er intensiv in der Jüdischen Gemeinde mit, vertrat diese viele Jahre im Zentralrat der Juden in

---

[95] Max Neumann starb 1960. Ihm war es noch gelungen, einige bedeutende Schallplattenaufnahmen mit synagogaler Musik herauszubringen. Nachruf von Paul Arnsberg in der Frankfurter Allgemeinen Zeitung, 5. November 1960, S. 51. Entschädigungsakte Max Neumann. Hessisches Hauptstaatsarchiv Wiesbaden, Abt. 518 Nr. 55202 Bd. 1-2. Die Akten enthalten auch Konzertprogramme.

[96] Die Rückkehr und die Schwierigkeiten und Hilfen bei der Niederlassung in Frankfurt schildert Stefanie Zweig in dem autobiografischen Roman: Irgendwo in Deutschland, München 1996. Siehe auch XII. Texte und Dokumente, S. 259ff. in diesem Band.

III. Rückkehr aus der Emigration und Zuwanderung

Hermann Zwi Guttmann, Mahnmal im Konzentrationslager Dachau, 1966/67

Deutschland und schrieb zahlreiche Artikel in dessen Organ, der »Jüdischen Allgemeinen«. Überzeugt von der Notwendigkeit der Versöhnung zwischen Christen und Juden, wurde er Generalsekretär des Koordinierungsrats der »Gesellschaft für christlich-jüdische Zusammenarbeit« und später Vorsitzender des »Internationalen Komitees für christlich-jüdische Zusammenarbeit«.[97]

Große Bedeutung erlangte der Architekt Hermann Zwi Guttmann, der aus Polen kam, sein in Lemberg begonnenes Studium in München abschloss und sich mit seiner Frau, der Ärztin Gitta Guttmann, in Frankfurt niederließ. Er war ein Mann mit tiefer religiösen Bindung, der als Architekt religiöser und weltlicher jüdischer Bauten eine herausragende Bedeutung gewann und in Frankfurt alle Um- und Neubauten der Jüdischen Gemeinde durchführte.[98]

Zu den bedeutenden und in der Öffentlichkeit bekannten Persönlichkeiten, die die Entwicklung der jüdischen Gemeinschaft nach 1945 geprägt haben und nach Frankfurt zugezogen sind, gehören Trude und Berthold Simonsohn. Berthold Simonsohn war aus der Schweiz in die Jüdische Gemeinde Hamburg gerufen worden, wurde Geschäftsführer der 1951 wieder gegründeten »Zentralwohlfahrtsstelle der Juden in Deutschland« (ZWST) und zog nach Frankfurt, als die Geschäftsstelle 1955 dorthin verlegt wurde. Der Jurist Berthold Simonsohn hat wesentlich zur Neuorganisierung der Sozialarbeit in den entstehenden, unter Personalmangel leidenden jüdischen Gemeinden beigetragen. Durch sein Eingreifen bei der Ausarbeitung der anstehenden Entschädigungsgesetze half er, die Armut und Abhängigkeit der in Deutschland lebenden Juden zu verringern, z.B. indem er eine Entschädigung für das Tragen des gelben Sterns erreichte. Mit seinen juristischen Fähigkeiten setzte er sich immer wieder für die Antragsteller auf Entschädigung ein gegen das rigide Verhalten von Behörden und besonders von Ärzten, die Gutachten zu erstellen hatten. Gegen die von ausländischen Hilfsorganisationen vertre-

---

[97] Leopold Goldschmidt zum 60. Geburtstag. In: Frankfurter Jüdisches Gemeindeblatt, 1. Jg., Nr. 10, Januar 1956, S. 10.

[98] Hermann Zwi Guttmann, Vom Tempel zum Gemeindezentrum, Synagogen im Nachkriegsdeutschland, Frankfurt am Main 1989. Siehe auch XII. Texte und Dokumente, S. 276ff. in diesem Band.

III. Rückkehr aus der Emigration und Zuwanderung

Berthold Simonsohn (stehend) bei der Einweihung des Henrietta-Szold-Heims in Wembach, 1956. Vor ihm sitzen sein Sohn Michael und seine Frau, rechts neben ihm Heinz Galinski, Marika und Red Feder vom Joint, Jeanette Wolff und ganz rechts Lilly Marx. Vorn links: Rabbiner Lichtigfeld

tene Meinung, dass es nur vorübergehend jüdische Gemeinden in Deutschland geben werde, vertrat Simonsohn entschieden ihre Existenzberechtigung.[99]

Die Entwicklung der Kinder- und Jugendarbeit lag Simonsohn besonders am Herzen. Ihnen zu helfen, mit den Problemen des Lebens in Deutschland fertig zu werden, betrachtete er als zentrale Aufgabe der jüdischen Wohlfahrt. Mit der Zeitschrift »Jüdische Sozialarbeit – Mitteilungsblatt der ZWST« schuf Berthold Simonsohn 1956 ein Organ, das nicht nur ein Mitteilungsblatt für die Praxis des Verbandes war, sondern eine Zeitschrift zur theoretischen Fundierung der sozialen Arbeit, und deren Profilierung.

Ende 1961 – nach zehnjähriger Tätigkeit als Geschäftsführer der ZWST – wurde Simonsohn Professor für Sozialpädagogik und Jugendrecht an der Johann Wolfgang Goethe-Universität in Frankfurt am Main. Schwerpunkt seiner dortigen Tätigkeit wurde die Reform des Jugendstrafrechts.

In jüdischen Organisationen blieb Berthold Simonsohn weiterhin aktiv. So gehörte er einige Jahre dem Gemeinderat der Jüdischen Gemeinde Frankfurt am Main an und war im Vorstand der Freunde der Hebräischen Universität Jerusalem. Die Förderung dieser Universität war ihm ein großes Anliegen, und er förderte besonders die Errichtung einer Abteilung für deutsche Sprache und Literatur und eines Lehrstuhls für deutsche Geschichte. Simonsohn gehörte zu den wenigen Juden in Deutschland, die Reisen für deutsche Nichtjuden nach Israel organisierten, obwohl dafür zahlreiche Hindernisse überwunden werden mussten. Er war aktiv in der linken Deutsch-Israelischen Studiengruppe an der Frankfurter Universität, die das Ziel verfolgte, durch Seminare, Vorträge, Studienreisen und Begegnungen eine Verständigung zwischen Deutschen und Israelis

---

[99] Zu B. Simonsohn: Wilma Aden-Grossmann, Berthold Simonsohn. Biographie des jüdischen Sozialpädagogen und Juristen, Frankfurt am Main 2007.

III. Rückkehr aus der Emigration und Zuwanderung

und Juden und Nichtjuden in Deutschland zu fördern. 1967/68 widersprach Simonsohn heftig den Tendenzen des SDS, anti-israelische Positionen einzunehmen und sich einseitig auf die Seite der Palästinenser zu stellen.[100]

Trude Simonsohn, begleitete die Arbeit ihres Mannes, blieb aber oft im Hintergrund. Aktiv arbeitete sie in der WIZO (»Women's International Zionist Organisation«) mit. Erst Mitte der 1980er Jahre konnte sie für die Mitarbeit im Gemeinderat gewonnen werden. Ihr besonderes Interesse galt der Sozialarbeit, weshalb sie sich auch in den Vorstand der »Zentralwohlfahrtsstelle der Juden in Deutschland« wählen ließ. Als Vorsitzende des Gemeinderats repräsentierte sie über zehn Jahre mit dem Vorstandsvorsitzenden Ignatz Bubis die Gemeinde in der Öffentlichkeit. Drei Jahrzehnte schon berichtet sie als Zeitzeugin Jugendlichen über die Erlebnisse in der Nazizeit und insbesondere über die Jahre im Konzentrationslager Theresienstadt.[101]

Nach Deutschland zurück und zufällig nach Frankfurt kam die Familie Loewy. Ernst Loewy wurde 1920 in Krefeld geboren. Die Eltern schickten ihren einzigen Sohn 1936 mit der Jugendaliya nach Palästina, sie selbst konnten unmittelbar nach der »Kristallnacht« Ende 1938 nachkommen. Zwanzig Jahre lebte Ernst Loewy in Palästina und Israel, konnte sich dort aber nicht etablieren: Die deutsche Sprache und die deutsche Literatur blieben seine Heimat. Er las und schrieb trotz eines sehr harten Arbeitslebens. »Mein Festhalten an der deutschen Sprache war in den Kategorien praktischer Vernunft ein Unding. Die Weichen waren indessen längst gestellt: In den kargen Stunden, die ein anstrengender Arbeitstag mir ließ, befaßte ich mich mit Dingen, die mir beruflich nichts einbrachten, und schob achtlos beiseite, was einem späteren Fortkommen in Israel hätte dienlich sein können.«[102] So fasste er rückschauend diese Begeisterung zusammen, die eine Rückkehr nach Deutschland dringlich machte. Seine Frau Rega, die in der Nähe von Badenweiler aufgewachsen war, unterstützte den Wunsch nach Rückkehr. Beide waren tief enttäuscht über die politische Entwicklung des Staates Israel und des Nahen Ostens, und sie waren zunehmend irritiert über die »subtilen Zwänge, die die aus unterschiedlichen Kontinenten und Ländern herbeiströmenden Juden sprachlich und kulturell zu einer Nation amalgamieren sollten« sowie die damit verbundenen Geschichtsmythen.[103] Sie traten für einen sozialistischen Staat ein, in dem Juden und Araber gleichberechtigt zusammenlebten.

1956 verließ das Ehepaar mit seinen zwei Söhnen Ronny und Peter Israel. Es beabsichtigte, in die DDR zu gehen, wo viele remigrierte Schriftsteller Anerkennung und Einfluss gewonnen hatten. Aber die Familie landete in Frankfurt am Main, nachdem Ernst Loewy das Angebot erhalten hatte, die Judaica-Abteilung der Frankfurter Stadt-

---

[100] Siehe Kapitel VIII, S. 155ff.
[101] Siehe Kapitel X, S. 208.
[102] Ernst Loewy, Zwischen den Stühlen. Essays und Autobiographisches aus 50 Jahren, Hamburg 1995, S. 69. Siehe auch XII. Texte und Dokumente, S. 273ff. in diesem Band.
[103] Ebenda, S. 42.

und Universitätsbibliothek zu betreuen. Der Direktor suchte jemanden mit Hebräischkenntnissen und stellte ihn ein, obwohl er weder eine Bibliothekarsausbildung hatte, noch Judaist war. Loewy nahm die Stelle dankbar an, obwohl sie nicht seinen Interessen entsprach und sie ihm Probleme bereitete: »Ich schätzte [Direktor] Eppelsheimer außerordentlich hoch, einmal wegen seiner untadeligen Haltung im Dritten Reich, dann aber auch wegen seiner Verdienste um die Be-

Ernst Loewy an seinem Arbeitsplatz in der Judaica-Abteilung der Universitätsbibliothek, um 1960

wahrung des Exilerbes. Daß die Stelle, die ich ihm verdankte, auch etwas Demütigendes für mich hatte, konnte er nicht wissen; es tut mir heute leid, daß ich mich ihm nicht anvertraut habe. Er hätte mich verstanden, dessen bin ich sicher. Die Sache war die: Ich bin – um es einmal so auszudrücken – nicht wegen, sondern trotz meiner Hebräisch-Kenntnisse nach Deutschland zurückgekehrt; sie waren ohnehin nicht die besten. Auch hat es mich nicht wegen, sondern trotz meines Judeseins hierhergezogen. Ich war Jude, kein praktizierender übrigens, aber kein Judaist. Irgendwie fühlte ich mich mißbraucht.«[104]

Mehrere Jahre übte er die Leitung der Judaica-Abteilung sehr verantwortungsvoll aus, entdeckte wertvolle ausgelagerte Handschriften und leistete wichtige Vorarbeiten für die bis heute noch grundlegende »Bibliographie zur Geschichte der Frankfurter Juden«. 1964 wechselte er als Referent in das Rundfunkarchiv des Hessischen Rundfunks und verwandte viel Zeit auf die Exilforschung, deren führender Vertreter er wurde.[105]

Rückkehrern aus dem Exil fiel es häufig leichter als den Überlebenden der Konzen-

---

[104] Ebenda, S. 65. Hanns-Wilhelm Eppelsheimer war Gründer der Deutschen Bibliothek in Frankfurt am Main und Direktor der Frankfurter Stadt- und Universitätsbibliothek. Dazu: Rachel Heuberger, Bibliothek des Judentums. Die Hebraica- und Judaica-Sammlung der Stadt- und Universitätsbibliothek Frankfurt am Main. Entstehung, Geschichte und heutige Aufgaben, Frankfurt am Main 1996. Die Hebraica-Judaica-Sammlung der Frankfurter Universitätsbibliothek ist die umfangreichste im deutschsprachigen Raum und wird heute von der Judaistin und Historikerin Dr. Rachel Heuberger geleitet.

[105] Ernst Loewy hat viel zur Exilliteratur publiziert und 1984 die Gesellschaft für Exilforschung gegründet. Seine beiden Hauptwerke sind: Literatur unterm Hakenkreuz. Das Dritte Reich und seine Dichtung. Eine Dokumentation. Frankfurt am Main 1966 und Literarische und politische Texte aus dem deutschen Exil 1933-1945, Stuttgart 1979.

trationslager, auf nichtjüdische Deutsche zuzugehen, mit ihnen zusammen zu arbeiten oder mit ihnen über ihr Schicksal, über Judentum, über Deutschland und über Israel zu diskutieren. Sie selbst hatten die schlimmste Verfolgungszeit nicht erlebt und eine Entscheidung für einen Neuanfang in Deutschland getroffen. Ihnen war bewusst, dass sie nichts anderes als »Deutsche« waren, wenn es auch Gründe gab, diese Bezeichnung nur zögernd zu benutzen. Mit der jüdischen Gemeinschaft verband die nichtsreligiösen Juden das Bewusstsein, einer Schicksals- und Solidargemeinschaft anzugehören und oft auch der Wunsch, das »Jüdische« in sich zu bewahren.

Es scheint ein Zufall zu sein – und es ist sehr wahrscheinlich doch keiner: Unter den hauptamtlichen Funktionären der Gewerkschaften sind in Frankfurt in größerer Zahl als anderenorts Juden zu finden. Das mag damit zusammenhängen, dass Frankfurt in den Jahren des Wiederaufbaus der Gewerkschaften nach 1945 eine besondere Rolle gespielt hat und hier auch die Zentralverwaltungen größerer Gewerkschaften wie beispielsweise die IG Metall ihren Sitz haben. Es drückt sich darin aber auch die bekannte besondere Affinität jüdischer Emanzipationsbestrebungen zur Arbeiterbewegung aus. Paul Kronberger, als SAP-Mitglied im Widerstand tätig, Häftling im KZ Oranienburg, emigrierte nach England und beteiligte sich nach seiner Rückkehr nach Deutschland aktiv am Wiederaufbau der Gewerkschaften.[106] Er war Sekretär der Gewerkschaft Banken und Versicherungen in Hessen, aus der später die DAG hervorging. In der IG Metall war Jakob Moneta, der sich bereits in Palästina gewerkschaftlich betätigte, viele Jahre Chefredakteur der Zeitschrift »metall«. Als Sozialist engagierte sich Moneta auch bei außerparlamentarischen Aktionen. Bei der Zeitschrift »metall« war auch Heinz Brandt als Journalist tätig, der das KZ Buchenwald überlebte und 1958 aus der DDR geflohen war. In einflussreichen Funktionen arbeiteten bei der IG Metall Fritz Opel und Siegfried Neumann. Aus dem mexikanischen Exil kam Max Diamant zurück nach Deutschland und arbeitete ebenfalls bei der IG Metall. Er war seit 1961 Leiter der Abteilung für ausländische Arbeitnehmer. Rudolf Segall emigrierte 1935 nach Palästina und war nach seiner Rückkehr nach Deutschland ab 1952 Sekretär bei der IG Chemie. Segall hatte, seitdem er sich 1939 dem Trotzkismus zuwandte, jahrzehntelang auch führende Funktionen in trotzkistischer Organisationen inne.

---

[106] Siehe S. 65.

IV. Entschädigung und Wiedergutmachung – Die Hoffnung auf finanzielle Autonomie

1. »Wiedergutmachung darf kein Almosen bedeuten«

Die 1950er Jahre gelten allgemein als die Jahre des »Wirtschaftswunders«. Die schnelle wirtschaftliche Entwicklung schuf Arbeitsplätze und Kaufkraft; Wohnungen wurden gebaut, die Läden waren gefüllt. Neue Möbel, Autos, elektrische Geräte und Reisen waren Zeichen eines beginnenden Wohlstands. Juden hatten Anteil an dieser wirtschaftlichen Entwicklung, aber die verbreitete stolze Haltung »Wir sind wieder wer« blieb ihnen fremd. Sie hatten ihre eigenen Probleme: Schwierigkeiten mit der Erlangung von Wiedergutmachungsgeldern, Verbesserung der religiösen und sozialen Situation in den Gemeinden, Klärung der Beziehungen zum Staat Israel und Auseinandersetzung mit der permanent gestellten Frage: Bleiben oder Gehen?

Rückerstattung und Wiedergutmachung waren das große Thema der fünfziger Jahre, gesetzliche Regelungen die Voraussetzung für die weitere Entwicklung der Gemeinde und die Grundlage für eine unabhängige Existenzsicherung und Wiederherstellung oder Besserung der Gesundheit vieler Menschen.

Hinterstellung jüdischer Gegenstände

Nach einer Anordnung des großhessischen Ministers des Innern — Der Staatsbeauftragte für die Sonderbetreuung der Juden in Groß-Hessen — haben alle Personen und Firmen, die Eigentum ausgewanderter, verschleppter oder ermordeter jüdischer Personen verwahren oder eingelagert haben, dies mit genauen Angaben an die genannte Dienststelle, Wiesbaden, Bertramstraße 3, bis spätestens 31. Mai 1946 zu melden.

Prüfungsausschuß für Arisierungsfragen

Alle Unternehmen, bei denen eine Arisierung stattgefunden hat, haben sich bis spätestens 20. Dezember 1945 beim „Prüfungsausschuß für Arisierungsfragen" bei der Industrie-, Handels- und Handwerkskammer, Frankfurt a. M., schriftlich zu melden, woraufhin ihnen die für die Prüfung auszufüllenden Fragebogen zugesandt werden.

Hierunter fallen alle im Stadtkreis Frankfurt a. M. gelegenen geschäftlichen Betriebe und Unternehmen, die seit dem 30. Januar 1933 Vermögen, Vermögensteile oder Interessen von jüdischen Berechtigten oder aus jüdischen Unternehmen erworben haben, gleichviel, ob der Erwerb unmittelbar, aus zweiter oder dritter Hand oder im Wege einer Rechtsnachfolge irgendwelcher Art stattgefunden hat.

Frankfurt a. M., den 13. Nov. 1945
Im Auftrage der Militärregierung

links: Mitteilungen der Stadtverwaltung Nr. 20, 13. Mai 1946. In den Archiven konnte bisher kein Vorgang gefunden werden, der sich auf diese Aufforderung bezieht.

rechts: Mitteilungen der Stadtverwaltung Nr. 22, 1945

IV. Entschädigung und Wiedergutmachung

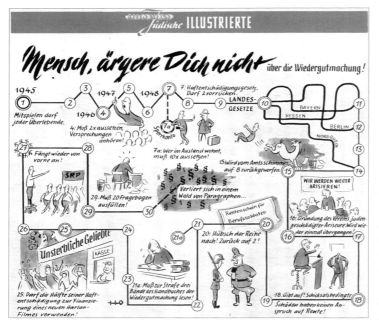

»Mensch ärgere dich nicht über die Wiedergutmachung« – ein Spiel zur schleppenden und schwierigen Erlangung einer Entschädigung und Wiedergutmachung, Jüdische Illustrierte, Juni 1951

Der Begriff »Wiedergutmachung« taucht nach 1945 in den Briefen und Anordnungen der Frankfurter Bürgermeister und Ämter, in Äußerungen der »Gesellschaft für christlich-jüdische Zusammenarbeit«, in Schreiben von Überlebenden und in Zeitungsartikeln immer wieder auf. Niemand hat ihn damals in Anführungsstriche gesetzt, wie wir das heute häufig machen, weil die Ermordung und das Leid nicht wieder gut gemacht werden können und weil uns die Schwierigkeiten, Ungerechtigkeiten und Zumutungen der Wiedergutmachungsverfahren bekannt sind. Als Wiedergutmachung beanspruchten Juden in den ersten Jahren eine bevorzugte Versorgung mit Lebensmitteln, Wohnraum und Arbeit und eine finanzielle Entschädigung, also Mittel für gesichertes Leben. Darüber hinaus aber verlangten sie Reue und Scham der Deutschen über das eigene Tun und Verständnis und Mitleid mit den Opfern und Bestrafung der Täter.

Überwog in den ersten Monaten nach der Befreiung bei den Juden der Dank für Hilfe und Unterstützung durch den Frankfurter Oberbürgermeister, so wuchs sehr bald ihre Ungeduld, weil sich die Lage der Überlebenden nicht wesentlich verbesserte. Rabbiner Neuhaus geriet deshalb immer wieder in Konflikt mit der Stadtverwaltung und mahnte die Pflicht zur Wiedergutmachung an. Er scheute dabei auch die Öffentlichkeit nicht und reagierte zum Beispiel im Oktober 1945 sehr verärgert auf einen Artikel in der »Frankfurter Rundschau«, in dem Oberbürgermeister Blaum ausführlich die Anstrengungen der Stadt aufführte, Nazi-Opfer zu versorgen und zu unterstützen.[107] In

---

[107] »Frankfurter Stadtverwaltung über Sonderbetreuung« In: Frankfurter Rundschau, 29. September 1945.

seiner scharfen Erwiderung stellte Neuhaus den »Leistungen« der Stadt die unwürdigen Lebensumstände der Überlebenden gegenüber und forderte: »Wiedergutmachung darf kein Almosen bedeuten. Ohne Vermögen, mit schlechter Kleidung, ohne wärmende Hüllen für den Winter (bekanntlich hat man den Juden Pelz und Wollsachen radikal abgenommen), nach jahrelangem Hunger und Darben, seelischen und körperlichen Qualen muss der Kraftspender von außen an die Menschen herangetragen werden in Gestalt von einem eingerichteten Heim, das klein aber behaglich sein müsste, Beschaffung von Schuhwerk und guten, warmen Kleidungsstücken, nicht von Bezugsscheinen, die uneinlösbar sind und so niedrig im Preis eingesetzt werden, dass es ein wirkliches ›Almosen‹ darstellt.« Neuhaus fasste die früheren Leistungen Frankfurter Juden für die Stadt zusammen und fuhr fort: »Gerade Frankfurt sollte deshalb in der Betreuung der wenigen zurückgekehrten Juden nur die Abtragung einer alten Dankesschuld erblicken und vorbildlich für andere Städte in dem Willen der Wiedergutmachung [handeln].«[108]

Die mit Beginn der amerikanischen Besatzung vom Oberbürgermeister eingerichtete Jüdische Betreuungsstelle war Ausdruck eines Willens der »Wiedergutmachung«, der aber in der Zeit des Mangels an allen lebenswichtigen Gütern nicht hinreichend umgesetzt wurde.

Die gesetzlichen Regelungen zogen sich noch lange, in den Augen der Anspruchsberechtigten viel zu lange hin. Sie brauchten sofort Geld. Das erste wichtige Gesetz war das im November 1947 von der amerikanischen Militärregierung verkündete »Rückerstattungsgesetz«. Es regelte die Rückerstattung von Vermögensgegenständen an diejenigen, denen sie zwischen 1933 und 1945 aus Gründen

Demonstration in Frankfurt gegen den amerikanischen Hohen Kommissar Oberst John McCloy und die Verschleppung von Wiedergutmachungsregelungen, 2. August 1949. Auf den Plakaten ist zu lesen: »Warum verzögern GIs die Wiedergutmachung? Wo bleibt der soziale Lastenausgleich? Warum werden Kriegsgewinnler toleriert? Mein Mann wurde von den Nazis ermordet«

---

[108] Ebenda, 6. Oktober 1945. »Frankfurt gehört an die Spitze« hatte die Frankfurter Rundschau in einem redaktionellen Meinungsbeitrag am 29. August gefordert und kritisiert, dass »heute noch ein drastischer Gegensatz zwischen der materiellen Lage zwischen Nazis und ihren Opfern« bestehe.

IV. Entschädigung und Wiedergutmachung

der Rasse, Religion, Nationalität, Weltanschauung oder der politischen Gegnerschaft entzogen worden waren. Erst zwei Jahre später trat für die Länder der amerikanischen Besatzungszone das »Wiedergutmachungsgesetz« in Kraft. Es sah Entschädigungen für den Verlust von Freiheit, für Schäden an Körper und Gesundheit oder Leben, an Eigentum und Vermögen sowie im wirtschaftlichen und beruflichen Fortkommen vor und galt für alle deutschen Juden sowie Displaced Persons, die sich am 1. Januar 1947 in der amerikanischen Zone aufhielten. Es war der erste Versuch, erlittenes Leid durch finanzielle Erstattung zu entschädigen.

Die hessische Regierung war bemüht, mit der Einrichtung einer Wiedergutmachungsabteilung die Versorgung der Juden aus der allgemeinen Fürsorge zu lösen. Von einem Sonderfonds zum Zwecke der Wiedergutmachung konnten 1949 Gelder für Heilbehandlungen, für die Anschaffung von Möbeln, für den Aufbau einer wirtschaftlichen Existenz und für Berufsausbildung beantragt werden. Sie wurden den meisten Antragstellern bewilligt, galten aber als Vorleistungen und waren auf die individuellen Ansprüche aufgrund eines erwarteten Bundesentschädigungsgesetzes anzurechnen. Das für die Bundesrepublik gültige »Bundesentschädigungsgesetz zur Entschädigung für Opfer der nationalsozialistischen Verfolgung« wurde erst 1953 verabschiedet. Ihm liegt das Gesetz der amerikanischen Zone zugrunde, es enthält aber zahlreiche Verbesserungen und Erweiterungen.[109]

Für die Überlebenden oder ihre Angehörigen begann damit ein langwieriger bürokratischer Prozess, für den zahlreiche Beweise herbeigeschafft werden mussten. Immer wieder wurden Belege nachgefordert, eidesstattliche Erklärungen angezweifelt und vor allem angegebene gesundheitliche Schäden infrage gestellt. Den meisten Antragstellern war es unangenehm, mit deutschen Behörden zu korrespondieren, von ehemaligen Nachbarn oder Arbeitgebern Aussagen zu erbitten über ihren Verdienst, die Wohnungseinrichtung und ihren Lebensstil. Am schlimmsten war die medizinische Begutachtung. Nur wenigen Ärzten war damals bewusst, wie fürchterlich der Aufenthalt in den Konzentrationslagern gewesen war und welche langfristigen gesundheitlichen Schäden er auslöste. Viele Ärzte standen den Überlebenden sogar gleichgültig oder ablehnend gegenüber. Die Behörden zögerten häufig Entscheidungen hinaus oder warteten Gerichtsentscheidungen ab. Die meisten Überlebenden sahen sich deshalb gezwungen, Rechtsanwälte mit der Wahrnehmung ihrer Interessen zu beauftragen, die aber honoriert werden mussten. Alle brauchten dringend Geld. Viele Überlebende waren aus gesundheitlichen Gründen nicht mehr in der Lage, eine Berufstätigkeit auszuüben und benötigten permanente ärztliche Betreuung. Auseinandersetzungen um die Anerkennung von gesundheitlichen Erkrankungen durch die nationalsozialistische Verfolgung durchziehen alle Entschädigungsakten und geben einen Einblick in die

---

[109] Dieses Gesetz trat am 1. Oktober 1953 in Kraft und wurde 1956 in einer Neufassung wesentlich verbessert.

IV. Entschädigung und Wiedergutmachung

schwierige Lebenssituation der Überlebenden.

Wer nachweislich in einem Konzentrationslager wie Auschwitz oder Theresienstadt war, erhielt problemlos eine Haftentschädigung von 150 DM pro Monat. Aber viele mussten auch um die Haftentschädigung kämpfen, weil sie in einer anderen Form ihrer Freiheit beraubt waren. Dr. Paul Bendix und anderen Rückkehrern, die zwei Jahre zwangsweise in einem von den Japanern eingerichteten Ghetto im Shanghaier Stadtteil Hongkew leben mussten, wurden

> **Prozeß vor dem Oberlandesgericht**
>
> Der 8. Zivilsenat des Oberlandesgerichts unter dem Vorsitz von Senatspräsident Dr. Kosterlitz hat am 13. April eine Entscheidung gefällt, die von grundsätzlicher Bedeutung für die nach Shanghai emigrierten Juden ist. Das Berufungsgericht hat entschieden, daß das Land Hessen der Klägerin, Frau Else Sommer aus Frankfurt, Entschädigung für 26 Monate Haft im Ghetto Hongkew zu zahlen habe. In seinem Urteil erklärte das Gericht, daß zwischen den Verfolgungen in Deutschland und der Zwangseinweisung ins Shanhaier Ghetto ein Kausalzusammenhang bestehe, und daß das Lager Hongkew mit seinen Stacheldrahtverhauen, Wachtposten und Straßen den Einrichtungen der Nationalsozialisten in Europa geglichen habe.

Bericht über das Gerichtsurteil, dass der Aufenthalt im Ghetto Hongkew in Shanghai bei Entschädigungsberechnungen einem Konzentrationslager gleichzusetzen sei. Frankfurter Jüdisches Gemeindeblatt, 1. Jg., April 1955

1951 »die Ansprüche wegen Schaden an Körper und Gesundheit und Freiheit [...] abgelehnt, weil es sich bei der Internierung in Shanghai nicht um eine nationalsozialistische Verfolgungsmaßnahme gehandelt hat«.[110] Erst nach einer Entscheidung des Oberlandesgerichts zahlte die Behörde Bendix 3.450 DM Entschädigung für 23 Monate Haft und 21.080 DM »wegen Schaden im beruflichen und wirtschaftlichen Fortkommen«. Zur Anerkennung seiner Gesundheitsschäden als Folge des Klimas und der schlechten hygienischen Verhältnisse in Shanghai brauchte er weitere fünf Jahre.

Max Neumann führte jahrelang eine Auseinandersetzung mit den Behörden darüber, dass seine Verfolgung in Südfrankreich durch die Nationalsozialisten verursacht war und nicht durch die Vichy-Regierung. Sein Aufenthalt in verschiedenen Lagern, seine Flucht und sein Untertauchen galten als nicht hinreichend nachgewiesen. Außerdem hatte er große Probleme, den Verlust seiner umfangreichen Musikbibliothek und seiner Partituren anerkannt zu bekommen.[111]

Der über 70jährige August Adelsberger, der in Frankfurt überlebt hatte, musste gerichtlich durchsetzen, dass der Aufenthalt im Judenhaus Hermesweg, in dem er leben musste, als Ghettohaft im Sinne der Haftentschädigung angerechnet wurde.[112]

---

[110] 2. Juni 1951, Bescheid des Regierungspräsidenten/Fachbehörde nach dem Entschädigungsgesetz. Entschädigungsakte Paul Bendix. Hessisches Hauptstaatsarchiv Wiesbaden Abt. 518 Nr. 12957 Bd. 1. Dr. Bendix starb 1964 in Frankfurt am Main.

[111] Entschädigungsakte Max Neumann. Hessisches Hauptstaatsarchiv Wiesbaden, Abt. 518 Nr. 55202 Bd. 1-2. Siehe auch S. 75.

[112] Entschädigungsakte August Adelsberger. Hessisches Hauptstaatsarchiv Wiesbaden, Abt. 518

IV. Entschädigung und Wiedergutmachung

Die Auszahlung der Entschädigungsleistungen für die verschiedenen Kategorien erfolgte für die meisten Antragsteller erst ab Mitte der 1950er Jahre. Viele ältere und kranke Menschen wurden damit unabhängig von der Fürsorge, andere konnten sich mit dem Geld ein kleines Geschäft aufbauen oder eine Erholungsreise gönnen. Sie stimmten oft den Behördenentscheidungen zu, weil sie endlich das Geld ausbezahlt haben wollten, obwohl ihnen die Summen z.B. bei der Entschädigung für geraubte Vermögenswerte zu gering waren. Für viele allerdings zogen sich die Auseinandersetzungen weitere Jahre hin; nicht wenige starben, ohne die ihnen zustehende »Wiedergutmachung« in vollem Umfang erhalten zu haben.

Als Belastung empfanden Juden zusätzlich, dass sie wegen der »Wiedergutmachung« immer wieder Angriffen aus der nichtjüdischen Gesellschaft ausgesetzt waren. Auf die Bemerkung von Finanzminister Fritz Schäffer (CSU), die steigenden Ausgaben für die Wiedergutmachung gefährdeten die deutsche Währung, ging der Vorstandsvorsitzende Max M. Meyer im Geschäftsbericht des Vorstands 1958 ein: »Es ist nicht zu verkennen, daß in weiten Kreisen des Volkes die Wiedergutmachung nicht populär ist, und ich glaube, daß es eine wichtige Aufgabe unserer zentralen Gremien ist, dafür zu sorgen, daß dem deutschen Volke immer wieder klargemacht wird, daß ein Kampf für die Wiedergutmachung in seinem eigenen Interesse liegt, da die Gegner der Wiedergutmachung gleichzeitig Gegner des augenblicklichen Staates sind.«[113] Genau diesen Zusammenhang erkannten damals nicht viele Deutsche.

2. Rückerstattung von Eigentum

Die Durchführung der Rückerstattung von Eigentum erwies sich als einfacher, wenn auch nicht problemlos.[114] In jedem Einzelfall war zu prüfen, ob der Erwerber eines Betriebes oder eines Hauses die Notlage ausgenutzt und deshalb unter Preis erworben

---

Nr. 697. Adelsberger starb Ende 1952, ohne das gesamte ihm zustehende Geld erhalten zu haben. Er hatte immer wieder auf sein hohes Alter verwiesen und um dringende Bearbeitung gebeten.

[113] 23. Febr. 1958, Geschäftsbericht des Vorstands zur Gemeindeversammlung. ZA Heidelberg, Akten der Jüdischen Gemeinde Frankfurt am Main B 1/13, 2408. Zu Fritz Schäffer und die Diskussion um die Ausgaben für Wiedergutmachungsleistungen siehe: Spiegel, 29. Januar 1958

[114] Zur »Wiedergutmachung« gehörte die Entschädigung für erlittene Verfolgungen und ihre Folgen sowie die Rückerstattung von geraubtem oder unter Preis verkauftem Eigentum. Dieses konnte zurückgegeben oder durch eine Entschädigungszahlung abgelöst werden.
Mit dem 1952 abgeschlossenen Luxemburger Abkommen verpflichtete sich die Bundesrepublik, innerhalb der kommenden 10 bis 12 Jahre an den Staat Israel Sach- und Kapitallieferungen in Höhe von 3 Milliarden DM zu leisten und weitere 450 Millionen DM an die Jewish Claims Conference. Beide Empfänger forderten diese Leistungen für die ermordeten erbenlosen Juden, die keine Entschädigung mehr beantragen konnten.

hatte. Da sehr wenige Frankfurter Juden die Naziverfolgungen überlebt hatten und wieder in Frankfurt lebten, sind auch nur wenige Fälle der Rückerstattung von Betrieben und Häusern bekannt. In der Mehrheit der Fälle wurde eine Entschädigung verlangt, die in der Regel niedrig angesetzt war und häufig zu gerichtlichen Auseinandersetzungen zwischen Käufer und anspruchsberechtigten Erben führten.

Eine große Rolle spielte die Regelung der Rückerstattung für die Jüdische Gemeinde. Die Stadt Frankfurt hat frühzeitig eine Aufstellung aller Liegenschaften angefertigt, die sie von Juden, der Jüdischen Gemeinde oder Stiftungen erworben hatte. Aufgrund des Rückerstattungsgesetzes gab die Stadt Frankfurt Eigentümern oder ihren Erben Liegenschaften zurück, die sie von Privatpersonen erworben hatte, oder zahlte einen Ausgleich für den Erwerb. Viele Liegenschaften wollte sie behalten, da sie für Straßenprojekte erworben oder für Bauvorhaben wie die Kleinmarkthalle vorgesehen waren. Soweit in den Akten ersichtlich, scheint es ohne große Schwierigkeiten zu Vergleichen gekommen zu sein. Die Stadt akzeptierte, dass die Verkäufer nach 1937 nicht mehr in den Besitz der Kaufsumme gekommen waren und bot eine entsprechende Nachzahlung an, die Gegenseite – in der Regel keine in Frankfurt lebenden Personen – vertraute den Berechnungen des Liegenschaftsamts.[115]

Ruine der Israelitischen Volksschule, Röderbergweg 29, 1945. Die Stadt gab das Gebäude in diesem Zustand der Jüdischen Gemeinde zurück, die es provisorisch als Wohnraum nutzte. Anfang 1970 ließ sie es abreißen und errichtete auf dem Grundstück ein Wohnhochhaus mit Kindergarten und Synagoge.

Zahlreiche Gemälde, Silberobjekte, Teppiche und andere Kunstgegenstände, die aus Privathäusern geraubt und in die Sammlungen von Museen einverleibt worden waren, wurden ebenfalls zurückgegeben, häufig allerdings gegen eine Ausgleichszahlung.[116] So wurde Ende 1949 die Kunstsammlung von Carl von Weinberg, die die Stadt Frankfurt im Dezember 1938 angekauft und dem heutigen Museum für angewandte Kunst und dem Städel übergeben hatte, gegen die Zahlung des Verkaufspreises von 750.000 RM – im Verhältnis 1:10 in DM umgerechnet – dem Erben zurückgegeben.

---

[115] Institut für Stadtgeschichte, Magistratsakte 9.796.
[116] Das gilt für umfangreiche Sammlungen von Carl von Weinberg, Robert Hirsch und Max von Goldschmidt-Rothschild. Ebenda.

IV. Entschädigung und Wiedergutmachung

Ein Jahr später stiftete der Erbe sehr wertvolle Objekte aus der Kunstsammlung der Stadt Frankfurt.[117]

Die Rückerstattung des Eigentums der vom NS-Staat aufgelösten beiden jüdischen Gemeinden, der Israelitischen Gemeinde und der Israelitischen Religionsgesellschaft, löste einen Konflikt zwischen der Jüdischen Gemeinde Frankfurt und jüdischen Organisationen im Ausland aus.

Die Jüdische Gemeinde verlangte ihrerseits Rückerstattung und Entschädigung für den gesamten Besitz sowie für das Stiftungsvermögen. Diese Forderungen waren ein wichtiger Grund dafür, dass die eigentlich neu gegründete Gemeinde behauptete, die alte Gemeinde fortzusetzen. Diese Kontinuität sollte ihren Rechtsanspruch auf das Vermögen belegen. Die Stadt war dazu bereit, fragte aber bei der Jüdischen Gemeinde nach, ob die »Rechtsnachfolgeschaft gegenüber der früheren jüdischen Gemeinde inzwischen« anerkannt worden sei«.[118] Die großen jüdischen ausländischen Organisationen hatten sich nämlich inzwischen verständigt, das Gemeindevermögen als erbenloses Vermögen zu deklarieren und es den Juden in aller Welt und besonders in Israel zukommen zu lassen. Sie erklärten – im Gegensatz zur Frankfurter Gemeinde und andere Gemeinden in Deutschland – die Auflösung der Jüdischen Gemeinden durch die Nationalsozialisten als rechtsgültig.

Zur Durchsetzung dieser Auffassung einigten sich die internationalen jüdischen Organisationen im Juni 1948 auf eine Nachfolgeorganisation für das geraubte herrenlose jüdische Vermögen in der amerikanischen Zone, die Jewish Restitution Successor Organization, abgekürzt JRSO. Für Frankfurt beanspruchte die JRSO also ebenfalls das Gemeindevermögen und wollte der Gemeinde nur einen kleinen Teil zur Ausübung ihrer religiösen, sozialen und erzieherischen Aufgaben überlassen. Dahinter stand nicht nur die Annahme, dass die Jüdischen Gemeinden in Deutschland nicht von Dauer sein würden, sondern auch der Rechtsstandpunkt, dass die kleine Frankfurter Gemeinde nur einen kleinen Teil der damaligen Frankfurter Juden repräsentiere, während der größte Teil ermordet oder ausgewandert sei. Und im Namen dieses Teils forderte die JRSO das Vermögen, das für den Aufbau des Staates Israel, die Versorgung der armen und kranken ausgewanderten Juden und die Organisierung der weiteren Auswanderung aus Deutschland und vielen anderen Staaten gebraucht würde.

Der gerade aus der Emigration zurückgekehrte kämpferische Rechtsanwalt Joseph Klibansky focht vehement für das Recht der Frankfurter Gemeinde. Zwei weitere Rechts-

---

[117] Ebenda. Ausführlich dazu: Verena Bopp, Carl von Weinbergs »Villa Waldfried«. Eine Kunstsammlung in Frankfurt am Main. In: Inka Bertz/Michael Dorrmann, Raub und Restitution. Kulturgut aus jüdischem Besitz, Göttingen 2008, S. 173-178.

[118] Liegenschaftsamt Frankfurt am Main an die Jüdische Gemeinde, 8. November 1952. ZA Heidelberg, Akten der Jüdischen Gemeinde Frankfurt am Main B.1/13, 1697. Zitiert bei Alon Tauber, Zwischen Kontinuität und Neuanfang. Die Entstehung der jüdischen Nachkriegsgemeinde in Frankfurt am Main 1945-1949, Wiesbaden 2008, S. 149.

anwälte unterstützten ihn mit sehr differenzierten juristischen Argumenten: Dr. Max L. Cahn und Erich Cohn-Bendit. Die Gemeinde verlangte so viel wie möglich von dem ehemaligen Vermögen, um in Zukunft unabhängig und selbstständig ihre Aufgaben erfüllen zu können, aber ihre Position war schwach. Die JRSO dagegen wollte restitutionspflichtige Liegenschaften schnell verkaufen und das Geld für die Juden in der Welt nutzen. Zahlreiche Mitarbeiter der JRSO stellten in kürzester Zeit die Liegenschaften zusammen, die früher im Besitz der Israelitischen Gemeinde und der Israelitischen Religionsgesellschaft waren.[119]

Die Stadt hatte viele Liegenschaften von der Jüdischen Gemeinde in den sogenannten Judenverträgen 1939 und in den Verträgen mit der Reichsvereinigung der Juden in Deutschland 1942 erworben. Da die damals gezahlten Kaufsummen nicht mehr in die Verfügung der Gemeinde gekommen waren, bot die Stadt eine entsprechende Zahlung, wenn die Liegenschaft veräußert werden sollte, oder sie gab diese zurück. An vielen Liegenschaften war die Stadt sehr interessiert, einige hatte sie bereits bebaut. Die Stadt traf ihre Vereinbarungen jeweils mit der Jüdischen Gemeinde und der JRSO. Rechtskräftig wurden sie erst 1956 nach einem Vertragsabschluss zwischen der JRSO und der Gemeinde.

Erwiesen sich die Regelungen mit den Liegenschaften als relativ problemlos, so folgten langwierige juristische Auseinandersetzungen über das bewegliche Vermögen. Das betraf die Einrichtung der Gebäude, die nach der Übereignung an die Stadt von den Juden weiter benutzt werden durften: das Krankenhaus der Jüdischen Gemeinde in der Gagernstraße, das Israelitische Waisenhaus, die Schulen. Nach der gewaltsamen Auflösung der Gemeinde 1942 hatte die Stadt das Inventar verkauft oder nachfolgenden Einrichtungen überlassen. Nachdem ein großer Teil des Inventars während des Krieges zerstört worden war, versuchte die Stadt Umfang und Wert zu drücken. Aber vor Abschluss des Vertrages zwischen Jüdischer Gemeinde und JRSO erfolgte auch hierüber eine Einigung.

3. Einigungen zwischen der Stadt Frankfurt, der Jüdischen Gemeinde und der JRSO

Die Verhandlungen zwischen der Jüdischen Gemeinde und der JRSO waren zäh und voller gegenseitiger Vorwürfe. Als das Nürnberger Court of Restitution Appeal die Eingliederung der jüdischen Gemeinden in Deutschland in die Reichsvereinigung als Auflösung interpretierte und damit die Rechtsauffassung der JRSO bestätigte, ließ sich die

---

[119] Frühere Vorstandsmitglieder der Israelitischen Religionsgesellschaft in New York machten ebenfalls Ansprüche geltend, verzichteten aber unter Druck später zugunsten der JRSO. Ebenda, S. 148.

IV. Entschädigung und Wiedergutmachung

Frankfurter Gemeinde auf einen Kompromiss ein.[120] In dem zwischen der Jüdischen Gemeinde und der JRSO abgeschlossenen Vertrag vom 24. Mai 1954 erhielt die Gemeinde endgültig die Eigentumsrechte an den fünf von ihr genutzten Liegenschaften:

Schulgebäude Philanthropin, Hebelstraße
Altersheim Gagernstraße
Gebäude Baumweg 5-7
Westend-Synagoge Freiherr vom Stein-Straße
Röderbergweg 29
sowie die zentralen Friedhöfe und die Friedhöfe in den Stadtteilen Bockenheim, Heddernheim, Rödelheim und Niederursel.[121]

Alle übrigen Grundstücke aus dem Besitz der früheren Israelitischen Gemeinde und der Israelitischen Religionsgesellschaft wie die der zahlreichen sozialen Einrichtungen am Röderbergweg und der Synagogen gingen in die Verfügung der JRSO über.

Mitte 1957 erwarb die Stadt für 500.000 Mark einige dieser Grundstücke von der JRSO[122], andere wurden an Privatpersonen oder Sozialverbände verkauft. Für die zerstörten Synagogen und deren Einrichtung erhielt die JRSO Geld nach dem Bundesentschädigungsgesetz von der Bundesregierung. Ein Teil dieser Mittel ist den in Deutschland lebenden Juden zugute gekommen durch die Förderung von sozialen und religiösen Einrichtungen und über erhebliche Geldzuwendungen an die »Zentralwohlfahrtsstelle der Juden in Deutschland«.

Erst nach erfolgtem Vertragsabschluss zwischen Jüdischer Gemeinde und JRSO konnte die Stadt ihre Einigung mit der Jüdischen Gemeinde zum Abschluss bringen. Die fünf in dem Vertrag genannten Grundstücke wurden rechtswirksam auf die Gemeinde übertragen. Als Abfindung für alle weiteren Ansprüche auf Inneneinrichtungen zahlte die Stadt in Raten 3,2 Millionen DM an die Gemeinde. Elf Jahre nach Kriegsende war Frankfurt die erste Stadt, die sich mit einer Jüdischen Gemeinde über Restitutionsansprüche geeinigt hatte. Die Stadtverordnetenversammlung stimmte am 27. September 1956 nach einigen bemerkenswerten Reden dem Abkommen zu. Die Redner betonten die Schuld an der Vertreibung und Ermordung der Juden und erklärten ihre Bereitschaft zur Übernahme der Verantwortung und hoben hervor, »daß selbst die größte Leistung klein bleiben wird angesichts des Übermaßes an Unmenschlichkeit, das in den vergangenen Jahren geschehen ist. Nichts wird das Blut und die Tränen

---

[120] Geklagt hatte die Israelitische Kultusgemeinde Augsburg. Jürgen Lillteicher, Raub, Recht und Restitution. Die Rückerstattung jüdischen Eigentums in der Bundesrepublik, Göttingen, 2005, S. 367f.

[121] Vertrag zwischen der Jewish Restitution Successor Organisation und der Jüdischen Gemeinde Frankfurt am Main, 14. April 1954. ZA Heidelberg, Akten der Jüdischen Gemeinde Frankfurt am Main B1/13, 3507.

[122] Vertrag vom 5. August 1957. Institut für Stadtgeschichte, Magistratsakte 9.796.

auslöschen können, die für immer die Blätter der deutschen Geschichte trüben und verdunkeln werden.«[123] Der Gemeindevorstand war sehr zufrieden mit der erreichten Regelung und der Zustimmung in der »eindrucksvollen Stadtverordnetenversammlung« und dankte der Stadt und den Rednern in einem Brief, in dem es heißt: »Die Tatsache, dass die blühende und in der ganzen Welt angesehene jüdische Frankfurter Gemeinde zerstört, zehntausende von jüdischen Mitbürgern heimatlos und ihrer Existenz beraubt und Tausende ermordet wurden, kann durch keinen materiellen Vergleich aus der Welt geschafft werden. Nichtsdestoweniger anerkennen wir voll, dass durch diesen Vergleich die Stadt Frankfurt/M., getreu ihrer Tradition als Vorkämpfer für wahre Demokratie und Toleranz, einen wertvollen und bedeutsamen Beweis dafür geliefert hat, dass sie bereit ist, bei der Wiedergutmachung dessen zu helfen, was gutzumachen ist und zu den materiellen Voraussetzungen für ein neues jüdisches Gemeindeleben beizutragen.«[124] In den folgenden Jahren hat sich die Stadt immer wieder finanziell an Projekten der Gemeinde beteiligt wie der Einrichtung des Gemeindehauses oder der Renovierung der Westend-Synagoge.

Aufgrund der Rechtsauffassung, dass die neue Jüdische Gemeinde nicht Rechtsnachfolgerin der alten sei, stellte die JRSO auch Ansprüche auf Entschädigung für das frühere Vermögen jüdischer Stiftungen und war damit erfolgreich. Drei jüdische Stiftungen erhoben selbständig Entschädigungsansprüche, da Vorstandsmitglieder wie Rechtsanwalt Cahn noch lebten und ihnen gerichtlich bestätigt wurde, dass sie als juristische Person nicht aufgehört hatten zu bestehen. Sie konnten ihre Arbeit wieder aufnehmen.[125]

Die ehemals paritätischen Stiftungen, die in der NS-Zeit eine Umbenennung erfahren hatten, erhielten ihre ursprünglichen Namen zurück. Die bekannteste Stiftung dieser Art ist die Henry und Emma Budge-Stiftung, die seit 1968 eine große Altenwohnanlage in Seckbach unterhält. Das von dem Ehepaar Budge gestiftete Altersheim am Edingerweg wurde seit 1939 mit dem neuen Zweck »nur für deutsche Volksgenossen« und einem anderen Rechtsträger als »Heim am Dornbusch« im städtischen Auftrag weitergeführt. Formaljuristisch galt das nur für die »arische« Hälfte der Stiftung. Die halbe jüdische Stiftung wurde nicht aufgelöst, weil das verstorbene Ehepaar Budge die amerikanische Staatsbürgerschaft besessen hatte. Sie wurde der Reichsvereinigung der Juden in Deutschland übertragen und damit der Verfügung der Gestapo unterstellt.

---

[123] Protokoll der Stadtverordnetenversammlung 14. Sitzung, 27. September 1956, Rede des SPD-Abgeordneten Hugo Dornheim. Institut für Stadtgeschichte, P 1073, S. 140-148.

[124] Gemeinde an den Magistrat, 10. November 1956. Institut für Stadtgeschichte, Magistratsakten 971.

[125] Die Eduard und Adelheid Kann-Stiftung, die Georgina Sara von Rothschilds'sche Stiftung und die Moses Jachiel Kirchheim'sche Stiftung konnten ihre Arbeit wieder aufnehmen. Siehe dazu: Arno Lustiger (Hrsg.), Jüdische Stiftungen in Frankfurt am Main, Frankfurt am Main 1988. Besonders intensiv kümmerte sich Dr. Paul Arnsberg nach seiner Rückkehr 1958 um die Fortführungen dieser Stiftungen und um die Henry und Emma Budge-Stiftung.

IV. Entschädigung und Wiedergutmachung

Die Stiftungsabteilung der Stadt beantragte Anfang Mai 1951 – in Erwartung von Rückerstattungsforderungen – die Wiederbelebung der Budge-Stiftung, damit diese selbstständig Rückerstattungsforderungen stellen könne.[126] Sowohl die JRSO wie die Jüdische Gemeinde hatten bereits entsprechende Ansprüche angemeldet, die sich auf das Gebäude, die Aufteilung des 1941 vorhandenen Restvermögens sowie auf eine nach Aufhebung der Gemeinnützigkeit 1934 eingezogene Erbschaftssteuer bezogen. Es begannen langjährige rechtliche Kontroversen, und erst im Oktober 1956 konnte ein Vergleich zwischen der Stadt Frankfurt, der JRSO und der Jüdischen Gemeinde erreicht werden, der die Stiftung arbeitsfähig machte. Die Stiftung erhielt neben Entschädigungsmitteln das Gebäude zurück. Dieses war allerdings durch den Krieg schwer beschädigt und damals noch von den Amerikanern besetzt und genutzt. Die Mieteinnahmen wurden auf ein Treuhandkonto eingezahlt und in dem Vergleich der Stiftung zugesprochen. Als sich eine mehrmals versuchte Freigabe des Gebäudes nicht erreichen ließ, entschloss sich der aus zwei Magistratsmitgliedern, zwei Personen der Sozialverwaltung und vier Mitgliedern der Jüdischen Gemeinde zusammengesetzte Vorstand zum Verkauf an die Bundesvermögensverwaltung.

> **Henry- und Emma-Budge-Stiftung**
>
> Es sind zur Zeit im Altenheim der Stiftung von jüdischen Bewohnern 30 Betten belegt; außerdem sind eine Anzahl Mitglieder der Jüdischen Gemeinde im Pflegeheim untergebracht.
>
> Es besteht für Mitglieder der Jüdischen Gemeinde Frankfurt am Main und für Juden überhaupt, in noch weit größerem Ausmaß die Möglichkeit, dort unterzukommen, da die jüdische Quote noch nicht ausgenutzt ist.
>
> Interessenten mögen sich wenden an den stellvertretenden Heimleiter Hern Henri FELSON, Frankfurt am Main, Wilhelmshöherstr. 279, Budge-Heim, Telefon: 45 50 71.

Frankfurter Jüdisches Gemeindeblatt, 1. Jg., Nr. 3, März 1968

Mit den dafür erlangten etwa 1,5 Millionen Mark konnte ein Grundstück in Seckbach erworben und mit dem Bau einer Altenwohnanlage begonnen werden, die gemäß dem ursprünglichen Satzungszweck Juden und Nichtjuden offen steht und für Juden eine Versorgung gemäß den jüdisch-

Henry und Emma Budge-Heim in Frankfurt-Seckbach, Wilhelmshöher Allee 279, um 1975

---

[126] Institut für Stadtgeschichte, Magistratsakte 9.485. Arno Lustiger, Wie die Budge-Stiftung von den Nazis ausgeraubt wurde. In: Arno Lustiger (Hrsg.), Jüdische Stiftungen in Frankfurt am Main, Frankfurt am Main 1988, S. 312-320; Paul Arnsberg, Henry Budge. Der »geliebten Vaterstadt – Segen gestiftet«, Frankfurt am Main 1972, S. 45ff.

IV. Entschädigung und Wiedergutmachung

Lagerraum der Jewish Cultural Reconstruction (JCR) im Jüdischen Museum New York, 1950

religiösen Gesetzen sicher stellt. Stellvertretender Vorsitzender der Stiftung wurde Rechtsanwalt und Gemeindevorstandsmitglied Max L. Cahn, der seit 1939 dem alten Stiftungsvorstand angehört hatte. 1964 übernahm Paul Arnsberg dieses Amt, ihm folgte Arno Lustiger. Die Einweihung des Alten- und Pflegeheims fand im Juli 1968 statt. Trotz der großen Not war es in den ersten Jahren schwierig, Juden für den Einzug in dieses Heim zu bewegen – auch zwanzig Jahre nach dem Ende der Nazizeit konnten die meisten Juden ein Zusammenleben mit Deutschen und möglichen Tätern unter einem Dach nicht ertragen.

Geklärt werden musste auch der Verbleib der wenigen geretteten Ritualgeräte aus dem Besitz der Vorkriegsgemeinden und der nach dem Pogrom 1938 vom Historischen Museum übernommenen Bestände aus dem früheren »Museum Jüdischer Altertümer«.[127] Die amerikanisch-jüdische Organisation »Jewish Cultural Reconstruc-

---

[127] Dazu: Katharina Rauschenberger, Das Museum jüdischer Altertümer 1922-1938. Die Entstehung einer neuen Wissenschaft und ihr gewaltsames Ende. In: Georg Heuberger (Hrsg.),

IV. Entschädigung und Wiedergutmachung

Einweihung der neugestalteten Westend-Synagoge am 6. September 1950: Einbringen der Torarollen; rechts außen Rabbiner Weinberg

tion« (JCR) suchte nach geretteten Kulturgütern, und in ihrem Auftrag listete Hanna Arendt auch die in Frankfurt verbliebenen Bestände auf. Als Berechtigten erhoben die Jüdische Gemeinde und die JRSO (vertreten durch die JCR) Ansprüche. Die Jüdische Gemeinde verlangte die Herausgabe der Ritualgeräte, die sie als ihr Eigentum betrachtete, um sie »teilweise wieder ihrem ursprünglichen Zwecke, Verwendung bei gottesdienstlichen Handlungen in der Synagoge, zuführen zu können«, wie Max Meyer 1947 der Militärregierung schrieb.[128] Erst zur Einweihung der Westend-Synagoge 1950 erfolgte die Rückgabe einiger weniger Kultusgeräte an die Gemeinde. Die Stadt Frankfurt verpflichtete sich im September 1951, »die in den anliegenden Listen aufgeführten jüdischen Kultgegenstände, die vom Historischen Museum in Frankfurt/Main für die Berechtigten in Verwahrung genommen waren, an die Berechtigten herauszugeben.«[129] Die Gemeinde konnte sich mit ihren Eigentumsforderungen nicht durchsetzen. 89 Gegenstände aus dem »Museum Jüdischer Altertümer« wurden ihr überlassen, 402 erhielt die JCR/JRSO, die sie Museen und Jüdischen Gemeinden in den USA und Israel übergab.

Die Pracht der Gebote. Die Judaica-Sammlung des Jüdischen Museums Frankfurt am Main, Frankfurt am Main 2005, S. 12-23; Verena Bopp, Der Fall Nauheim: Raub oder Rettung? Eine Judaica-Sammlung im Museum jüdischer Altertümer. In: Raub und Restitution. Kulturgut aus jüdischem Besitz von 1933 bis heute, Göttingen 2008, S. 135-140; Katharina Rauschenberger, The Judaica Collection of Frankfurt's Museum jüdischer Altertümer and its Worldwide Dispersion after 1945. In: Neglegted Witnesses. The Fate of Jewish Ceremonial Objects during the Second World War and after, Amsterdam 2011.

[128] Max Meyer an die US-Militärregierung, 10. Juli 1947. ZA Heidelberg, Akten der Jüdischen Gemeinde Frankfurt am Main B.1/13, A. 581 Blatt 42.

[129] Schreiben Rechneiamt-Finanzverwaltung, 14. September 1951. Zitiert in Alon Tauber, Zwischen Kontinuität und Neuanfang. Die Entstehung der jüdischen Nachkriegsgemeinde in Frankfurt am Main 1945-1949, Wiesbaden 2008, S. 139.

IV. Entschädigung und Wiedergutmachung

Überraschenderweise tauchten 1957 in einem Luftschutzbunker in Frankfurt-Griesheim, einem Auslagerungsdepot des Historischen Museums während des Krieges, Kisten mit 67 Chanukka-Leuchtern auf. Sie waren Teil der rund 200 Gegenstände umfassenden Sammlung, die Siegmund Nauheimer 1935 testamentarisch dem »Museum jüdischer Altertümer« vermacht hatte. Die Leuchter blieben zunächst im Historischen Museum und wurden aufgrund eines Magistratsbeschlusses 1987 dem neu gegründeten Jüdischen Museum übergeben. Dort werden die Chanukka-Leuchter aus verschiedenen Ländern und Jahrhunderten den Besuchern eindrucksvoll präsentiert.

Das Museum hat weitere wertvolle Kultgeräte aus früheren Frankfurter Synagogen als Dauerleihgabe von der Jüdischen Gemeinde erhalten, von denen nicht bekannt ist, wer sie gerettet und an die Gemeinde gegeben hat.

Die Verhandlungen zwischen der Jüdischen Gemeinde und der JRSO über die Verteilung von Grundstücken, Entschädigungszahlungen und Kultgegenständen fanden zu einer Zeit statt, als die jüdischen Weltorganisationen davon ausgingen, dass in Deutschland keine Jüdischen Gemeinden und kein jüdisches Leben auf Dauer bestehen bleiben würden. Deshalb wurde den Gemeinden nur ein Teil des früheren Vermögens zugesprochen, der ihnen helfen sollte, die bestehenden sozialen Probleme zu lindern und ein jüdisch-religiöses Leben zu ermöglichen. Für die in Deutschland lebenden Juden aber wurde immer klarer, dass sie hier eine funktionierende Gemeinde brauchten, die mehr als eine Not- und Versorgungsgemeinschaft war und auch Investitionen für die Zukunft verlangte. Zur besseren Vertretung ihrer Interessen schlossen sich die Gemeinden schon vor der Gründung der Bundesrepublik zu einer »Arbeitsgemeinschaft Jüdischer Gemeinden« in Deutschland zusammen, die ihren Sitz in Frankfurt am Main hatte. Drei Jahre später wurde 1951 in Frankfurt der Zentralrat der Juden in Deutschland ins Leben gerufen, der bald darauf seinen Sitz nach Düsseldorf verlegte.

Tora-Schild, von Elieser und Rivka Arnsberg 1913 aus Anlass der Bar Mizwa ihres Sohnes Isaak (Paul) Arnsberg zusammen mit einer Tora-Krone der Synagoge am Börneplatz gestiftet. Dieses Tora-Schild gehört zu den wenigen Ritualgegenständen, die die Jüdischen Gemeinde zurückerhielt. Es ist als Dauerleihgabe im Jüdischen Museum ausgestellt.

Dieser Zusammenschluss war auch deshalb nötig geworden, um einheitlich und mit gewichtiger Stimme die Interessen der Juden in Deutschland gegenüber der JRSO und den ausländischen Organisationen zu vertreten.

Wenn die Verhandlungen über die Restitution und Entschädigung jüdischen Eigentums für die Frankfurter Gemeinde auch oft schwierig waren, und sie von ihrem umfangreichen Vorkriegsbesitz sehr viel abgeben musste, so stand sie Mitte der fünfziger Jahre dennoch mit ihrer materiellen Ausstattung an Gebäuden zur sozialen und religiösen Nutzung und mit den vorhandenen Finanzmitteln besser da als alle anderen Gemeinden in Deutschland.

V. Das Fortleben des Antisemitismus

In der Frage der Wiedergutmachung waren nicht nur materielle Ergebnisse wichtig. Erwartungen und Hoffnungen richteten sich auch auf Gesten der Entschuldigung oder der Reue und das Eingestehen von schuldhaftem Verhalten. Die Bestrafung der Täter wurde erwartet ebenso wie die Rücknahme der verfügten Ausbürgerungen und der Ausschlüsse aus Standeskammern wie der Rechtsanwalts- und der Ärztekammer und aus Vereinen. Nichts Derartiges oder sehr Weniges passierte.

Es erfolgte keine allgemeine Anordnung, die zwangsweise eingeführten Namen Sara und Israel wieder aus den Geburts- und Trauungsregistern zu streichen – nur auf individuellen Antrag hin konnte das erfolgen: Wer also 1938 bei den Einwohnermeldeämtern und Standesämtern die Eintragung der Zusatznamen veranlassen musste, konnte jetzt die Streichung beantragen. Auf eine einheitliche Regelung der Rückgabe der deutschen Staatsbürgerschaft konnten sich die Besatzungsmächte nicht einigen; auf Antrag wurde sie jedoch allen Ausgebürgerten ohne Schwierigkeiten gegeben bzw. die Ausbürgerung für nichtig erklärt. Für ehemals Staatenlose allerdings blieb es weiterhin schwierig, die deutsche Staatsbürgerschaft zu erwerben.

> **Löschung jüdischer Vornamen**
> Nur auf Antrag möglich
> Jüdische Mitbürger können nach einer Mitteilung der Dienststellenleitung der Frankfurter Standesämter seit Montag ihre während der Nazizeit beigefügten zusätzlichen Vornamen „Israel" oder „Sarah" bei Eingabe eines entsprechenden Antrags jederzeit vom Standesbeamten löschen lassen.
> Die Eingabe eines solchen Antrags sei, so erklärt die Dienststellenleitung hierzu, deshalb nötig, weil über die Löschung des Namens ein besonderer Vermerk in die Urkunde eingefügt werden müsse und das grundsätzliche Prinzip der Urkundentreue nicht durchbrochen werden könne. Im übrigen lege nicht jeder Jude Wert auf die Streichung seines Beinamens. (Dena)

Löschung jüdischer Vornamen, Frankfurter Rundschau, 10. Februar 1947

Die Frankfurter Ärztekammer und die Rechtsanwaltskammer, die Juden 1935 die Zulassung entzogen hatten, wandten sich nicht an die Überlebenden und Emigrierten mit der Bitte um Entschuldigung. Rückkehrer wurden aufgenommen, erhielten aber keine besondere Unterstützung z.B. bei der Einrichtung einer Praxis. Die Leitung der Johann Wolfgang Goethe-Universität lud entlassene Wissenschaftler nicht zur Rückkehr ein und gab entzogene Doktorgrade nicht zurück.

Die Kirchen kümmerten sich nur in Ausnahmefällen um die Christen jüdischer Herkunft, die von ihnen in der nationalsozialistischen Zeit nicht geschützt worden waren. Es gab kein Wort der Entschuldigung für die Beteiligung der Kirchen, aus den Kirchenbüchern die »nicht-arischen« Eltern und Großeltern zu ermitteln.

Schneller als erwartet oder befürchtet wurden viele Täter rehabilitiert. Die Juden beobachteten sehr genau die Entnazifizierungsmaßnahmen und die Strafprozesse ge-

V. Das Fortleben des Antisemitismus

gen Nationalsozialisten. Die amerikanische Besatzungsmacht setzte zunächst die im Potsdamer Abkommen festgelegte Zielsetzung, nämlich die Beseitigung aller Einflüsse des Nationalsozialismus auf die deutsche Gesellschaft, auf Kultur, Presse, Wirtschaft, Rechtsprechung, Lehre und Politik, streng um. Aber wegen des großen Arbeitskräftemangels und aus Angst vor dem Einfluss von Kommunisten lockerte sie mit Beginn des Kalten Krieges ihre Maßstäbe. Mehr als die Hälfte der wegen ihrer Mittäterschaft im Nationalsozialismus Belasteten erhielt die Einstufung »Minderbelastet«, solche Personen wurden danach allgemein als »Mitläufer« bezeichnet. Dieser Personenkreis konnte ab 1948 unbehelligt wieder in Behörden, der Polizei, den Gerichten, den Schulen und Universitäten arbeiten.

Als sich die Amerikaner aus der Strafverfolgung von nationalsozialistischen Verbrechen zurückzogen und diese deutschen Gerichten übertrugen, waren viele Prozesse noch nicht entschieden, andere hatten noch gar nicht begonnen. Diese Entwicklung rief große Besorgnis unter Juden hervor, denn ihre Forderung nach »Gerechtigkeit« und »Bestrafung« fand immer weniger Beachtung. Statt durch eine Strafverfolgung über die Verbrechen im Nationalsozialismus und die breite Beteiligung der Bevölkerung an diesem System aufzuklären, geschah das Gegenteil: Prozesse wurden verschleppt, Zeugen unangenehmen und scharfen Befragungen ausgesetzt und der Verteidigung breiter Raum gegeben.

Große Aufregung verursachte unter den Juden der 1948 laufende Prozess gegen den ehemaligen Geschäftsführer der Degesch (Deutsche Gesellschaft zur Schädlingsbekämpfung) Dr. Gerhard Peters vor dem Frankfurter Schwurgericht. Peters war wegen »Beihilfe zum Totschlag« durch die Lieferung von Zyklon B nach Auschwitz angeklagt. Das Gericht verurteilte ihn zu fünf Jahren Zuchthaus und sprach zwei weitere Angeklagte frei. Es ging davon aus, dass die von Peters zu verantwortenden Lieferungen von Zyklon B nicht für den Massenmord in den Gaskammern verwendet wurden. Eine Zeugenaussage, die das Gegenteil belegte, wurde nicht berücksichtigt. Die Frankfurter Juden riefen nach der Urteilsverkündung im März 1949 zu einer Protestveranstaltung gegen das milde Urteil im Philanthropin auf, an der laut Bericht eines Kriminalbeamten etwa 800 »jüdische Mitbürger« teilnahmen. In einer Resolution des »Landesverbandes der jüdischen Gemeinden« hieß es: »Die Schmach dieses Urteils ist so gross, dass wir fassungslos und erschüttert ihm gegenüberstehen. Ein deutsches Gericht in der Stadt Frankfurt am Main spricht die Handlanger der Mörder frei oder bestraft sie so mild, dass dieses Urteil eine Verhöhnung des Andenkens an die Opfer dieses größten Massenmordens der Weltgeschichte ist. [...] Wir rufen die gesamte gesittete Welt, die vor vier Jahren mit Grausen und Entsetzen das Ausmass der Verbrechen von Auschwitz erfahren hat, auf, sich unserem flammenden Protest gegen dieses Urteil anzuschliessen. Wir rufen alle, die die Hölle von Auschwitz überlebt haben, auf, in Deutschland und überall in der Welt ihre Stimme zu erheben gegen die Bagatellisierung jener schändlichen Verbrechen, deren Mittäter die Angeklagten des Degesch-Prozesses sind. Wir richten unseren Appell schliesslich an diejenigen im deutschen Volke, welche guten Willens sind. Es ist ihre heilige Aufgabe, dafür Sorge zu tragen, dass das Recht nicht zur Farce werde und die grössten Verbrechen der Menschheitsgeschichte eine gerechte Sühne finden.«[130] Der Protest war nicht nur vergeblich, sondern bei einer Wiederaufnahme des Verfahrens 1955 wurde Peters freigesprochen.

Die Bagatellisierung der NS-Verbrechen und die Ablehnung von Verantwortung durch die Beschuldigten riefen Zukunftsängste bei Juden hervor, mehr aber noch die politische Entwicklung in der Bundesrepublik, für die nicht zu Unrecht das Wort »Renazifizierung« verwendet wurde. Mit Entsetzen reagierten die Juden auf das 1949 erlassene erste Straffreiheitsgesetz für Verbrechen unter den Nationalsozialisten. Es amnestierte alle vor dem 15. September 1945 begangenen Taten, die mit Gefängnis bis zu sechs Monaten geahndet werden konnten. Noch mehr beunruhigte sie das 1951 einstimmig vom Bundestag beschlossene Ausführungsgesetz zu Artikel 131 Grundgesetz, demzufolge die wegen ihrer Betätigung im NS-Staat zunächst aus dem Beamtendienst entfernten Beamten wieder in den Dienst aufgenommen werden mussten, sofern sie nicht beim Entnazifizierungsverfahren als Hauptschuldige oder Belastete eingestuft worden waren.

Dieses Gesetz hatte jahrelange Auswirkungen, weil z.B. bei Stellenbesetzungen in den Behörden und ebenso an den Universitäten und Schulen die früher Entlassenen bei Einstellungen vorrangig berücksichtigt werden mussten. Es hatte zur Folge, dass in der Adenauer-Ära mehr Nazis im Staatsdienst beschäftigt waren als vor 1945.

Die politische Atmosphäre in den fünfziger Jahren ließ öffentliche Äußerungen von Politikern zu, die die Verbrechen des Dritten Reiches zu relativieren versuchten und Widerstandskämpfer und Emigranten als »Landesverräter« beschimpften.[131] Nach dem Wegfall der Kontrolle der Medien und Veranstaltungen durch die Besatzungsmacht häuften sich auf dem »öffentlichen Meinungsmarkt« judenfeindliche Einstellungen. Nur wenige provozierten einen Eklat wie 1949 die Sätze des Bundestagsabgeordneten Wolfgang Hedler, einem Mitglied der an der Regierung beteiligten rechtsnationalen Deutschen Partei: »Man macht zuviel Aufhebens von der Hitlerbarbarei gegen das jü-

---

[130] ZA Heidelberg, Akten der Jüdischen Gemeinden Frankfurt am Main B 1/13, A 745. Siehe auch XII. Texte und Dokumente, S. 279ff. in diesem Band.
Nach mehreren Berufungen und einem Gnadengesuch, das von über 200 Personen aus Wissenschaft und öffentlichem Leben unterzeichnet war, wurde Peters 1955 aus Mangel an Beweisen freigesprochen. Da das Gericht jedoch nicht von der Unschuld überzeugt war, erhielt Peters kein Recht auf Entschädigung der dreijährigen Untersuchungshaft und keinen Ersatz der Kosten für das Wiederaufnahmeverfahren. Dr. Peters wurde Leiter der Essener Firma Monoxyd-ex und in die Bundeskommission zur Bekämpfung der Luftverschmutzung im Ruhrgebiet berufen. 1974 starb er.

[131] Hierzu und zum Folgenden: Werner Bergmann, Antisemitismus in öffentlichen Konflikten. Kollektives Lernen in der politischen Kultur der Bundesrepublik 1949-1989, Frankfurt am Main 1997.

V. Das Fortleben des Antisemitismus

dische Volk. Ob das Mittel, die Juden zu vergasen, das gegebene gewesen sei, darüber kann man geteilter Meinung sein. Vielleicht hätte es andere Wege gegeben, sich ihrer zu entledigen.«[132] Diese und weitere Äußerungen riefen einen Aufschrei in der Öffentlichkeit und den meisten Parteien hervor, über den die Frankfurter Zeitungen umfangreich berichteten. Hedler wurde wegen Volksverhetzung angeklagt, und der Anfang 1950 laufende Prozess gab einerseits den Belastungszeugen Raum, die Rolle des Widerstands und die Situation der Juden in Deutschland zu schildern, andererseits eröffnete er dem Angeklagten und den Zeugen die Gelegenheit, ausführlich ihre nationalsozialistische und antisemitische Gesinnung darzulegen. Der Staatsanwalt und die Nebenkläger beantragten eine mehrmonatige Haftstrafe für Hedler. Das Gericht aber sprach ihn »aus Mangel an Beweisen« frei und provozierte damit eine Kontroverse über die Justiz in der BRD – zwei der drei Richter waren Mitglieder der NSDAP gewesen.

Über alten und neuen Antisemitismus in der deutschen Bevölkerung, über im Ausland geäußerte Zweifel an der demokratischen Entwicklung der BRD und die Gefahren des Neo-Nationalsozialismus konnten in Frankfurt lebende Juden jeden Tag ausführliche Berichte in der »Frankfurter Rundschau« und der »Frankfurter Allgemeinen Zeitung« lesen. Mehrere Artikel in der vom Zentralrat herausgegebenen »Allgemeinen Jüdischen Wochenzeitung« spiegeln die zunehmende Beunruhigung der Juden. Nicht wenige Juden schätzten die Entwicklung der Bundesrepublik als durchaus dramatisch ein. Das taten auch kritische Teile der deutschen Publizistik, die allerdings wenig Gehör fanden.[133]

In der unmittelbaren Nachbarschaft Frankfurts fand der »Fall Lewin« große Aufmerksamkeit. Der Magistrat der Stadt Offenbach hatte sich 1949 in einer geheimen Abstimmung bei der Besetzung der Chefarztstelle der Städtischen Frauenklinik für Dr. Herbert Lewin entschieden, diese Entscheidung aber kurz darauf revidiert und mehrheitlich für einen anderen Bewerber gestimmt. Dr. Lewin war Jude, hatte in Berlin als Gynäkologe eine Praxis geführt und in der Zeit des Nationalsozialismus am Jüdischen Krankenhaus in Berlin und seit 1937 in Köln gearbeitet. Gemeinsam mit seiner Frau wurde er 1941 in das Konzentrationslager Lodz deportiert und arbeitete dort und in den Konzentrationslagern Auschwitz-Birkenau, Oranienburg und Schwarzheide als Häftlingsarzt. Nach der Befreiung kehrte er nach Köln zurück und war aktiv am Aufbau der Jüdischen Gemeinde beteiligt.

Die Ablehnung von Dr. Lewin als Chefarzt gilt als erster großer antisemitischer Fall der BRD und wurde besonders in der »Frankfurter Rundschau« entsprechend dargestellt. Es war eine subtile Form des Antisemitismus, die den Fall auslöste. Überzeugte zunächst der Bewerber wegen seiner fachlichen Kenntnisse und seiner Ideen zum Ausbau

---

[132] Ebenda, S. 119, zitiert nach einem Artikel in der Frankfurter Allgemeinen Zeitung, 15. Dezember 1949.
[133] Siehe z.B. Helmut Hammerschmidt/Michael Mansfeld, Der Kurs ist falsch, München 1956.

der Klinik, so stand in der Debatte nach der Abstimmung nicht mehr die Persönlichkeit Dr. Lewin im Zentrum, sondern Befürchtungen über mögliche Folgen der Einstellung eines Juden. Sie waren Ausdruck von Befangenheit gegenüber Juden und zeigten viele Vorurteile.[134] Zweifel an der Richtigkeit der Entscheidung, einen Juden, der schwer unter den Deutschen gelitten hatte, als Chefarzt einer Frauenklinik einzustellen, äußerten im Magistrat zunächst nicht Antisemiten, sondern vor allem auch Personen, die selber integer waren, aber den Antisemitismus anderer wie der Offenbacher Frauen und Krankenschwestern fürchteten. Ein Gegner der Einstellung äußerte offen, Lewin würde seine Arbeit mit dem Rachegefühl eines KZlers ausüben und keine Frau könnte sich ihm mit ruhigem Gewissen anvertrauen. Gerade ein früheres Parteimitglied der NSDAP aber sprach sich in einem Gutachten fachlich zwar gegen die Einstellung von Dr. Lewin aus, fügte dann aber hinzu: »Es wird ihnen einfach nichts anderes übrigbleiben, als Herrn Dr. Lewin zu nehmen« und zwar wegen des internationalen Einflusses von Juden in der Medizin.[135] Nützlichkeitserwägungen, Befürchtungen vor den Folgen, Befangenheit und Antisemitismus waren beteiligt an dem »Fall Lewin«. Der Bürgermeister der Stadt Offenbach, Dr. Kasperkowitz, einer der Hauptbetroffenen in dem Einstellungsverfahren, übersandte dem Frankfurter Rabbiner und hessischen Landesrabbiner Wilhelm Weinberg ein langes Schreiben, in dem er sich gegen den Vorwurf antisemitischer Gesinnung verteidigte. In seinem ausführlichen Antwortschreiben warf Weinberg der Offenbacher Stadtregierung einen tendenziösen Umgang mit den vorliegenden Gutachten vor und forderte: »Im Falle zweier gleichwertiger Fachleute soll derjenige [...] den Vorzug haben, an dem aus der Nazizeit etwas gutzumachen ist.« Genau das entsprach aber nicht der Einstellung der Mehrheit, und der Wiedergutmachungsgedanke wäre sicher auch nicht die Voraussetzung für eine vorurteilsfreie Zusammenarbeit gewesen.

Die Intervention der vorgesetzten Behörde und ein weltweiter Protest bewirkten die Entlassung des Bürgermeisters und die Einstellung von Herbert Lewin, der 1952 zusätzlich eine Professur an der Frankfurter Universität erhielt.[136]

---

[134] Dazu: Walter Dirks, Der Fall Offenbach. In: Frankfurter Hefte, 5. Jg. Nr. 1, 1950, S. 32-40; Walter Wuttke, Die Aufarbeitung der Medizin im »Dritten Reich« durch die deutsche Medizinhistoriographie. In: Argument Sonderband 186, S. 156-175 und zahlreiche Artikel in der Frankfurter Rundschau.

[135] Die Gutachten für und wider Dr. Lewin. In: Frankfurter Hefte, 5. Jg. Nr. 1, 1950, S. 240-242. Das Zitat stammt aus dem teilweise abgedruckten Brief von Dr. Weinberg an den Offenbacher Bürgermeister Dr. Kasperkowitz, S. 241.

[136] Dr. Herbert Lewin blieb bis zu seiner Pensionierung 1965 Chefarzt und veröffentlichte mehrere wissenschaftliche Arbeiten. Er beteiligte sich in der Jüdischen Gemeinde und war von 1963 bis 1966 Vorsitzender des Direktoriums des Zentralrats der Juden in Deutschland. Ausgezeichnet wurde er u.a. mit der Wilhelm-Leuschner-Medaille und dem Großen Bundesverdienstkreuz mit Stern. Seit 2004 heißt der Platz vor dem Neubau der Bundesärztekammer in Berlin Herbert-Lewin-Platz.
Im Nachlass von Ludwig Joseph, dem damaligen Vorsitzenden des Gemeinderats, liegt eine

V. Das Fortleben des Antisemitismus

Jüdischer Friedhof Rat-Beil-Straße, 1975

Die Zeitungen waren in diesen fünfziger Jahren keine erfreuliche Lektüre für Juden. Aber auch im Alltag, in den Ämtern, in der Nachbarschaft mussten Juden immer wieder feindliche Äußerungen hören und waren antisemitischen Vorurteilen und Verhaltensweisen ausgesetzt.

Befragungen in Westdeutschland ergaben, dass in den frühen Nachkriegsjahren ein gutes Drittel der Bevölkerung deutlich antisemitisch eingestellt war, ein knappes Drittel wurde als bedingt antisemitisch bis ambivalent eingestuft, nur ein gutes weiteres Drittel galt als nicht antisemitisch.[137] 1952 hielt es mehr als ein Drittel der Deutschen für besser, keine Juden im Land zu haben, fast die Hälfte war gleichgültig oder unentschieden, und nur knapp 20 Prozent lehnten dieses Statement ab.[138] Nach den Untersuchungen von Alphons Silbermann hielten noch in den 1980er Jahren etwa zwei Drittel der Juden die westdeutsche Bevölkerung für »mäßig« bis »stark« antisemitisch.[139] Regelmäßig durchgeführte spätere Befragungen der Bevölkerung ergaben einen konstanten Faktor von mindestens 15 Prozent mit negativen Einstellungen gegenüber Juden. Stereotype von Juden und Vorurteile ihnen gegenüber, die sich auf Charakter, Verhalten, Aussehen beziehen, sind bis heute virulent.

Auch vor Taten scheuten manche nicht zurück. Nahezu in jedem Jahr wurden – oft in großer Zahl – Grabsteine auf den Friedhöfen umgeworfen oder beschmiert. Nie konnten die Täter ausfindig gemacht werden oder es wurden Kinder dafür verantwort-

---

undatierte, möglicherweise für einen Zeitungsbericht geschriebene Notiz: »An Anschlagsäulen wurden ›deutsche Frauen‹ aufgefordert, sich nicht von jüdischen Ärzten behandeln zu lassen, die Juden mögen nach Afrika zurückgehen, so hieß es. Auch jüdische Verwaltungsangestelle des Krankenhauses seien unerwünscht. Der Oberbürgermeister der Stadt Offenbach nannte die Verfasser der Plakate ›Schmutzfinken‹ und hat uns damit aus dem Herzen gesprochen.« Jüdisches Museum Frankfurt am Main, Archiv, Nachlass Ludwig Joseph.

[137] Werner Bergmann/Rainer Erb, Antisemitismus in der Bundesrepublik Deutschland. Ergebnisse der empirischen Forschung von 1946-1989, Opladen 1991, S. 58.

[138] Werner Bergmann, Antisemitismus in öffentlichen Konflikten. Kollektives Lernen in der politischen Kultur der Bundesrepublik 1949-1989, Frankfurt am Main 1997, S. 177.

[139] Alphons Silbermann/Herbert Sallen, Juden in Westdeutschland. Selbstbild und Fremdbild einer Minderheit, Köln 1992, S. 32f.

V. Das Fortleben des Antisemitismus

Zerstörte Grabsteine auf dem Jüdischen Friedhof. (Fotos: S. Lehmann)

Grabsteinschändung auf dem neuen jüdischen Friedhof an der Eckenheimer Landstraße in Frankfurt/M.

Unbekannte Täter haben am 20. Mai 1979 über 60 Grabsteine — Gräber von Erwachsenen und Kindern — aus der Erde und aus ihrer Umfassung gerissen und gewaltsam umgestürzt.

Der Vorstand der Jüdischen Gemeinde beschloß in seiner Sitzung vom 21. 5., mit einer Presseerklärung an die Öffentlichkeit zu treten um damit dem Entsetzen der Juden Frankfurts über diese entsetzliche Tat Ausdruck zu verleihen:

Presseerklärung

In der Nacht vom 20. auf den 21. Mai 1979 wurden auf dem Jüdischen Friedhof Eckenheimer Landstraße 238 in Frankfurt am Main über 60 Gräber geschändet.

Bestürzung und Abscheu erfüllt uns angesichts der Tatsache, daß jüdische Grabstätten zum wiederholten Male verwüstet werden. Was mögen das für Menschen sein, die selbst den Toten nicht ihre letzte Ruhe in Frieden gönnen.

Wir erwarten von den zuständigen Behörden, daß sie mit aller Konsequenz das Erforderliche zur Ermittlung und Bestrafung der Täter veranlassen.

JÜDISCHE GEMEINDE
FRANKFURT AM MAIN
DER VORSTAND

*Jüdischer Friedhof Eckenheimer Landstraße, 20. Mai 1979,
Frankfurter Jüdisches Gemeindeblatt, 12. Jg., Nr. 6, Juni 1979*

links: Jüdischer Friedhof Rat-Beil-Straße, 1980
rechts: Jüdischer Friedhof Eckenheimer Landstraße, 23. November 1981

lich gemacht.¹⁴⁰ Im September 1972 wurden 70 Grabsteine auf dem Friedhof Rat-Beil-Straße umgeworfen, 112 im März 1975 aus ihren Umfassungen gerissen und gewaltsam umgestürzt oder mit Hakenkreuzen beschmiert und zur gleichen Zeit 110 auf dem Friedhof Eckenheimer Landstraße.¹⁴¹ Das waren Vorgänge, die große Befürchtungen hervorriefen und dazu beitrugen, dass viele in Frankfurt gestorbene Juden sich in Israel begraben ließen.

An Juden gerichtete Drohbriefe wanderten meistens in den Papierkorb, aber einige befinden sich auch in den Akten der Jüdischen Gemeinde Frankfurt.¹⁴²

Nur wenige Juden fanden den Zugang zur Gesellschaft für christlich-jüdische Zusammenarbeit, die auf Initiative der amerikanischen Militärregierung gegründet wurde, um dem existierenden Antisemitismus institutionell entgegenzuwirken und eine intensive Auseinandersetzung mit der Vergangenheit zu beginnen. Persönlichkeiten aus Politik, Wirtschaft und Kultur fanden sich zusammen, um Verständigung und Zusammenarbeit zwischen Protestanten, Katholiken und Juden zu fördern und Vorurteilen entgegenzuarbeiten.

Rechtsanwalt Max L. Cahn, Mitgründer der Gesellschaft für christlich-jüdische Zusammenarbeit in Frankfurt und seit 1950 jüdischer Vorsitzender des Koordinierungsrats, um 1950

Die Gesellschaft für christlich-jüdische Zusammenarbeit in Frankfurt am Main wurde 1949 von angesehenen nichtjüdischen und jüdischen Persönlichkeiten gegründet wie die Namen des ersten Vorstands zeigen: Prof. Dr. Franz Böhm (Rektor der Universität Frankfurt), Hugo Stenzel (Verleger der Frankfurter Neuen Presse), Rechtsanwalt Max L. Cahn, Bankier Dr. August Oswalt als Schatzmeister und Schulleiter Dr. Arnold Sander als Schriftführer. Geschäftsführer wurde Dr. Wolfgang Lentz. Beisitzer waren Pfarrer Dr. Freudenberg, Bad Vilbel, Pfarrer Josef Nielsen, Frankfurt und Rabbiner Dr. Wilhelm Weinberg.

Der Kampf gegen jede Form des Antisemitismus, Aufklärung über die Ursachen und das Ausmaß des Nationalsozialismus, die Verbesserung der Lebensbedingungen der jüdischen Bevölkerung und der Beziehungen zwischen Juden und Christen waren die obersten Ziele. Den Schwerpunkt der Arbeit legte der

---

¹⁴⁰ Im Dezember 1957 veröffentlichte der Koordinierungsrat der Gesellschaft für christlich-jüdische Zusammenarbeit eine Statistik, nach der 176 jüdische Friedhöfe zwischen Januar 1948 und März 1957 geschändet wurden. Heinz Ganther, Die Juden in Deutschland. Almanach, Hamburg 1959, S. 529.
¹⁴¹ Adolf Diamant, Geschändete jüdische Friedhöfe in Deutschland 1945-1999, Potsdam 2000, S. 7ff. mit Abbildungen.
¹⁴² Siehe auch XII. Texte und Dokumente, S. 280 in diesem Band.

V. Das Fortleben des Antisemitismus

Vorstand auf Publikationen und Filmreihen, Vorträge und Rundfunksendungen zum Nationalsozialismus, Rassenhass und Krieg. Zahlreiche Persönlichkeiten wie Max Horkheimer, Theodor W. Adorno und Eugen Kogon konnten zur Mitarbeit gewonnen und ein großer Zuhörerkreis erreicht werden. Die Gesellschaft erstellte Material für Schulen und bemühte sich, Einfluss auf Schulbücher zu nehmen. Als Kooperationspartner des 1960 erstmalig durchgeführten WIZO-Basars erreichte sie eine besondere Aufmerksamkeit in der Öffentlichkeit für diese Arbeit. Die WIZO – Women's International Zionist Organisation – ist eine internationale Frauenorganisation zur Unterstützung von Kinder- und Jugendeinrichtungen und Erholungsheimen für Mütter in Israel. »Der Basar der WIZO, diesmal im Volksbildungsheim, war wieder ein guter Erfolg christlich-jüdischer Zusammenarbeit«, hieß es im Tätigkeitsbericht 1967. »Und das ist das Wichtigste an dem Basar, die Bevölkerung soll merken, dass der WIZO-Basar etwas genau so Natürliches ist wie jede andere Wohlfahrtsveranstaltung in unserer Stadt und nicht etwas Fremdes, von dem sie ausgeschlossen ist oder sich selbst ausschließt.«[143]

von links: Prof. Dr. Theodor Adorno, Prof. Dr. Franz Böhm, Dr. Wolfgang Lentz und im Vordergrund Victor Gollancz, britischer Verleger und Schriftsteller, zu Gast bei der Gesellschaft für christlich-jüdische Zusammenarbeit, o.J.

Großen Zuspruch fand und findet bis heute die von den Amerikanern initiierte »Woche der Brüderlichkeit«. In den USA hatte sie einen nationalen einheitsstiftenden Charakter und wurde nach dem Zweiten Weltkrieg ausgeweitet mit dem Ziel, die westliche Demokratie mit ihren Forderungen nach Freiheit, Recht und Gerechtigkeit gegen den Totalitarismus zu verteidigen. Die Gesellschaft für christlich-jüdische Zusammenarbeit verfolgte ausschließlich die Absicht, das Verhältnis zu den Juden zu verbessern oder wieder herzustellen. Sie entwickelte eigene Inhalte, und die Amerikaner zogen sich deshalb aus der Organisation und Finanzierung zurück. Die Frankfurter Gesellschaft nutzte die erste Woche der Brüderlichkeit 1951, um gegen die Rehabilitierung von Veit Harlan und die Aufführung seiner Filme zu protestieren und zu demonstrieren. Harlan war der Regisseur des antisemitischen Films »Jud Süß« und 1949 vom Gericht von der Anklage »Beihilfe zur Verfolgung« freigesprochen worden. Er drehte bereits erfolgreich neue Filme. Mit der Premiere des Films »Unsterbliche Geliebte« begannen bundesweite Protest- und Boykottaktionen. In seltener Einmütigkeit veröffentlichten alle vier Fraktio-

---

[143] Mich erinnern, dich erkennen, uns erleben. 50 Jahre Gesellschaft für Christlich-Jüdische Zusammenarbeit, 1949-1999, Frankfurt am Main 1999, S. 53.

nen der Frankfurter Stadtverordnetenversammlung eine Stellungnahme gegen die Aufführung des Films in Frankfurt und forderten die Frankfurter Bevölkerung auf, den Film nicht zu besuchen. Dieser Protest wurde als Verpflichtung der Stadt gegenüber den früheren jüdischen Bürgern und als Ausdruck der Wiedergutmachung des an den Juden begangenen Unrechts verstanden.[144]

In den folgenden Jahren sah es die Frankfurter Gesellschaft für christlich-jüdische Zusammenarbeit als ihre Aufgabe an, den Antisemitismus öffentlich zu bekämpfen, nichts zu beschönigen und das Bewusstsein der Verantwortung für die Verbrechen der Deutschen an den Juden zu schärfen. Nicht Selbstgerechtigkeit und Selbstmitleid, nicht mangelndes Schuldbewusstsein und Fremdanklage und nicht der Hinweis auf die mehrheitlich guten Deutschen prägte ihre Arbeit, sondern die Einsicht, dass die tiefsitzenden, jahrhundertealten religiösen und politischen Formen der Judenfeindschaft mit dem Untergang des »Dritten Reichs« keineswegs verschwunden waren. Sie sah den Sinn christlich-jüdischer Zusammenarbeit nicht darin, der Welt zu beweisen, dass es auch viele Deutsche gab, die den Antisemitismus ablehnten, sondern darin, dem Antisemitismus erstmals in der deutschen Geschichte eine entschlossene und wirksame Bewegung entgegenzustellen.[145]

Die Absichten der Gesellschaft und besonders der Begriff »Brüderlichkeit« wurde aber auch und besonders von Juden kritisch gesehen. Für Versöhnung und Verbrüderung war die Zeit noch nicht gekommen. Die Juden, die wie Max L. Cahn und Leopold Goldschmidt mitarbeiteten, waren deutsche Juden, die die Gemeinschaft mit »guten« Deutschen suchten und den moralischen Wiederaufbau vorantreiben wollten. Sie hatten den Wunsch, wieder heimisch zu werden und sich in Kreisen außerhalb der kleinen jüdischen Gemeinschaft zu bewegen. Von Anfang an riefen sie zu Versöhnung und Integration auf und unterstützten in zahlreichen Artikeln in der »Allgemeinen jüdischen Wochenzeitung« die Haltung des Zentralrats, eine positive Sicht auf die Bundesrepublik in Verbindung mit einer kritischen Betrachtung des Antisemitismus zu verbreiten.

Eine sehr wichtige Aufgabe übernahmen Mitglieder der Gesellschaft während des Auschwitz-Prozesses in der Betreuung der als Zeugen geladenen ehemaligen Häftlinge in Konzentrationslagern, die voller Ängste nach Frankfurt kamen, einsam waren und unter den Verhören litten.

Weitere Einrichtungen wie die 1954 eingerichtete Hessische Landeszentrale für politische Bildung, die zunächst Landeszentrale für Heimatdienst hieß, setzten sich in ihrer

---

[144] Werner Bergmann, Antisemitismus in öffentlichen Konflikten. Kollektives Lernen in der politischen Kultur der Bundesrepublik 1949-1989, Frankfurt am Main 1997, S. 109 nach einem Bericht in der Frankfurter Rundschau vom 30. März 1951.

[145] Nach Josef Foschepoth, Im Schatten der Vergangenheit. Die Anfänge der Gesellschaft für Christlich-Jüdische Zusammenarbeit, Göttingen 1993, S. 196f.

»staatsbürgerlichen Aufklärungsarbeit« mit dem Nationalsozialismus auseinander und gaben wichtige Publikationen über den Antisemitismus heraus. Wie aber die erwähnten Befragungen und soziologischen Untersuchungen und Äußerungen von Politikern, aber auch Alltagserfahrungen zeigten, lebten antisemitische Bilder von Juden weiter und stärkten die Befürchtungen, dass Juden kein akzeptierter Teil der deutschen Bevölkerung werden könnten.

VI. Konsolidierung der Jüdischen Gemeinde in den fünfziger Jahren

In den fünfziger Jahren konsolidierte sich die Jüdische Gemeinde: Die Mitgliederzahlen stiegen langsam. Nach einer umfassenden Renovierung der Synagoge im Baumweg und der Westend-Synagoge konnten die Gottesdienste in einem sehr würdigen Rahmen durchgeführt werden. Mitte 1948 trat Rabbiner Weinberger sein Amt an, und fast gleichzeitig konnte ein Kantor eingestellt werden. Religionsunterricht wurde wieder angeboten. Die drängendsten sozialen Aufgaben waren mit der Einrichtung des Altersheims und bald auch eines Kindergartens gelöst. Mit der Rückgabe und Nutzung des Philanthropins stand jüdischen Vereinen eine ausreichende Anzahl an Räumen zur Verfügung. Verbesserungen gab es auch in finanzieller Hinsicht: Die Regelungen von Rückerstattungs- und Wiedergutmachungsforderungen brachten der Gemeinde eine gesicherte finanzielle Basis. Die staatliche Anerkennung als Körperschaft des öffentlichen Rechts 1949 war die Voraussetzung zur Erhebung der Kultussteuer und für eigenständige rechtskräftige Entscheidungen.

Dennoch war die Zukunft der Gemeinde nicht gesichert. Viele Juden saßen noch »auf gepackten Koffern«, hatten die Absicht oder die Option, Deutschland zu verlassen und vermittelten diesen Eindruck auch den Kindern. Viele verließen tatsächlich Deutschland. »Es ist schwer, in dem Kommen und Gehen jener Tage Gemeinde-Arbeit für die Zukunft zu leisten«, konstatierte das Vorstandsmitglied Dr. E. Alschoff 1950. »Die Gemeinde hat sich konsolidiert«, schrieb er 1953, und die Jahre von 1945 bis 1955 beurteilte er einige Jahre später als Versuch, »aus menschlichen Ruinen wieder Menschen, aus baulichen Trümmern wieder Gebäude zu schaffen, die Zerstreuten zu sammeln und in einer Gemeinde zu vereinigen.«[146]

1. Steigende Mitgliederzahlen durch Zuwanderung

Obwohl noch immer viele Juden sich die Frage stellten, ob sie in Frankfurt oder Deutschland bleiben wollten und konnten oder auswandern sollten, wurde die dauerhafte Existenz der Gemeinde nicht mehr bezweifelt.

Durch Rückkehrer und Flüchtlinge aus der DDR, Polen und Ungarn stieg die Mit-

---

[146] Dr. E. Alschoff, Frankfurter Tagebuch 1945-1955. In: Frankfurter Jüdisches Gemeindeblatt, 1. Jg., Nr. 2, Mai 1955.

gliederzahl langsam an. Aus der DDR flohen 1953 viele Mitglieder der jüdischen Gemeinden vor einer Kampagne der SED gegen Personen, die in der westlichen Emigration waren und Personen, die Kontakte zu westlichen jüdischen Organisationen hatten. 80 Flüchtlinge wurden der Frankfurter Gemeinde zugewiesen. Aus den damaligen Ostblockstaaten flohen Juden, als in den stalinistischen Schauprozessen gegen László Rajk in Ungarn 1949 und Rudolf Slánský in der Tschechoslowakei Kommunisten angeklagt und zum Tode verurteilt wurden, unter denen mehrere Juden waren. Diese Prozesse waren von einer antizionistischen Propaganda und Diskriminierung von Juden begleitet. Aus Polen flohen 1968 Juden nach Israel und in den Westen, als es dort erneut zu einer antizionistischen Kampagne kam. Im gleichen Jahr flohen viele Juden aus der Tschechoslowakei nach dem Einmarsch der Warschauer Pakt-Staaten.

Ehemalige Föhrenwalder bei einer Feier in der Waldschmidtstraße 129, um 1956, darunter Majer Szanckower und Lea Fleischmann

1957 wurden 125 Personen, überwiegend Familien mit Kindern, aus dem letzten DP-Lager Föhrenwald bei München, nach Frankfurt umgesiedelt. Sie erhielten Sozialwohnungen in einem Wohnblock an der Waldschmidtstraße im Ostend. Die meisten von ihnen hatten ihre Auswanderung vorbereitet, waren aber aus gesundheitlichen Gründen – sehr häufig wegen Tuberkulose – damit gescheitert und im Lager hängen geblieben. Sie hatten sich mit dem Lagerleben arrangiert und misstrauten der nichtjüdischen Umwelt. Jetzt lebten sie in Frankfurt in einem »Judenblock« und hatten große Schwierigkeiten, sich zurechtzufinden, schon allein weil viele bisher fast ausschließlich Jiddisch gesprochen hatten. Der »Judenblock« lag neben einem Block für Kinderreiche, einem für Kriegsinvaliden, einem für Vertriebene aus dem Osten. Schon diese Aufteilung war keine gute Voraussetzung für Integration und trug dazu bei, dass der Zusammenhalt der »Föhrenwalder« sehr ausgeprägt blieb.[147]

Sederfeier in der Wohnung Alexander in der Waldschmidtstraße, 1962

Eine Rückwanderungswelle aus Israel setzte nach der Verabschiedung des Rückerstattungsgesetzes 1953 ein. Zu diesen Rückwanderern gehörten deutsch-jüdische Familien, denen nach 1933 die Einwanderung nach Palästina gelungen war, wie auch ehemalige DPs, die 1945 nach Deutschland gekommen und von dort ausgewandert waren. Viele Rückwanderer waren ältere Menschen, die in Israel wirtschaftlich und kulturell nicht hatten Fuß fassen können und jetzt durch die Wiedergutmachungszahlungen in Deutschland eine Existenzgrundlage hatten. Mancher setzte sich im jüdischen Altersheim zur Ruhe. Andere kamen mit Familie und hatten Schwierigkeiten, sich einzugewöhnen. Auch aus beruflichen und wirtschaftlichen Gründen zogen Israelis nach Frankfurt, oft mit der Vorstellung, nur einige Zeit zu bleiben. Viele hatten Probleme mit der unzureichenden jüdischen Atmosphäre oder dem geringen gesellschaftlichen Leben in der Gemeinde, mit der Bürokratie und der deutschen Sprache. Manche Rück- und Zuwanderer fühlten sich von der bisherigen Gemeindeleitung nicht vertreten, wie ein Brief im Vorfeld der Gemeinderatswahl 1958 deutlich werden lässt:

»Sehr geehrtes Gemeindemitglied!

Der Sinn dieser Zeilen ist, Sie zu bitten, an der Wahl zum Gemeinderat der Jüdischen Gemeinde zu Frankfurt am Main am 30. November 1958 teilzunehmen. Seit der letzten Wahl hat sich die Zahl der Gemeindemitglieder von ca. 2.200 auf fast 3.000 Mitglieder erhöht. Den größten Anteil an diesem Zuwachs hat der Personenkreis, der aus Israel und anderen Ländern während der vergangenen zwei Jahre nach Deutschland zurückgekehrt ist. [...] Da Sie auch zu denen gehören, die einerseits versuchen, in Deutschland wieder wirtschaftlich Fuß zu fassen, andererseits aber auch an einer wirklich lebendigen Gemeinde interessiert sind, wenden wir uns an Sie.

Auch wir sind aus Israel hierher gekommen und haben es für unsere Pflicht gehalten, uns am jüdischen Gemeindeleben aktiv zu beteiligen. Daher haben wir uns auch

---

[147] Siehe auch XII. Texte und Dokumente, S. 282ff. in diesem Band.

bereit erklärt, bei den kommenden Wahlen zum Gemeinderat zu kandidieren.« Die Zuwanderer warfen dem Gemeinderat vor, nichts für ihre wirtschaftliche und gesellschaftliche Eingliederung unternommen zu haben. »Ebenso wichtig wie die wirtschaftliche Einordnung ist die Schaffung einer gesellschaftlichen und geselligen Atmosphäre, in der sich die Neuangekommenen heimisch fühlen [...]«[148]

Es kamen damals als Rückkehrer auch Persönlichkeiten wie der Jurist und Historiker Paul Arnsberg, der Jurist Walter Zweig und der Kaufmann Josef Brumlik, die einen deutsch-jüdischen Hintergrund hatten und sich intensiv in der Jüdischen Gemeinde engagierten.

Der Gemeindevorstand begrüßte die wachsende Mitgliederzahl, sah sich aber auch vor immense Integrationsprobleme gestellt. 1955 waren 1.300 Juden registriert, innerhalb von vier Jahren verdoppelte sich die Zahl und stieg weiter an auf 2.800 bis Mitte der 1960er Jahre. Diese steigenden Zahlen dürfen aber nicht darüber hinwegtäuschen, dass noch immer viele Juden Frankfurt verließen. Die Zusammensetzung der Gemeinde wurde in diesen Jahren noch vielfältiger, und sie blieb eine Gemeinschaft mit besonderen Schwierigkeiten. »Gibt es eine Zukunft für Juden in Deutschland?«, war nach wie vor die virulente Frage. Die Distanz zur deutschen Gesellschaft hielt an, verstärkte sich bei einigen sogar durch sehr konkrete Alltagserfahrungen.

Wieder und wieder wurde das geringe Interesse der Gemeindemitglieder an den Gemeindeangelegenheiten beklagt. Die Gemeinde war vielen Juden sehr wichtig als Gemeinschaft, ihre sozialen Einrichtungen wurden genutzt, die Beratungsstellen in Anspruch genommen, aber das religiöse Interesse war gering.

2. »Der einzige Gemeinderabbiner in ganz Deutschland«[149] Synagogeneinweihung – Gemeindezentrum – Schule

Zwei Jahre nach der Auswanderung von Rabbiner Neuhaus trat im Juli 1948 der frisch verheiratete Rabbiner Weinberg sein Amt an. Er kam aus Wien und sah von Anfang an seine Tätigkeit als eine vorübergehende an. Wilhelm Weinberg wurde in Ostgalizien geboren, verbrachte die Jugend und das Studium der politischen Wissenschaft in Wien und absolvierte eine Rabbinerausbildung in Berlin an der Hochschule für die Wissenschaft des Judentums. Die nationalsozialistische Zeit überlebte er im Exil in der

---

[148] Schreiben von Moritz Schermann und Hans Meyer vom 24. November 1958. Zitiert bei: Harry Maor, Über den Wiederaufbau der Jüdischen Gemeinden in Deutschland seit 1945, Mainz 1961, S. 49f.

[149] Max Meyer bei der Einführung von Rabbiner Weinberg, 21. Juli 1948. ZA Heidelberg, Akten der Jüdischen Gemeinde Frankfurt am Main B1/13, A 1007. Außer Weinberg amtierte Dr. Aaron Ohrenstein als Landesrabbiner in Bayern.

VI. Konsolidierung der Jüdischen Gemeinde in den fünfziger Jahren

Sowjetunion, von dort kehrte er nach Wien zurück. Die Zusage für die Stelle des Gemeinderabbiners in Frankfurt machte er abhängig von der Fusion der beiden bestehenden Gemeinden. Er traute sich mit seinem biografischen Hintergrund zu, die religiöse Einheit in der Gemeinde zu stabilisieren. Der Vorstandsvorsitzende Max Meyer hatte dem Bewerber einen wenig guten Zustand der heterogenen Gemeinde geschildert und mitgeteilt: Wir brauchen »ein geistiges Oberhaupt, das in religiöser Beziehung eine mittlere Linie einhält und weder extrem orthodox noch zu sehr liberal ist, um auf traditioneller Basis alle Gemeindemitglieder zusammenzufassen«.[150] Große Erwartungen ruhten auf Weinberg, als er nach Überwindung mehrerer Schwierigkeiten mit der Militärverwaltung endlich in Frankfurt eintraf. Weinberg gelang es tatsächlich schnell, ein gutes Verhältnis zu den Mitgliedern des Komitees aufzubauen, die Fusionsverhandlungen beider Gemeinden voranzutreiben und die neue Gemeinde zu festigen.

Einweihung der neugestalteten Westend-Synagoge in der Freiherr-vom-Stein-Straße, 6. September 1950. Die Festansprache hielt der ehemalige Frankfurter Rabbiner Georg Salzberger.

Zu den Höhepunkten seiner Amtszeit gehörte die Neueinweihung der renovierten Westend-Synagoge. »Es ist schwer, in dem Kommen und Gehen jener Tage Gemeinde-Arbeit für die Zukunft zu leisten«, heißt es in dem schon zitierten Frankfurter Tagebuch 1945-1955. »Aber am 6. September [1950] wird, ungeachtet aller Schwierigkeiten, die Westend-Synagoge wieder eingeweiht. 1000 Personen, Gäste und Gemeinde-Mitglie-

---

[150] Max Meyer an Dr. Wilhelm Weinberg, 3. September 1947. ZA Heidelberg, Akten der Jüdischen Gemeinde Frankfurt am Main B1/13, A 810.

VI. Konsolidierung der Jüdischen Gemeinde in den fünfziger Jahren

Vertreter der Jüdischen Gemeinde Frankfurt und des Landesverbandes der Jüdischen Gemeinden in Hessen während der Einweihung der Westendsynagoge, 6. September 1950, von links: Joseph Klibansky, Dr. Curt Epstein, Dr. Ewald Alschoff, Max Meyer, unbekannt

der nehmen daran teil, es singt der Pariser Synagogen-Chor, es spricht, nach den Vertretern der Stadt Frankfurt a. M. und des Landes Hessen der ehemalige Rabbiner der Westend-Synagoge, Herr Dr. Salzberger, und erschüttert die große Festversammlung zutiefst durch die Fülle von Erinnerungen, denen er Ausdruck verleiht. Rabbiner Dr. Weinberg entzündet das ›Ewige Licht‹.«[151] Den Pariser Synagogenchor leitete Max Neumann, der ehemalige Musiklehrer an der Samson-Raphael-Hirsch-Schule und Leiter des Synagogenchors der Synagoge Friedberger Anlage. Ehemalige deutsche Juden also prägten diese Einweihungsfeier.

Der Hauptraum der Westend-Synagoge wurde zunächst nur an den Hohen Feiertagen genutzt, seit 1959 auch an Samstagen. Vornehmlich aus Osteuropa stammende Juden nutzten den ehemaligen Trausaal der Westend-Synagoge für eigene Gottesdienste nach osteuropäisch-orthodoxem Ritus.

Zum Neujahrsfest 1950 füllte sich wieder die große Synagoge. In einem Zeitungsbericht wird hervorgehoben, dass Rabbiner Dr. Weinberger zum ersten Mal während seiner Amtstätigkeit Deutschland in sein Gebet einschloss mit der Bitte: »Sende, o Gott, Deinen Hauch freien Geistes über dieses Land und gib, daß dieses Volk, in dessen Mitte wir leben und in dessen Namen unsägliches Leid über uns gebracht wurde, erstarke durch Pflege des Rechts und durch Gottesfurcht!«[152] Damit wurde eine alte Tradition der Juden in Deutschland wieder aufgenommen. Weinberger hoffte sehr darauf, dass die Politik und Gesellschaft der Bundesrepublik Juden ein Bleiben in Deutschland ermöglichen würden. Deshalb erklärte er sich zur aktiven Mitarbeit in der Frankfurter Ge-

---

[151] Dr. E. Alschoff, Frankfurter Tagebuch 1945-1955. In: Frankfurter Jüdisches Gemeindeblatt 1. Jg., Nr. 2, Mai 1955. Zur Renovierung der Synagoge siehe Salomon Korn, Synagogen in Frankfurt am Main nach 1945. In: Jüdisches Museum (Hrsg.), Wer ein Haus baut, will bleiben. 50 Jahre Jüdische Gemeinde Frankfurt am Main. Anfänge und Gegenwart, Frankfurt am Main 1998, S. 133f.

[152] Allgemeine Jüdische Wochenzeitung, wahrscheinlich Ende Oktober 1950. Undatierter Zeitungsausschnitt. ZA Heidelberg, Akten der Jüdischen Gemeinde Frankfurt am Main B1/13, A 810.

VI. Konsolidierung der Jüdischen Gemeinde in den fünfziger Jahren

sellschaft für christlich-jüdische Zusammenarbeit bereit, hielt Vorträge in der Universität, in der Gesellschaft für Volksbildung und diskutierte mit in Rundfunksendungen. Seine Skepsis aber verließ ihn nicht, und er warnte immer wieder davor, sich »durch wohlwollende Worte berauschen zu lassen«[153] und leichtfertig Vertrauen zu schenken.

Schon bald sah er für sich selbst und seine Familie keine Perspektive mehr im Nachkriegsdeutschland. Der »glimmende Docht«, der am Leben erhalten werden musste und die Anstrengungen der »Gesellschaft für christlich-jüdische Zusammenarbeit« wogen nicht die negativen Erfahrungen mit den NS-Prozessen, der Rehabilitierung von Nationalsozialisten und dem wachsenden Antisemitismus auf.

»Kann man es dem, der ein Kind hat, verargen, wenn er ihm eine menschlich und jüdisch gefestigte Atmosphäre bieten möchte? Unsere Arbeit hier ist ein unsicheres Umhertasten auf allen Gebieten, es ist alles in suspenso, Unruhe und Meinungsverschiedenheiten«, teilte er seiner Gemeinde in der Abschiedspredigt mit. Er war empört darüber, dass keine »Denkwende« im deutschen Volk stattgefunden hatte, dass von Vergessen gesprochen und ein Trennungsstrich unter die Vergangenheit gefordert wurde. »Zugleich aber ist es Pflicht auszusprechen, daß selbst jene unter uns, die an eine Denkwende des deutschen Volkes geglaubt haben oder glauben wollten, allmählich diesen Glauben verlieren. Denn auch die politisch Blinden merken es allmählich, daß durch die deutschen Lande wieder jene Gestalten geistern, die für die reibungslose Durchsetzung der braunen Ordnung und des nazistischen Welteroberungszuges gearbeitet haben, diesmal noch das Marsgesicht durch die Miene der gekränkten Unschuld tarnend, morgen jedoch schon ihr wahres Gesicht unverhüllt zeigend. Wir sind von Grauen und Entsetzen ergriffen, wenn wir daran denken, daß die schaurigen Gestalten, die Mitschuld an der Ermordung unserer Brüder und Schwestern tragen und das Völkermorden des Zweiten Weltkriegs mitverschuldet haben, wenn wir die Figuren aus dem Laboratorium des Teufels wieder in der Öffentlichkeit agieren sehen.«

Weinberg war sich natürlich bewusst, dass nicht alle so konsequent handeln konnten wie er und fügte deshalb hinzu: »Ich verlasse dieses Land mit Verbitterung, doch vor keinem Volke darf man die Fensterläden zuschlagen. Die Zukunft ist Gottes und nicht des Menschen. Möge es nicht allzu lange dauern, ehe wir Juden in den Deutschen wieder die Träger einer Weltkultur sehen können und in der deutschen Sprache die Sprache eines Lessings, Kant und Goethe!« Nicht ohne Hoffnung auf das zukünftige Leben von Juden in Deutschland bezeichnete er die Gemeinde als »glimmenden Docht«, den Gott nicht löschen wird.[154] Ende 1951 emigrierte Wilhelm Weinberg mit seiner Familie in die USA.

---

[153] Ebenda.

[154] Abschiedspredigt von Wilhelm Weinberg, publiziert in Y. Michael Bodemann, »Ich verlasse dieses Land mit Verbitterung, doch vor keinem Volk darf man die Fensterläden zuschlagen...« Zur Abschiedspredigt von Rabbiner Dr. Wilhelm Weinberg (1901-1976) in Frankfurt am Main am 11. November 1951. In: Menora. Jahrbuch für deutsch-jüdische Geschichte 1995, S. 345-357.

VI. Konsolidierung der Jüdischen Gemeinde in den fünfziger Jahren

oben: Kindergarten Gagernstraße, 1953
unten: Rabbiner Lichtigfeld beim Schachspielen mit Jugendlichen während einer Ferienfreizeit in Wembach, 1960

Wieder begann die Suche nach einem Rabbiner. Der Nachfolger Weinbergs, der orthodoxe Rabbiner und Zionist Zwi Harry Levy, kam aus Israel. Er wollte am religiös-kulturellen Aufbau mithelfen, aber nur begrenzte Zeit bleiben. Die Zustände, die er in der Gemeinde vorfand, empfand er als desolat, die religiöse Unkenntnis und das religiöse Desinteresse vieler Mitglieder und besonders der Gemeindeführung entsetzte ihn. Nach zwei Jahren in Frankfurt kehrte er nach Israel zurück. Er war sicher, dass die Gemeinden in Deutschland nicht mehr lange bestehen würden.

Nach diesen schwierigen Jahren fand die Jüdische Gemeinde Frankfurt 1954 einen Rabbiner, der sie 13 Jahre lang führte und das Gemeindeleben entscheidend weiterentwickelte. Der damals schon 60 Jahre alte Isaak E. Lichtigfeld wurde eine charismatische Autorität in Frankfurt, Hessen und der Bundesrepublik.[155] Er prägte die religiöse und

---

[155] Zu Lichtigfeld siehe Julius Carlebach/Andreas Brämer, Continuity or New Beginning? Isaac Emil Lichtigfeld, Rabbi in Frankfurt am Main and Hesse, 1954-1967. In: Leo Baeck Institute Yearbook 1997, S. 275-302.

institutionelle Entwicklung der Gemeinde in diesen Jahren mehr als der Vorstand, polarisierte allerdings auch wegen seines kämpferischen Zionismus. Lichtigfeld anerkannte aber, dass Juden außerhalb von Israel leben wollten und legte deshalb ein starkes Fundament für sie als religiöse Minorität. Sein Ziel war es, die bisherige Notgemeinschaft zu einer Einheitsgemeinde zu entwickeln, die auf einer orthodox-religiösen Grundlage ihren Zusammenhalt fand. Die Voraussetzung zu einer positiven jüdischen Identität sah er in einer jüdischen Sozialisation im Religionsunterricht, dem gemeinsamen Begehen der religiösen Feste und der regelmäßigen Zusammenkunft in der Synagoge. Mit den »Ostjuden« stritt Lichtigfeld über die Disziplin in der Synagoge, mit den »deutschen« Juden, die an dem herkömmlichen Frankfurter Minhag (Brauch) festhalten wollten, über die Liturgie. Bemühungen zur Einführung eines religiös-liberalen Gottesdienstes stand er ablehnend gegenüber. Prinzipiell hielt er die Reformbewegung des 19. und 20. Jahrhunderts für den Beginn der Auflösung des Judentums, dem unbedingt in Zukunft entgegengetreten werden müsse. Dennoch gestattete er gegen Ende seiner Amtszeit unter strengen Auflagen die Durchführung eines religiös-liberalen Gottesdienstes im Gemeindesaal Baumweg.[156]

Isaak E. Lichtigfeld war »omnipräsent« in und außerhalb der Gemeinde, in der Synagoge wie im Jugendzentrum, im Sendehaus des Rundfunks wie bei Vortragsabenden. Die Erwachsenen versuchte Lichtigfeld durch intensive Nutzung aller vorhandenen Medien zu erreichen: der jüdischen und nichtjüdischen Presse, des Radios sowie durch öffentliche Vorträge.

Nicht nur die orthodox-religiöse, sondern ebenso die zionistische Ausrichtung der Gemeindeeinrichtungen und der Gemeindemitglieder war Lichtigfelds Anliegen und Ziel. Er verlangte, dass Juden in der Diaspora umfangreich materiell und uneingeschränkt ideell den Staat Israel unterstützen. Bei der Durchsetzung dieser Forderung übte er erheblichen Druck auf die Gemeindemitglieder aus, der bis zur namentlichen Veröffentlichung der Spenden ging und dem Aufruf, Personen, die nicht ausreichend gaben, gesellschaftlich zu meiden.

---

[156] Isaak E. Lichtigfeld am 21. September 1987 an Irene Militscher, Rechtsanwalt Dr. Schlesinger, Architekt Hadda. ZA Heidelberg, Akten der Jüdischen Gemeinde Frankfurt am Main B1/13, 205. Es durften keine reformatorischen Neuerungen eingeführt werden; Männer und Frauen mussten getrennt sitzen; das Harmonium wurde nicht zugelassen. Erlaubt wurde der konservative Ritus mit Haftarah (Lesung von Abschnitten aus den prophetischen Büchern) in deutscher Sprache.

3. Orte der Identifikation: Gemeindezentrum und Schule

Der Ende 1956 mit breiter Beteiligung von Politikern und bundesrepublikanischer jüdischer Prominenz eingeweihte Neubau auf dem Gelände Baumweg war ein sichtbarer Einschnitt in der Entwicklung der Gemeinde. Ein Gemeindezentrum, ein »Haus der Gemeinde« war entstanden, zu der die Synagoge und eine neue Mikwe gehörten, ein großer Gemeindesaal für Versammlungen, Feste und Kulturveranstaltungen und ein Jugendzentrum. Die Förderung der 200 Kinder und Jugendlichen lag dem Gemeindevorstand und dem Rabbiner besonders am Herzen. Für den Religionsunterricht waren nun eigene Räume vorhanden, und für die Jugend standen fortan Club- und Vortragsräume zur Verfügung. Auch die Verwaltung und die Sozialabteilung hatten hier ihren Sitz. Der in der Gemeinde sehr aktive und über Frankfurt hinaus bekannte Architekt Hermann Zwi Guttmann hatte das Zentrum entworfen und den Um- und Neubau geleitet.

Bar Mizwa-Feier von Shimon Ajnwojner im Festsaal des »Hauses der Gemeinde« Baumweg, 1963

Trotz aller Freude über das Erreichte und des Dankes für die vielfältige staatliche Hilfe im Rahmen der Wiedergutmachung war man sich des Wagnisses bewusst, »für ein kleines und unbedeutendes Häuflein«, wie der Vorsitzende des Gemeinderats, Rechtsanwalt Max L. Cahn, bei der Einweihung die Gemeinde bezeichnete, ein solches zukunftsweisendes Gebäude einzurichten.[157]

---

[157] Frankfurter Jüdisches Gemeindeblatt, 2. Jg., Nr. 10, November 1956, S. 3.

VI. Konsolidierung der Jüdischen Gemeinde in den fünfziger Jahren

Lichtigfelds Bemühungen, das religiöse Fundament der jüdischen Gemeinde zu stärken, waren zunächst nicht sehr erfolgreich wie z.B. die wiederholten Aufrufe zeigen, am Gottesdienst teilzunehmen oder Kinder in den Religionsunterricht zu schicken. In der sicheren Annahme, dass wegen der Gleichgültigkeit oder des Nichtwissens vieler Elternhäuser eine religiöse Identität nur über eine Schule erreicht werden könne, in der jüdische Religion und Kultur wie säkulare Bildung gleichermaßen vermittelt werde, forderte der Rabbiner die Einrichtung einer jüdischen Schule in Frankfurt. Jüdische Schulen waren eine Selbstverständlichkeit vor 1933 gewesen, doch nach 1945 hielt bis dahin niemand eine derartige Einrichtung für möglich. Der Vorschlag löste heftige Diskussionen innerhalb der Gemeinde aus. Als Gegengründe wurde die heterogene Zusammensetzung und Interessenlage der Gemeindemitglieder angegeben, aber auch die Befürchtung der Separierung von der Mehrheitsgesellschaft. Es gab kein Konzept für eine jüdische Konfessionsschule im Nachkriegsdeutschland. Das Kind dem Judentum zu erhalten und die Erziehung zu selbstbewussten Juden war ein Minimalkonsens im Gemeinderat. Allerdings fehlte es an ausgebildeten jüdischen Lehrern und Lehrmaterial. Man einigte sich schließlich auf das »Experiment« einer kleinen Lösung, nämlich den Aufbau einer Grundschule.

Die erste jüdische Schule im Nachkriegsdeutschland konnte 1966 – ein Jahr vor Lichtigfelds unerwartetem Tod – in dem Haus neben der Westend-Synagoge mit 30 Kindern eröffnet werden. Sie stand unter der Leitung einer Nichtjüdin und war offen für nichtjüdische Kinder. 25 Jahre leitete Ruth Moritz mit großem pädagogischen Geschick die Grundschule, die später um eine Förderstufe erweitert wurde und den Namen »Isaak Emil Lichtigfeld-Schule« erhielt. Die vehementesten Vertreter der Schule kamen aus dem »deutschen Judentum«. Sie wünschten die Anknüpfung an die Schultradition des Philanthropins, der bedeutenden Schule der Frankfurter jüdischen Gemeinde bis 1942. Vorsichtig bezeichnete Rabbiner Lichtigfeld dagegen bei der Eröffnung die Schule als ein »Experiment und ein zartes Pflänzchen, das noch viel begossen werden muss.«[158] Entgegen aller Skepsis wurde sie ein großer Erfolg und eine zentrale Einrichtung der Jüdischen Gemeinde. Mit ihrer stetig steigenden Schülerzahl entwickelte sich die Schule zu einem Ort, an dem eine neue jüdische Identität entstehen konnte.

Rabbiner Lichtigfeld übte seine Tätigkeit in Frankfurt in der Überzeugung aus, dass auch in Zukunft Juden in Frankfurt und Deutschland leben würden; er zweifelte aber daran, dass das Judentum, der Geist des Judentums, hier wieder heimisch werden würde. In einem bald nach seinem Tod veröffentlichten Gespräch mit einem amerikanischen Journalisten betonte er, dass es besser gewesen wäre, wenn alle Juden Deutsch-

---

[158] Manfred Levy, Geschichte und Gegenwart der Isaak Emil Lichtigfeld-Schule. In: Jüdisches Museum (Hrsg.), Wer ein Haus baut, will bleiben. 50 Jahre Jüdische Gemeinde Frankfurt am Main. Anfänge und Gegenwart, Frankfurt am Main 1998, S. 144-151. Im August 2006 erfolgte der Umzug der Schule in das Philanthropin in der Hebelstraße und die Erweiterung zu einer gymnasialen Mittelstufe und einer Ganztagsschule. Siehe auch www.lichtigfeldschule.de.

VI. Konsolidierung der Jüdischen Gemeinde in den fünfziger Jahren

oben: Während der Eröffnung der Jüdischen Grundschule, 18. April 1966; von links: unbekannt, Ruth Moritz, Direktorin, Moritz Gertler, Vorstand der Jüdischen Gemeinde, Rabbiner Lichtigfeld, Hans Meyer, Gemeinderatsvorsitzender, Aldolf Olkowicz, Verwaltungsdirektor

unten: Jüdische Grundschule, 1966

land verlassen hätten. Die Religionsschule und die Grundschule, die fünf Synagogen, die Gottesdienste und die Beachtung der Feiertage wie auch die Einstellung von Religionslehrern, Kantoren und Sozialarbeitern reichten ihm nicht als Versprechen für eine sichere jüdische Zukunft.[159]

Folgt man den Berichten in dem seit Mitte der 1950er Jahren erscheinenden »Frankfurter Jüdischen Gemeindeblatt«, so gewinnt man allerdings einen anderen Eindruck, nämlich den von einer gut entwickelten, aktiven jüdischen Gemeinschaft. Diesen Eindruck vermitteln die Jahresberichte des Vorstands auf den Gemeindeversammlungen und bebilderte Artikelreihen über Institutionen der Gemeinde: der Kindergarten mit einer wachsenden Kinderschar, das Altersheim, dessen Ausstattung stetig verbessert wurde, und die aufblühende Jüdische Religionsschule. Berichte über gelungene Feste zeigen Fröhlichkeit und einen Zusammenhalt in der Gemeinschaft. Im Jugendzentrum kamen Kinder und Jugendliche zusammen zum Spielen und Basteln, zu Gesprächen und Vorträgen. Der neu gegründete »Jüdische Club« lockte mit interessanten, thematisch weit gefassten Vorträgen. Er war keine Gemeindeeinrichtung, sondern eine »Vereinigung jüdischer junger Menschen zur Pflege des gesellschaftlichen und kulturellen Lebens«, die Räume im Haus der Gemeinde nutzen durfte.[160] Der Gemeindevorstand begrüßte die Einrichtung von Clubs und Vereinen, die zur Vielfalt jüdischen Lebens beitrugen.

Titelzeile des Frankfurter Jüdischen Gemeindeblattes, das von 1955 bis 1959 als Mitteilungsblatt des Landesverbandes der Jüdischen Gemeinden herausgegeben wurde, von 1968 bis 1986 – mit einem anderen Kopf – als amtliches Organ der Jüdischen Gemeinde Frankfurt.

---

[159] Leo Katcher, Post-mortem. The Jews in Germany today, New York 1968, S. 38-41.
[160] Frankfurter Jüdisches Gemeindeblatt, 3. Jg., Nr. 1, Januar 1957 und 3. Jg., Nr. 2-3, Februar/März 1957 und weitere regelmäßige Ankündigungen und Berichte.

VI. Konsolidierung der Jüdischen Gemeinde in den fünfziger Jahren

לְשָׁנָה טוֹבָה תִּכָּתֵבוּ

Allen Vorstands- und Gemeinde-Mitgliedern sowie allen jüdischen Institutionen wünscht ein glückliches und gesundes Neu-Jahr 5717

G. KORMANN · FRANKFURT AM MAIN
Berliner Straße 8 · Telefon 9 40 49
LINOLEUM · GARDINEN
Verlegung   Ausführung
TAPETEN · TEPPICHE
Prompte Bedienung Billige Preise
Einziges jüdisches Fachgeschäft Hessens

Kaschern von Chomez-Geräten
Am Dienstag, 28. März
ab 10 Uhr morgens im Keller
des Altersheims, Frankfurt a. M.,
Gagernstr. 36, gekaschert.
Ferner: Chomez-Verkauf bei
Raw Dzialdow, Tel. 59 36 69
Das Rabbinat.

כשר ✡ כשר

ALBERT STERN
Sandweg 22   FRANKFURT/M.   Telefon 4 19 38
Metzgerei · Wurstwaren · Geflügel
Unter Aufsicht des Landesrabbinates Frankfurt

A. Horowitz
Einzigster jüdischer Steinmetzmeister Deutschlands
Grabsteine · Umrandungen · Schriften
Prompte preiswerte Bedienung
FRANKFURT/M.
Eckenheimer Landstraße 238 · Telefon: 47072

כשר ✡ כשר

HEBRAICA-CLUB
FRANKFURT AM MAIN · BRÖNNERSTRASSE 17 · TEL. 28 70 85
wünscht allen verehrten Gästen und Freunden ein herzliches

חג שמח

Unser streng koscheres Restaurant und Café unter Aufsicht des Landesrabbinates ist mit seinen modern ausgestatteten Räumlichkeiten ein angenehmer Treffpunkt zwischen Freunden des In- und Auslandes. Für kleinere intime Festlichkeiten stehen den verehrten Interessenten unser Speisesaal und die Bedienung gerne zur Verfügung.

Koscheres Restaurant
„MODERN"
Goetheplatz 6 · Frankfurt/M. · Telefon 93829
Jeden Samstag- und Sonntag-Abend
Tanz
Sonntag ab 17 Uhr TANZ-TEE!

 כשר על פסח

ARTUR STEIF
IMPORT - EXPORT
Frankfurt am Main   Höhenstraße 18
Telefon 41539, nach Geschäftsschluß 4 28 48

Sämtliche Pessach-Waren!

Allerbeste Israel-Carmel-Weine
Feinste holländische Matzen
Jugoslawischer Sliwowitz (Originalflasche)
Israel-Orangen-Syrup (Original Assis)
Israel-Schokolade und -Pralinen (Original Lieber)
Feinste Käse, Butter und Pflanzenfett
Sowie alle anderen erforderlichen Lebensmittel!

Koschere Metzgerei May

wünscht allen Kunden, Freunden
und Bekannten ein glückliches

לְשָׁנָה טוֹבָה תִּכָּתֵבוּ

Bergerstraße 64 - Telefon 4 86 24 u. 55 30 87

---

*Glückwünsche zum Neuen Jahr im Frankfurter Jüdisches Gemeindeblatt und Werbung für koschere (*כּשׁר*) Waren, 1956-1967*
Der hebräische Wunsch lautet: Le-shana tova tikhtevu – zu einem guten Jahr seid eingeschrieben.

Auch die Anzeigen spiegeln ein wiedererstandenes jüdisches Leben: Es gab koschere Metzger, koschere Restaurants, Import- und Exportgeschäfte für Pessach-Waren, Reisebüros für Reisen nach Israel und in die USA. Schmuckwaren und Wein aus Israel konnten erworben werden. Jüdische Rechtsanwälte und Ärzte warben um Klienten.

In der Berichterstattung drückt sich Freude über das Erreichte und Optimismus für die Zukunft aus wie auch Dankbarkeit gegenüber der Wiedergutmachungsbehörde und der Stadt Frankfurt für vielfältige Unterstützung. Rabbiner Lichtigfeld erörterte regelmäßig religiöse Themen und gab Kommentare zu den Wochenabschnitten der Thora.

Irritierend ist, dass diese so an Selbstbewusstsein gewinnende Gemeinde auf dem Deckblatt ihrer Zeitung eine Zeichnung der Frankfurter Judengasse um 1880 zeigt. Sie soll wohl die Verbundenheit dieser neuen Gemeinde mit der zerstörten zum Ausdruck bringen, doch in einer solchen Erinnerung an die Geschichte der Frankfurter Juden lebten nur einige »deutsche« Juden.

4. Die wirtschaftliche und soziale Situation

Ohne Zweifel hatte die Frankfurter Gemeinde in den 1960er Jahren die beste Infrastruktur aller Gemeinden der Bundesrepublik erreicht. Weiterhin aber waren zahlreiche Schwierigkeiten und Probleme zu bewältigen. Die Zuwanderer aus der DDR, die Flüchtlinge aus Polen und Ungarn mussten in die kleine Gemeinde integriert, die Auswanderung von Mitgliedern verkraftet werden. Die Gemeinde musste ihre Sozialabteilung ausweiten wegen der nicht abnehmenden sozialen Schwierigkeiten, obwohl die 1955 nach Frankfurt umgezogene »Zentralwohlfahrtsstelle der Juden in Deutschland« einen Teil der Aufgaben übernahm.

Auch die wirtschaftliche Integration der Juden blieb nach wie vor schwierig. In seinem Geschäftsbericht gab der Vorstand bereits 1958 an, dass die Mehrzahl der Mitglieder wirtschaftlich nicht »eingeordnet« sei trotz der guten Wirtschaftsentwicklung in Deutschland, »und jede Wirtschaftskrise wird die vielen kleinen Existenzen sofort auf das äußerste gefährden«.[161] 1955 waren jüdische Darlehnskassen gegründet worden, eine davon auch in Frankfurt. Sie gab Darlehen zur Gründung einer wirtschaftlichen Existenz, geringe für kaufmännische Geschäfte, höhere für Handwerksbetriebe, Kleinindustrielle und freie Berufe. Die Vergabe war verbunden mit einer fachlichen Beratung durch ehrenamtliche Mitarbeiter. Der nach fünfjährigem Bestehen veröffentlichte Bericht schildert einige erfolgreiche Beispiele wie dieses: »Eine aus Polen stammende Familie mit zwei Kindern kann sich nicht einordnen, weil der Ehemann keinen Beruf erlernt hat und nur sehr schlecht deutsch spricht. Schließlich aber findet er eine An-

---

[161] Geschäftsbericht des Vorstands vom 23. Febr. 1958. ZA Heidelberg, Akten der Jüdischen Gemeinde Frankfurt am Main B1/13, 2.408.

VI. Konsolidierung der Jüdischen Gemeinde in den fünfziger Jahren

Restaurant Am Goetheplatz 9, 1963, betrieben von J. und F. Heuberger

stellung als Kraftfahrer. Ihm wird ein Taxi für 7.500 DM zum Verkauf angeboten. Nur mit größter Mühe gelingt es ihm, die Prüfung als Taxifahrer zu bestehen und Bürgen für ein Darlehen beizubringen. Das ihm gewährte Darlehen von 7.500 DM zum Erwerb des Taxis ist inzwischen ordnungsgemäß zurückgezahlt worden. Jetzt besitzt der Mann drei Taxis, darunter zwei neue Mercedeswagen. Die Familie hat nunmehr eine gute, gesicherte Existenz.«[162] Fehlende Schul- und Ausbildung waren ein Hindernis für viele ehemalige Displaced Persons, der Wunsch, nicht bei Nichtjuden arbeiten zu müssen, ein weiteres. Aber auch viele Remigranten hatten Schwierigkeiten bei der wirtschaftlichen Eingliederung, weil sie »entweder überaltert, berufsfremd oder branchenunkundig« geworden waren.[163] In Frankfurt etablierte sich eine Szene des Häute-, Fell- und Pelzhandels und ihrer Verarbeitung, in der viele Juden sich eine sichere Existenz aufbauten.

Das zermürbende Warten auf die »Wiedergutmachungsgelder« trug ebenfalls dazu bei, dass viele einen Neuanfang nicht wagten. Obwohl sie starke gesundheitliche Schäden hatten und über 70 Jahre alt waren, konnten andere nicht aufhören zu arbeiten,

Schuhgeschäft Szanckower, 1962, Moszek Szanckower und Sohn Majer

solange Auszahlungen und Rentenansprüche nicht entschieden waren.

1956 beschloss der Bundestag, jüdischen Rückkehrern eine Soforthilfe von 6.000 DM zu gewähren, die aber oft erst nach langer Wartezeit und der Überwindung zahlreicher bürokratischer Hürden ausgezahlt und zur Hälfte auf Entschädigungsleistungen angerechnet wurde

---

[162] Genossenschaftliche Selbsthilfe. Fünf Jahre jüdische Darlehnskassen in Deutschland. In: Jüdische Sozialarbeit, 5. Jg., Nr. 3/4, 15. Juli 1960.
[163] Probleme der wirtschaftlichen Einordnung. In: Jüdische Sozialarbeit, 5. Jg., Nr. 1/2, 1960, S. 6.

5. Innerjüdische Differenzen und Konflikte

Die Integration der verschiedenen Herkunftsgruppen war immer noch schwierig. Nach der Erhebung von Harry Maor in seiner 1961 erschienenen Dissertation »Über den Wiederaufbau der Jüdischen Gemeinden nach 1945« waren in Frankfurt knapp 40 Prozent der Gemeindemitglieder ehemalige Displaced Persons. Er zitiert eine Befragung, die einen tiefen Gegensatz zwischen den in Deutschland geborenen und den Ostjuden erbracht hat: »Die überwiegende Mehrheit der deutschgeborenen Interviewten gab immer wieder ihre Ablehnung der Ostjuden Ausdruck, und zwar sowohl des gesellschaftlichen Verhaltens als auch der religiösen Gebräuche der Ostjuden, und begründete zum Teil ihre mangelnde Teilnahme am jüdischen Gemeindeleben mit ihrer Abneigung, mit dem ostjüdischen Element zusammenzutreffen.«[164]

Ein weiteres Problem stellte für die Gemeinden die Überalterung der Mitglieder dar. Zuwanderer aus Osteuropa senkten leicht den Altersdurchschnitt; Rückkehrer erhöhten ihn, denn es kamen in erster Linie ältere Menschen zurück, während ihre Kinder im Ausland blieben. Im Jahr 1959 waren 2.478 Gemeindemitglieder in Frankfurt registriert, etwa 350 waren Kinder im Alter zwischen sieben und fünfzehn Jahren.

Regelmäßig wurde über die geringe aktive Beteiligung am Gemeindeleben geklagt. Dabei spielte sicher auch eine Rolle, dass zahlreiche Gemeindemitglieder in einer interkonfessionellen Ehe lebten. Diese Ehen waren in den ersten Jahren respektiert worden, weil viele mit Hilfe ihrer nichtjüdischen Partner überlebt hatten und diese Überlebenden wesentlich zum Aufbau einer neuen Gemeinde beitrugen hatten. Mit zeitlichem Abstand zur Nazizeit aber wuchs die Ablehnung solcher Ehen. Rabbiner Lichtigfeld wünschte, dass ausschließlich jüdische Ehen geschlossen würden, und Paul Arnsberg forderte, dass in religiös gemischter Ehe lebende Personen keine Gemeindeämter übernehmen dürften.[165] Auch mit Problemen, die aus interkonfessionellen Ehen erwuchsen, tat sich die Gemeinde schwer. Dazu gehörte die Frage der Beerdigung. Während der Nazizeit durften Juden nur auf dem jüdischen Friedhof beerdigt werden; starb ein nichtjüdischer Partner, konnte er nicht daneben beerdigt werden. Gelegentlich verlangte jemand deshalb die Herausgabe einer Urne, um sie auf einen nichtjüdischen Friedhof

---

[164] Harry Maor, Über den Wiederaufbau der jüdischen Gemeinden in Deutschland seit 1945, Mainz 1961, S. 27, zitiert nach »Bericht über die Untersuchung der Lage und der Bedürfnisse der Personen über 60 Jahre in der jüdischen Gemeinde Frankfurt am Main«, hrsg. vom American Joint Distribution Committee, Frankfurt am Main, der Jüdischen Gemeinde Frankfurt am Main und der Zentralwohlfahrtsstelle der Juden, Frankfurt am Main 1959, verfasst von Dr. Ch. Roland.
[165] Antony D. Kauders, Unmögliche Heimat. Eine deutsch-jüdische Geschichte der Bundesrepublik, München 2007, S. 193 unter Bezug auf die Akten der Gemeinde. Der entsprechende Antrag an den Vorstand wurde nicht angenommen.

VI. Konsolidierung der Jüdischen Gemeinde in den fünfziger Jahren

Seit 2001 bestehender jüdisch-christlicher Teil auf dem Jüdischen Friedhof Eckenheimer Landstraße, November 2010

zu bringen, was nach dem jüdischen Religionsgesetz nicht gestattet werden konnte.[166] Für Juden ist die Beerdigung auf einem jüdischen Friedhof oft von Wichtigkeit, weil die dortigen Gräber ewig bestehen und nicht aufgegeben werden müssen wie auf den staatlichen Friedhöfen. Auch für nichtreligiöse, in gemischter Ehe lebende Juden blieb oft ein jüdisches Begräbnis wichtig, und gleichzeitig wollten Lebenspartner nebeneinander liegen. Eine großzügige Lösung war, so die »Jüdische Gemeindezeitung Frankfurt«, deshalb schwierig, weil »jüdische Friedhöfe noch heiliger betrachtet werden als Synagogen und man sie ihrer Heiligkeit nicht entziehen darf. Entsprechend der Trennung der Gotteshäuser der einzelnen Konfessionen sind auch die Friedhöfe getrennt zu halten.«[167] Erst im Jahr 2001 fanden das Rabbinat und der Vorstand eine Lösung mit der Einrichtung eines interkonfessionellen Beerdigungsfeldes, das halachischen Vorschriften entspricht, indem Juden und Nichtjuden einander gegenüber begraben und durch Hecken und einen Weg getrennt werden. Dieses Beerdigungsfeld liegt am nordöstlichen Ende des jüdischen Friedhofs Eckenheimer Landstraße. Nur wenige Ehepaare haben bisher von dieser Begräbnismöglichkeit Gebrauch gemacht.

Ein anderes Problem waren die Kinder aus interkonfessionellen Ehen, die einen Zugang zur Gemeinde suchten. Sie wurden im Jugendzentrum nicht gern gesehen und von Freizeiten ausgeschlossen. Nur wenige Kinder aus gemischten Ehen erhielten eine jüdische Erziehung. Zahlenmäßig stellten die interkonfessionellen Ehen deshalb eine

---

[166] Rabbiner Weinberg schlug 1951 dem Gemeindevorstand vor, »am Rande des Friedhofs und zwar in der Nähe der Gräber der christlichen DPs eine Ehrenreihe für diesen Zweck zur Verfügung zu stellen«. Dieser Vorschlag wurde offenbar nicht aufgenommen. ZA Heidelberg, Akten der Jüdischen Gemeinde Frankfurt am Main B1/13, A 810, S. 34. Das Judentum kennt keine Feuerbestattung, doch während der Nazizeit mussten aus verschiedenen Gründen Urnen bestattet werden.

[167] Ruhe und Frieden über den Glauben hinaus. Das interkonfessionelle Beerdigungsfeld auf dem Friedhof Eckenheimer Landstraße wurde am 23. Januar 2001 seiner Bestimmung übergeben. In: Jüdische Gemeindezeitung Frankfurt, 34. Jg., Nr. 1, März 2001; Fuß an Fuß, aber doch getrennt. In: Frankfurter Rundschau, 3. April 2001.

VI. Konsolidierung der Jüdischen Gemeinde in den fünfziger Jahren

Beisetzung einer Urne mit Asche aus Auschwitz, 2. Juni 1957. Zwei Jahre später wurde an dieser Stelle ein Gedenkstein für die ermordeten Juden aufgestellt.

»Bedrohung« für die Fortexistenz der Gemeinde dar. 1960 bestanden innerhalb der Gemeinde 405 jüdische und 963 interkonfessionelle Ehen, d.h. nur etwa 30 Prozent waren jüdische Ehen.[168] Im Laufe der Jahre wurde das Verhältnis nicht sehr viel besser. Zwischen 1973 und 1981 heirateten etwa zwei Drittel aller Juden in der Bundesrepublik Nichtjuden.[169] Ab Ende der 1970er Jahre wurde die Frage der interkonfessionellen Eheschließung von der jüngeren Generation heftig und kontrovers diskutiert.

Natürlich gab es auch einige »Merkwürdigkeiten« in dieser jüdischen Gemeinschaft, die eng mit dem Schicksal der Überlebenden zusammenhingen. Manche Juden hatten gefälschte Papiere, trugen falsche Namen oder hatten die Geburtsdaten geändert. Die Verfolgungszeit hatte auch in dieser Hinsicht Nachwirkungen. Frauen machten sich jünger, um noch attraktiv für eine Heirat zu sein; manche junge Männer wollten älter sein. Andere hatten sich im Konzentrationslager älter gemacht, um unter die »Arbeitsfähigen« zu fallen und behielten das geänderte Alter. Personen, die untergetaucht wa-

---

[168] Harry Maor, Über den Wiederaufbau der jüdischen Gemeinden in Deutschland seit 1945, Mainz 1961, S. 144 Tabelle 40. In der Bundesrepublik insgesamt bestanden damals 2.089 jüdische Ehen und 3.209 interkonfessionelle.

[169] Antony D. Kauders, Unmögliche Heimat. Eine deutsch-jüdische Geschichte der Bundesrepublik, München 2007, S. 193. Angaben aus: Dr. Navé Levinson, Standesamtliche Eheschließungen von Juden 1973-1981 nach den Statistischen Jahrbüchern der Bundesrepublik 1975-1983. ZA Heidelberg, Akten des Zentralrats der Juden in Deutschland B1/7, 332.

VI. Konsolidierung der Jüdischen Gemeinde in den fünfziger Jahren

Gedenkstein für die ermordeten Juden, aufgestellt am 10. Mai 1959 in der Nähe des Eingangs des Friedhofs Eckenheimer Landstraße

ren oder illegal mit einem anderen Namen überlebt hatten, mussten darum kämpfen, ihre Identität wieder zu erlangen. In der Jüdischen Gemeinde hatte es einen besseren Klang, wenn jemand nicht in einem polnischen Dorf oder in einer Kleinstadt geboren war, sondern in Breslau oder Krakau. Es gab auch gegenseitiges Misstrauen, weil man nicht wusste, warum und wie der eine oder andere überlebt hatte. Es lebten Personen in der Gemeinde und strebten vielleicht sogar nach Ämtern, die anderen geschadet hatten oder sogar mitgewirkt hatten an dem Tod von Juden. Offen wurde damals darüber nicht geredet, aber manche Mitglieder der Gemeinde gingen sich deshalb aus dem Weg. Ignatz Bubis berichtet in seinen Erinnerungen, dass der (jüdische) Leiter des Arbeitslagers Deblin, der durch sein Verhalten die Deportation von Bubis Vater nach Treblinka mit zu verantworten hatte, in Frankfurt Mitte der 1960er Jahre für den Gemeinderat kandidierte und gewählt wurde. Bei der nächsten Wahl verhinderte Ignatz Bubis seine Wiederwahl: »Ich schrieb an alle Gemeindemitglieder einen Brief und bat zu verhindern, daß jemand, der drei Jahre Lagerkommandant war, als Vertreter der Juden in Frankfurt aufträte.«[170] Es fällt auf, dass in dem Jüdischen Gemeindeblatt bei allen biografischen Notizen und in ehrenden Artikeln zu Geburtstagen und Todestagen die Nazizeit nur kurz berührt wurde mit Angaben wie »Emigration«, »mehrere Konzentrationslager«, »Versteck«. Man redete nicht über sich selbst und seine Leiden und wollte auch nicht hören, was andere erlitten hatten.

Dennoch war die Erinnerung an die Deportation und Ermordung der Juden allge-

---

[170] Ignatz Bubis, »Damit bin ich noch längst nicht fertig«. Die Autobiographie, Frankfurt am Main/New York, 1996, S. 43 und 46f.

genwärtig im Leben jedes Einzelnen und in der Gemeinde. Das Gedenken an die Ermordung von sechs Millionen Juden, darunter unendlich vielen nahen Verwandten, formte das jüdische Bewusstsein. Gedenkveranstaltungen führten die Mitglieder der Gemeinde unterschiedlicher Herkunft und religiöser Einstellung zusammen. Am Abend des 9. November fanden stets ein Gedenken an dem Ort in der Friedberger Anlage statt, an dem einmal die Synagoge stand, wie auch Gedenkveranstaltungen in der Westend-Synagoge. Jährlich wurde unter großer Beteiligung des Aufstands im Warschauer Ghetto gedacht. 1956 wurden auf dem Friedhof Eckenheime Landstraße Grabsteine für Juden aufgestellt, die sich in der Zeit des Nationalsozialismus für den Freitod entschieden hatten. Ein Jahr später übergab das Internationale Auschwitz-Komitee der Jüdischen Gemeinde eine Urne mit Asche aus Auschwitz, die in Erinnerung an Millionen ermordeter Juden in der Nähe des Eingangs auf dem Eckenheimer Friedhof beigesetzt wurde und 1959 einen Gedenkstein erhielt mit der hebräischen und deutschen Inschrift: »Zur ewigen Erinnerung an unsere Brüder und Schwestern, die durch die Nazi-Schreckensherrschaft umgebracht worden sind, wurde hier eine Urne mit Asche von den Opfern des Konzentrationslagers Auschwitz beigesetzt.«

6. Bleiben oder gehen? – Der Staat Israel als »Lebensversicherung«

Die wenigsten in Frankfurt verbliebenen Juden können sagen, wann sie die Entscheidung gefällt haben, hier zu bleiben, oder ob sie überhaupt eine Entscheidung getroffen haben.

Seit 1945 standen die Juden unter dem Schutz der Besatzungsmächte. Der für Schweizer Zeitungen tätige B. Sagalowitz hatte nach seinem Deutschlandbesuch im zweiten Halbjahr 1948 berichtet, »überzeugte ›Rückwanderer‹ [...] und an verantwortlicher Stelle stehende jüdische Persönlichkeiten« wie die Rabbiner Ohrenstein und Weinberg seien »überzeugt, dass am Tage, an dem die amerikanischen Besatzungstruppen abziehen, kein Jude in Deutschland bleiben wird«.[171] Viele ausländische Beobachter dachten so. Es kam anders, und die Gründung der Bundesrepublik Deutschland wurde deshalb ein einschneidendes Ereignis: Jetzt lebte man nicht länger in der amerikanischen Besatzungszone, sondern in einem deutschen Staat.

Der innere Druck zur Auswanderung stieg nach 1949, und jüdische Organisationen im Ausland verstärkten den Druck, Deutschland zu verlassen. Die jüdischen Weltorganisationen hatten nach 1945 Niederlassungen in Deutschland eingerichtet, aber nicht um den Aufbau von jüdischen Gemeinden zu unterstützen, sondern um die Displaced

---

[171] B. Sangalowitz, Juden und Deutsche. Eindrücke einer Deutschlandreise, Februar 1949, S. 14. Zitiert in: Jael Geis, »Übrig sein – Leben danach«, Berlin 2000, S. 413.

VI. Konsolidierung der Jüdischen Gemeinde in den fünfziger Jahren

Persons zu betreuen und die Auswanderung vorzubereiten. Als die Jewish Agency 1949 ihre Büros in Deutschland schloss, verkündete sie, dass die »einigen Zehntausend Juden, die noch in Deutschland verbleiben, keine Berechtigung zum Hierbleiben haben, weder eine jüdische, noch eine zionistische, noch eine menschliche«.[172] Auch in späteren Jahren waren die Juden in Deutschland immer wieder Angriffen von zionistischen Organisationen ausgesetzt – bis hin zu der Aussage des israelischen Staatspräsidenten Ezer Weizmann 1996 im Bundestag: »Ich verstehe nicht, wie 40.000 Juden in Deutschland leben können.« Immer wieder verwahrte sich der Zentralrat der Juden in Deutschland gegen Aufforderungen, Deutschland zu verlassen. Gerade wegen der zahlreichen Angriffe von außen war eine demokratische Entwicklung der Bundesrepublik grundlegend für die Existenz der Juden in Deutschland, die Voraussetzung für ihre »Daseinsberechtigung«.

Doch genau damit machte die Bundesrepublik es den Juden nicht leicht: Antidemokratische und antisemitische Einstellungen lebten weiter und wagten sich nach dem Ende der amerikanischen Besatzungszeit an die Oberfläche und in die Öffentlichkeit. Das Engagement in der Strafverfolgung von NS-Tätern nahm schnell ab, die Urteile fielen mit zunehmender Entfernung milder aus. Belastete Beamte wurden wieder eingestellt. Schon bei der Landtagswahl 1948 gewann die rechtsgerichtete Nationaldemokratische Partei Deutschlands (NDP) in Wiesbaden und in mittelhessischen Kreisen mehr als 10 Prozent der Stimmen, und in den 1950er Jahren traten mehrere kleine nationalsozialistische und antisemitische Parteien mit erheblicher publizistischer Propaganda auf.[173] Schändungen jüdischer Friedhöfe nahmen zu, und Weihnachten 1959 wurde sogar die gerade eingeweihte Synagoge in Köln mit Hakenkreuzen und antisemitischen Parolen beschmiert. Die Strafverfolgung stellte in der Regel keine politischen Beweggründe fest bei den überwiegend jugendlichen Tätern, und kaum jemand ging tiefergehenden Zusammenhängen nach. Die deutsche Gesellschaft litt an einem »defekten Unrechtsbewusstsein«, wie Ralph Giordano es ausdrückte, und sie machte ihren »großen Frieden mit den Tätern«.[174]

Während die Reaktion im Ausland auf diese Ereignisse in der Bundesrepublik hef-

---

[172] Zitiert bei Harry Maor, Über den Wiederaufbau der Jüdischen Gemeinden in Deutschland seit 1945, Mainz 1961, S. 96. Die Jewish Agency – hebräisch: ha-Sochnut ha-jehudit – wurde 1929 auf dem 16. Zionistenkongress gegründet. Sie war die im Völkerbundmandat für Palästina vorgesehene Vertretung der Juden und diente dem britischen Mandatar als alleiniger Ansprechpartner. Sie war aber ebenso verantwortlich für die internen Angelegenheiten der in Palästina lebenden Juden. Seit der Unabhängigkeitserklärung des Staates Israel ist die Jewish Agency in erster Linie für die Einwanderung nach Israel verantwortlich.

[173] Wolf-Arno Kropat, Jüdische Gemeinden, Wiedergutmachung, Rechtsradikalismus und Antisemitismus nach 1945. In: Neunhundert Jahre Geschichte der Juden in Hessen, Wiesbaden 1983, S. 479ff.

[174] Ralph Giordano, Die zweite Schuld oder Von der Last Deutscher zu sein, Hamburg 1987, S. 85.

VI. Konsolidierung der Jüdischen Gemeinde in den fünfziger Jahren

Adolf Max Olkowitz vom Vorstand der Jüdischen Gemeinde während seiner Ansprache beim Festakt in der Synagoge zum 9. Jahrestag der Gründung des Staates Israel, 6. Mai 1957

tig und kritisch ausfiel, nahmen die Gemeindefunktionäre eine zwiespältige Haltung ein. Einerseits äußerten sie Beunruhigung, forderten die Politiker und die Gesellschaft auf, Antisemitismus und später Fremdenfeindlichkeit entschiedener zu bekämpfen. Sie mahnten eine entschiedenere demokratische Erziehung und insbesondere eine politische Jugendbildung an. Andererseits wollten sie den Antisemitismus nicht als persönliche Gefährdung wahrnehmen und machten eine Minderheit dafür verantwortlich. Sie betonten wiederholt ihr Vertrauen in das demokratische System der Bundesrepublik und empfanden die Einbindung der Bundesrepublik in das westliche Bündnissystem als eine Sicherheit.

Die Frage »Gehen oder Bleiben« stellte sich dennoch jedem Juden mit großer Regelmäßigkeit. Das Bild von den bereit stehenden »gepackten Koffern« war Ausdruck der damaligen Lebenseinstellung, mit dem man sich und anderen versicherte, dass man wohl nicht auf Dauer bleiben würde. Es gab aber immer wieder Gründe, noch nicht zu gehen: Man wollte sich erst eine gute wirtschaftliche Grundlage schaffen, die Kinder sollten die Schule abschließen, man wollte die Wiedergutmachungszahlungen abwarten – und wohin konnte man überhaupt gehen außer nach Israel?

Die Gründung eines jüdischen Staates war eine große Hoffnung wohl vieler Juden in der Welt und insbesondere der Juden in Deutschland. Wegen der unsicheren Lebensgefühle in der Bundesrepublik bedeutete die Garantie, ohne Anträge und Bitten um

> **Dein Magbith - Beitrag hilft uns helfen!**
>
> **Die Rettung unserer Brüder**
> aus den Ländern,
> in denen ihre Existenz bedroht ist,
>
> **ist Deine dringendste Pflicht!**
>
> Keren Hayessod - Vereinigte Israel-Aktion
>
> Frankfurt/Main · Grüneburgweg 87 · Tel. 722456
> Postscheckkonto Frankfurt/Main 89887

Regelmäßig wiederkehrende Aufforderung, einen Beitrag für den Keren Hayessod zu zahlen, Frankfurter jüdische Nachrichten, 3. Jg., Nr.18, Dezember 1962

Einreisevisa jederzeit in einen Staat fliehen zu können, eine Art Lebensversicherung. Diese Garantie gewährte Israel in der Präambel der Unabhängigkeitserklärung und dem Rückkehrergesetz von 1950: Sie geben allen Juden, wo immer sie auch leben, das Recht, jederzeit als Oleh (jüdischer Einwanderer) nach Israel zu kommen und israelischer Staatsbürger zu werden. Insofern wurde der neue jüdische Staat der Staat aller Juden, und so erleichterte die Existenz Israels pradoxerweise den Verbleib in Deutschland.

Die in der Diaspora lebenden Juden sahen sich deshalb verpflichtet, alles Denkbare für die gute und schnelle Entwicklung des neuen Staates zu leisten. Die Identifizierung mit Israel war hoch, und viele bezeichneten die Existenz Israels als ihre Lebensversicherung. Israelische Fahnen und Porträts des ersten israelischen Staatspräsidenten Ben Gurion hingen in Gemeindeeinrichtungen; der Unabhängigkeitstag Jom Haatzmaut ist bis heute ein fröhlich begangenes Fest mit israelischen Tänzen und Liedern. Bei den regelmäßigen Sammelaktionen – Magbit genannt – kamen hohe Geldspenden zusammen. Israelis wurden zu Vorträgen in die Gemeinde eingeladen, Mitarbeiter für das Jugendzentrum aus Israel geholt, und israelische Organisationen wie der Israelische Nationalfond – Keren Kajemeth le Israel – unterstützt oder Vereine gegründet wie die »Freunde der hebräischen Universität Jerusalem«. Reisen nach Israel und das intensiv gepflegte Interesse an der israelischen Kultur wie auch die Mitarbeit in einer zionistischen Vereinigung beruhigten das schlechte Gewissen, im Land der Täter zu bleiben. Der Zionismus war eine geistige Heimat, und die Verpflichtung gegenüber Israel gehörte ganz selbstverständlich zur jüdischen Identität.

Die bis heute anhaltende starke Identifizierung hiesiger Juden mit Israel ist ein Grund dafür, dass viele nichtjüdische Deutsche fälschlicherweise Juden als Israelis bezeichnen oder meinen, Israel und Judentum seien identisch. Bürgermeister Leiske konnte bei der Feier des Unanhängigkeitstages 1957 in der Synagoge die Frankfurter Juden zu Israelis machen, ohne dass sich Widerspruch regte: »Wir wissen, um mit Ihrem großen Staatsmann Ben-Gurion zu sprechen [...]«, hieß es in seiner Rede.[175] Viele Juden machen bis heute die Erfahrung, dass sie gefragt werden, ob sie in ihre Heimat reisen, d.h. nach Israel, oder dass sie mitverantwortlich gemacht werden z.B. für die israelische Besatzungspolitik. Noch 1996 hat die Frankfurter Oberbürgermeisterin Petra Roth Ignatz Bubis zum Pessachfest Glückwünsche geschickt und dann hinzufügt, sie hoffe, dass der »Friedensprozess in Ihrem Lande« weitergehe. Bubis wies sie darauf hin, dass er Deutscher sei wie sie selbst. Sie hat sich daraufhin bei ihm entschuldigt. Wenige Monate später aber plädierte die Christdemokratin für Ausländer unter den Unionskandidaten für die Kommunalwahl – mit dem Argument, die FDP habe schließlich Bubis.[176]

7. Die Stadt und »ihre« Juden – die Juden und »ihre« Stadt?

Zu allen Festakten der Jüdischen Gemeinde, zu Erinnerungsfeiern und auch zu israelischen Feiertagen wie dem Jom Haatzmaut, dem Unabhängigkeitstag, lud der Gemeindevorstand Oberbürgermeister und Bürgermeister und weitere Vertreter der Stadt ein. Meist wurden sie sogar um Grußworte gebeten. Darüber hinaus finden sich in den Akten der Stadtverwaltung und der Jüdischen Gemeinde zahlreiche Briefe, die den Dank der Gemeinde für geleistete Zahlungen, für Unterstützung, für Glückwünsche und Anteilnahme zum Ausdruck bringen. Große Nähe drückt ein an Oberbürgermeister Bockelmann gerichteter Brief aus: »Die Jüdische Gemeinde Frankfurt am Main gestattet sich, Ihnen ein recht fröhliches Osterfest zu wünschen. Da diesmal die jüdischen Osterfeiertage mit Ihrem Fest zusammen fallen, übersenden wir Ihnen hiermit ein Paket unseres traditionellen Osterbrotes, sowie eine Flasche Israelwein als Zeichen unserer Verehrung.«[177]

Die Stadtvertreter nahmen gern an Veranstaltungen der Jüdischen Gemeinde teil. Ihre Grußworte betonten die Freude und Dankbarkeit, dass wieder Juden in Frankfurt lebten und für Versöhnung und Toleranz eintraten. Immer erinnerten sie an die Bedeutung, die Juden vor 1933 in Frankfurt hatten, und stellten ihre früheren Beiträge in allen Bereichen des gesellschaftlichen Lebens heraus. Seit Mitte der 1950er Jahre bedachte die Stadt führende Persönlichkeiten der Gemeinde mit Ehrenplaketten und Medaillen. Der langjährige Vorsitzende der Jüdischen Gemeinde Max Meyer erhielt als erster Jude die seit 1952 verliehene Ehrenplakette. Die von Oberbürgermeister Kolb am 9. September 1956 unterschriebene Urkunde lautet: »Der Magistrat verleiht Herrn Max Meyer die Ehren-Plakette der Stadt Frankfurt am Main. Er ehrt damit einen groß-

---

[175] 6. Mai 1957. Institut für Stadtgeschichte, Magistratsakte 971.
[176] Der Spiegel, Nr. 41, 7. Oktober 1996.
[177] 18. April 1957. Der Brief ist unterschrieben von Rabbiner Lichtigfeld, A. Olkowizc und L. Rogozinski. Institut für Stadtgeschichte, Magistratsakte 971.

VI. Konsolidierung der Jüdischen Gemeinde in den fünfziger Jahren

Überreichung der Ehrenplakette der Stadt Frankfurt an Max Meyer (links) durch Bürgereister Dr. W. Leiske, 9. Oktober 1956, Frankfurter Jüdisches Gemeindeblatt, 2. Jg., Nr. 9, Oktober 1956

zügig und human denkenden Mitbürger, der nach der tiefen Erniedrigung vergangener Jahre gemeinsam mit Gleichgesinnten geholfen hat, für die so unsagbar hart getroffene Jüdische Gemeinde den Weg in eine bessere Zukunft zu ebnen und ein friedvolles Zusammenleben aller Menschen in unserer Stadt anzubahnen.«[178] Ähnlich lautende Texte finden sich auf anderen Urkunden. Zahlreiche Personen aus der Gemeinde wurden mit dem Bundesverdienstkreuz ausgezeichnet.

Die Gemeinde ihrerseits schuf 1976 eine eigene Auszeichnung: das Ehrensiegel. Es wurde an Persönlichkeiten aus der Gemeindeführung und der überregionalen Verbandsarbeit vergeben, aber auch an nichtjüdische Persönlichkeiten wie mehrere Frankfurter Bürgermeister. Dies alles scheint Ausdruck einer Normalität zu sein, wie sie in der Vorkriegszeit gelebt wurde. Oder handelte es sich um eine bewusste Anstrengung, eine Normalität unter unsicheren und instabilen Voraussetzungen zu betonen? Auf jeden Fall bestand eine deutli-

Erste Sitzung der »Kommission zur Erforschung der Geschichte der Frankfurter Juden« im Magistratssaal, 17. Mai 1961; von links: Rabbiner Dr. Salzberger, Dr. Fritz Ettlinger, Pof. Dr. Kurt Wilhelm, Prof. Dr. Max Horkheimer, Bürgermeister Dr. Walter Leiske, Simon Bischheim, Ernst Noam, Ernst Loewy

---

[178] Institut für Stadtgeschichte, S2/2325 Max Meyer.

che Diskrepanz zwischen der Teilnahme der Repräsentanten der Gemeinde an der Stadtgesellschaft und dem Selbstbild der Gemeindemitglieder, Distanz zur deutschen Gesellschaft zu halten, eigentlich doch auswandern zu wollen und die Kinder für die Auswanderung nach Israel zu erziehen. Mit einer komplexen und widersprüchlichen Realität hatten sich alle auseinander zu setzen.

Als eine der ersten Städte überhaupt förderte die Frankfurter Stadtregierung die Sammlung, Bearbeitung und Herausgabe von Dokumenten und Biografien zur Geschichte der Juden in Frankfurt.[179] Der in London lebende frühere Rabbiner der Westend-Synagoge Dr. Georg Salzberger, der 1950 zur Wiedereinweihung des renovierten Gotteshauses nach Frankfurt gekommen war, blieb in enger Verbindung mit der Jüdischen Gemeinde und Vertretern der Stadt und förderte das Vorhaben, »reichhaltiges und zuverlässiges Material über Leben und Wirken der Juden in Frankfurt«[180] zusammenzustellen. Mit seiner Unterstützung wurde 1961 die »Kommission zur Erforschung der Geschichte der Frankfurter Juden« gegründet, die sich aus berufenen Juden und Nichtjuden zusammensetzte und den Auftrag erhielt, eine Bibliografie zur Geschichte der Frankfurter Juden und ein Inventar der archivalischen Überlieferung zu erstellen, Erinnerungen und Erlebnisberichte zu publizieren und Quellenbestände für die weitere Forschung zu erschließen. »Die Geschichte der Frankfurter Juden ist zugleich auch Frankfurter Geschichte«, hieß es in einer Mitteilung des Magistrats über das erste Zusammentreten der Kommission[181], und in diesem Sinn wurde sie tätig. Bereits 1963 erschien der bis heute äußerst wichtige Band »Dokumente zur Geschichte der Frankfurter Juden 1933-1945«. Es folgten zahlreiche autobiografische Veröffentlichungen, die »Bibliographie zur Geschichte der Frankfurter Juden« und einige Monografien. Bei der Intensivierung ihrer Tätigkeit kam ein besonderes Verdienst dem Leiter des Stadtarchivs, Dr. Dietrich Andernacht, zu, der Geschäftsführer der Kommission war

---

[179] Dazu: Georg Heuberger, Zur Vorgeschichte der Gründung des Jüdischen Museums Frankfurt. In: Die Pracht der Gebote. Die Judaica-Sammlung des Jüdischen Museums Frankfurt am Main, Köln 2005, S. 24ff.

[180] Ebenda, S. 26, Zitat aus einem Brief von Rabbiner Salzberger an Bürgermeister Leiske.

[181] Gemeinde-Informationen 16. Mai 1961 (Information des Vorstands der Jüdischen Gemeinde an die Mitglieder). – Als Mitglieder der Kommission berief der Magistrat Kurt Wilhelm, Oberrabbiner in Stockholm und kommissarischer Inhaber des Lehrstuhls für Religions- und Geistesgeschichte an der Universität Frankfurt, Max Horkheimer, Inhaber des Lehrstuhles für Philosophie und Soziologie, Rabbiner Salzberger aus London, Eugen Mayer, Syndikus der alten Frankfurter Israelitischen Gemeinde, Alfred Wiener, Begründer der Wiener Library in London, Robert Weltsch, Vertreter des Londoner Leo Baeck Instituts, Franz Böhm, Vorsitzender der Gesellschaft für christlich-jüdische Zusammenarbeit, Paul Kluke, Historisches Seminar der Universität Frankfurt am Main. Außerdem wurde die Mitgliedschaft des Landesrabbiners, des Oberbürgermeisters, des Kulturdezernenten, des Vorsitzenden der Historischen Kommission, des Direktors des Stadtarchivs, des Direktors des Historischen Museums und des Leiters der Judaica-Abteilung der Stadt- und Universitätsbibliothek beschlossen.

und zusätzlich mit Ausstellungen auf die Bedeutung der Juden in Frankfurt aufmerksam machte.

Paul Arnsberg, der im »Frankfurter Jüdischen Gemeindeblatt« und in der »Frankfurter Allgemeinen Zeitung« immer wieder wichtige Artikel über bedeutende Frankfurter Juden und Ereignisse der Jüdischen Geschichte schrieb, wurde ihr bedeutendster Historiker. Er veröffentlichte im Auftrag der Kommission zahlreiche Bücher.[182]

Im gleichen Jahr 1961 fand im Historischen Museum die vielbeachtete Ausstellung »Synagoga« statt, eine aus Recklinghausen übernommene Ausstellung jüdischer Kultusgeräte, für die Exponate aus ganz Europa und Israel zusammengetragen worden waren. Sie richtete sich in erster Linie an ein nichtjüdisches Publikum mit dem Ziel, einen Eindruck vom vielseitigen künstlerischen und kulturellen Reichtum der Juden zu vermitteln. Die Entscheidung für eine derartige Ausstellung fiel nach dem Anschlag auf die Kölner Synagoge 1959.

---

[182] Es können an dieser Stelle nur einige Bücher von Paul Arnsberg angeführt werden: Bilder aus dem jüdischen Leben im alten Frankfurt, Frankfurt am Main 1970; Henry Budge: der »geliebten Vaterstadt – Segen gestiftet«, Frankfurt am Main 1972; Jakob H. Schiff: von der Frankfurter Judengasse zur Wallstreet, Frankfurt am Main 1969; Neunhundert Jahre »Muttergemeinde Israel«, Frankfurt am Main 1974; Die Geschichte der Frankfurter Juden seit der Französischen Revolution, 3 Bände, posthum Darmstadt 1983.

VII. Gibt es eine Zukunft für die jüdische Jugend in Deutschland?[183]

1. Die zweite Generation:
»Suche nach eindeutigen Zugehörigkeiten«

Die Sorgen um die jüdische Jugend beschäftigten in Deutschland alle jüdischen Gemeinden und Gemeindevorstände seit den 1960er Jahren. Ihnen ging es dabei in erster Linie um das Engagement in den jüdischen Gemeinden, um die Übernahme von Verantwortung und die Fortexistenz der Gemeinden. Ängstlich verwies man auf den bevorstehenden Generationswechsel. Unter »Jugend« wurden alle nach 1945 Geborenen gefasst, denn tatsächlich war in den Gemeinden bis dahin nur die Generation der Überlebenden aktiv, die damals 60 bis 70 Jahre alt war.[184] Es begann so etwas wie ein »Kampf um die Jugend«, der mit umfangreichen Eingeständnissen von Versäumnissen geführt wurde, aber auch mit Diskussionen über das Selbstverständnis jüdischer Gemeinden, die Personen mit sehr unterschiedlichen Einstellungen zum Judesein die Möglichkeit zur Mitgliedschaft und Mitarbeit einräumen sollten. Religionsgemeinschaft, Notgemeinschaft, Schicksalsgemeinschaft – was waren die Gemeinden und was wollten sie in Zukunft sein?

Das Verhältnis zur Gemeinde stellte sich als Frage auch für einen Teil der Jugendlichen, insbesondere für diejenigen, die in Jugendzentren aktiv waren. Sie revoltierten gegen die ältere Generation und ihre Macht, forderten Demokratisierung und Transparenz. In diesen Auseinandersetzungen stellte sich schnell heraus, dass dahinter ein Konflikt mit der Elterngeneration und ihrer Unentschiedenheit gegenüber dem Leben in Deutschland stand sowie die eigene Identitätssuche und die Suche nach einer Zukunft. Die Auseinandersetzungen zwischen Älteren und Jüngeren spitzten sich Ende der 1960er und Anfang der 1970er Jahre zu, als sich jüdische Jugendliche in der Studentenbewegung engagierten.

Im Ablauf und in der Heftigkeit der Kontroversen lassen sich durchaus Parallelen mit

---

[183] Salomon Korn, Frankfurter Jüdische Nachrichten, November 1964.
[184] Nach meiner Kenntnis gibt es weder für die Bundesrepublik noch für Frankfurt statische Angaben über die Anzahl von jüdischen Kindern und Jugendlichen. Die Frankfurter Jüdische Gemeinde hatte 1963 2.698 Mitglieder, darunter 590 Kinder und Jugendliche im Alter bis 20 Jahren, von denen 107 im Kindergartenalter von 4 bis 7 Jahren waren. Rein rechnerisch wären das etwa 30 Kinder pro Jahrgang.

VII. Gibt es eine Zukunft für die jüdische Jugend in Deutschland?

der allgemeinen Jugend- und Studentenrevolte finden. Auf Grund der in den Gemeinden bestehenden Angst vor dem Aussterben wegen der geringen Mitgliederzahlen und der Überalterung sowie in der Konfrontation mit dem Stolz der Gemeindeführer auf die gelungenen Aufbauleistungen erlangten die Auseinandersetzungen eine existentielle Dimension. Hinzu kam die Indifferenz vieler Älterer gegenüber dem Leben in der Bundesrepublik.

Die nach 1945 in Deutschland oder in der Emigration Geborenen – für die oft die Bezeichnung zweite Generation benutzt wird – hatten schwere Lasten zu tragen, und viele haben sich gewünscht, nicht in Deutschland leben zu müssen oder keine Juden zu sein. Viele Kinder trugen die Namen von ermordeten Familienangehörigen, andere wussten, dass ihre Eltern Kinder unter der NS-Verfolgung verloren hatten. Die Eltern verlangten eine unbedingte Solidarität mit ihrem Leiden, schwiegen aber über ihr eigenes Leben, ihre eigenen Erfahrungen. Sie wollten die Kinder schonen, und sie wollten nicht, dass die Kinder von ihrer tiefsten Erniedrigung als »Nichtmenschen« erfuhren. Sie ahnten nicht, dass sie damit ihre eigenen Kinder noch einmal schwer belasteten. Manche Eltern waren nach den durchlittenen Strapazen nicht in der Lage, Kindern mit Liebe, Geborgenheit und Empathie zu begegnen, obwohl sich ihr Leben auf die Kinder, die Hoffnungsträger einer besseren Zukunft und Zeichen für das Überleben des Judentums, konzentrierte. Die Kinder mussten gut essen, galten als Genies, und ihnen wurden alle Wünsche erfüllt. Ihnen wurde wenig Freiraum gelassen, die kleine Familie sollte das Zentrum ihrer Lebenswelt sein. Viele Eltern interessierten sich nicht für die Schule, und zu Hause sprachen viele Jiddisch oder Polnisch.

»Alles was man mir in der Schule beibrachte, hatte mit dem zu Hause nicht das Geringste zu tun«, erzählt Lea Fleischmann in dem Buch »Dies ist nicht mein Land«. »Ich habe nie ein Gedicht deklamiert oder ein Lied vorgesungen, über kein einziges Fach mit den Eltern gesprochen oder eine Frage gestellt, denn erstens war ihnen alles zu fremd, und zweitens hätten sie gar nicht verstanden, wozu man so viele Dinge lernen muß. Wenn ich meinen Eltern eine Frage zum Dreisatz gestellt hätte, beispielsweise: In ein Schwimmbecken fließt durch einen 5 cm dicken Schlauch 3 Stunden lang Wasser, wie lange braucht man, um ein doppelt so großes Becken mit einem 10 cm dicken Schlauch zu füllen? – sie hätten die Lehrerin glatt für verrückt erklärt, solche Fragen einem Kind zu stellen. Wen interessiert es, wie lange man braucht, um ein Becken mit Wasser zu füllen? Hast du ein Schwimmbecken? Weißt du, ob du gerade einen Schlauch mit 5 cm oder 10 cm Durchmesser haben wirst, und wie lange es braucht, so lange braucht es eben. Und ich habe mir mit diesen Fragen den Kopf zermartert.«[185] Lea Fleischmann war mit ihren aus Polen stammenden Eltern im Alter von zehn Jahren aus Föhrenwald, einem Lager für Displaced Persons, nach Frankfurt gekommen.

---

[185] Lea Fleischmann, Dies ist nicht mein Land, Hamburg 1980, S. 32f. Ihre Erfahrung bezieht sich auf die Jahre 1957-1960. Siehe auch XII. Texte und Dokumente, S. 283ff. in diesem Band.

Sie besuchte eine öffentliche Schule, hatte aber keinen privaten Kontakt zu den Klassenkameraden; sie machte alles mit, blieb dennoch immer draußen. Ihre Eltern haben nie einen Elternabend besucht oder jemals mit der Lehrerin gesprochen.[186] Selbstverständlich gab es auch andere Erfahrungen, doch was Lea Fleischmann so anschaulich schildert, entsprach sicher dem tagtäglichen Leben vieler Jugendlicher. Sie haben das ausgehalten, weil sie mit dem Versprechen heranwuchsen: Bald werden wir Deutschland verlassen.

Die Kinder lernten früh, mit ihren Eltern umzugehen, Unausgesprochenes zu entschlüsseln, Affekte zu deuten, Verständnis zu zeigen. Sie verzichteten auf Antworten, wenn sie danach fragten, warum sie nicht wie andere Kinder Großeltern und Tanten hatten und warum sie nicht in die Tanzschule gehen durften. Sie sprachen nicht aus, dass sie sich einen anderen (deutschen) Namen wünschten und keine Lust hatten, wieder an einer Gedenkfeier teilzunehmen.

Lea Fleischmann und Lorette Scheiner bei der Einweihung des Jugendzentrums im »Haus der Gemeinde« Baumweg, Mai 1958, Frankfurter Jüdisches Gemeindeblatt, 4. Jg., Nr. 5, Mai 1958

Wie die Erwachsenen bildeten allerdings auch die Kinder und Jugendlichen eine heterogene Gruppe aus Kindern der ehemals deutschen Juden und der polnischen Juden, die 1945 nach Frankfurt kamen, aus Kindern von Flüchtlingen aus osteuropäischen Ländern, die später kamen, und Kindern von Rückwanderern aus Israel. Walter Jacob Oppenheimer beschäftigte sich 1964 für seine Dissertation mit der Situation der jüdischen Jugend.[187] Er beschrieb die Heterogenität (für Deutschland) folgendermaßen: Weniger als ein Fünftel der Kinder und Jugendlichen sind von ehemals deutschen Eltern in Deutschland geboren. Ihr Verhältnis zur nichtjüdischen Umwelt ist verhältnismäßig klar und konfliktfrei. Und fuhr dann fort:

»Rund ein Drittel sind die Kinder der ehemaligen ›DPs‹: Sie gehen zwar in deutsche Schulen, beginnen Berufslehren und treten Arbeitsstellen an in deutschen Un-

---

[186] Ebenda, S. 31.
[187] Walter Jacob Oppenheimer, Über die jüdische Jugend im heutigen Deutschland, München 1967 und ders., Jüdische Jugend in Deutschland. In: Emuna Horizonte, 5. Jg., Heft 1, 1970, S. 10-14.

VII. Gibt es eine Zukunft für die jüdische Jugend in Deutschland?

*Kinderchor der Religionsschule, 1958,
Frankfurter Jüdisches Gemeindeblatt, 4.Jg., Nr. 5, Mai 1958*

ternehmungen, befreunden sich mit nichtjüdischen Jugendlichen und nehmen teil an den in Deutschland allgemein interessierenden Themen. Nach außen – in der Schule, im Beruf, im Gespräch mit nichtjüdischen Gleichaltrigen – unterscheiden sie sich kaum von den letzteren, machen den Eindruck, sich mit den gleichen Vorstellungen und Leitbildern wie diese zu identifizieren. Zuhause jedoch ist all dies wieder in Frage gestellt: Hier ist Deutschland nicht mehr identisch mit dem bewunderten Lehrer oder dem nichtjüdischen Kamerad, mit der Fußballliga, dem Schlagersänger, dem politischen oder sonstigen Jugendidol. Hier leben noch die Erinnerungen und Vorstellungen der Kriegs- und ersten Nachkriegsjahre; sie beherrschen – zum Teil unbewußt – noch weiterhin das Denken und Fühlen und stützen den seinerzeit gebauten Wall des Mißtrauens und der Ablehnung gegenüber dem Land, in dem sie, die ehemaligen ›DPs‹ und ihre Kinder, leben. Hinter diesem Wall werden alte und neue Auswanderungspläne ausgedacht und besprochen, und hier ›weiß‹ das Kind oder der Jugendliche wieder, daß seine Zukunft in Amerika, in Israel oder sonst wo, aber nicht in Deutschland ist.

Etwas mehr als ein Drittel der Kinder und Jugendlichen ist in Israel geboren und/oder dort aufgewachsen. Ihre Übersiedlung nach Deutschland kam für sie einem jähen Bruch in ihrer bisherigen gradlinigen Erziehung zu freien, selbstbewußten Israelis gleich – einer krassen Mißachtung all dessen, was man ihnen als positiv, gut und vorbildlich vor Augen gestellt hatte: Sie, die bisher nur das israelische Motto ›Nie mehr Galut (= Verbannung, Diaspora)!‹ gekannt hatten, lebten mit einem Male in dem ›Galut-Land‹ par excellence; anstelle ihren Onkeln und Tanten zu gleichen, die mit der Waffe in der Hand das vergossene Blut gerächt oder für den jungen jüdischen Staat gekämpft hatten, sollen sie nun gegenüber den ehemaligen Feinden der Juden die gleiche Geduld, Duldsamkeit und Anpassungsfähigkeit an den Tag legen, die – nach israelischer Meinung – die sechs Millionen Opfer mit ins Verderben geführt hatten. All das, worauf sich das kollektive Selbstgefühl israelischer Kinder aufbaut und in ihrer Sprache, ihrem Unterrichtsstoff und ihren Spielen zum Ausdruck kommt – ist nun aus ihrem täglichen Leben verschwunden, steht zu diesem sogar in schärfstem Gegensatz; und doch lebt es weiter in ihrer Seele als leuchtende Erinnerung an das ›verlorene Paradies‹, zu dem sie hoffen, bald wieder zurückkehren zu dürfen.«[188]

Die Kinder der aus Ungarn und Rumänien und später aus der Tschechoslowakei geflohenen Familien waren ebenfalls entwurzelt, sprachen nicht oder schlecht deutsch, litten unter Einsamkeit. Manche haben erst in Frankfurt erfahren, dass sie Juden sind und was Judentum bedeutet.

Jüdische Kinder und Jugendliche waren kaum zu ertragenden Spannungen und Spaltungen ausgesetzt zwischen Familie und Einrichtungen der Jüdischen Gemeinde auf der einen Seite und einem Leben in der allgemeinen deutschen Gesellschaft auf der anderen. Immer wieder wurden sie ermahnt, ihr Judesein nach außen nicht zu zeigen. Je älter sie wurden, desto mehr nahm die Zerrissenheit zu. Weder die eine noch die andere Welt konnte ihnen dauerhaft Geborgenheit und Sicherheit vermitteln. Die Familie lebte in einem »Provisorium«; sie folgte Gewohnheiten und Vorstellungen aus einer vergangenen Zeit. Die Väter waren beruflich außerordentlich eingespannt, viele konnten nicht stetig bei einer Tätigkeit bleiben oder mussten mehrere gleichzeitig ausüben. Krankheiten belasteten das Leben, immer wieder auch Geldmangel und eine tiefe Unzufriedenheit über die eigene Unentschiedenheit. Für die deutsche Gesellschaft auf der anderen Seite blieben jüdische Kinder »Fremde«, Ausnahmen. Lehrer und Schüler waren ihnen gegenüber befangen. Die israelischen Kinder demonstrierten häufig einen Vorwurf gegen die Eltern, zeigten sich uninteressiert an der deutschen Gesellschaft und grenzten sich zudem von anderen Juden ab. Sie waren sicher, Deutschland so bald als möglich wieder zu verlassen.

Mehrere Arbeiten und Aufsätze aus dieser Zeit hoben die psychischen Schäden jüdischer Kinder und Jugendlicher hervor und verlangten eine bessere Betreuung und Förderung. Berthold Scheller, Sozialreferent der »Zentralwohlfahrtsstelle der Juden in Deutschland«, beschrieb 1960 »Das Bild unserer Vierzehnjährigen«: »Perfekte Anpassung, gepaart mit dem Wissen darum, nicht dazuzugehören: das ist die Situation der Mehrzahl der jüdischen Jugend in Deutschland, auf eine knappe Formel gebracht. Hinzu tritt noch das Bewußtsein, daß es sich nur um ein Provisorium handelt. (80 Prozent der Befragten wollen auswandern.) Dieses ›Provisorium‹ dauert unter Umständen viele Jahre oder [...] eine ganze Jugend lang. [...] Nervosität, Konzentrationsschwäche, Unruhe und, in letzter Zeit immer häufiger, Kreislaufstörungen (!) sind die unausbleibenden Folgen dieses ›stress‹.«[189] Scheller forderte Eltern und Erzieher auf, Kindern und Jugendlichen einen eindeutigen Weg zu zeigen und das Provisorium zu beenden.

Das Gegenteil jedoch war der Fall: Viele Elternhäuser hielten an der Vorstellung von den bereit stehenden gepackten Koffern fest und bestärkten ihre Kinder darin, dass

---

[188] Walter Jacob Oppenheimer, Jüdische Jugend in Deutschland. In: Emuna Horizonte, 5. Jg., Heft 1, 1970, S. 11.
[189] Berthold Scheller, Das Bild unserer Vierzehnjährigen. Eine soziologische Untersuchung. In: Jüdische Sozialarbeit, 5. Jg., Nr. 7-8, 23. Dezember 1960, S. 60.

sie eines Tages Deutschland verlassen würden. Für Kinder, die in einer der größeren jüdischen Gemeinden wie Frankfurt am Main heranwuchsen, war die Situation trotz aller Schwierigkeiten um vieles besser als für Jugendliche, die vereinzelt in kleinen Gemeinden lebten. Sie fanden Gleichaltrige und konnte sich in jüdischen Gruppen austauschen. Das Jugendzentrum, die zionistische Jugendbewegung, gemeinsam gefeierte Feste und von der Zentralwohlfahrtsstelle durchgeführte Ferienlager und Seminare schufen Gemeinschaft, Zusammenhalt und begründeten Freundschaften. Jugendliche erkannten gemeinsame Interessen und Probleme, konnten sich mit jüdischer Tradition und Religion auseinandersetzen und durch eigenverantwortlich durchgeführte Veranstaltungen Selbstbewusstsein gewinnen.

Identität – die Erwachsenen verboten sich das Nachdenken über Identität, für Jugendliche wurde es die brennende Frage: Wer bin ich? Wie verstehe ich mich selbst? Was bedeutet »jüdisch«? Wo gehöre ich hin? Die Religion hätte eine eindeutige Identität angeboten, aber nur wenige Kinder und Jugendliche erlebten im Elternhaus einen jüdisch geprägten Alltag oder besuchten mit den Eltern die Synagoge. Die Religionsschule erreichte etwa die Hälfte der Jugendlichen, der Bar Mizwa-Unterricht war für viele nur eine Pflichtübung. Wenn nicht die Religion Juden verband, was konnte es dann sein? War Judentum eine Notgemeinschaft, eine Schicksalsgemeinschaft, eine nationale Minderheit? Die vor 1933 für die meisten Juden gültige Selbstverständlichkeit: »deutsche Integration und jüdische Identität« hatte ihre Gültigkeit verloren. Die im 19. und 20. Jahrhundert erstrebte »Assimilation« war zum Schreckgespenst geworden. War das Gefühl der Zugehörigkeit zu einer vom Schicksal geprägten Gemeinschaft ausreichend zur Identitätsbestimmung? Bot die Existenz eines jüdischen Staates eine neue Möglichkeit, zu einer jüdischen Identität zu finden?

2. »Dabei wird das jüdische Leben in Israel als Vorbild dienen müssen«[190]

Berthold Simonsohn, der Geschäftsführer der Zentralwohlfahrtsstelle war und seit 1955 in Frankfurt lebte, veröffentlichte zahlreiche Artikel über jüdische Sozialarbeit und Jugendarbeit. 1957 schrieb er unter dem Titel »Erziehung zur Selbstverantwortung«:

»Daß man ältere und vom Schicksal schwer geschlagene Menschen heute ändern oder ›erziehen‹ kann, ist nicht zu erwarten. Umso notwendiger erscheint es, bei den Kindern und Jugendlichen frühzeitig zu beginnen und die Erziehungsarbeit unter den Grundsatz der Selbstverantwortung und Selbsthilfe zu stellen. Dabei wird das jüdische Leben in Israel als Vorbild dienen müssen. Eine enge Verbindung mit Israel ist deshalb

---

[190] Berthold Simonsohn, Fragen und Aufgaben der Gegenwart. Die »neue« ZWST. In: Jüdische Sozialarbeit, 2. Jg., Nr. 5/6, 1957, S. 41f.

VII. Gibt es eine Zukunft für die jüdische Jugend in Deutschland?

eine erzieherische Notwendigkeit, um dem Aufkommen einer neuen Galuth-Mentalität[191] entgegenzuwirken. Aufgabe einer jüdischen Sozialpolitik im heutigen Deutschland ist es daher, sich der Kinder und Jugendlichen anzunehmen und in diesem Sinne auf sie einzuwirken; ihnen zu helfen, mit den Problemen des Lebens in Deutschland fertig zu werden und einen vernünftigen Beruf zu ergreifen, der ihnen ein Leben unabhängig von fremder Hilfe, möglichst auch unabhängig von den Schwankungen der Konjunktur überall in der Welt ermöglichen wird.

Jugendliche, Rabbiner Lichtigfeld und Alfred Weichselbaum (Gemeindevorstand) im Ferienheim in Wembach, um 1960

Zweck und Ziel jeder jüdischen Sozialarbeit in Deutschland muß es sein, den Tendenzen der Bindungslosigkeit, die sich aus dem jüdischen Schicksal besonders bei einem Leben in Deutschland entwickeln, entgegenzuwirken und gerade durch eine neue jüdische Bindung auf eine wirtschaftliche Normalisierung hinzuwirken.«[192]

Die Entwicklung einer jüdischen Identität über eine Identifizierung mit Israel wurde der gemeinsame Nenner bei der Erziehung der Jugend. Die Existenz des Staates Israel sollte die neue jüdische Identität eines stolzen, selbstbewussten, kräftigen, gesunden Menschen hervorbringen und die noch in der Generation der Überlebenden verbliebene Galuth-Mentalität überwinden, d.h. Jugendliche sollten nicht länger das Bewusstsein haben, als Vertriebene geduldet von der Mehrheitsgesellschaft leben zu müssen.

Mitte der 1950er Jahre änderte sich die Haltung der Jewish Agency gegenüber den Juden in Deutschland. Sie erkannte, dass die Gemeinden bestehen bleiben würden und wollte sich künftig in die Arbeit der Gemeinden einmischen. Zu dieser Meinungsänderung haben wohl auch die steigenden Geldbeträge beigetragen, die von jüdischen Gemeinden und Einzelpersonen nach Israel flossen. Die in den Gemeinden gar nicht oder wenig intensiv betriebene Jugendarbeit erschien der Jewish Agency als wichtiges Feld, und da es in Deutschland weder Lehrer noch Jugendleiter gab, schickte sie Israelis und übernahm einen Teil ihres Gehalts. Auf diese Weise kam Walter Jacob Oppen-

---

[191] Galuth ist aus dem Hebräischen abgeleitet und bedeutet: Exil, Verbannung und bezeichnet den Aufenthalt von Juden außerhalb von Palästina. Es wird in gleicher Weise verwendet wie die aus dem Griechischen kommende Bezeichnung Diaspora – Zerstreuung.

[192] Berthold Simonsohn, Fragen und Aufgaben der Gegenwart. Die »neue« ZWST. In: Jüdische Sozialarbeit, 2. Jg., Nr. 5/6, 1957, S. 41.

heimer 1955 nach Frankfurt als Religionslehrer, Jugendleiter und Mitarbeiter in der Jugendarbeit der Zentralwohlfahrtsstelle. Als gebürtiger Frankfurter sprach er fließend Deutsch, als erfahrener Pädagoge erkannte er sofort die Zerrissenheit der Kinder und Jugendlichen. Sein erzieherisches Ziel waren stolze, selbstbewusste und selbstsichere Jugendliche, die – wie er es in einem Interview ausrückte – laut rufen: Wir sind da. Als Voraussetzung dafür benannte er: Kenntnis der biblischen Geschichte, der Geschichte des jüdischen Volks, der jüdischen Traditionen und die Erkenntnis der geistig-religiösen Erneuerung des Judentums durch die Gründung und Entwicklung des Staates Israel. Israel sollte nicht nur als staatliches Gebilde erlebt werden, sondern als »eine Art religiöser Offenbarung«.[193]

Henrietta-Szold-Heim in Wembach, 1956 eröffnet
Henrietta Szold (1860 Baltimore – 1945 Jerusalem) war Erzieherin und Sozialarbeiterin und Leiterin der Kinder- und Jugendaliya in Palästina.

Mit seiner Fähigkeit zu erzählen und Feste zu begehen, mit seinen unfangreichen Kenntnissen z.B. auch der polnisch-jüdischen Traditionen und chassidischen Geschichten, gewann Oppenheimer die Herzen vieler Jugendlicher. Die Ferienlager und die Jugendleiterseminare in Wembach im Schwarzwald oder in Sobernheim hatten große Anziehungskraft und stärkten das Selbstbewusstsein der Jugendlichen und ihre Selbständigkeit. Israelische Jugendleiter – jung, sportlich, selbstbewusst, stolz – waren anders als hiesige Juden und wurden Vorbilder. Viele Jugendliche übernahmen die Überzeugung, dass ihre eigentliche Heimat Israel sei und eine normale jüdische Existenz nur dort möglich sei, wo Juden die Mehrheit bildeten. Einwanderung – hebräisch Aliyah = Aufstieg – wurde ihr Ziel. Diese Jugendlichen hatten ihre Identität gefunden, jedenfalls für einige Zeit. Sie bewahrte sie allerdings nicht vor weiteren Konflikten im Alltag.

Walter Jacob Oppenheimer beschreibt in dem Interview seine Arbeit als »Untergrundarbeit«, d.h. er und weitere Jugendleiter aus Israel und in Deutschland lebende Is-

---

[193] Interview Walter Jacob Oppenheimer ca. 1990, Jüdisches Museum Frankfurt am Main.

VII. Gibt es eine Zukunft für die jüdische Jugend in Deutschland?

Jugendliche in Wembach, 1956
Micha Brumlik: »Zu sehen sind unter anderen die gegenwärtige Programmdirektroin des Jüdischen Museums Berlin, Cilly Kugelmann, und ihre Schwester, die Verwaltungsleiterin der Jüdischen Schule in Frankfurt, Osnat Ramaty. Zu sehen sind des weiteren der in Hamburg wirkende Drehbuch- und Fernsehautor Mimi Bergmann, aber auch der Direktor der Jüdischen Gemeinde Frankfurt, Stefan Szajak, sodann der seinerzeit in Frankfurt bekannte Rechtsanwalt Max Zweig, sel. A.
Rechts in der Mitte in traulicher Verbundenheit zwei spätere Professoren: – kühn nach vorn blickend der Jerusalemer Professor und Direktor des Leipziger Simon Dubnow Instituts Dan Diner, rechts hinter ihm der eher schüchtern wirkende Autor dieser Zeilen, damals noch keine neun Jahre alt.
Der alte Mann im Hintergrund, der wie Kaiser Franz Joseph II. aussieht, war der damalige Leiter des Heimes, kein Angehöriger der jüdischen Gemeinschaft.
Von nachhaltiger Bedeutung von uns allen wurde jedoch der junge, schnurrbärtige Mann mit Baby auf dem Arm: Jaacov Oppenheimer.«

raelis führten diese »Erziehung für Israel« geschickt durch gegen den Willen und gegen den Widerstand mancher Gemeindeführer und Mitarbeiter der Zentralwohlfahrtsstelle, die erreichen wollten, dass junge Juden in Deutschland blieben und sich in jüdischen Gemeinden engagierten. Ihnen fehlte aber, wie Oppenheimer sagte, ein Konzept und eine Vorstellung, Jugendliche ohne religiöse Orientierung an Judentum und Gemeinde zu binden. Das war eine zutreffende Einschätzung, und solange keine Antwort auf die Frage gefunden wurde, wie man als nichtreligiöser Jude in der Bundesrepublik sein Judentum bewahren konnte, blieb die Israelorientierung der wesentliche Inhalt der Erziehung.

VII. Gibt es eine Zukunft für die jüdische Jugend in Deutschland?

Micha Brumlik erinnert sich in seinem autobiografischen Buch »Kein Weg als Deutscher und Jude« an eine Freizeit: »Jacob Oppenheimer [...] war 1955 mein ›Madrich‹ bei einem Ferienaufenthalt bei Wembach im Schwarzwald, in einem damals nach einer zionistischen Politikerin, Henrietta Szold, benannten Heim, das vorher wohl der nationalsozialistischen Volkswohlfahrt gedient hatte. Unter Tränen und Sträuben an die Bahn gebracht – ich weigerte mich von zu Hause wegzufahren und wollte nicht allein sein –, verlebte ich fünf Wochen im Schwarzwald, zum ersten Mal in jugendherbergstypischen Etagenbetten [...]

Mittags las ich manchmal auf einem Mäuerchen sitzend, allein, mein mitgebrachtes Buch, das mir ein anderer Madrich, der israelische Maler Gerstel, der die Wände der Frankfurter Religionsschule mit naturalistischen Bildern von Davids Kampf gegen Goliath verziert hatte, wegnahm. Die ›Deutschen Heldensagen‹, kurz die jugendgemäße Bearbeitung des Nibelungenliedes und der Abenteuer Dietrichs von Bern, standen für ein jüdisches Kind auf dem Index. Judentum, das war 1955 im Schwarzwald auch die Einweihung in die Geheimnisse jüdischer Männlichkeit. Ein Knabe, Felix, wurde von anderen gehänselt, ja sogar als ›Schwein‹ beschimpft, weil er nicht beschnitten war, ein Streit der zu Parteiungen führte und unter Püffen und Knüffen unsere Etagenbettgemeinschaft tagelang beschäftigte. Endlich von unserem Madrich, Herrn Oppenheimer, zusammengerufen, folgte ich staunend seinen auf einem Briefumschlag mit Kugelschreiber skizzierten Darstellungen von Vorhäuten und Eicheln. Oppenheimers komplette Nacherzählung von Filmen wie de Sicas ›Fahrraddiebe‹ oder einem Science-fiction-Film ›Der Tag, an dem die Welt stehen blieb‹, mit denen er unsere Aufmerksamkeit bannte, als wir eines lang andauernden Regengusses wegen irgendwo im Schwarzwald Unterschlupf suchen mußten, faszinierten mich wesentlich mehr.«[194]

Im Jugendzentrum bestimmten ebenfalls aus Israel geholte oder geschickte und teilweise von der Jewish Agency bezahlte Madrichim (Jugendleiter) die Ziele. Sie wurden von den Jugendlichen sehr geschätzt und als Vorbilder gesehen, verstanden aber die Probleme der Jugendlichen oft nicht und sahen die Lösung aller Schwierigkeiten in der Entscheidung, nach Israel zu gehen.

Das Jugendzentrum im »Haus der Gemeinde« im Baumweg entwickelte sich zu einem Ort, in dem viele Kinder und Jugendliche ihre Freizeit verbrachten und gern unter sich waren. Die Aktivitäten glichen denen in anderen Jugendzentren der damaligen Zeit: Basteln, Tanz, Spiele, Fotolabor, Ausflüge. Hinzu kamen Hebräischkurse und Vorträge mit jüdischen Themen und gemeinsame Schabbat- und Festtagsfeiern. Die Laientheatergruppe Haskala führte über viele Jahre mit großem Erfolg Stücke von Scholem Alechem und anderen jüdischen Autoren auf. Haskala ist das hebräische Wort für Aufklärung, und in Abwandlung des Ziels der Aufklärung, nämlich Voraussetzungen zu schaffen, damit Juden sich eine allgemeine weltliche Bildung aneignen, strebte

---

[194] Micha Brumlik, Kein Weg als Deutscher und Jude, München 1996, S. 25f.

das Theater die Beschäftigung mit der jüdischen Vergangenheit an. Schule – Familie – Jugendzentrum strukturierten das Leben vieler Jugendlicher. Der Gemeindevorstand war stolz darauf, dass das Jugendzentrum durch eine Gruppe von gewählten Jugendlichen verwaltet wurde und sogar eine Zeitschrift herausgab, die allerdings nach einigen Jahren zu heftigen Konflikten führte. Er förderte das Jugendzentrum sehr, auch mit der Begründung: »Wenn sich die Jugendlichen kennen, werden sie irgendwann untereinander heiraten und dem Judentum nicht verloren gehen.«[195] Im Februar 1964 hatte das Jugendzentrum in Frankfurt 185 Mitglieder im Alter zwischen 7 und 21 Jahren, davon waren etwa 75 aktiv.[196]

Neben dem Jugendzentrum kümmerte sich die Jugendorganisation Zionistische Jugend in Deutschland (ZJD) um Kinder und Jugendliche. Sie war ideologisch rigider als das Jugendzentrum und verpflichtete Jugendliche darauf, im Alter von 17 bis 19 Jahren nach Israel auszuwandern oder den Jugendbund zu verlassen. Eine zukünftige Existenz von jüdischen Gemeinden in Deutschland lehnte sie ab. Wer Mitglied der Zionistischen Jugend wurde, konnte dort für die Jahre der Schulzeit eine Interessen- und Freundesgruppe finden, die einen festen Halt gab. Micha Brumlik war über acht Jahre lang Mitglied. Für ihn gab das Leben in der »Gruppe«, die sich jeden Samstagnachmittag traf, der Woche ein Ziel; neben verschiedenen Aktivitäten bot sich eine Möglichkeit, Mädchen kennen zu lernen. Am Abend ging man gemeinsam in eine Pizzeria und ins Kino. Die Gruppe half ihm über die familiären Probleme hinweg und die »Schäbigkeit des Hauses Eppsteiner Straße«, wo die Familie drei Zimmer bewohnte. Dreimal im Jahr besuchte man gemeinsam eines der Ferienlager, die in Österreich oder der Schweiz durchgeführt wurden, weil Orte in Deutschland gemieden wurden. Vorbilder wurden die Pioniere, die nach Israel eingewandert waren, in Kibbuzimen gelebt und das Land entwickelt hatten. Von den Teilnehmern der Lager wurde eine starke Einordnung und die unbedingte nationaljüdische Identität erwartet, andererseits verlangten die Lager Mitarbeit und förderten die Selbständigkeit von Jugendlichen.[197]

Genau aus diesem Grund gelang auch der Zionistischen Jugend nicht die Aufhebung der Zerrissenheit. »Konnte ein Schüler, zu dessen wichtigsten Leseerlebnissen Orwells ›1984‹ und Heinrich Bölls ›Wanderer. Kommst du nach Spa‹ gehörten, bruchlos eine Fahne grüßen?«, fragte sich Brumlik und verneinte die Frage.[198] Auf die Dauer ließ es sich auch nicht durchhalten, die deutsche Umgebung zu verachten und sich offiziell nicht für die deutsche Kultur und Politik zu interessieren. Die damalige Jugendkultur, die Pop-Kultur mit Ideen wie Internationalität, Offenheit und Toleranz, zog auch viele zionistische Jugendliche in ihren Bann und hob auf Diskoabenden die Trennungen

---

[195] Lea Fleischmann, Dies ist nicht mein Land, Hamburg 1980, S. 52.
[196] Walter Jacob Oppenheimer, Über die jüdische Jugend im heutigen Deutschland, München 1967, S. 67.
[197] Micha Brumlik, Kein Weg als Deutscher und Jude, München 1996, S. 32f.
[198] Ebenda, S. 37.

VII. Gibt es eine Zukunft für die jüdische Jugend in Deutschland?

Volkstänze (Hora) um die israelische Fahne, Sobernheim Anfang der 1960er Jahre

zwischen Juden und Nichtjuden auf. Sie übte – so Brumlik – ihren Einfluss auch auf die zionistischen Ferienlager aus: »In unseren Camps wurden Kassettenrekorder zum Abspielen der neuesten Hits mitgenommen. Sehr zum Mißfallen unserer israelischen Jugendleiter hielt auch bei uns der Gammel- und Hippielook Einzug, und die Frage, ob auch auf unseren eigenen Veranstaltungen Twist, Rock 'n' Roll und eben Blues im Unterschied zu Hora und Krakowiak, einem komplizierten polnischen Bauerntanz, getanzt werden durften, blieb ein konstantes Streitthema. Bisher hatten die meist aus einem Kibbuz stammenden Jugendleiter immer das letzte Wort behalten.«[199]

Sammy Speier, der als Vierzehnjähriger 1958 mit seinen Eltern von Israel nach Frankfurt kam und sehr und lange unter dem Ortswechsel litt, hat einen schwierigen Weg zurücklegen müssen zwischen der Sehnsucht nach Israel und der Isoliertheit in Frankfurt, der Ohnmacht der Eltern, ihm zu helfen bei den Forderungen an sich selbst und dem Wunsch, irgendwo dazu zu gehören:

»Hilflose Eltern, man muß selbst stark sein, eine Forderung, aber auch eine Überforderung. Der Nebel lichtet sich so zwangsläufig weiter. Und es beginnt allmählich die Phase des Hierseins. Hiersein heißt für mich zweierlei: Ich habe wenige deutsche Freunde, verbringe meine Nachmittage fast immer im Jugendzentrum der Jüdischen Gemeinde, jahrelang gehe ich dahin, suche etwas, finde Israelis, Sprache, Vertrautheit, aber auch viel Unvertrautes, Fremdes. Parallel beginnt das Rausgehen aus dem ›Ghetto‹, Hingehen zu deutschen Freunden: freundliche Menschen, deren Eltern. Viel später erfuhr ich, daß der Vater meines besten Freundes SS-Mann gewesen war, der Großvater von Juden Häuser in Frankfurt am Main abgekauft hatte und so sich bereicherte, aber sie akzeptieren mich als Freund des Sohnes, des Enkels, ich darf hin. Zugleich: Zionist, die Zukunft heißt Israel! Da geh' ich hin, nach dem Abitur, da geh' ich zum Militär, dort gehör' ich hin. Ich spreche Hebräisch mit meinen Brüdern, um die Sprache ja nicht zu verlieren, zu verlernen. Gleichzeitig lerne ich weiter Deutsch, kann die Artikel nicht, auch heute noch nicht immer.

---

[199] Ebenda, S. 54.

VII. Gibt es eine Zukunft für die jüdische Jugend in Deutschland?

Aus dem Programm des Haskala-Theaters: David Pisky, Die Familie Zwi, 1965

Ich bewege mich in zwei Welten, eine, die mich nicht so recht will, wo ich ganz sicher weggehe, und eine, wo ich hingehe, zurückgehe, ganz sicher! Ich lerne neue Menschen kennen, junge Menschen, und mir ist es ein Muß, sofort zu sagen: ›Ich bin aus Israel‹, aber nicht etwa, um etwas Besonderes zu sein, nein, aus Angst, die könnten sich verquatschen, sich versprechen, antisemitisch werden: das könnte ich nicht ertragen, ich will doch lieben und geliebt werden. Urlaube sind schon sehr bald: Ausland; Israel, aber auch europäisches Ausland, und das fast immer mit Juden. Freizeitlager: Juden, mit Freunden bzw. mit deren Eltern: Juden; kein einziger Urlaub mit Deutschen, erst viele Jahre später mit meiner Freundin, heutigen Ehefrau, davor nie.«[200]

Im Gegensatz zu den spannungsgeladenen Erfahrungen vieler Jugendlicher zog Walter Jacob Oppenheimer das Fazit: »Zusammenfassend zur jüdischen Erziehung in Deutschland – in der Religionsschule, in der Jugendvereinigung und in der Ferienkolonie – kann man sagen: Ihr Schwerpunkt hat sich eindeutig von Synagoge und Gesetzestreue zum Staat Israel und zur nationalen Loyalität hin verschoben.« Und er fügte hinzu:

---

[200] Sammy Speier, Von der Pubertät zum Erwachsenendasein. Bericht einer Bewußtwerdung. In: Micha Brumlik u.a. (Hrsg.), Jüdisches Leben in Deutschland seit 1945, Frankfurt am Main 1986, S. 182-193.

»Die Alternative dazu wäre zur Zeit vermutlich das ›jüdische Nichts‹. Die Entleerung und Auflösung der jüdischen Gemeinschaft.«[201]

Die Jugendlichen waren sich ihrer Zugehörigkeit zum Judentum sehr bewusst, aber ihre Begegnungen mit dem Judesein im Religionsunterricht, bei gemeinsamen Festen, im Jugendzentrum oder in der Zionistischen Jugend oder auch im Jüdischen Turn- und Sportverband Makkabi, der 1965 neu gegründet wurde und großen Zulauf hatte, erreichten nicht, dass sie religiöse Juden, Israelis oder selbstbewusste Juden in Deutschland wurden.

Die Probleme der damaligen Erziehung und die Zerrissenheit der Jugendlichen zeigten sich auch in einer von Walter J. Oppenheimer durchgeführten Umfrage. In der Antwort auf die Frage »In welchem Land möchtest Du am wenigstens gerne wohnen?« wurden an erster Stelle Russland und die kommunistischen Länder genannt (37 Prozent aller Befragten) und an zweiter Stelle Deutschland (31 Prozent). Die Frage »In welchem Land möchtest Du am liebsten wohnen?« beantworteten 73 Prozent mit Israel, 8 Prozent mit USA und 8 Prozent mit Deutschland. Im Widerspruch zu diesen Wünschen gaben knapp 75 Prozent der Jugendlichen – auch der 15-18jährigen – auf die Frage: »In welchem Land werdet Ihr wohl die nächsten paar Jahre wohnen?« an, dass sie die nächsten Jahre in Deutschland leben würden.[202]

3. Suche von Jugendlichen nach einem Weg zwischen »Ghetto – Israel – Assimilation«

»Erziehung für Israel« – es konnte nicht ausbleiben, dass Jugendliche sich bald kritisch damit auseinander setzten und die starke Diskrepanz zwischen diesem Erziehungsziel und dem Zustand der Jüdischen Gemeinde thematisierten. »Ghetto – Israel – Assimilation« waren die Richtungen, die gegeneinander standen, sich auszuschließen schienen. Jeder hatte seinen eigenen Weg in die Zukunft zu finden, aber es fanden sich auch immer wieder Gruppen zur Diskussion und Auseinandersetzung mit den Fragen, die sich aus den Gegensätzlichkeiten der auseinandertreibenden Zukunftsperspektiven ergaben.

Der 21jährige Salomon Korn beantwortete die Frage »Gibt es eine Zukunft für die jüdische Jugend in Deutschland?« 1964 mit einem klaren »Nein«. Nein, weil niemand dafür arbeiten wolle: »Wer will diese Zukunft wirklich? Die Juden? Die Deutschen? Einige Einzelgänger? Die jüdische Jugend wird keinen Träger für eine solche Zukunft stellen. Warum sollte sie?« Jüdische Tradition und Kenntnis der eigenen Vergangen-

---

[201] Walter Jacob Oppenheimer, Über die jüdische Jugend im heutigen Deutschland, München 1967, S. 72.
[202] Ebenda, S. 147f. Die 1964 durchgeführte Befragung umfasste 9-18jährige, die Auswertung ist nach Altersgruppen differenziert.

VII. Gibt es eine Zukunft für die jüdische Jugend in Deutschland?

heit fehlen ihr, »das jüdische Bewußtsein bei dem Nachwuchs degeneriert mit steigendem Wohlstand«. Außerdem fehle die intellektuelle Fähigkeit zur Auseinandersersetzung mit und Beteiligung an der deutschen Kultur, und zudem seien die Deutschen nicht aufgeschlossen für einen Austausch.[203] Den Eltern warf er vor, dass sie, die keine Jugend genießen konnten, »ihr Nachholbedürfnis einer erinnerungswürdigen Jugend« auf ihre Kinder projizieren und ihnen materiell zu viel zugestehen.

Wohin? Frage eines jüdischen Jugendlichen, Cheschbon 6, Herbst 1983

Sein jüngerer Bruder Benjamin – damals noch Schüler – griff vehement die Gemeinde an: »Ich lehne die Aufforderung ab und mit ihr die Verantwortung auf ein neues, gesundes Judentum in Deutschland hinzuarbeiten. Da ist zunächst die jüdische Gemeinschaft, die gerettet werden soll – müßte sie dazu nicht wenigstens vorhanden sein? Ich sehe nichts dergleichen; nur ein auseinanderstrebendes Menschengewühl mit verschiedenen Interessen, Gebräuchen, Gewohnheiten, Kulturkreisen. [...] Nichts ist mehr da von Traditionsbewußtsein, nichts von Religion: alles tritt hinter den materiellen Anspruch, der zur ›Maxime des Handelns‹ wird, zurück.« Seine Verärgerung über den Zustand der Jüdischen Gemeinde muss sehr groß gewesen sein. Er stellte sogar die Prognose, dass nach der Gründung des Staates Israel in den übrigen Ländern, den Ländern des freiwilligen Exils, Juden die Beziehungen zum Judentum durch vollständige Assimilation verlieren würden und es dann auch keine Jüdischen Gemeinden mehr geben werde.[204]

Derartige Artikel in den »Frankfurter Jüdischen Nachrichten«, die kein offizielles Gemeindeblatt, sondern eine privat herausgegebene Zeitung war und ein Forum für die Diskussion aktueller Themen bot,[205] sind Ausdruck von schwieri-

---

[203] Frankfurter Jüdische Nachrichten, 5. Jg., 24. November 1964.
[204] Ben Korn, Jüdische Jugend in Deutschland – wohin? Aspekte eines Betroffenen. In: Frankfurter Jüdische Nachrichten, 6. Jg., 24. April 1965. Der 1946 in Lublin geborene Benjamin Korn gab zusammen mit Ludwig Rein 1963 die (nichtjüdische) Zeitschrift »Fragezeichen« heraus, von der allerdings nur wenige Ausgaben erschienen sind. Er studierte Soziologie und arbeitet als Theaterregisseur und Essayist. Seit 1982 lebt er in Paris.
[205] Die Frankfurter Jüdischen Nachrichten wurden von Leo Seckel »aus eigener Initiative« herausgegeben und später von Schoschana Alter übernommen. Sie erschienen zwischen 1960 und 2005 unabhängig von der Gemeinde etwa drei bis viermal im Jahr.

gen und weitreichenden Entscheidungen, vor die junge Menschen sich gestellt sahen. Wie schwer sich der Gemeindevorstand mit der kritischen Jugend tat, zeigt der Umgang mit der von Mitgliedern des Jugendzentrums seit 1962 herausgegebenen Zeitschrift »Regew«. Das hebräische Wort Regew bedeutet Scholle, »ein kleines Stück Erde, auf dem man stehen kann, um sich auszuruhen, oder aber um sich in der Gegend umzuschauen«, erklärte die Redaktion in der ersten Nummer den Namen.[206] »Regew« verstand sich als jüdische Jugendzeitschrift, die das Ziel verfolgte, Jugendliche an das Jugendzentrum zu binden, ihnen Kenntnisse über das Judentum zu vermitteln, über Aktivitäten zu berichten und unterschiedliche Standpunkte und Meinungen zu gegenwärtigen Problemen zu veröffentlichen.

»Regew« entwickelte sich aber mehr und mehr zu einem Organ, das kritische Artikel gegen die Allmacht des Vorstands der Jüdischen Gemeinde veröffentlichte, der ihrer Meinung nach willkürlich Gelder für Jugendliche genehmigte oder verweigerte und sich in erster Linie mit sich selbst und mit Baumaßnahmen beschäftigte. Mitspracherechte wurden gefordert und immer wieder wurde auf die Gefahr verwiesen, dass Jugendliche der Gemeinde verloren gingen, wenn keine Änderung einträte. Auch kritische Artikel über die Politik Israels wurden publiziert. Nach sechsjährigem Erscheinen verbot der Gemeindevorstand die Zeitschrift, die er in den ersten Jahren immer wieder gelobt und bis dahin finanziert hatte. Der Grund war die Veröffentlichung eines Interviews mit dem Leiter des Jugendzentrums, der offenbar auf Druck des Gemeindevorstands entlassen worden war. Die Redaktion wehrte sich heftig, aber vergeblich gegen das Verbot: »Sie haben verantwortungslos und unüberlegt ohne triftige Gründe die jüdische Jugendzeitung abgeschafft und somit das einzige Kommunikationsmittel beseitigt, das in dieser an Aktivitäten, Ereignissen und Veranstaltungen armen Gemeinde überhaupt vorhanden war.«[207] Trotzig änderte die Redaktion den Namen mit einem Wortspiel in Negew Chadasch [Negew neu] und publizierte privat einige weitere Ausgaben.

Die Gemeindeführer taten sich schwer mit der Selbstständigkeit oder gar Rebellion von Jugendlichen. Der einsetzende Generationswechsel bereitete ihnen große Sorgen, aber sie unterließen es, den Nachwuchs zu fördern, der bald Aufgaben übernehmen und Zukunftsperspektiven entwickeln sollte. Die Jüngeren verlangten Ehrlichkeit und Offenheit im Umgang miteinander, mehr Demokratie und Transparenz, Diskussion von Problemen zwischen »deutschen« Juden und »Ostjuden«, zwischen Orthodoxen und Liberalen. Sie wollten statt der orthodoxen Religionsgemeinschaft eine offene Gemeinschaft, in der jeder sich aufgehoben fühlt, ob religiös konservativ oder liberal oder säkular. Und sie verlangten eine Entscheidung der Gemeinde über ihren künftigen Weg in Deutschland.

---

[206] In den Frankfurter Bibliotheken und im ZA Heidelberg finden sich nur wenige Ausgaben dieser Zeitschrift.
[207] Offener Brief der Redaktion von Negew Chadasch an den Gemeinderat und den Vorstand der Jüdischen Gemeinde, o. D., unterschrieben von Henry Szor. Negew Chadasch 1967.

Andere Jugendliche verließen Mitte bis Ende der 1960er Jahre Frankfurt am Main und gingen nach Israel, wie es in ihrer zionistischen Erziehung vorgesehen war. Ihre Aliyah, d.h. Einwanderung, oder die Rückkehr in die Heimat, sollte endgültig sein. Viele durchlebten eine harte Zeit mit schwerer körperlicher Arbeit in einem anstrengenden Klima, und sie begegneten Israelis, die sie nicht mit offenen Armen empfingen. Das Erlernen der in Israel gesprochenen Sprache Iwrith war mühsam. Schwer zu verkraften war die Erkenntnis, dass der reale Staat Israel nur wenig zu tun hatte mit dem Ideal, das ihnen in Deutschland vorgestellt worden war. Sie hörten Dinge, von denen sie bisher nichts erfahren hatten, z.B. die Inbesitznahme von arabischem Boden und die Vertreibung von Arabern. Manche Jugendliche leisteten ihren Wehrdienst in Israel und erkannten, dass Soldat sein bedeuten kann, töten zu müssen. Einige erlebten 1967 den Sieg über die arabischen Staaten und den Freudentaumel über die Besetzung von Ostjerusalem und der sogenannten Westbank, die der israelischen Politik eine neue Richtung gab und die Gesellschaft sichtlich veränderte.

Die Reaktion der Olim, der Einwanderer aus Frankfurt, war unterschiedlich. Viele kehrten enttäuscht zurück, nicht sofort, sondern nach zwei bis drei Jahren, mit der Erkenntnis, sich nun einen anderen Lebensweg suchen zu müssen. Einige Beispiele sollen hier die Brüche veranschaulichen, die diese Jahre in Biografien hinterlassen haben.

Doron Kiesel fasste seine »schmerzliche Erfahrung« in Israel in einem Gespräch zusammen: »Das Israelbild, das ich mir aus Erzählungen meiner Eltern und in der Zionistischen Jugendbewegung gemacht hatte: von einem kleinen, eher sozialistischen, zumindest emanzipatorisch orientierten Land, das anderen als Vorbild dienen konnte, dieses Israel aus meinen vagen Erinnerungen und Träumen zwischen 1948 und 1967, das zerfiel vor der Wirklichkeit. So entstand in mir der Eindruck, daß wir in der Jugendbewegung getäuscht worden waren. Man hatte uns ein Israelbild entworfen, dem keine Realität entsprach – Leute, die es besser hätten wissen müssen. Zu der ersten Enttäuschung kam also regelrecht Wut.«[208] Kiesel ist in Israel geboren, in Frankfurt aufgewachsen und Ende der 1960er Jahre nach Israel gegangen. Er hat im Kibbuz gelebt, drei Jahre Wehrdienst geleistet und anschließend in Jerusalem das Studium der Pädagogik begonnen. Mitte der 1970er Jahre ist er nach Frankfurt zurückgekehrt und hat hier das Studium fortgesetzt.

Viel rigoroser als Doron Kiesel reagierte Micha Brumlik auf seine Israelerfahrungen: »So wurde ich im Frühjahr 1968 mit dem der Jugend eigentümlichen Rigorismus zum Antizionisten, zum enttäuschten und verbitterten Abtrünnigen einer Idee, die meine Kindheit, meine Jugend, mein ganzes Leben alltäglich, wöchentlich erfüllt hatte, zum Abtrünnigen einer Lebensweise, zu der in Frankfurt das Porträt Theodor Herzls über meinem Bett ebenso gehörte wie die Sommer- und Wintercamps mit ihren Tänzen,

---

[208] Gert Mattenklott, Gespräch mit Doron Kiesel. In: Über Juden in Deutschland, Frankfurt am Main 1992, S. 147.

ihren Sabbatfeiern und nicht zuletzt – den in aller Regel unerfüllten Verliebtheiten in dieses oder jenes Mädchen.«[209] Micha Brumlik blieb zwei Jahre in Israel, lebte im Kibbuz und studierte in Jerusalem. Anschließend kehrte er zurück nach Frankfurt.

Cilly Kugelmann erlebte die gleiche tiefe Enttäuschung: »Für uns [...] war die Auseinandersetzung mit Israel und dem Zionismus eine wichtige biographische Auseinandersetzung, die zu einer großen Distanz zu dem verschwommenen, affektiven Zionismus, mit dem wir aufgewachsen waren, geführt hat. Das war für uns biographisch wichtiger als die Konfrontation mit anderen Gruppen. Dazu gehört auch die Distanzierung von einem Staat, der für uns weit mehr war als ein Staat, in den man auswandern kann – es war eine Familienmitgliedschaft. Nun hat auf vielen Ebenen, emotional, intellektuell, politisch eine Distanzierung stattgefunden.«[210]

Dan Diner, der einen Teil seiner Kindheit in Israel verbracht hatte und seit 1954 in Deutschland lebte, wurde 1973 zur israelischen Armee eingezogen. Er beschäftigte sich später intensiv mit den Palästinensern und veröffentlichte 1980 und 1982 die Bücher »Israel in Palästina. Über Tausch und Gewalt im Vorderen Orient« und »Keine Zukunft auf den Gräbern der Palästinenser. Eine historisch-politische Bilanz der Palästinenserfrage«. Das zweite Buch ist eine »Interventionsschrift«, die den Jahrzehnte andauernden Konflikt zwischen Juden und Palästinensern analysiert und eine Perspektive zur Lösung versucht.

Es gibt keine genauen Zahlen über die nach Israel ausgewanderten und wieder zurückgekehrten Jugendlichen der zweiten Generation. Doron Kiesel schätzte in dem erwähnten Gespräch, dass etwa 80 Prozent der Jugendlichen aus dem Frankfurter Raum zurückgekommen sind.[211] Trotz der großen Enttäuschung hat die Entwicklung in Israel und die Lage im Nahen Osten niemanden losgelassen, sondern verlangt bis heute Stellungnahmen und Positionen. Trotz aller Distanz blieb das Verhältnis zu diesem Staat ein besonderes, geprägt von der Befürchtung, dass er durch gewaltsame Bedrohung vernichtet werden könnte.

Nach der Rückkehr setzten sich die jungen Juden anders mit der deutschen Gesellschaft auseinander, getragen von dem Wunsch, ihr anzugehören, in ihr mitzuarbeiten, sich selbst als Juden in Deutschland zu begreifen. Teilweise hatte sich dieser Wunsch bereits in Israel entwickelt, während sie dort die Studentenbewegung in Europa und besonders in Deutschland verfolgten.

---

[209] Micha Brumlik, Kein Weg als Deutscher und Jude, München 1996, S. 75.
[210] Cilly Kugelmann, »Kindergartensandkastenperspektive vom polnischen Stetl«. In: Richard Chaim Schneider, Wir sind da!, Berlin 2000, S. 286.
[211] Gert Mattenklott, Gespräch mit Doron Kiesel. In: Über Juden in Deutschland, Frankfurt am Main 1992, S. 147.

VIII. Die Anziehungskraft der Studentenbewegung und die Auseinandersetzung mit der deutschen Linken

1. »Es war das erste Mal, dass ich ›wir‹ mit einer deutschen Gruppe rief«[212]

Frankfurt am Main war kein Ort, an dem Juden und eine Jüdische Gemeinde auf die Dauer unbeeinflusst von gesellschaftlichen Bewegungen und Unruhen ihrem Weg folgen konnten. Es war wahrscheinlich sogar die Stadt, in der Juden am stärksten mit gesellschaftlichen Entwicklungen und politischen Auseinandersetzungen konfrontiert wurden. Die Studentenbewegung, der Häuserkampf im Westend und die Auseinandersetzungen über die Entwicklung im Nahen Osten nach dem Sechstagekrieg versetzten die Gemeinde in höchste Alarmbereitschaft. Jüdische Studenten, die zum Teil im Jüdischen Studentenverband organisiert waren, nahmen an Demonstrationen teil, diskutierten die Bündnispolitik der BRD, die restaurativen Strömungen in Deutschland, die amerikanische Politik, den Kolonialismus, den Faschismus. Mit den Diskussionen und den dazu gehörenden Aktionen eröffnete sich ihnen die Möglichkeit einer aktiven politischen Teilnahme und der Zugehörigkeit zu einer Bewegung, die weit über Deutschland hinausging. Vor allem die internationale, kosmopolitische Ausrichtung hob die Unterschiede zwischen »Juden und Deutschen« auf. »Das Linke empfand man wie einen neutralen Boden. Beide, Juden wie Deutsche, ließen die Vergangenheit eben als Linke hinter sich.«[213] In dem Zusammentreffen mit Gleichaltrigen eröffneten sich erstmals Gelegenheiten, sich mit der deutschen Vergangenheit und insbesondere dem Nationalsozialismus sowie mit der Politik Israels auf einer neuen Ebene auseinander zu setzen.

Die Elterngeneration war beunruhigt. Die Westintegration der Bundesrepublik, ihre verhältnismäßig ruhige parlamentarische Entwicklung und die stabile gesellschaftliche Lage – wenn man die rechtsradikalen Bewegungen beiseite ließ – hatten ihr Sicherheit gegeben und entscheidend zur Rechtfertigung ihres Lebens in Deutschland beigetragen. Der erreichte Wohlstand hatte viele zur Ruhe kommen lassen. Mit den 1965 zwi-

---

[212] Lea Fleischmann, Dies ist nicht mein Land, Hamburg 1980, S. 68.
[213] Dan Diner, »Man hat mit der Sache eigentlich nichts mehr zu tun«. In: Richard Chaim Schneider, Wir sind da! Geschichte der Juden in Deutschland von 1945 bis heute, Berlin 2000, S. 234.

VIII. Die Anziehungskraft der Studentenbewegung

Blockierung des Haupteingangs der Johann Wolfgang Goethe-Universität im Zusammenhang mit Aktionen gegen die Notstandsverfassung. In der Mitte der Rektor der Universität Walter Rüegg, 24. Mai 1968

schen der Bundesrepublik und Israel aufgenommenen diplomatischen Beziehungen war eine mehrjährige Forderung erfüllt, und die Unterstützung Israels während des Sechstagekrieges und das in den Medien verbreitete positive Israelbild erhöhten die Bereitschaft, sich für ein Leben in Deutschland zu entscheiden. Unruhe, Infragestellung waren nicht erwünscht, zudem herrschte eine große Angst vor Gewalt. Und nun legten Mitglieder der Gemeinde oder Kinder von Mitgliedern »geistige Bomben«[214], gingen auf die Straße, forderten Demokratisierung, Beteiligung, Gerechtigkeit, weltweite Solidarität und lehnten weitere Kriege ab. Einige jüdische Funktionäre im Vorstand und im Zentralrat verfolgten den Einsatz der Studenten für die Demokratisierung aller Lebensgebiete zunächst mit Wohlwollen, wie mehrere Artikel in der »Allgemeinen Jüdischen Wochenzeitung« zeigen, und unterstützten Überlegungen, daraus auch Konsequenzen für die jüdische Gemeinschaft zu ziehen.

Die Mehrheit der ältere Generation teilte aber die Besorgnis vieler Bundesbürger, dass die freiheitlich-demokratische Grundordnung in Gefahr sei und warnte vor »Terror«. Statt Diskussionen zu führen, ging man zum Angriff auf die »verbissene Engstirnigkeit gewisser Kreise unserer hierzulande aufgewachsenen Jugend« über.[215] Der Student Dan Diner kritisierte die verbale »Hexenjagd« gegen politisierte Jugendliche und die Verbreitung von Gerüchten über sie und sogar über ihre Eltern. »Bestünde die Möglich-

---

[214] Dr. RWM, »Bombe im Gemeindehaus«. In: Frankfurter Jüdisches Gemeindeblatt, 2. Jg., Nr. 12, Dezember 1969, S. 7.
[215] Ebenda.

VIII. Die Anziehungskraft der Studentenbewegung

keit innerhalb des jüdischen Bereiches in Deutschland zu einem politisch heterogenen Engagement, wie es früher gang und gäbe war, so würde nicht jedes Abweichen von der vorausgesetzten Linie zwangsweise die subjektive Ausstoßung aus der jüdischen Gemeinschaft nach sich ziehen.«[216] Ein Generationenproblem rückte damit in den Vordergrund, und junge jüdische Intellektuelle trugen in vehementer Weise Konflikte mit der »Aufbaugeneration« aus. Diese bezogen sich auf die Gemeindestrukturen ebenso wie auf die Einstellung zu Israel und den Zionismus, einem bis dahin tabuisierten Thema.

Als Israel mit seiner Besatzungspolitik in die öffentliche Kritik geriet, beteiligten sich mehrere aktive junge Juden an der kritischen Auseinandersetzung. Die Kontoversen innerhalb der Linken allerdings nahmen bald unversöhnliche Formen an. In Frankfurt wurden sie heftiger ausgetragen als in anderen Universitätsstädten, und jüdische Intellektuelle, Studenten der hiesigen Universität, waren daran aktiv beteiligt.

Studenten-Tumulte verhinderten den Vortrag des israelischen Botschafters Asher Ben-Natan (in der Mitte sitzend) bei der Eröffnung der vom »Verband jüdischer Studenten in Deutschland« vorbereiteten Woche »Friede in Nahost«, 9. Juni 1969

Zur gleichen Zeit schloss sich eine bedeutende Anzahl palästinensischer und arabischer Studenten zu politischen Gruppen wie der El-Fatah zusammen, die lautstark ihren Standpunkt vertraten. Diskursive Kontoversen waren kaum noch möglich wie die vom Verband jüdischer Studenten vorbereitete »Woche für den Frieden im Nahen Osten« zeigte. Der erste Botschafter des Staates Israel Asher Ben-Natan sollte den Eröffnungsvortrag halten. Bei seinen Auftritten kam es häufig zu Unruhen, doch er war es gewohnt, mit schwierigen Situationen fertig zu werden und mit Studenten zu disku-

---

[216] Dan Diner, Die Diskussionswoche und deren Folgen in unserer Gemeinde. In: Frankfurter Jüdisches Gemeindeblatt, 2. Jg., Nr. 6/7/8, 1969. In dem zwei Jahre später durchgeführten Round-Table-Gespräch beklagten sich »viele«, dass die Eltern von Jugendlichen, deren politisches Engagement nicht »in das allgemein gültige Bild der jüdischen Gemeinschaft« passe, »geschnitten würden, man lade sie nicht mehr zu Bar-Mizwa-Feiern und anderen Familienfestlichkeiten ein. Das habe zur Ursache, daß sich die Jugendlichen, die ihren Eltern nicht weh tun wollten, vom politischen Leben zurückzögen und apathisch würden.« »Die Diskussion hat schon begonnen – Round-Table-Gespräch über Jugendfragen.« In: Frankfurter Jüdisches Gemeindeblatt, 4. Jg., Nr. 6/7, 1971, S. 3.

tieren. In Frankfurt wurde die Veranstaltung von Beginn an von arabischen Studenten – überwiegend Mitglieder der El-Fatah – so vehement gestört, dass sie nicht fortgesetzt werden konnte.[217] Palästinenser klagten Israel als imperialistische Macht an und forderten die Vertreibung der Zionisten.[218]

Die Haltung gegenüber Israel und den Palästinensern wurde eine entscheidende Frage in Studentenorganisationen wie dem SDS und der »Neuen Linken« und betraf unmittelbar das Verhältnis zwischen deutschen Nichtjuden und Juden. Nach den Spaltungen innerhalb der Linken in verschiedene, zum Teil doktrinäre Gruppen wurde für die meisten Juden eine politische Mitarbeit sehr schwierig oder sogar unmöglich. Der Begriff »Antizionismus« erlangte in den Debatten dieser Gruppen eine zentrale Rolle, meinte aber etwas anderes, als kritische Juden darunter verstanden. »Zionisten raus aus Israel« stand auf Transparenten oder wurde gerufen, gemeint aber war: Juden raus aus Israel. Gespräche waren kaum mehr möglich, vor allem weil Teile dieser linken Gruppen sich antisemitischer Sprachbilder und Stereotypen bedienten und Begriffe der Nationalsozialisten wie »Endlösung« oder »zionistischer Völkermord« benutzten. Die Gleichsetzung israelischer Politik mit den Verbrechen der Nationalsozialisten provozierte heftigen Widerspruch der jüdischen Studenten, führte aber auch zu ihrem politischen Rückzug. Juden warfen Deutschen die Übertragung von eigener Schuld (Täter) auf Israelis (Opfer) vor und den Versuch der eigenen Entlastung durch die Verurteilung von Israelis als »Jüdische Täter«. Kritische Juden wollten sich nicht durch ihre Teilnahme an israelkritischen Demonstrationen und Veranstaltungen missbrauchen lassen.

Dass die deutsche Linke in ihrer Haltung zu Israel gespalten war, und die einseitige und unkritische Unterstützung der palästinensischen Bevölkerung auch Widersprüche hervorrief, fand nur geringe Beachtung. In dem 1970 gegründeten bundesweiten »Sozialistischen Arbeitskreis für den Frieden im Nahen Osten« traten Frankfurter Juden wie Berthold Simonsohn, Walter Fabian, Dan Diner und nichtjüdische Linke wie Heinz-Joachim Heydorn, Iring Fetscher, Martin Stöhr und andere gemeinsam mit vermittelnden Stellungnahmen im Konflikt zwischen Israelis und Arabern auf. »Der Arbeitskreis erkennt das Recht der Juden auf einen eigenen Nationalstaat ebenso an wie das Recht der Araber auf Selbstbestimmung«, heißt es in der Gründungserklärung. »Er sieht in einer jüdisch-arabischen Kooperation die einzige Möglichkeit einer langfristigen Sicherung beider Völker. Er will mithelfen, eine solche Kooperation vorzubereiten.«[219] Diese

---

[217] »Woche für den Frieden im Nahen Osten.« In: Frankfurter Jüdisches Gemeindeblatt, 2. Jg., Nr. 6/7/8, 1969, S. 5. Eine Diskussionsveranstaltung mit Simcha Flapan, dem Herausgeber von New Outlook, konnte durchgeführt werden, eine weitere wurde kurzfristig abgesagt.

[218] Der Begriff Palästinenser als Bezeichnung der arabischen Bevölkerung in Israel, Westjordanien und Gaza existiert erst seit der Gründung der Palästinensischen Befeiungsorganisation PLO 1964. El-Fatah ist der größte politische Flügel innerhalb der PLO. Siehe auch XII. Texte und Dokumente, S. 299ff. in diesem Band.

[219] Allgemeine unabhängige jüdische Wochenzeitung, 25. Jg., 2. Oktober 1970.

Haltung nahmen insbesondere undogmatische Linke ein, die zum Beispiel im Sozialistischen Büro organisiert waren.

Die meisten jungen Juden zogen sich enttäuscht zurück – der eine sofort, der andere später, der eine vollständig, der andere zögernd. Sie blieben bei ihrer Kritik an Israel, und sie lehnten weiterhin den Zionismus ab, welcher in der Jüdischen Gemeinde vertreten wurde. In Frankfurt führten sie die Gespräche zunächst unter sich weiter und veröffentlichten ihre Meinungen und Ergebnisse in Zeitschriften und Publikationen.[220]

2. Aufstand in der Gemeinde

Ende der 1960er Jahre hatten der Vorstand der Jüdischen Gemeinde und auch der Zentralrat der Juden in Deutschland zugegeben, dass sie ein »Jugendproblem« hatten. Der Grund dafür wurde nicht mehr ausschließlich bei der indifferenten Jugend gesucht, sondern auch in der fehlenden eigenen Bereitschaft zum Dialog und zur Offenheit und Veränderung.[221] In Frankfurt wurde ein erster Schritt zur größeren Beteiligung der Jugend Ende 1968 – auf Anregung von Arno Lustiger – mit der Herabsetzung des Wahlalters für die Wahl des Gemeinderates gemacht. Das aktive Wahlrecht wurde von 21 auf 18 Jahre herabgesetzt, das passive von 25 auf 23 Jahre.

Motiviert durch die Ideen der Studentenbewegung kandidierte zu den Gemeindewahlen Ende 1971 eine oppositionelle »Junge Liste« mit Hersch Rotmensch (Medizinstudent), Marek Glezermann (Arzt), Dan Diner (Jurastudent), Jakob Roszencwajg (Betriebswirt) und Tolly Schatz (Ingenieur), Personen, die sich bisher am Gemeindeleben nicht aktiv beteiligt hatten. Ihr Ziel war es, »einen neuen Geist in die Jüdische Gemeinde Frankfurt zu tragen«[222], weitere Wahlaussagen machten sie nicht. Diese fünf Kandidaten erhielten auf Anhieb mit den meisten Stimmen Sitze im Gemeinderat und übernahmen wichtige Posten: Der junge Arzt Marek Glezermann wurde Kultur- und Pressereferent, der Student Dan Diner Delegierter im Zentralrat der Juden in Deutschland. Die jungen Gemeinderatsmitglieder bemühten sich, die Strukturen zu demokratisieren, eine inhalt-

---

[220] Siehe Kapitel VIII/6: Recht und Anspruch auf gesellschaftliche Teilnahme.
[221] Siehe z.B. Hans Lamm, Sorge um die Jugend. In: Allgemeine unabhängige jüdische Wochenzeitung, 24. Jg., Nr. 4, 25. April 1969 und Beiträge dazu in den folgenden Ausgaben; Heinz Galinski, Wir brauchen die Jugend. Ebenda, 25. Jg., Nr. 16, 17. April 1970; Im Mittelpunkt: Die jüdische Jugend. 10. Arbeitstagung des Jüdischen Frauenbundes in Deutschland. Die Frau in der Gemeinschaft. Mitteilungsblatt des Jüdischen Frauenbundes in Deutschland, Nr. 43, Oktober 1970. Im November 1971 war »Jüdische Jugend in Deutschland« das alleinige Thema der Ratsversammlung des Zentralrats der Juden in Deutschland. Allgemeine unabhängige jüdische Wochenzeitung, 26. Jg., Nr. 48, 26. November 1971.
[222] Wahlaufruf der Jungen Liste. ZA Heidelberg, Akten der Jüdischen Gemeinde Frankfurt am Main B1/13, 1247.

VIII. Die Anziehungskraft der Studentenbewegung

JUNGE LISTE   JUNGE LISTE   JUNGE LISTE   JUNGE LISTE   JUNGE LISTE

Mit diesem Schreiben will sich Ihnen die JUNGE LISTE für die Wahl zum Gemeinderat der Jüdischen Gemeinde 1971 vorstellen.

Keiner von uns war jemals Mitglied des Gemeinderates, keiner von uns ist älter als 25 Jahre.

Wir wollen nicht durch fantastische Wahlversprechungen um Ihre Stimme betteln.

Es ist uns sehr klar, daß wir im Falle einer Wahl auf sehr viele Schwierigkeiten in der Arbeit stoßen werden, Schwierigkeiten, die sich jetzt schon abzeichnen, wenn wir sehen, wie von alteingesessenen Gemeinderatsmitgliedern bereits heute schon negative Wahlpropaganda gegen einige von uns betrieben wird.

Dennoch glauben wir, daß es uns mit IHRER Hilfe möglich sein sollte, einen neuen Geist in die Jüdische Gemeinde Frankfurts zu tragen.

Wenn auch SIE glauben, daß es sehr wichtig ist, daß die Jugend aktiv mitarbeitet, dann wählen Sie alle Kandidaten unserer Liste, dann geben Sie nicht weniger als 5 Stimmen ab und nicht mehr als 5 Stimmen für diese, unsere Kandidaten liste.

5   7   23   24   25

JUNGE LISTE   JUNGE LISTE   JUNGE LISTE   JUNGE LISTE   JUNGE LISTE

Wahl zum Gemeindevorstand 1971: Junge Liste

UNSERE KANDIDATEN - LISTE

24 — JAKOB ROSZENCWAJG, 24 Jahre, Dipl.-Kfm. Studium der Betriebswirtschaft in Frankfurt, abgeschlossenes Examen im November 1969, z.Zt. akademische Lehrkraft an der Wirtschafts- und Sozialwissenschaftlichen Fakultät der J.W.-Goethe-Universität.

25 — TOLLY SCHATZ, 24 Jahre, Ingenieur grad. Ingenieurstudium in Frankfurt, abgeschlossenes Examen im August 1968, z.Zt. Zweitstudium der Volkswirtschaft an der J.W.-Goethe Universität. Amtierender 1. Vorsitzender des Bundesverbandes jüdischer Studenten in Deutschland

5 — DANY DINER, 24 Jahre, cand.jur. Studium der Rechtswissenschaften an der J.W.-Goethe-Universität, z.Zt. Doktorand der Rechte. 1. Vorsitzender der Jüdischen Studenten Europas, stellvertretender Vorsitzender des Weltverbandes jüdischer Studenten.

23 — HESCHI ROTMENSCH, 23 Jahre, cand.med. z.Zt. Studium der Medizin an der J.W.-Goethe-Universität. 1. Vorsitzender des Koordinationsrates jüdischer Studenten der deutschsprachigen Länder.

7 — MAREK GLEZERMAN, 25 Jahre, Arzt, Studium der Medizin in Frankfurt und Paris, abgeschlossenes Staatsexamen im Juli 1969, z.Zt. tätig an der Universitätsklinik Frankfurt.

Wenn Sie sich entschließen, Kandidaten unserer Liste zu wählen, dann deshalb, weil unser Erfolg der Ihre wäre. Erfolg können wir allerdings nur haben, wenn Sie alle 5 Kandidaten und nur diese 5 Kandidaten wählen.

Ihre Stimme für einzelne aus unserer Liste wäre sinnlos.

Es liegt in Ihrem Interesse, in Ihrem Bekanntenkreis auf die JUNGE LISTE hinzuweisen.

Für persönliche Rückfragen stehen wir Ihnen gerne zur Verfügung.

liche Kulturarbeit zu beginnen und brennende Themen in die Diskussion zu bringen. Ihre Wahl löste einen heftigen, auf unangenehme und personifizierte Weise ausgetragenen Streit zwischen ehemaligen und gegenwärtigen Gemeinderatsmitgliedern aus, der zu nachhaltigen Feindschaften führte.[223]

Nicht das oppositionelle Programm hat den Jungen die Stimmen gebracht, sondern der allgemeine Unmut gegen die eingespielte Gemeindeführung. Sie wurden auch nicht von der rebellierenden Jugend gewählt, die sich kaum beteiligte, sondern von älteren Gemeindemitgliedern, die unter den bürokratischen Strukturen und der patriarchalischen Gemeindeführung litten. Den jungen Vertretern gelang es, in dem erst seit 1968 erscheinenden »Frankfurter Jüdischen Gemeindeblatt« Themen kontrovers und differenziert zu beleuchten. Dazu gehörte das Selbstverständnis der Jüdischen Gemeinde als einer Gemeinde in Deutschland. Der überwiegende Teil der in der Gemeinde Aktiven sprach zwar hin und wieder von Auswanderung, hatte sich aber in einer Religionsgemeinde in der Diaspora, d.h. außerhalb von Israel, aber mit einem festen Bezug zu Israel eingerichtet. Einem genauen Selbstverständnis über das Leben in Deutschland wich man allerdings aus, weil die Meinungen unter den Gemeindemitgliedern weit auseinander gingen. Marek Glezermann und andere forderten die Umwandlung der jüdischen Gemeinden zu »nationalen Minderheiten in Multinationalstaaten«[224], die »Ablehnung des ›Galuth-Juden-Typs‹« und die »Gestaltung eines neuen, modernen, befreiten und bewußten Juden-Typs«[225]. Ähnliche Anschauungen vertraten Jugendliche aus dem Jugendzentrum und dem Jüdischen Studentenverband. Sie resultierten aus der Unentschiedenheit der Eltern und der »Erziehung für Israel«, aber auch aus dem Festhalten an der Jüdischen Gemeinde als Religionsgemeinde, obwohl viele Mitglieder nicht religiös waren.

In einem vom Gemeinderat einberufenen Round-Table-Gespräch brachten die jungen Juden ihre Schwierigkeiten mit der Unentschiedenheit und auch Unehrlichkeit der Elterngeneration zur Sprache und forderten die freie Entscheidung der Jugendlichen über ihre Zukunft. Unterstützt wurden sie von Prof. Berthold Simonsohn, der zwar die Haltung zu Israel als einen »entscheidenden Faktor der Identitätsbildung« bezeichnete, aber die Meinung vertrat: »Beides sei möglich, das Leben hier normal zu führen und ein richtiges Verhältnis zu Israel zu haben.« Weiterhin erklärte er, »die Gemeinde könne nur existieren, wenn sie eine pluralistische Gemeinde sei. Sie müsse für alle, die sich jüdisch fühlten, eine Heimat sein können; jede Gruppe, jede Richtung müsse das Recht haben, in der Gemeinde vertreten zu sein. Das gleiche gelte auch im Verhältnis der

---

[223] Sondernummer des Frankfurter Jüdischen Gemeindeblattes, Januar 1972 und das von Paul Arnsberg und Arno Lustiger herausgegebene Blatt »Die Wahrheit«, Januar 1972.
[224] Marek Glezermann, Zwischen Diaspora und Zionismus. Gedanken zu den Gemeinderatswahlen 1971. In: Frankfurter Jüdisches Gemeindeblatt, 4. Jg., Nr. 2/3/4, Februar-März-April 1971.
[225] Heschi Rotmensch, Persönlichkeitsfindung des jüdischen Jugendlichen. In: Frankfurter Jüdisches Gemeindedeblatt, 4. Jg., Nr. 6/7, Juni-Juli 1971, S. 4.

VIII. Die Anziehungskraft der Studentenbewegung

Eltern zu ihren Kindern. Man könne die Kinder und Jugendlichen zu keiner Einstellung zwingen, Druck erzeuge Gegendruck und führe zur Entfremdung. Das müsse auch dann Gültigkeit haben, wenn Kinder sich nichtjüdische Ehepartner suchten. Die Jugend habe das Recht, ihren eigenen Weg zu gehen, die Älteren das Recht, es nicht für gut zu halten, es aber zu tolerieren.«[226]

Dieser liberalen und offenen Haltung konnten sich damals viele nicht anschließen, doch die Konflikte über das Selbstverständnis der Gemeinde wurden nicht offen ausgetragen. Der junge Arzt Glezermann[227] und Heschi Rotmensch wanderten ein Jahr später nach Israel aus, keiner von der »Jungen Liste« kandidierte ein zweites Mal. Nur Jakob Roszencwajg engagierte sich weiterhin in der Gemeinde. Der Aufstand der Jungen blieb ein Intermezzo, leitete aber doch eine Ablösung der Gemeindeführung durch Vertreter der mittleren Generation in den kommenden Jahren ein.

Die zweite Generation thematisierte ihre Zerrissenheit auch in der überregionalen »Allgemeinen unabhängigen jüdischen Wochenzeitung«[228], die in diesen Jahren nicht vom Zentralrat herausgegeben wurde, sondern – wie es auch im Titel hieß, eine »unabhängige Wochenzeitung« war. Sie bemühte sich, unterschiedliche Meinungen zu veröffentlichen und ein Diskussionsorgan zu werden.

Auch in den Ratsversammlungen des Zentralrats der Juden in Deutschland kam es zu Kontroversen über das Selbstverständnis der Gemeinden, die ebenfalls ergebnislos blieben. Einige Delegierte forderten immer wieder eine Entscheidung, aber es fand weder eine Festlegung auf eine Mehrheitsmeinung statt, noch entschloss man sich, die Meinungsvielfalt als grundlegend zu akzeptieren. Der Zentralrat beschloss aber die Durchführung einer Reihe von Seminaren, die Jugendlichen Diskussionen und Orientierung bieten sollten. Die Wichtigkeit derartiger Seminare zeigte sich an der guten Beteiligung und den intensiven Diskussionen. Ein akutes Thema, das mit der Selbstverständnisfrage zusammenhing, war die Frage der religiös gemischten Ehen. Ihre Zahl wuchs beständig, obwohl sie in den Jüdischen Gemeinden sehr kritisiert wurden und deshalb junge Juden sehr verunsicherte.

Die Berichte über das Verhältnis zur jungen Generation im Zentralrat und der Ratsversammlung wiederholten sich: »Zur Situation des Jahres 1971 wurde von mehreren Sprechern betont, es sei eine bedauerliche Tatsache, dass viele Jugendliche abseits von

---

[226] »Die Diskussion hat schon begonnen – Round-Table-Gespräch über Jugendfragen.« In: Frankfurter Jüdisches Gemeindeblatt, 4. Jg., Nr. 6/7, Juni-Juli 1971, S. 2f.
[227] Marek Glezermann wurde ein berühmter Mediziner und Forscher an den Universitäten Beersheva und Tel-Aviv.
[228] Die vom Zentralrat der Juden in Deutschland herausgegebene Zeitung hat mehrfach ihren Namen geändert. Seit 1973 hieß sie Allgemeine jüdische Wochenzeitung, seit 2002 heißt sie Jüdische Allgemeine. Wochenzeitung für Politik, Kultur, Religion und jüdisches Leben. Zwischen 1966 und 1973 wurde sie nicht vom Zentralrat herausgegeben und nannte sich deshalb Allgemeine unabhängige jüdische Wochenzeitung.

den Gemeinden ständen. Der größte Teil der Jugend sei an der Gemeindearbeit wie an der Religion uninteressiert. Ein Teil der Studenten sei nur politisch interessiert und dazu uneinig. Andererseits lebten viele Jugendliche ghettoisiert und hätten Schwierigkeiten im Kontakt mit der Umwelt. Sie würden mit der Realität des Hierlebens nicht fertig. Identitätsfragen spielen eine große Rolle. Etliche suchten den Ausweg in der Assimilation. Die zahlreichen Mischehen seien ein Resultat dieser Entwicklung. Alles dies sei im Licht der Tatsache zu werten, daß in den jüdischen Gemeinden demnächst zwangsläufig der Generationswechsel bevorstehe.«[229] Immer wieder benannt, blieb das Problem, eine Identität als Juden in Deutschland zu finden, sowohl für Jugendliche wie für ihre Eltern als auch die Gemeinde bestehen. Diese Identität ist allerdings nicht nur ein Akt der Selbstfindung; sie ist auch auf eine Bestätigung durch die Gesellschaft angewiesen. Die erwünschte Unbefangenheit zwischen Juden und Nichtjuden hat sich in den 1960er und 1970er Jahren nicht hergestellt. Immer wieder gab es Irritationen, Antisemitismus, Skandale. Vertrauen wurde aufgebaut und wieder zerstört. Zusammenarbeit war immer neuen Belastungen ausgesetzt.

Viele Jugendliche äußerten den Wunsch, eine eindeutige Entscheidung für ein Leben in Deutschland zu treffen, ohne sich rechtfertigen zu müssen vor ihren Eltern, vor Israelis, vor anderen Juden in der Welt – und immer wieder auch vor sich selbst. Zwar wussten sie, dass es weiterhin Probleme geben würde, aber sie waren bereit, diese lieber auf sich zu nehmen und durchzustehen als länger in einer belastenden Unentschiedenheit zu leben. Aus unterschiedlichen Gründen sind allerdings auch viele, die sich gegen eine Auswanderung nach Israel entschieden hatten, gleich oder später ins Ausland gegangen, nach England oder die USA. Der Gemeinde gingen in den 1970er Jahren viele Jugendliche verloren, weil sie sich ihren Problemen nicht stellte.

Der Titel des von Henryk M. Broder und Michel R. Lang 1979 herausgegebenen Buchs »Fremd im eigenen Land. Juden in der Bundesrepublik« traf sicher die Stimmungslage vieler Juden. Zum ersten Mal wurde in einem breiten Spektrum von Beiträgen zum Ausdruck gebracht, dass es viele und unterschiedliche jüdische Stimmen gab, dass Juden ganz unterschiedlich dachten und auch unterschiedliche Erfahrungen, Probleme und Einstellungen hatten. Das Buch wandte sich zunächst an den Zentralrat, der für sich das Recht beanspruchte, für alle Juden zu sprechen. Es richtete sich aber auch gegen die Ängstlichkeit der Gemeinden, Pluralismus zuzulassen. Eine breite Leserschaft fand es auch unter Nichtjuden.

»Dies ist nicht mein Land« entschied Lea Fleischmann nach ihrem Studium und ihrer Erfahrung als Lehrerin sowie einer zeitweise aktiven Mitarbeit in der Jüdischen Gemeinde. Sie verließ Deutschland und hinterließ eine biografisch-literarische »Abrechnung«.

---

[229] »Jüdische Jugend in Deutschland. In Düsseldorf diskutierte die Ratsversammlung des Zentralrats ein brennendes Problem.« In: Allgemeine unabhängige jüdische Wochenzeitung, 26. Jg., Nr. 48, 26. November 1971.

VIII. Die Anziehungskraft der Studentenbewegung

Einweihung einer Tora-Rolle, 1979:
»Am Sonntag, dem 28. Januar 1979 fand die feierliche Einweihung einer von unserem Gemeindemitglied Majer Rosental gespendeten neuen Thora statt. Es war das erste Mal seit 1933, dass in einer Jüdische Gemeinde ein auf diese traditionelle Weise durchgeführtes Einweihungsfest stattfand.« Frankfurter Jüdisches Gemeindeblatt, 12. Jg., Nr. 1-2, 1979, S. 9

Micha Brumlik, Cilly Kugelmann, Susann Heenen, Dan Diner und andere entschieden sich für »Einmischung« in Deutschland.

Nach dem kurzzeitigen »Aufstand der Jungen« war in der Jüdischen Gemeinde Frankfurt keine wesentliche Veränderung zu spüren. Dennoch leitete ihr Vorstoß eine Ablösung der bisherigen Gemeindeführung durch Vertreter der mittleren Generation ein, die bald auch die sogenannte zweite Generation heranholte.[230] Die Zusammensetzung im Vorstand und im Gemeinderat war vielseitiger als häufig beklagt. Zionisten, denen die Unterstützung Israels und israelischer Einrichtungen wie Keren Kayemeth und die Kontakte nach Israel eines der wichtigsten Anliegen waren, saßen neben »Altfrankfurtern«, die so weit als möglich an die ehemalige jüdische Gemeinde Frankfurts anknüpfen wollten. Auch die politischen Orientierungen gingen auseinander. Vorsitzender war über viele Jahre Ludwig Joseph, ein aktives SPD-Mitglied mit kommunistischer Vergangenheit. Er stand der Entwicklung der Bundesrepublik, der Wiedereinsetzung

---

[230] Georg Heuberger, Die Jüdische Gemeinde Frankfurt am Main: Anfänge, Gegenwart und Zukunft. In: Jüdisches Museum (Hrsg.), Wer ein Haus baut, will bleiben. 50 Jahre Jüdische Gemeinde Frankfurt am Main. Anfänge und Gegenwart, Frankfurt am Main 1998, S. 21.

von ehemaligen Nazis in wichtige Positionen und dem Rechtsradikalismus sehr wachsam und kritisch gegenüber.[231] In bezug auf die Praktizierung der Religion herrschten ebenfalls unterschiedliche Vorstellungen. Einige Jahre lang existierte innerhalb der Gemeinde eine religiös-liberale Gruppe, die ihren eigenen Gottesdienst durchführte. Sie wurde eingerichtet von dem Gemeinderatsmitglied Irene Militscher, die in Breslau in der religiös-liberalen Tradition aufgewachsen war. Nach ihrem Tod im Jahr 1977 löste sich die Gruppe auf.[232]

Was die Gemeindeführung einte, war die Entwicklung der Infrastruktur. Die Jüdische Grundschule fand sehr guten Zuspruch und konnte erweitert werden bis zum 6. Schuljahr. Erste jüdische Lehrer unterrichteten dort, und die Kindergärten konnten mit ausgebildeten Kräften besetzt werden. Weitere wichtige Baumaßnahmen wurden mit staatlicher Unterstützung in Angriff genommen. Auf dem Gelände der ehemaligen Israelitischen Volksschule entstand der Neubau eines Wohnhauses mit Synagoge und Kindergarten. Die notdürftig hergerichteten Gebäude des ehemaligen Jüdischen Krankenhauses wurden nach und nach abgerissen und an ihrer Stelle eine große moderne Altenanlage errichtet. Zusätzlich griff man die Idee von einem neuen Gemeindezentrum wieder auf.

Auch das Kultuspersonal konnte ausgeweitet und langjährig für Frankfurt verpflichtet werden. Kantoren, Schächter, Beschneider übten die notwendigen religiösen Tätigkeiten aus. Nach dem Tod des charismatischen Rabbiners Lichtigfeld blieb Rabbiner Szobel mehr als zwanzig Jahre Gemeinderabbiner, eine ungewöhnliche Kontinuität für die damalige Zeit.[233] Eine wachsende Zahl von Kindern besuchten die Religionsschule,

---

[231] Sophie Remmlinger, »Sein Andenken wird fortleben«. In: Allgemeine Jüdische Wochenzeitung, 42. Jg., Nr. 37, 11. September 1987 und Jüdische Gemeindezeitung, 19. Jg., Nr. 7/8, 1987. Ludwig Joseph wurde 1908 in Eberstadt bei Darmstadt geboren. Er ging 1928 aus beruflichen Gründen in die Niederlande. Nach der Besetzung durch die Deutschen schloss er sich der dortigen kommunistischen Partei und ihrem Widerstand an und half u.a. bei der Organisierung von Hilfe für deutsche Genossen. Ab Mai 1941 lebte er illegal mit wechselnden Namen und Aufenthaltsorten. Er ist – nach eigenen Aussagen — zurückgekehrt, um politisch arbeiten zu können, geriet aber in Streit mit der KPD, die ihn nicht zu wichtigen Arbeiten zuließ, und wurde 1948 ausgeschlossen. Jüdisches Museum Frankfurt am Main, Archiv, Nachlass Joseph.

[232] Irene Militscher wurde 1908 in Ostrow geboren. Sie zog nach Breslau und heiratete den Rechtsanwalt Alfons Militscher. 1938 wanderten sie mit ihren beiden Kindern nach Palästina aus, 1951 remigrierten sie nach Frankfurt, wo Alfons Militscher dann eine große Anwaltskanzlei führte. Seine Frau engagierte sich in den sozialen Aufgaben der Gemeinde, im Gemeindeklub und in der religiös-liberalen Gruppe. Sie starb 1977 im Alter von 79 Jahren. Institut für Stadtgeschichte, S2/4838 Alfons Militscher und S2/6114 Irene Militscher.

[233] Sigmund Szobel wurde 1908 in Gelsenkirchen geboren und wuchs in Dortmund auf. Er studierte in Münster und Heidelberg Philosophie und besuchte das Rabbinerseminar in Berlin. 1938 emigrierte er in die USA. 1957 verlieh ihm die Universität Münster die Doktorwürde für die dort liegende Promotionsarbeit, die in der Nazi-Zeit nicht mehr angenommen worden war. Seit 1963 war Szobel Rabbiner in Frankfurt.

VIII. Die Anziehungskraft der Studentenbewegung

oben: Bar-Mizwa Club mit Rabbiner Szobel, 1964, Frankfurter Jüdische Nachrichten, 5. Jg., Nr. 22, März 1964

unten: Hochzeit im Hotel Intercontinental, 1988. Unter der Chuppa (Baldachin) Rabbiner Ahron Daum beim Verlesen des Ehevertrags, daneben Kantor Schlomo Reiss

und mit dem Bar-Mizwa-Club wurden Kinder dafür geworben, auch nach der Bar-Mizwa aktiv in der Gemeinde zu bleiben und sich weiterhin mit der jüdischen Religion zu beschäftigen. Auch die freudigen Ereignisse in der Gemeinde nahmen zu: Es wurden mehr und mehr Bar-Mizwas und Bath-Mizwas und Hochzeiten gefeiert, und die Feiern wurden immer großartiger und aufwendiger. Das ist insofern bemerkenswert, als es bis in die 1970er Jahre nicht selbstverständlich war, in Frankfurt zu heiraten. Viele Frankfurter Juden hatten sich in Israel trauen lassen, weil sie keine deutschen Urkunden haben wollten.[234]

> **Leo Seckel 70 Jahre alt**
> Zum Geburtstag des Herausgebers der ‚Frankfurter Jüdische Nachrichten'
>
> Am 21. April beging Leo Seckel, der Gründer und Herausgeber der „Frankfurter Jüdischen Nachrichten" seinen 70. Geburtstag. In Drohobycz am 21. April 1897 geboren, verlebte Leo Seckel seine Jugend und Schulzeit in Teschen (Schlesien). Es folgen dann zwei Jahrzehnte in Bromberg, wo der junge Kaufmann im gesellschaftlichen Leben der bedeutenden jüdischen Gemeinde mehrere angesehene Stellungen einnahm. Unmittelbar vor dem Einmarsch der Nazis gelang ihm eine abenteuerliche Flucht aus Bromberg, die ihn durch verschiedene Länder nach Polen führte, wo er während der deutschen Besatzungszeit illegal lebte. Bei diesem ständig äußerst gefährlichen Leben kam ihm seine große Sprachkenntnis zu Hilfe. Nach dem Einmarsch der Russen wanderte Leo Seckel nach Israel aus, wo er, wie auch schon in Polen im Zeitungswesen und in Druckereien tätig war. 1957 kam er nach Deutschland und ließ sich in Frankfurt nieder, wo er in der Wielandstr. aus eigenen Mitteln eine Druckerei gründete. 1959 rief Seckel aus eigener Initiative ohne fremde Hilfe die „Frankfurter Jüdische Nachrichten" ins Leben, die einzige jüdische Zeitung in Hessen, die er oft unter erheblichen Schwierigkeiten bis heute drei-viermal jährlich herausgibt und auch selbst druckt. Die „Frankfurter Jüdische Nachrichten" sind heute ein wichtiges Bindeglied der großen jüdischen Gemeinde.

70. Geburtstag von Leo Seckel
Frankfurter Jüdische Nachrichten, 10. Jg., 29. April 1967

Das seit 1968 herausgegebene und allen Mitgliedern zugestellte »Jüdische Gemeindeblatt« berichtete ausführlich über das Geschehen in der Gemeinde. Unabhängig von der Gemeinde erschienen seit 1960 die »Frankfurter Jüdischen Nachrichten«, die eine Plattform für Diskussionen aktueller Themen darstellte.

Die Frankfurter Jüdische Gemeinde hatte in den 1970er Jahren eine verhältnismäßig stabile und langsam wachsende Mitgliedschaft. 1969 waren es 4.300 Mitglieder, 1975 dann 5.039 (=0,76 Prozent der Frankfurter Gesamtbevölkerung).

3. Recht und Anspruch auf gesellschaftliche Teilnahme

Nachdem sich junge Juden viele Jahre lang mit ihrem Verhältnis zu Deutschland und Israel auseinandergesetzt hatten, trafen einige die Entscheidung, in Israel oder in den USA zu leben. Zahlreiche jüdische Intellektuelle entschieden sich aber auch für ein Leben in Deutschland und für eine aktive Teilnahme an dessen politischem und gesellschaftlichem Leben. Frankfurt war ein Zentrum intellektueller Auseinandersetzung, ein geistig fordernder Ort, von dem auch ein hohes Maß an Provokation ausging. Es gab vielfältige politische und kulturelle Diskussionszusammenhänge, denen man sich

---

[234] 1977 wurden in Frankfurt 16 Ehen geschlossen, in denen beide Partner Juden waren, und 12 Ehen, in denen ein Partner Jude/Jüdin war. Statistisches Jahrbuch Frankfurt am Main 1978/79, S. 16 Tabelle 21.

zuordnen, die man aber auch wechseln konnte. Das geistige Klima der Stadt stellte Ansprüche, die gerade auch jüdische Intellektuelle anzog.

Unter den linksgerichteten Juden, die an der Studentenbewegung beteiligt waren, hatte sich in den 1970er Jahren eine besondere kollektive Identität entwickelt. Sie beruhte auf ähnlichen biografischen Erfahrungen und hatte sich profiliert in einer kritischen Einstellung zur israelischen Politik nach 1967, durch Distanz gegenüber der sich radikalisierenden westdeutschen Linken und in der Auseinandersetzung mit der Unbeweglichkeit der institutionalisierten jüdischen Gemeinde. Sie einte der Wunsch, Teil der westdeutschen Gesellschaft zu werden und an ihrer Gestaltung mitzuwirken. Der Zusammenschluss dieser jungen Intellektuellen zu einer »Jüdischen Gruppe« war ein Prozess, der sich nicht mehr genau datieren lässt. Er begann etwa 1970, und die Gruppe bestand bis etwa 1988, hatte aber keine feste Mitgliedschaft. Das Ziel war, gemeinsam die Enttäuschung aufzufangen, »dass die eigene jüdische Zugehörigkeit einen in Widerspruch zur Linken versetzt«[235], miteinander zu diskutieren und Klarheiten zu gewinnen. »Dem konkreten Handeln, der real erlebten Gewalt und Grausamkeit der Eltern, die ihre furchtbaren Erfahrungen individuell bewältigen müssen, steht in den nachgeborenen Generationen eine Sehnsucht nach kollektivem Urteil, nach kollektiver Rache, nach kollektiven Reaktionen gegenüber.«[236] Mit diesen Worten drückte Cilly Kugelmann das gemeinsame Bedürfnis aus. Die Intensität der Selbstvergewisserung, der kollektiven Überwindung der Vergangenheit und der Suche nach etwas Neuem bestimmten die Diskussionen, Publikationen und Aktionen der Gruppe.

Das Thema Israel dominierte und rief immer neue Probleme hervor. Die Frage nach der jüdischen Identität blieb aktuell. Die aktuelle Politik lieferte ständig neue Themen beispielsweise mit Forderungen deutscher Politiker und Intellektueller nach einem »Schlussstrich« unter die nationalsozialistische Vergangenheit und mit der Relativierung des Nationalsozialismus im sogenannten Historikerstreit sowie der Entwicklung eines neuen nationalen Bewusstseins, die ihren symbolischen Ausdruck 1985 im Händedruck von Reagan und Kohl auf dem Soldatenfriedhof in Bitburg fand. Frankfurter Ereignisse wie der Streit um die Aufführung des Theaterstücks »Der Müll, die Stadt und der Tod« von Rainer Werner Fassbinder und später der Konflikt über die Bebauung des Börneplatzes beschäftigten ebenfalls Mitglieder der »Jüdischen Gruppe«. Den Diskussionen folgten bald Appelle und Aktionen.

Für die zeitweise 40 bis 50 Mitglieder der »Jüdischen Gruppe« war diese Gruppe nicht der einzige Bezugspunkt. Sie waren in studentischen Gruppen aktiv, in der Frau-

---

[235] Dan Diner, »Man hat mit der Sache eigentlich nichts mehr zu tun«. In: Richard Chaim Schneider, Wir sind da! Die Geschichte der Juden in Deutschland 1945 bis heute, Berlin 2000, S. 238.
[236] Cilly Kugelmann, Auf»opfernde« Annäherungsversuche. Jünger, Bitburg, Fassbinder – Sprengsätze im deutsch-jüdischen Verhältnis. In: Elisabeth Kiderlen, Deutsch-jüdische Normalität... Fassbinders Sprengsätze. In: Pflasterstrand Flugschrift 1, Frankfurt am Main 1985, S. 71.

enbewegung oder bei der Undogmatischen Linken des Sozialistischen Büros, und viele waren Mitglieder im Jüdischen Studentenverband. In der Redaktion der vom Sozialistischen Büro herausgegebenen Zeitschrift »links« fanden Dan Diner und Micha Brumlik eine Möglichkeit der Diskussion und der Artikulation in zahlreichen Artikeln. Einige Mitglieder begannen damals ihre berufliche Karriere als Akademiker im universitären, pädagogischen oder psychoanalytischen Bereich. Was neu war für die Haltung der engagierten Juden aus der zweiten Generation bzw. der ersten Nachkriegsgeneration, war der Mut, ihre Meinungen zu veröffentlichen und in Handlungen zum Ausdruck zu bringen. Sie machten sich damit zu öffentlichen Personen und setzen sich der Kritik von vielen Seiten aus.

Sich wehren und teilhaben waren die beiden Pole ihres Engagements. Mit Zeitungsartikeln, Aufsätzen und Büchern und auf Tagungen wandten sich Mitglieder der Gruppe an die jüdische und nichtjüdische Öffentlichkeit. Sie zeigten damit deutlich ihre Einstellung als Staatsbürger der Bundesrepublik Deutschland. Das Leben in Deutschland sahen sie als Selbstverständlichkeit an, die Bezeichnung »Deutscher oder Deutsche« lehnten sie nach wie vor ab, denn diese jungen Juden waren nicht und wollten nicht Teil des deutschen Volkes werden.

Innerhalb der Gruppe fand ein intensives Nachdenken – zu dem es von nichtjüdischer Seite keine Parallele gab – darüber statt, warum Teile der Linken so wenig in der Lage waren, sich mit der eigenen Geschichte auseinander zu setzen und die schnelle Gleichsetzung von israelischer Politik und nationalsozialistischer Vernichtungspolitik vornahmen. Mehrere auch heute noch sehr wichtige Publikationen von Micha Brumlik, Susann Heenen-Wolff, Dan Diner, Cilly Kugelmann, Martin Löw-Beer und anderen provozierten Diskussionen zum Beispiel auch in dem von der »Deutsch-Israelischen Gesellschaft« abgespalteten »Deutsch-Israelischen Arbeitskreis für Frieden im Nahen Osten e.V.«, der Tagungen durchführte und das gemeinsame Gespräch wieder in Gang brachte.[237] Es bestanden durchaus unterschiedliche Einschätzungen unter den Mitgliedern, aber alle verstanden den scharfen Antiisraelismus vieler Linker und die ausschließliche Identifizierung mit den Palästinensern als einen Versuch der Befreiung

---

[237] Aus der umfangreichen Publikationsliste seien nur einige Arbeiten genannt: Dietrich Wetzel (Hrsg.), Die Verlängerung von Geschichte. Deutsche, Juden und der Palästinakonflikt, Frankfurt am Main 1983, mit Beiträgen von Micha Brumlik, John Bunzl, Detlev Claussen, Dan Diner, Boaz Evron, Avraham Glezermann, Susann Heenen, Alexander Schöch; Karlheinz Schneider/Nikolaus Simon, Solidarität und deutsche Geschichte. Die Linke zwischen Antisemitismus und Israelkritik. Deutsch-Israelischer Arbeitskreis für Frieden im Nahen Osten e.V., Berlin 1984; Beiträge in Ästhetik und Kommunikation Nr. 51 und 53/54, 1983; Artikel in: links, Sozialistische Zeitung. Weiterhin zahlreiche Artikel in der zwischen 1979 und 1884 erschienenen Zeitschrift des Jüdischen Studentenverbandes Cheschbon. Diese Zeitschrift setzte sich kritisch mit den vielfältigen Problemen jüdischen Lebens in Deutschland auseinander und enthält provokative und kritische Artikel zur Lage innerhalb der jüdischen Gemeinden in Deutschland und in Israel. Cheschbon (hebr.) bedeutet Rechenschaft, Bilanz.

VIII. Die Anziehungskraft der Studentenbewegung

von der belasteten deutschen Vergangenheit und als Ausdruck eines nachgeholten Widerstands. Während des von ihnen scharf verurteilten Libanonkrieges 1982 appellierten sie mit einer namentlich unterzeichneten, in der »Frankfurter Rundschau« veröffentlichten, Stellungnahme, diese bedrohlichen »Vermischungsprozesse« zu erkennen und zu beenden. Es heißt darin: »Uns scheint, daß gleichzeitig [zu dem Libanonkrieg] ein anderer Krieg vor sich geht. Ein Krieg, der seinen Ursprung und Ort nicht im Nahen Osten, sondern in Europa, vor allem in Deutschland hat. Es ist ein Krieg, der aus der Vergangenheit rührt und sich in das gegenwärtige Bewußtsein hinein verlängert. Israel wird mit den Nazis verglichen; Begin vermeint in Beirut Hitler in Berlin zu belagern. [...] Die öffentliche Schelte gegenüber Israel lautet ähnlich: Die Gleichsetzung von Israelis und Juden mit ihren vormaligen antisemitischen und nazistischen Henkern soll die Opfer ihrer kollektiven und individuellen Leidensgeschichte berauben. Ergebnis ist eine gigantische Exkulpation [Schuldenbefreiung, die Red.], die antisemitische Ressentiments im Gewande universeller Moral auftreten lässt.

Es handelt sich dabei um einen Krieg von Geistern und Gespenstern der Vergangenheit, der sich mit dem realen Krieg in Libanon vermischt. Wenn hierzulande nicht gelernt wird, zwischen dem Krieg in Libanon und dem Krieg Deutscher mit ihrer Vergangenheit zu unterscheiden, dann wird sowohl der Versuch einer redlichen Solidarität mit den Palästinensern mißlingen als auch die Schleuse des Antisemitismus geöffnet werden.«[238]

Tatsächlich führten diese Intellektuellen einen Zweifrontenkrieg: gegen die unkritische und emphatische Israelunterstützung der Jüdischen Gemeinde einerseits und gegen Teile der nichtjüdischen Linken andererseits. Die meisten Angehörigen der »Jüdischen Gruppe« waren keine religiösen Juden, aber Mitglieder der Gemeinde. Ihre Beziehungen zur Gemeinde waren locker, aber ernsthaft. Während für die Generation der Überlebenden die Gemeinde lebenswichtig war für die materielle Versorgung und die psychische Sicherheit, hielt die Mehrheit der Nachkriegsgeneration die Gemeindemitgliedschaft für selbstverständlich, wenn die Eltern Mitglieder waren. Nichtreligiöse Remigrantenkinder aus Israel hatten häufig Schwierigkeiten mit der Struktur der Diasporagemeinde und fanden es nicht zwingend, Mitglied zu sein. Vorherrschend in ihrer Identitätsklärung war die Suche nach einer nichtreligiösen und nicht durch die Identifikation mit Israel definierten Bestimmung ihres Judeseins. Sie tendierten dazu, Juden als ethnische Minderheit in einer pluralistisch zusammengesetzten Gesellschaft zu bestimmen und den universellen, transnationalen Charakter des Judentums hervorzuheben. Von den Repräsentanten der Frankfurter Gemeinde und des Zentralrats der Juden in Deutschland fühlten sie sich nicht vertreten; sie kritisierten die dort vorherrschende

---

[238] Frankfurter Rundschau, 20. August 1982: »Der Krieg mit der Vergangenheit«, unterzeichnet von Micha Brumlik, Daniel Cohn-Bendit, Dan Diner, Amichai Dreyfuß, Susann Heenen, Isidor Kaminer, Armando Konizer, Cilly Kugelmann, Anna Lesczynska, Dalia Moneta, Moishe Postone, Hanna Salomon, Dina Stein, Samy Teicher.

Haltung als Opportunismus gegenüber der westdeutschen Regierung und forderten deutliche politische Äußerungen und Aktionen.

Die israelische Besatzungspolitik und die sich Anfang der 1980er Jahre zuspitzende Lage in Israel und Palästina beunruhigte die Mitglieder der Frankfurter »Jüdischen Gruppe« und führte über Diskussionen hinaus zu Aufrufen und Appellen. Am 19. April 1982 veröffentlichte die »Frankfurter Rundschau« ihre Solidaritätserklärung mit Palästinensern, die in Bonn gegen die Schließung der Universitäten auf der Westbank und für die Beendigung des Landraubs in Palästina demonstrierten:

»Als Juden empfinden wir eine besondere Verpflichtung, gegen diese Politik des israelischen Staates unsere Stimme zu erheben. Wir solidarisieren uns mit dem palästinensischen Volk in seinem Kampf gegen die israelische Unterdrückungs- und Verdrängungspolitik, für die Wiederherstellung seiner Rechte.

Stellungnahme junger Frankfurter Juden zur Reaktion auf den Libanonkrieg in der Bundesrepublik, Frankfurter Rundschau, 20. August 1982

Wir glauben, daß ohne Anerkennung der kollektiven Rechte des arabisch-palästinensischen und jüdisch-israelischen Volkes – einschließlich der Selbstbestimmung – weder Friede in diese Region einkehren noch das Überleben der dort lebenden Menschen – gleich welcher Herkunft – gewahrt und garantiert werden kann.«[239]

16 Mitglieder der »Jüdischen Gruppe« und mit ihnen verbundene Intellektuelle unterschrieben diesen Aufruf namentlich. Am 13. Juni 1982 demonstrierten 25 vom ihnen

---

[239] Frankfurter Rundschau, 19. April 1982.

VIII. Die Anziehungskraft der Studentenbewegung

in der Nähe der Israelischen Botschaft in Bonn gegen den von Israel begonnenen Krieg gegen die Palästinenser im Libanon. Auf Transparenten forderten sie die Beendigung der Tötung von Palästinensern und die Anerkennung der PLO.[240] Trotz sehr schwieriger Gespräche und negativer Erfahrungen bei der Vorbereitung einer Demonstration in Frankfurt »Freiheit und Selbstbestimmung des palästinensischen und libanesischen Volkes und gegen den israelischen Vernichtungskrieg«, zu dem 90 Organisationen aufriefen, beteiligten sich Angehörige der »Jüdischen Gruppe« führend an der Vorbereitung und Durchführung. Palästinenser, Juden und ein breites Bündnis linker Gruppen demonstrierten gemeinsam. Sie stellten sich damit in Opposition zu den Solidaritätserklärungen der Jüdischen Gemeinden und des Zentralrats der Juden in Deutschland sowie zu Organisationen, denen sie teilweise selbst angehörten oder angehört hatten wie dem »Bundesverband Jüdischer Studenten in Deutschland«.[241]

Micha Brumlik berichtet in seinem Buch »Kein Weg als Deutscher und Jude« über die damaligen Aktionen, die »in Kreisen der jüdischen Gemeinde einen Sturm der Empörung« hervorriefen. »Ein Ausriß der Zeitung [»Frankfurter Rundschau« mit der Erklärung vom 19. April 1982] wurde in der Westendsynagoge in einen Schaukasten gehängt, womit unsere Selbststigmatisierung in eine Fremdstigmatisierung umgewandelt und wir nur zu folgerichtig an den Pranger gestellt wurden – was wir recht besehen hätten wissen können. Denn daß die meisten Mitglieder der jüdischen Gemeinde mehr oder minder die Auffassung Menachem Begins und der ihn tragenden Parteien teilten, daß die PLO genaugenommen nur jene Mordtaten vollenden wollte, die die Nationalsozialisten abbrechen mußten, war uns bekannt. Die Kritik und wütenden Proteste aus Kreisen der Gemeinde enthielten schon früh alle Einwände gegen das Engagement universalistisch gesonnener jüdischer Intellektueller zugunsten der Palästinenser – zumal in Deutschland.«[242] Brumlik kritisiert die eigenen damaligen Aktionen und weist auf eine unkritische Wortwahl hin. Vor allem aber benennt er die Gefahr, »zu einer Belebung des ohnehin vorhandenen mehr oder weniger latenten Antisemitismus, der sich doch ohnehin als Antizionismus zu tarnen verstand«, beizutragen. »Das immer stärker werdende Gefühl, mit Antisemiten in einem Boot zu sitzen bzw. zum Verräter zu werden, kurz: ausgerechnet in Deutschland in die Endmoräne nationalsozialistischen Vernichtungswillens zu geraten, war nicht zu beschwichtigen«.[243] Bis heute bestimmt dieser Zwiespalt die Gespräche zwischen nichtjüdischen Deutschen und linken Juden und sorgt für Differenzen.

---

[240] Siehe dazu: Shila Khasani, Eine Minderheit in der Minderheit. Das politische Engagement der linksorientierten Juden der Frankfurter Jüdischen Gruppe. In: Trumah 14, 2005, S. 55-74. Hier S. 62f.

[241] Ähnliche Erklärungen wie von der Frankfurter Gruppe wurden von Juden in Berlin, Bonn und Hamburg abgegeben. Siehe israel & palästina, Sonderheft Nr. 2, S. 22ff.

[242] Micha Brumlik, Kein Weg als Deutscher und Jude, München 1996, S. 134.

[243] Ebenda, S. 135.

Anders als mit den Demonstrationen gegen den Libanonkrieg erging es der kritischen Gruppe mit ihren Protesten 1985 gegen die Begegnung von Bundeskanzler Helmut Kohl mit dem Präsidenten der Vereinigten Staaten von Amerika Ronald Reagan auf dem Soldatenfriedhof in Bitburg am 40. Jahrestag der Beendigung des Zweiten Weltkriegs. Auf diesem Friedhof liegen neben den Soldatengräbern 49 Gräber von SS-Mitgliedern. Nach heftigen Protesten gegen diesen Versöhnungsakt und den damit beabsichtigten Schlussstrich unter die nationalsozialistische Vergangenheit wurde das Programm ergänzt durch einen Besuch des ehemaligen Konzentrationslagers Bergen-Belsen. Deutsche und internationale jüdische Organisationen und der Zentralrat der Juden in Deutschland protestierten vergeblich gegen die gleichzeitige Ehrung von Tätern und Opfern des Nationalsozialismus und gegen das inszenierte Versöhnungsritual. Mehrere amerikanische und deutsche jüdische Organisationen riefen zu Protestdemonstrationen auf. Mitglieder der Frankfurter »Jüdischen Gruppe« entschlossen sich, ihren Protest in Bergen-Belsen zu zeigen, denn: »In Bitburg wurden die Mörder rehabilitiert, in Bitburg und Bergen-Belsen ihre Opfer ein zweites Mal ermordet, indem die Erinnerung an sie zur billigen Münze eines abgefeimten politischen Deals wurde.«[244]

Die kritische Öffentlichkeit der Bundesrepublik und auch die deutsche Linke ließ die protestierenden Juden allein. Sie sah die Tragweite der Schlussstrich-Inszenierung nicht, spürte nicht die Verletzung der Opfer und bemerkte nicht die politische Absicht, die Wehrmacht zu rehabilitieren. »Für die jüdische Linke erwies es sich als schockierend, dass der persönliche Einsatz eines radikalen Protestes gerade dort ausblieb, wo es zum ersten Mal um ein Ereignis ging, das ausschließlich die deutsche Geschichte betraf. Während der größte Teil der deutschen Linken bloß ironisch einen sowieso lächerlichen Kanzler verhöhnte, sah sich die jüdische Linke mit einer doppelten Infamie alleine gelassen.«[245] Das Verhalten der Linken, die die Konservativen gewähren ließen, war besonders enttäuschend nach dem starken Engagement während des Libanonkriegs und überhaupt in den Protesten gegen die Rüstungspolitik.

Mitglieder und Funktionäre der jüdischen Gemeinden und Organisationen hatten zum ersten Mal seit Bestehen der Bundesrepublik erlebt, dass ihre Proteste und ihr Einspruch nichts bewirkten; die Regierung änderte den Ablauf nicht und führte zielstrebig eine Zeremonie durch, die als eine Verachtung der Verfolgten und Ermordeten verstanden werden musste. Die Vertreter der Juden verweigerten die Teilnahme an der Zeremonie in Bergen-Belsen, die Kirchenvertreter dagegen sagten die Teilnahme nicht ab. Eine neue Wachsamkeit der Juden gegen Entwicklungen in der Bundes-

---

[244] Micha Brumlik, Das Öffnen der Schleusen. Bitburg und die Rehabilitation des Nationalsozialismus in der Bundesrepublik. In: Georg M. Hafner/Edmund Jacoby, Die Skandale der Republik, Hamburg 1990, S. 267.

[245] Cilly Kugelmann, Auf»opfernde« Annäherungsversuche. Jünger, Bitburg, Fassbinder – Sprengsätze im deutsch-jüdischen Verhältnis. In: Elisabeth Kiderlen, Deutsch-jüdische Normalität... Fassbinders Sprengsätze. In: Pflasterstrand Flugschrift 1, Frankfurt am Main 1985, S. 72.

republik breitete sich aus, die in kommenden Frankfurter Konflikten ihre Wirkung zeigte.

Viele der damals aktiven linken jüdischen Intellektuellen sind seit vielen Jahren angesehene Wissenschaftler, Lehrer, Museumsmitarbeiter, Psychoanalytiker, Sozialarbeiter, mehrere arbeiten in jüdischen Bereichen oder beschäftigen sich mit jüdischer Geschichte. Sie haben viel bewirkt und sind noch heute wichtige Diskussionspartner.

Von Gemeindemitgliedern haben sie viel Kritik einstecken müssen. Sie haben damals nicht in der Gemeinde wirken und Diskussionen hervorrufen oder verkrustete Strukturen aufbrechen können. Die »Frankfurter Jüdische Gemeindezeitung« bot ihnen keine Plattform.

Die »Jüdische Gruppe« löste sich nicht formal, aber praktisch in der zweiten Hälfte der 1980er Jahre auf. Wie wichtig einigen Mitgliedern der weitere öffentliche Diskurs war, zeigt die von ihnen ab 1986 herausgegebene Zeitschrift »Babylon. Beiträge zur jüdischen Gegenwart«. Die damaligen Herausgeber waren der Erziehungswissenschaftler Micha Brumlik, der Historiker Dan Diner, die Publizistin und Therapeutin Susann Heenen-Wolff, die Filmwissenschaftlerin Gertrud Koch, der Publizist und Philosoph Martin Löw-Beer sowie Cilly Kugelmann, Mitarbeiterin am Jüdischen Museum in Frankfurt am Main. Mit Unterstützung eines internationalen Mitarbeiterkreisen knüpften sie an die Außenseiterrolle des unabhängigen und universalistisch ausgerichteten jüdischen Intellektuellen an. Diese Zeitschrift erscheint, wenn auch unregelmäßig, bis heute.

Programmatisch heißt es in dem Editorial der ersten Ausgabe: »Von der konkreten historischen Erfahrung ausgehend, daß das innere Maß an Freiheit einer Gesellschaft an ihrem Verhältnis zu den Zumutungen intellektueller Kritik, insbesondere wenn sie von den jüdischen Randzonen her formuliert wird, sich bestimmen läßt, betrachten wir es als eine mehr als äußere Provokation, wenn wir das Gespenst des jüdischen Intellektuellen noch einmal aus der Versenkung holen.

Die Zeitschrift Babylon will sich zum einen mit jüdischen Themen im engeren, im partikularen Sinne beschäftigen; zum anderen will sie sich mit dem befassen, was weitestgehend und universalistisch von Juden und dem Judentum ausgeht, beziehungsweise ihm jeweils zugeschrieben wird. Die Haltungen gegenüber den Juden – das lehrt die Erfahrung – weisen weit über das konkrete Verhältnis von Juden und Nichtjuden hinaus. Man kann sagen, daß diese Haltungen ein Indikator für die jeweiligen politischen und kulturellen Befindlichkeiten einer Gesellschaft sind.«[246]

---

[246] Editorial. Babylon, Beiträge zur jüdischen Gegenwart 1, 1986, S. 8.

IX. Selbstbewusste Präsenz – Öffentliche Einmischung

In den 1980er Jahren zeigte sich die Jüdische Gemeinde als eine gefestigte Gemeinschaft. Weitere Aus- und Neubauten, eine kulturelle Öffnung, zahlreiche Publikationen und die Bereitschaft von Überlebenden, über ihre Geschichte zu berichten, zeugten von einer selbstbewussten Präsenz der Juden und ihrem Willen, nicht länger unauffällig zu leben, sondern sich einzumischen. Dabei wuchs auch bei vielen Juden das Interesse an jüdischer Geschichte und Kultur in Deutschland und Frankfurt am Main vor der Zeit des Nationalsozialismus.

Diese Öffnung ging einher mit zwei parallel verlaufenden Entwicklungen in der Mehrheitsgesellschaft. Es entstand einerseits eine größere Bereitschaft, sich in Konflikte des städtischen Zusammenlebens einzumischen, und es zeigte sich ein wachsendes Interesse an jüdischer Geschichte und Religion und vor allem an dem Geschehen während der Nazizeit. Im Wohn- und Lebensumfeld entstanden Geschichtsinitiativen, Stadtteilgruppen und Ausstellungen. Diese Entwicklung stand im Kontrast zu Veröffentlichungen renommierter Historiker, die eine Relativierung des Nationalsozialismus und seiner Verbrechen durch einen Vergleich mit bolschewistischen Verbrechen und die Hervorhebung der Bedrohung Deutschlands durch die Bolschewisten einleiten wollten. Der »Historikerstreit« entzündete sich an diesen Absichten und griff auch die Forderung nach einem Schlussstrich unter den Nationalsozialismus sowie den Wunsch nach Normalität zwischen Juden und Deutschen und zwischen Deutschland und Israel auf.[247] Die kritische Verfolgung dieser Entwicklung führte gerade in Frankfurt Juden und Nichtjuden zu gleichen Einschätzungen und Ängsten vor einem veränderten Nationalbewusstsein in der Bundesrepublik.

---

[247] Der »Historikerstreit« begann mit einem Artikel von Ernst Nolte in der Frankfurter Allgemeinen Zeitung am 6. Juni 1986: »Die Vergangenheit, die nicht vergehen will«. Der damalige Herausgeber der FAZ, Joachim Fest, war einer der stärksten Unterstützer von Nolte und Gleichgesinnten. Jürgen Habermas reagierte schnell mit dem Aufsatz »Eine Art Schadensabwicklung« in: Die Zeit, 11. Juli 1986. Beide Artikel riefen eine heftige Kontroverse unter Historikern hervor.

IX. Selbstbewusste Präsenz – Öffentliche Einmischung

Bühnenbesetzung durch Mitglieder der Jüdischen Gemeinde, 31. Oktober 1985
»Subventionierter Antisemitismus« heißt es auf dem Spruchband.

1. »Das Ende der Schonzeit«? oder keine Normalität: Auseinandersetzungen um ein Theaterstück

Unerhörtes geschah am 31. Oktober 1985 in Frankfurt: 25 Mitglieder der Jüdischen Gemeinde, angeführt von Ignatz Bubis und Michel Friedman besetzten die Bühne der Frankfurter Kammerspiele, blieben dort trotz der Bitten des Intendanten Günther Rühle und des Kulturdezernenten Hilmar Hoffmann unerschütterlich vor einem Premierenpublikum stehen, das in der Mehrheit die Aufführung des Theaterstückes von Rainer Werner Fassbinder »Der Müll, die Stadt und der Tod« sehen wollte. In dem Theaterstück geht es um Stadtsanierung, korrupte Politiker, Immobilienspekulation, Häuserkampf, Prostitution, Juden und Nichtjuden; erkennbar ist Frankfurter Stadtgeschichte der frühen 1970er Jahre.

Die Bühnenbesetzung war eine gut geplante Aktion. Eintrittskarten waren gefälscht worden, ein großes Transparent mit der Aufschrift »Subventionierter Antisemitismus« in das Theater gebracht und zunächst ein üblicher Small-talk im Foyer geführt worden. Vor dem Theater protestierten über 1.000 Menschen gegen die Aufführung und empfingen die Theaterbesucher mit Rufen wie »Schämt Euch«. Aufgerufen zu der Demonstration hatten bundesweit jüdische Organisationen und drei Frankfurter Politikerinnen.[248] Eine kleine Gruppe demonstrierte für die Aufführung und gegen »Bücherverbrennung«.

Hermann Alter, Vorstandsmitglied der Jüdischen Gemeinde und Rechtsanwalt, begründete auf der Bühne die Besetzung: »Wir, jüdische Bürger aus Frankfurt, haben

Protest vor den Kammerspielen am 31. Oktober 1985

diese Bühne besetzt, um unseren Protest gegen die Beleidigung und Diffamierung, die durch die Aufführung eines antisemitischen Stücks an die Bürger weitergetragen wird, zu demonstrieren. Wir werden die Bühne besetzt halten, bis wir wissen, daß dieses Stück hier nicht zur Aufführung gelangt. Weil wir überzeugt sind, daß diese Aufführung eine Beleidigung und Diffamierung aller jüdischen Bürger Frankfurts darstellt.«[249] Seine Erklärung wurde durch Zwischenrufe von Besuchern unterbrochen, die die Aufführung sehen wollten. Anschließend ging es im Saal turbulent zu.[250]

Der Fassbinder-Konflikt war kein lokales Ereignis, er fand bundesweite und internationale Aufmerksamkeit und Reaktionen. Heftige Auseinandersetzungen um dieses Theaterstück waren der geplanten Uraufführung ein halbes Jahr lang vorausgegangen. Sie setzten die schon 1984 geführte Kontroverse um eine geplante Aufführung in der

---

[248] »Über 1000 Menschen demonstrierten gegen Fassbinder-Stück/Uraufführung ist zunächst geplatzt«. In: Frankfurter Rundschau, 2. November 1985, S. 12. Zum Protest aufgerufen hatten Frolinde Balser (SPD), Erika Steinbach (CDU) und Edith Stumpf (FDP), die drei Schirmherrinnen des WIZO-Basars. Sie hatten eine breite Unterschriftensammlung gegen die Aufführung durchgeführt. Fassbinder selbst hatte das Theaterstück am TAT (Theater am Turm) inszenieren wollen und stieß schon damals auf heftige Proteste. Er starb 1982. Vgl. zum Inhalt des 1975 geschriebenen und veröffentlichten Theaterstücks und zu der Kontroverse: Janusz Bodek, Die Fassbinder-Kontroversen: Entstehung und Wirkung eines literarischen Textes, Frankfurt am Main 1991, besonders S. 275ff.; Wanja Hargens, »Der Müll, die Stadt und der Tod«. Rainer Werner Fassbinder und ein Stück deutscher Zeitgeschichte, Berlin 2010.

[249] Behrent, Cohn-Bendit, Kiderlen, Siegert, Die Inszenierung der Öffentlichkeit. Der Verlauf der Ereignisse. In: Elisabeth Kiderlen (Hrsg.), Deutsch-jüdische Normalität... Fassbinders Sprengsätze. Pflasterstrand Flugschrift 1, Frankfurt am Main 1985, S. 15.

[250] Siehe auch XII. Texte und Dokumente, S. 303ff. in diesem Band.

Alten Oper fort, in der bereits alle Standpunkte ausgesprochen und begründet worden waren. Die Gegner der Aufführung führten als Argument die antisemitischen Aussagen und Sprachbilder des Stücks an, die Stilisierung eines namenlosen Juden als ein reiches, skrupelloses, dem öffentlichen Wohl feindliches Wesen, als Negativperson schlechthin. Statt »ein Jude« würde in diesem Stück »der Jude« dargestellt. Die Kritik war, dass zur prototypischen Zeichnung eines skrupellosen Kapitalisten ein Jude gewählt wurde, einer der »fremd« wirken und deshalb Judenfeindlichkeit hervorrufen würde. Die weitere Kritik richtete sich gegen Sätze, die bei Juden furchtbare Erinnerungen hervorrufen mussten und bei Nichtjuden Zustimmung erfahren könnten: »Wär' er geblieben, wo er herkam, oder hätten sie ihn vergast, ich könnte heute ruhiger schlafen!« Viele Juden fühlten sich angegriffen, als Gruppe diffamiert, als Opfer verletzt.

Die Befürworter verteidigten die »Freiheit der Kunst« und die Meinungsfreiheit und betonten die aufklärende Wirkung eines mit Absicht provozierenden Theaterstücks. Diesen Argumenten schlossen sich auch einige bekannte Juden an wie Daniel Cohn-Bendit und Marcel Reich-Ranicki.[251] Andere hielten die Aufarbeitung der dem Stück zugrundeliegenden Zerstörung des Wohnraums im Westend und der Innenstadt für notwendig, die mit Hilfe von reich gewordenen Immobilienmaklern und Bauherren, unter denen auch Juden waren, gewaltsam vollzogen wurde. Hinter den Argumenten vieler Befürworter verbarg sich die Erwartung, endlich zu einer »Normalisierung« des deutsch-jüdischen Verhältnisses zu finden. Von »Versöhnung« war die Rede, sogar vom Bemühen, »uns wieder als Menschen zu erkennen, die einen frohen Umgang miteinander haben«.[252] Äußerungen fielen wie: Es müsse in Deutschland endlich wieder möglich sein, Juden auf der Bühne zu kritisieren. Oder: Die Schonzeit sei vorbei.[253] Der Wert der »Freiheit der Kunst« wurde höher eingeschätzt als der Schutz einer Minderheit vor Diskriminierung.

Dass die Wogen so hoch schlugen, hing mit dem Ansehen zusammen, das der 1982 jung verstorbene Rainer Werner Fassbinder durch seine Filme und Theaterstücke mit ihrem kritischen Blick auf die deutsche Nachkriegsgesellschaft und dem Kampf gegen das Vergessen erworben hatte. Fassbinder könne kein Antisemit sein, sein Stück kein antisemitisches, wiederholten Befürworter der Aufführung. Für die Gegner aber stand fest, dass es antisemitisch war und eine Aufführung den Antisemitismus fördere, indem es vorhandene Vorurteile verstärke. Je länger die Auseinandersetzungen anhielten, desto stärker wurde die Spannung zwischen Gegnern und Befürwortern. Die inhaltliche Aus-

---

[251] Marcel Reich-Ranicki, Mein Leben, S. 451; er forderte Bubis während der Bühnenbesetzung zur Räumung der Bühne auf.

[252] Günther Rühle in einem Brief an die Allgemeine Jüdische Wochenzeitung, zitiert von Micha Brumlik, Warum ich mit Ignatz Bubis solidarisch bin. In: links, Sozialistische Zeitung, 17. Jg., Nr. 189, Dezember 1985, S. 8.

[253] Michel Friedman, Zukunft ohne Vergessen. Ein jüdisches Leben in Deutschland, Köln 1995, S. 48. Heiner Lichtenstein, Die Fassbinder-Kontroverse oder das Ende der Schonzeit, Frankfurt am Main 1986.

einandersetzung mit dem Stück, das wahrscheinlich nur wenige gelesen hatten, trat dabei mehr und mehr in den Hintergrund.

Zehn Jahre hatte das Theaterstück in der Stadt rumort, doch letztlich nur zu Konflikten innerhalb der literarischen und der Theaterszene geführt. Die Jüdische Gemeinde hatte sich schon 1984 gegen die Aufführung ausgesprochen. An den von dem Theaterintendanten Günther Rühle angesetzten Diskussionsveranstaltungen beteiligten sich Juden, insbesondere Überlebende von Konzentrationslagern. Sie äußerten ihre Befürchtungen vor den Wirkungen des Theaterstücks, betonten

> **ERKLÄRUNG DES VORSTANDES**
> zur beabsichtigten Aufführung des Stückes von Rainer Werner Fassbinder: »Der Müll, die Stadt und der Tod«
>
> Die ALTE OPER plant im Rahmen der »Frankfurt-Feste 1984« das Stück »Der Müll, die Stadt und der Tod« von Rainer Werner Fassbinder aufzuführen.
> Der Vorstand der Jüdischen Gemeinde Frankfurt sieht in der Aufführung dieses Stückes wegen seiner antisemitischen Tendenz eine Belastung der Bestrebungen, die Zeit des Nationalsozialismus zu bewältigen. Das verunglimpfende Bild des »reichen Juden« in Fassbinders Stück trägt »Stürmersche« Züge und ist eine Beleidigung für die in Frankfurt lebenden Juden.
> Der Vorstand der Jüdischen Gemeinde bedauert, daß gerade die Alte Oper, die auf eine Stiftung jüdischer Bürger zurückgeht, diesem in seiner Wirkung fatalen Stück eine Plattform bieten will.
>
> **JÜDISCHE GEMEINDE FRANKFURT AM MAIN**
> Der Vorstand

Erklärung des Vorstands der Jüdischen Gemeinde zur beabsichtigten Aufführung des Theaterstücke »Der Müll, die Stadt und der Tod«, 1984, Frankfurter Jüdisches Gemeindeblatt 17. Jg., Nr. 3, Juni-August 1984, S. 5

die historische Verantwortung und forderten Rücksicht auf die subjektiven Empfindungen, die aus den Verfolgungen erwachsen seien. Die Achtung der »Würde des Menschen« stellten sie über die »Freiheit der Kunst«. Der Intendant Günther Rühle blieb diesen Argumenten gegenüber unzugänglich, auch Protestschreiben der katholischen und evangelischen Kirche, der Gesellschaften für christlich-jüdische Zusammenarbeit, der Frankfurter Loge B'nai B'rith und der Bundeszentrale für politische Bildung führten keine Meinungsänderung herbei.[254]

Am Abend der geplanten Aufführung forderte Rühle mehrfach die Besetzer zum Verlassen der Bühne auf, die sich auch nach zwei Stunden noch konsequent weigerten. Als der zuständige Dramaturg von den schon auf der Bühne – hinter den Protestierenden – sitzenden Schauspielern verlangte, hinter den Demonstranten mit dem Spiel zu beginnen und dafür tosenden Beifall erhielt, war die letzte Zuspitzung erreicht. Nicht Rühle, sondern der Frankfurter Kulturdezernent Hilmar Hoffmann beendete nach drei Stunden die Veranstaltung.

Das Presseecho war groß und ging in der Beurteilung weit auseinander. In einer gut besuchten Pressekonferenz am nächsten Tag kündigte Ignatz Bubis die Verhinderung weiterer Aufführungen an. Obwohl Rühle durch Argumente nicht überzeugt war, teilte

---

[254] Janusz Bodek, Die Fassbinder-Kontroversen. Entstehung und Wirkung eines literarischen Textes, Frankfurt am Main 1981, S. 311.

er am 11. November nach mehreren weiteren Versuchen den vorläufigen Verzicht auf die Aufführung mit.[255]

Noch einige Zeit ging es in Theaterkreisen um die Aufführung des Stücks, dann wurde es ruhig. Im Oktober 2009 ist es wieder ausgegraben und im Mülheimer Theater im Rahmen eines Projektes »Fassbinder« gegen den Protest des Zentralrats der Juden in Deutschland und der Jüdischen Gemeinde in Mülheim aufgeführt worden. An den Argumenten für und gegen die Aufführung hatte sich nichts geändert, die große Entrüstung blieb aber aus.[256]

Die »emanzipatorische Tat« der Gemeinde – wie Michel Friedman die Bühnenbesetzung bezeichnete – fiel in die Zeit von Oberbürgermeister Walter Wallmann[257], der sehr bemüht war, deutsch-jüdische Normalität zu demonstrieren und die Kontakte zur Jüdischen Gemeinde zu intensivieren. In seiner Amtszeit wurde beschlossen, jährlich aus Frankfurt emigrierte Juden einzuladen und eine Partnerschaft mit Tel Aviv einzugehen, und er förderte die Gründung des Jüdischen Museums. In Grußworten und als Redner in der Synagoge am 9. November betonte er die Dankbarkeit der Stadt für die Anwesenheit von Juden und die Existenz einer Jüdischen Gemeinde und versprach ihre weitere Förderung. In der Jüdischen Gemeinde genoss er großes Ansehen.

Wallmann hatte sich gegen die Aufführung des Theaterstücks in der Alten Oper ausgesprochen, das Stück als missverständlich und antisemitisch bezeichnet. Die Jüdische Gemeinde erwartete deshalb von ihm, dass er die Aufführung im Theater ein Jahr später ebenfalls untersagen würde. Wallmann war gegen die Aufführung, lehnte aber aus taktischen und verfassungsrechtlichen Gründen ein Eingreifen ab. Sein Ansehen in der Jüdischen Gemeinde litt nicht darunter. 1985 erhielt er das Ehrensiegel der Jüdischen Gemeinde in Silber »für sein aktives Eintreten und Wirken für Versöhnung und Verständigung zwischen Juden und Christen, zwischen Deutschen und Israelis sowie für sein Engagement für die jüdische Gemeinschaft«.[258]

Das Verhalten des Vorstands und vieler Mitglieder der Jüdischen Gemeinde aller Generationen in diesem Konflikt und insbesondere deren konsequente Handlung wird von allen Beteiligten als Zäsur in der Nachkriegsgeschichte der Juden in Frankfurt und sogar in Deutschland gesehen. Juden haben in der Öffentlichkeit unmissverständlich ihre Meinung vertreten, sie haben sich mit Mitteln gewehrt, die Jahre zuvor zu den Aktionsformen der Studentenbewegung gehörten, und sie haben es in dem Bewusstsein getan, eine Angriffsfläche zu bieten. Viele Beteiligte haben sich zum ersten Mal offensiv als Juden ver-

---

[255] Zu den weiteren Versuchen von Rühle und den Reaktionen in der Presse: Ebenda, S. 318ff.
[256] Jüdische Allgemeine Wochenzeitung, Nr. 38/09, 17. September 2009 und Jüdische Zeitung, September 2009.
[257] Walter Wallmann war 1977 bis 1986 der erste CDU-Oberbürgermeister in Frankfurt. Bundeskanzler Kohl berief ihn 1986 zum ersten Umweltminister, sein Nachfolger in Frankfurt wurde Wolfgang Brück.
[258] Frankfurter Jüdisches Gemeindeblatt, 18. Jg., Nr. 4, September-November 1985, S. 5.

halten. Was in dem Protest gegen die Versöhnung in Bitburg nicht gelungen war, wurde in Frankfurt mit der Absetzung der Inszenierung erreicht. Getragen war der Konflikt nicht von den jungen Intellektuellen, die schon einige Male mit heftiger Kritik und mit Aktionen in Erscheinung getreten waren, sondern vom Vorstand der Jüdischen Gemeinde mit großer Unterstützung zahlreicher Mitglieder, von Juden, die als »jüdische Mitbürger« gern gefeiert und bei Empfängen und Ehrungen und sonstigen städtischen Veranstaltungen gern gesehen und begrüßt wurden, die sich nun aber als »jüdische Bürger Frankfurts« einmischten. Noch 1982 hatten sie sich gegen die Verleihung des Goethe-Preises an Ernst Jünger nur verhalten geäußert, jetzt aber hatte sich ihre Haltung geändert.[259]

»Die Zeit des Duckens ist endlich vorbei«, wählte einige Jahre später Peter Feldmann, Mitte der 1980er Jahre bereits Stadtverordneter der SPD, als Überschrift für einen Artikel über die Einstellung der Jüdischen Gemeinde gegenüber der deutschen Gesellschaft. Er bewertete das Aufbegehren der Juden als Zeichen für die Entscheidung, »sich zu wehren und einzumischen«, statt demonstrativ auszuwandern. Das Verhalten der Frankfurter Juden im Fassbinder-Konflikt führte er als Beispiel für den neuen Weg an: »Spektakulär vorgeführt wurde diese Art der Reaktion innerhalb der hart geführten Auseinandersetzung um Inhalt und Form des Fassbinder-Stückes ›Der Müll, die Stadt und der Tod‹. Die darin enthaltenen unrelativierten, harten antisemitischen Sprüche brachten fast die gesamte Jüdische Gemeinde in Aufruhr und rund 2.000 Juden auf die Straße. Zum ersten Mal in der Nachkriegsgeschichte vertraute die überwiegende Mehrheit der Juden nicht mehr auf Staat und CDU-Politiker als ›natürliche Beschützer‹, sondern war bereit, die eigenen Belange selbst und mit großem Ernst zu vertreten. Die darauffolgende Besetzung des Theaters – geheim vorbereitet und spektakulär durchgeführt – war eine massive Regelverletzung gegenüber der deutschen Öffentlichkeit, die sich an den devoten Juden als Normalzustand gewöhnt hatte«.[260]

»Zusammenleben als Konflikt verstanden. Als permanenter Konflikt, um weiterzukommen«, mit diesem Satz bestätigte Daniel Cohn-Bendit ein Fazit von Elisabeth Kiderlen in einem gemeinsamen Gespräch: »Dagegen gilt es eine Normalisierung zwischen Deutschen und Juden herzustellen, die nicht auf der Verdrängung beruht, sondern auf der Auseinandersetzung.«[261] Frankfurt schien prädestiniert für Konflikte: Der nächste stand bereits bevor.

---

[259] Der Goethepreis wird seit 1927 verliehen, seit 1952 alle drei Jahre. Der Preis soll eine Person ehren, die durch ihr Schaffen würdig ist, eine Ehrung zum Gedenken Goethes zu erhalten. An der Verleihung des Preises an Ernst Jünger gab es heftige Kritik, da er vielen als Wegbereiter des Nationalsozialismus gilt.

[260] Peter Feldmann, Die Zeit des Duckens ist endlich vorbei. Die Struktur der jüdischen Gemeinde hierzulande hat sich verändert. In: Allgemeine Jüdische Wochenzeitung, 44. Jg., Nr. 22, 20. Oktober 1989.

[261] Elisabeth Kiderlen (Hrsg.), Deutsch-jüdische Normalität... Fassbinders Sprengsätze. Pflasterstrand Flugschrift 1, Frankfurt am Main 1985, S. 10.

2. Ein Skandal mit langer Vorgeschichte:
»Börneplatz-Mahnmal oder Mahnmal Börneplatz?«[262]

Es ist nachträglich nur schwer zu verstehen, dass der nach 1945 nicht bebaute Börneplatz, den die Nationalsozialisten in Dominikanerplatz umbenannt hatten, keine Aufmerksamkeit als Erinnerungsort an die 1942 vernichtete Israelitische Gemeinde und die vertriebenen und ermordeten Frankfurter Juden fand. An diesem Ort stand eine große Synagoge, und der älteste jüdische Friedhof, dessen Grabsteine teilweise in der Zeit des Nationalsozialismus zerstört wurden, begrenzte ihn. Das Fundament der Synagoge war nach 1945 noch zu erkennen, und in der Rechneigrabenstraße stand das teilzerstörte Gebäude eines jüdischen Altersheims. 1946 fand hier eine Gedenkfeier der überlebenden Juden statt, die in einem Foto festgehalten ist, danach aber scheinen sich weder Vertreter der Jüdischen Gemeinde noch die Stadt um diesen Erinnerungsort gekümmert zu haben.

In den Akten finden sich nur gelegentliche Spuren, z.B. regte Ludwig Goldschmidt, Gagernstraße 36, »Nachfahre einer der ältesten und angesehensten Familien Frankfurts, der nach langjährigem Exil zurückgekehrt« ist, 1956 in einem Brief an die Stadtverordnetenversammlung die Errichtung einer monumentalen, würdigen Erinnerungsstätte an. Er erklärte sich bereit, die dafür notwendigen Geldmittel zu besorgen, wenn die Stadt das Grundstück zur Verfügung stellte.[263] Zu diesem Vorschlag findet sich nur der Vermerk, dass eine Stellungnahme der Jüdischen Gemeinde eingeholt werden solle. Ein Jahr später beschwerte sich M. Shechter über den Zustand am Börneplatz, auf dem noch Reste der Synagoge stünden: »In diesem Restteil befindet sich heute ein Abstellplatz für alte Autos. Vor dem ehemaligen ›Aron Hakodesch‹ (heiliger Schrein) liegen schmutzige Gerümpel herum.« Das Büro des Oberbürgermeisters teilte ihm mit, die Jüdische Gemeinde habe den Platz der Stadt überlassen und es solle dort eine Blumengroßmarkthalle errichtet werden. Die Restfläche des Synagogengrundstücks sei an die katholische Pfarrgemeinde verkauft worden und die noch sichtbaren Reste der Synagoge würden abgerissen werden.[264]

Die Blumengroßmarkthalle an der Ostseite des Dominikanerplatzes, unmittelbar vor dem jüdischen Friedhof, wurde 1954 in Betrieb genommen. Zuvor waren tatsächlich die noch sichtbaren Fundamente der Synagoge zerstört worden. An der Südseite des Platzes entstand das große Verwaltungsgebäude der Stadtwerke, in der Battonnstraße an der Nordseite das Verwaltungsgebäude der Allgemeinen Ortskrankenkasse. Zehn Jahre später legte der Architekt J. Mayer eine Entwurfsskizze für eine Gedenkstätte vor,

---
[262] Titel eines Aufsatzes von Salomon Korn in der Zeitschrift Babylon, 5. Jg., 1989, S. 133ff.
[263] Schreiben vom 21. Juni 1956. Institut für Stadtgeschichte, Magistratsakte 971.
[264] Schreiben Shechterts vom 28. April 1957, Antwortschreiben vom 18. Mai 1957. Institut für Stadtgeschichte, Magistratsakte 751.

in die die Mauer des alten jüdischen Friedhofs integriert war. Diese Skizze verschwand in irgendeiner Schublade. Seit den 1970er Jahren wurden mehrere Bebauungspläne aufgestellt und die Ansiedlung weiterer zentraler Einrichtungen der Wirtschaft und Verwaltung geplant, die aber nicht realisiert wurde.

Die 1954 erbaute Blumengroßmarkthalle auf dem Dominikanerplatz, dem ehemaligen und heutigen Börneplatz, 1956

Damals hieß der Platz immer noch Dominikanerplatz. Warum dieser Platz nicht wie zahlreiche von den Nationalsozialisten umbenannte Straßen nach 1945 wieder seinen Namen zurückerhielt, ist nicht bekannt. Erst durch den Einsatz des ehemaligen Frankfurters und ausgewiesenen Kenners der Geschichte der Frankfurter Juden Paul Arnsberg erfolgte 1978 die Rückbenennung.[265]

Paul Arnsberg war es auch, der einen neuen Vorschlag für die Gestaltung des Börneplatzes vorlegte. »Nun glauben wir«, schrieb er als Vorstand der Kirchheim'schen Stiftung an Kulturdezernent Hilmar Hoffmann, »daß es dem ästhetischen Allgemeininteresse entsprechen würde, den jetzigen Dominikanerplatz in eine Grünfläche zu verwandeln. Die Markthalle dort scheint deplaziert, ebenso die Akkumulation von Blech in Form von vielen hundert PKW. Es ist doch wohl der Moment gekommen, da es in der Jüdischen Gemeinde Frankfurt a. M. noch etwa zwei Dutzend Mitglieder gibt, welche der alten Frankfurter Israelitischen Gemeinde angehört haben, diesem Zustand ein Ende zu bereiten. Das müßte verhältnismäßig nicht viel Geld kosten und würde die Stadt verschönern. Wir denken daran, daß man einen Gedenkstein aufstellen könnte,

---

[265] Paul Arnsberg betrieb die Rückbenennung im Namen der von ihm 1975 wieder aktivierten Kirchheim'schen Stiftung. Ihr Ziel war die Unterstützung aller Bestrebungen zur Förderung der Tradition der alten Israelitischen Gemeinde in Frankfurt am Main, die Förderung historischer und wissenschaftlicher Arbeiten in diesem Zusammenhang sowie die Unterstützung der Erhaltung historischer Stätten aus der jüdischen Vergangenheit Frankfurts. Arno Lustiger (Hrsg.), Jüdische Stiftungen in Frankfurt am Main, Frankfurt am Main 1988, S. 59f.

Der Name Börnestraße wurde nach 1945 einer kleinen Sackgasse gegeben, die wegen der veränderten Straßenführungen nicht mehr mit der ehemaligen Börnestraße, der früheren Judengasse, identisch war. Sie wurde 1979 in An der Staufenmauer umbenannt. Seitdem ist keine Straße in Frankfurt mehr nach diesem bedeutenden Frankfurter Juden benannt. 1963 ist ein Denkmal für Ludwig Börne in der Bockenheimer Anlage errichtet worden anstelle des 1931 beschädigten und 1933 beseitigten Denkmals.

IX. Selbstbewusste Präsenz – Öffentliche Einmischung

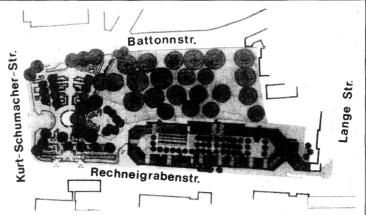

Vergessene Pläne für Börneplatz
Brunnen und Mahnmal

„Die Vorstellungen, welche die Kirchheimsche Stiftung dem Magistrat unterbreitet hat, gehen von einer Umgestaltung des Dominikanerplatzes ... zu einer Grünfläche aus", schrieb Paul Arnsberg, Frankfurter Journalist und Chronist der jüdischen Stadtgeschichte, in einer Tageszeitung Anfang 1978.

Arnsberg, bis zu seinem Tode im Dezember 1978 Vorsitzender der Kirchheimschen Stiftung, hatte im Sommer 1977 in einem Brief an Kulturdezernent Hilmar Hoffmann einige Ideen zur Umgestaltung des Areals am jüdischen Friedhof dargelegt. Auf der „Grünfläche" wünschte sich Arnsberg einen Gedenkstein „mit einem Hinweis, daß dieser Platz das Zentrum der jüdischen Siedlung in Frankfurt für nahezu 800 Jahre war".

Dem Stadthistoriker schwebten weitere Elemente zur Gestaltung des Platzes vor, wie etwa ein Mahnmal für die im Ersten Weltkrieg gefallenen Frankfurter Juden. Die Stiftung redete mit den maßgeblichen Beamten des Magistrats über die Pläne, mit Kulturdezernent Hoffmann und dessen Kollegen Haverkampf, der damals das Planungsdezernat leitete. „Die Besprechungen haben einen positiven Verlauf genommen, und es stehen jetzt noch Verhandlungen an, deren Entwicklung abzuwarten bleibt", schrieb Arnsberg im Januar 1978 in einem weiteren Brief an den Magistrat.

Ein Mitarbeiter des Stadtplanungsamtes entwarf nach Arnsbergs Vorstellungen sogar eine Zeichnung (siehe Grafik), wie der Dominikanerplatz in Zukunft aussehen könnte: Der 1974 verabschiedete Bebauungsplan sah noch Wohnbebauung entlang der Rechneigrabenstraße vor; der westliche Teil aber, wo jetzt das Verwaltungsgebäude der Stadtwerke errichtet werden soll, war als Park vorgesehen. Die Spuren der Synagoge wären – wie heute – in der Rasenfläche erkennbar geblieben; ein Brunnen sollte das Zentrum der Anlage bilden.

Doch das ist „einfach vergessen worden", wie der Leiter des Stadtplanungsamtes, Zimmermann, heute treffend sagt. Dabei sah Arnsberg 1978 schon optimistisch in die Zukunft: Haverkampf habe bestätigt, daß im Stadtentwicklungsplan Innenstadt daran gedacht sei, „historische Reminiszenzen" an Ort und Stelle wiederaufleben zu lassen. Aber die vagen Versprechungen lösten sich in Luft auf, weitere Unterredungen sind offenbar nicht „positiv"; sondern im Sande verlaufen, und heute können sich die Beteiligten nicht mehr erinnern.
                                                seg

1978 vorgeschlagene Gestaltung des Börneplatzes, entwickelt von einem Mitarbeiter des Stadtplanungsamtes in Absprache mit der Jüdischen Gemeinde und der Kirchheim'schen Stifung. Die westliche Seite zur Kurt-Schumacher-Straße war als Erinnerungsstätte gedacht, einschließlich der in der Rasenfläche erkennbaren Apsis der Synagoge. Entlang der Rechneigrabenstraße war eine Wohnbebauung vorgesehen, die bis an den jüdischen Friedhof reichte.

mit einem Hinweis, daß dieser Platz im Zentrum der jüdischen Siedlung in Frankfurt a. M. für nahezu 800 Jahre war. Ein weiterer Hinweis sollte gemacht werden auf die jüdischen Gefallenen des 1. Weltkriegs und auf die Opfer des Terrors im 2. Weltkrieg. Dazu könnte man das Denkmal von Benno Elkan ›Den Opfern‹ verwenden und auch Börne, der doch sehr instrumental war für die Emanzipationsbestrebungen der Frankfurter Juden.« [266] Gespräche mit der Stadt wurden aufgenommen, und ein Mitarbeiter des Stadtplanungsamtes entwarf nach Arnsbergs Vorstellungen eine Zeichnung. Der westliche Teil (auf dem später das Verwaltungsgebäude der Stadtwerke errichtet wurde) war als Park vorgesehen. Die Spuren der Synagoge sollten im Rasen erkennbar bleiben, ein Brunnen das Zentrum der Anlage bilden. Südlich des Friedhofs zur Rechneigrabenstra-

---

[266] Schreiben vom 19. Juli 1977 an Kulturdezernent Hilmar Hoffmann. Abgedruckt in: Michael Best (Hrsg.), Der Frankfurter Börneplatz. Zur Archäologie eines politischen Konflikts, Frankfurt am Main 1988, S. 21f. Das Denkmal des jüdischen Bildhauers Benno Elkan »Den Opfern« wurde 1920 in der Gallusanlage aufgestellt, wo es heute wieder steht.

ße war eine lockere mit viel Grün durchzogene Wohnbebauung eingetragen.[267] Schon vorher – als Interesse bestand, die leerstehende Blumengroßmarkthalle als Kinder- und Abenteuerhaus zu nutzen – hatte Arnsberg in der »Frankfurter Allgemeinen Zeitung« vorgeschlagen, stattdessen eine Gedenkstätte zu errichten. Diese Anregung wurde damals nicht aufgegriffen.

Bis zu seinem Tod 1979 war Paul Arnsberg überzeugt, dass die Börneplatzgestaltung in seinem Sinn in Angriff genommen würde. Als der Magistrat 1980 ein Gutachten über Leitvorstellungen für die City-Ost bei einem Münchener Städteplaner in Auftrag gab und eine dichte Bebauung des Platzes vorgeschlagen wurde, konnte Paul Arnsberg keinen Einspruch mehr erheben, und seine Vorschläge gerieten in Vergessenheit. Salomon Korn vermutete in seinem Aufsatz »Börneplatz-Mahnmal oder Mahnmal Börneplatz?«, »daß die jüngste Geschichte des Börneplatzes einen anderen Verlauf genommen hätte, wenn Arnsberg – sachkundig, engagiert und kämpferisch, wie er war – nicht 1979 gestorben wäre«.[268]

1984 wurde ein Wettbewerb für den Neubau eines Kundenzentrums der Stadtwerke auf dem Börneplatz ausgeschrieben und ein Jahr später die schon viele Jahre nicht mehr genutzte Blumengroßmarkthalle abgerissen. Erst als die Ergebnisse des Wettbewerbs vorlagen, wurde der Architekt Dr. Salomon Korn als Sachverständiger im Auftrag der Kirchheim'schen Stiftung und der Jüdischen Gemeinde beteiligt. Gemeinde wie Stiftung beschwerten sich über die Nichtbeteiligung bei der Ausschreibung und die fehlende Festlegung der darin erwähnten »Belange der jüdischen Gemeinde«[269]. Auf Vermittlung von Oberbürgermeister Walter Wallmann beschloss der Magistrat, den Bau der Stadtwerke nach dem überarbeiteten Entwurf des Architekten Ernst Gisel vorzunehmen und hinter dem Gebäude und südlich des Friedhofs einen »neuen Börneplatz« entstehen zu lassen »als Rahmen für eine jüdische Gedenkstätte und einen würdigen Eingang zum jüdischen Friedhof«.[270] Der Jüdischen Gemeinde wurde die Einbeziehung in die Planung des »neuen Börneplatzes« zugesagt.[271]

Proteste mit langen Unterschriftenlisten und Anträge von SPD und Grünen änderten nichts an der Entscheidung, das sechsgeschossige Kundenzentrum der Stadtwerke auf dem Gelände der ehemaligen Synagoge bauen zu lassen. Eine von dem Journalisten

---

[267] »Vergessene Pläne für Börneplatz« (mit Abbildung), Frankfurter Rundschau, 15. September 1987. Zu Einzelheiten der weiteren Planungen vgl. Salomon Korn, Der neue Börneplatz. In: Frankfurter Jüdisches Gemeindeblatt, 18. Jg., Nr. 2, Februar 1985.
[268] Babylon, 5. Jg., 1989, S. 133.
[269] Claudia Michels, Zubetonierte Erinnerung. Der Börneplatz und das Vergessen in Frankfurt. In: Frankfurter Rundschau, 11. Dezember 1985.
[270] Magistratsbeschluss vom 22. Februar 1985. Zitiert in: Hans-Otto Schembs, Der Börneplatz in Frankfurt am Main, Frankfurt am Main 1987, S. 130; Salomon Korn, Der neue Börneplatz. In: Frankfurter Jüdisches Gemeindeblatt, 18. Jg., Nr. 2, Februar 1985.
[271] Siehe auch XII. Texte und Dokumente, S. 306ff. in diesem Band.

IX. Selbstbewusste Präsenz – Öffentliche Einmischung

Ausgrabungen am Börneplatz, Luftaufnahme von Südosten, 1987

Valentin Senger im Auftrag der SPD gestaltete Ausstellung mit Fotografien und Informationen rund um den Börneplatz sowie Appelle der Schriftstellerin Eva Demski und Diskussionsveranstaltungen der SPD in der Romanfabrik und im Club Voltaire beteiligten eine breitere Öffentlichkeit am Widerstand gegen die vorgeschlagene Bebauung des Börneplatzes. Zur Ablehnung des Baus der Stadtwerke sah der Vorstand der Jüdischen Gemeinde keine rechtliche Grundlage, denn mit dem Vertrag zwischen der Stadt Frankfurt, der JRSO und der Jüdischen Gemeinde 1956 war das Grundstück der ehemaligen Synagoge bedingungslos der Stadt verkauft worden.

Ging es dem Gemeindevorstand zunächst also ausschließlich um die Einbindung des jüdischen Friedhofs in eine Gedenkstätte und die Erinnerung an die zerstörte Synagoge, so änderte sich nach Beginn der Ausschachtungsarbeiten die Grundlage der bisherigen Übereinstimmung. Die geschichtliche Bedeutung des Ortes trat unerwartet noch in einer anderen Weise hervor, als Fundamente von Häusern der vom 15. bis zum letzten Drittel des 19. Jahrhunderts bestehenden Judengasse gefunden wurden. Der bedeutendste Fund am Ort der geplanten Tiefgarage war im Mai 1987 die Mikwe (rituelles Tauchbad) unter dem 1717 errichteten »Steinernen Haus«, die 6,60 Meter unter dem Straßenniveau lag und zu der einige gut erhaltene Stufen hinabführten. Diese Mikwe war das älteste steinerne Zeugnis der Juden in Frankfurt, wenn man von Grabsteinen auf dem alten Friedhof absah.

IX. Selbstbewusste Präsenz – Öffentliche Einmischung

Was tun? Diese Frage stellte sich dem Bauherren, dem Denkmalschutz, den verantwortlichen Politikern, der Jüdischen Gemeinde und der Bürgerschaft. Der Bauherr (die Stadtwerke) erklärte unverzüglich, dass er an dem Erhalt kein Interesse habe; die Archäologen hielten aus konservatorischen Gründen das Abtragen der Steine für notwendig und setzten sich für den Wiederaufbau an anderer Stelle ein. Ins Gespräch gebracht wurde die Planung eines Museumsbereichs im Kundenzentrum der Stadtwerke mit wiederaufgebauter Mikwe und den Mauerresten des Steinernen Hauses. Andere Mauerreste sollten dokumentiert, dann aber beseitigt werden. Der Vorsitzende des Gemeindevorstands Ignatz Bubis stimmte diesem Vorschlag zu, die Vorstandsmitglieder Salomon Korn und Hermann Alter dagegen verlangten den Erhalt der Funde am Fundort, die Mitgliederversammlung forderte in einer Resolution einen sofortigen Baustopp und weitere Beratung.[272]

Blick in die ausgegrabene Mikwe, 21. August 1987
Die Mikwe wurde abgetragen und im Museum Judengasse wieder rekonstruiert

Inzwischen war ein breites öffentliches Interesse geweckt und viele – Juden wie Nichtjuden – beschäftigten sich mit der Geschichte der Frankfurter Juden und insbesondere der über 300 Jahre bestehenden Judengasse, dem einzigen Ort, an dem Juden damals leben durften. Nichtjuden erkannten, dass sie – wie Probst Trautwein es auf einer Kundgebung ausdrückte – »zur Erinnerung an uns selbst den Spiegel in den Mauerresten des alten Frankfurter Ghettos« brauchten. »Nicht zur Erinnerung fremder Geschichte. Zur Erinnerung an uns selbst, die wir so gern ohne die anderen, die Andersdenkenden, die Andersglaubenden sein, die wir so ungestört sein wollen.«[273] Konsens bestand in der Forderung nach einem Baustopp, nach einer Zeit zum Nachdenken und zur Beratung. Der angedeutete Kompromiss eines teilweisen Wiederaufbaus in einem

---

[272] Resolution, angenommen auf der Gemeindeversammlung am 9. August 1987. Zit. nach: Michael Best (Hrsg.), Der Frankfurter Börneplatz. Zur Archäologie eines politischen Konflikts, Frankfurt am Main 1988, S. 53.
[273] Ansprache von Probst Trautwein auf der Kundgebung des »Aktionsbündnisses Rettet den Börneplatz« am 29. August 1987. Ebenda, S. 75f.

IX. Selbstbewusste Präsenz – Öffentliche Einmischung

Demonstration gegen die Weiterführung der Bauarbeiten für das Kundenzentrum der Stadtwerke, 14. August 1987

Museum galt als unzulänglich, weil er nicht die Authentizität des Ortes berücksichtigte und keine Einheit von ehemaliger Synagoge, Friedhof und Judengasse schuf. Kirchen, Parteien, Jugendverbände und Einzelpersonen gründeten das »Aktionsbündnis Rettet den Börneplatz«, das zu Kundgebungen und Demonstrationen aufrief. Die Presse – »Frankfurter Rundschau«, »Frankfurter Allgemeine Zeitung«, »Frankfurter Neue Presse« und »Die Zeit« – berichteten ständig und ausführlich.

Parallel zu den Aktionen entwickelten sich Diskussionen über die Art der Erinnerung. Waren die Ghettofunde schon das Mahnmal? Gab es einen direkten Weg von dem erzwungenen Leben der Juden im Ghetto nach Auschwitz? Die Steine erhielten einen starken symbolischen Wert. Allerdings wurde auch davor gewarnt, die Ghettozeit, die Zeit der Ausgrenzung und Sonderregelungen, zu sehr in den Vordergrund zu stellen und die Zeit der Emanzipation und Gleichstellung zu vergessen.

Die Bagger aber blieben während der eingehenden Proteste nicht abgeschaltet, sondern zerstörten die Fundamente der Häuser. Der Bauplatz wurde »aus Sicherheitsgründen« eingezäunt und damit nicht nur der Zugang zur Baustelle, sondern auch die Sicht auf die Ausgrabungen und die schon begonnenen Bauarbeiten genommen. Auch in dieser schier hoffnungslosen Situation forderte das breite »Aktionsbündnis Rettet den Börneplatz« weiterhin einen Baustopp. Juden wie Nichtjuden besetzten am 28. August

IX. Selbstbewusste Präsenz – Öffentliche Einmischung

Besetzung des Ausgrabungsfeldes, während der Räumung am 2. September 1987

1987 den Bauplatz und blockierten für einige Tage die Bauarbeiten, bis die Polizei den Abzug der »Rechtsbrecher« erzwang. Ein drei Meter hoher Bauzaun wurde zum Schutz der Abbrucharbeiten um die Baustelle errichtet.

Oberbürgermeister Brück verschärfte die Konfliktsituation, indem er immer wieder auf den finanziellen Schaden durch eine Verzögerung der Bauarbeiten und auf die bereits ausgegebenen Millionen hinwies. Mehr aber noch mit seinen historischen Ausflügen, bei denen er in den Vordergrund stellte, dass die Judengasse den Juden Schutz geboten habe gegen Verfolgungen und dass es keinen Grund gebe, sich der Judengasse »zu schämen«. Außerdem hob er hervor, dass es aufgrund des erarbeiteten Kompromisses nun eine Möglichkeit geben werde, »das Thema Juden in Frankfurt im Museum« zu behandeln. Und immer wieder verwies er auf die Zustimmung der Jüdischen Gemeinde. Der ihn unterstützende, inzwischen Hessischer Ministerpräsident gewordene Walter Wallmann erklärte sogar, dass nicht der christliche mittelalterliche Antisemitismus Schuld an Auschwitz sei [was keiner behauptet hatte], sondern »der falsche Weg, den dieses Land seit der Aufklärung gegangen ist«.[274]

---

[274] Rede des Hessischen Ministerpräsidenten Walter Wallmann vor dem Kreisparteitag der Frankfurter CDU am 5. September 1987. Ebenda, S. 99.

IX. Selbstbewusste Präsenz – Öffentliche Einmischung

Das Verhalten des Vorstands der Jüdischen Gemeinde zeigte, dass dieser erst spät die Relevanz des Konflikts erkannte und wahrscheinlich auch der Kraft des Bürgerprotestes nicht traute. Die Gründe dafür lagen in der Zusammensetzung der Gemeinde als Einwanderergemeinde, in der es kein gemeinsames Geschichtsbewusstsein geben konnte und deren Mitglieder zum Teil immer noch unsicher waren, ob Frankfurt sie wirklich etwas anging. So gab es keine einhellige Meinung unter den Mitgliedern. Viele ehemalige »Ostjuden« erschraken bei dem Begriff Ghetto, mit dem sie furchtbare Erinnerungen an die von den Nationalsozialisten eingerichteten Ghettos verbanden; die zahlreichen Israelis interessierten sich nicht für Frankfurter Geschichte, ehemalige Frankfurter Juden wollten auch nicht unbedingt eine Erinnerung an die Ghettozeit. Die frühere Jüdische Gemeinde war ja Ende des 19. Jahrhunderts dankbar, dass die Reste der Judengasse abgerissen wurden. Der Vorstand der Jüdischen Gemeinde ließ sich deshalb leicht für die Kompromissvorschläge gewinnen, die immer größere Zugeständnisse an den Umfang und die Gestaltung der Museumsfläche enthielten. Salomon Korn war – laut einem Pressebericht – beeindruckt, dass »täglich Tausende Stadtwerkebesucher mit der jüdischen Geschichte konfrontiert werden«.[275] Genau dieser Teil der Planung aber wurde in einer späteren Bauphase wieder fallen gelassen.

Mitglieder der bereits erwähnten »Jüdischen Gruppe« dagegen, die sich für ein Engagement in der Stadtgesellschaft entschieden hatten, vertraten die Meinung, dass Juden, die weiterhin in Frankfurt leben wollten, sich mit der deutsch-jüdischen Geschichte zu befassen hätten, selbst wenn sie keine Nachfahren der Vorkriegsgemeinde waren. »Es geht uns weder um das bruchlose Anknüpfen an eine vernichtete Tradition noch um eine vorschnelle Wiederverwurzelung in Frankfurt. Dennoch: Jenseits aller Diskussionen um Normalität und Anormalität des deutsch-jüdischen Verhältnisses steht fest, daß eine Fortexistenz der jüdischen Gemeinschaft in Deutschland ohne den Bezug auf das deutsche Judentum unmöglich ist. [...] Die Zeugnisse am Börneplatz sind für uns Juden notwendig, um an unseren Traditionen fortzubauen, und für die Nichtjuden unersetzbar, um der gemeinsamen Geschichte von Deutschen und Juden inne zu werden«, hieß es in ihrem Flugblatt.[276]

Im Verlauf des Konfliktes beteiligten sich immer mehr Juden an den Protesten. Salomon Korn brachte das Umdenken durch Beiträge in der Gemeindezeitung ins Bewusst-

---

[275] »Brück will vier Fundamente erhalten«. Bericht über einen neuen Kompromissvorschlag. In: Frankfurter Rundschau, 18. August 1987.
[276] Flugblatt vom 14. August 1987. In: Michael Best (Hrsg.), Der Frankfurter Börneplatz. Zur Archäologie eines politischen Konflikts, Frankfurt am Main 1988, S. 57f. Das wesentlich von Micha Brumlik formulierte Flugblatt führte zu einer Kontroverse auch innerhalb von Gruppenmitgliedern und wurde besonders von Dan Diner angegriffen. Er fürchtete, dass das Bemühen um die Wiederherstellung des deutschen Judentums zu einer Relativierung des Besonderen der Massenvernichtung führen könnte. Micha Brumlik, Kein Weg als Deutscher und Jude, München 1996, S. 168.

IX. Selbstbewusste Präsenz – Öffentliche Einmischung

sein: »Wir Nachgeborenen müssen aus der zeitlichen Distanz erkennen, daß es einen geschichtlichen Zusammenhang zwischen den katastrophalen Lebensbedingungen in der Judengasse und dem infernalischen Völkermord an den Juden gibt.

Diese, aus schmerzvollen geschichtlichen Erfahrungen gewonnene Erkenntnis hebt die ausgegrabenen Steine der Judengasse über ihre spezifisch zeitliche Bindung an das Ghetto heraus und verknüpft sie mahnend mit unserer Gegenwart.

Für Gegenwart und Zukunft der historisch gesehen vierten noch sehr jungen jüdischen Gemeinde Frankfurt könnten diese Steine eine wichtige Funktion erlangen. Der heterogenen, vorwiegend aus ›Ostjuden‹, ehemaligen Frankfurter Juden und Israelis zusammengesetzten jüdischen Gemeinschaft dieser Stadt sind hier sinnliche Bezüge zur Vergangenheit der ehemals großen Vorgängergemeinde erwachsen. Auch wenn an diese Vergangenheit nicht mehr unmittelbar anzuknüpfen ist, so könnte doch auf jüdischer Seite ein Stücke jener Geschichtslosigkeit durchbrochen werden, die sich aus der verständlichen gefühlsmäßigen Abneigung, vor allem der Elterngeneration, speist, in Frankfurt endlich das Ende einer langen Reise oder gar ein Zuhause für die Nachkommen zu sehen.

Für das historische Bewußtsein nachfolgender Generationen jüdischer – und nichtjüdischer – Frankfurter ist es von größter Bedeutung, ihnen Anknüpfungsmöglichkeiten an diesen wichtigen Teil der Stadtgeschichte nicht zu verbauen und Kristallisationspunkte für eine mit Frankfurt verbundene Identitätsbildung zu bewahren.«[277]

Die wohl intensivsten Proteste bezogen auf den Umgang mit der jüdischen Geschichte der Stadt, die Frankfurt in der Nachkriegszeit erlebt hat, waren vergeblich. Noch heute sehen viele Frankfurter in dem monumentalen Bau der Stadtwerke ein Zeichen ihrer Niederlage. Andere haben sich mit dem Kompromiss abgefunden. In dem Museum Judengasse – also nicht am ursprünglichen Ort – wurden die Mikwe sowie Fundamente von fünf Häusern der ehemaligen Judengasse wieder aufgebaut und teilweise rekonstruiert, und in den Ausstellungsräumen wird die Geschichte der Juden in der Judengasse bebildert erzählt. Nur im Keller wird noch an den Börneplatz-Konflikt erinnert.

Lediglich am Rande wurde während des Konflikts auf die im Zusammenhang mit dem Bau der Stadtwerke geplante Gedenkstätte erinnert. Immerhin schrieb die Stadtverwaltung im Mai 1988 einen neuen Wettbewerb aus mit der sehr allgemein formulierten Aufgabe, für das Reststück des nicht bebauten Platzes hinter dem Gebäude der Stadtwerke »die ortsprägenden Zeugnisse der jüdischen Geschichte mit einer Gedenkstätte zu einer künstlerisch-gestalterischen Einheit zu verschmelzen«.[278] 250 Vorschläge gin-

---

[277] Salomon Korn, Die gegenwärtige Vergangenheit am Börneplatz. In: Jüdische Gemeindezeitung Frankfurt, 19. Jg., Nr. 7/8, September 1987.
[278] Gedenkstätte am Neuen Börneplatz für die von Nationalsozialisten vernichtete dritte jüdische Gemeinde in Frankfurt am Main, Sigmaringen 1996, S. 14.
Zu den verschiedenen Entwürfen und ihrer Beurteilung: Salomon Korn, Börneplatz – Mahnmal oder Mahnmal Börneplatz? In: Babylon, 5. Jg., 1989, S. 133-137.

gen ein, und im November des gleichen Jahres entschied sich die Jury, keinen ersten Preis, aber drei zweite zu vergeben. Die Realisierung allerdings trieb die Stadt nicht voran, und 1990 tat sich ein neuer Konflikt auf.

Es wurde bekannt, dass für den Bau der Stadtwerke auch Fundamente der Börneplatzsynagoge freigelegt und zerstört worden waren, ohne dass die Jüdische Gemeinde, die schon wiederholt darauf hingewiesen hatte, dass man noch die Kapsel der Grundsteinlegung finden könnte, informiert worden war. Oberbürgermeister Volker Hauff sagte Grabungen auf dem noch vermuteten Fundament zu, bei denen aber keine wesentlichen Funde mehr gemacht wurden. Die wenigen Funde der Ausgrabungen sind im Museum Judengasse ausgestellt.

Drei Jahre später dann bat man die Preisträger, ihre Entwürfe zu überarbeiten unter der Maßgabe, dass die Umrisse der ehemaligen Synagoge sichtbar erkennbar werden, der Jüdische Friedhof stärker einbezogen wird und die Namen der deportierten und ermordeten Juden genannt werden. Nach der Entscheidung der Jury für einen Entwurf konnte endlich 1995 Ignatz Bubis den ersten Spatenstich ausführen und ein Jahr später – zehn Jahre nach Beginn der Auseinandersetzung um den Börneplatz – die Einweihung einer groß angelegten Gedenkstätte erfolgen.

Das zentrale Element ist ein an der Außenmauer des Alten Jüdischen Friedhofs installierter Fries mit inzwischen 11.957 Metallblöcken, die aus der Wand herausragen. Sie tragen die Namen der aus Frankfurt deportierten und ermordeten Juden. Ein Metallstreifen im Boden und ein veränderter Bodenbelag deuten den Grundriss der Synagoge an und weisen darauf hin, dass der größere Teil der Synagogenfläche durch die

Gedenkstätte Neuer Börneplatz, 2011

Stadtwerke überbaut wurde. Allerdings muss man genau hinsehen, um den Grundriss zu erkennen, erklärende Hinweise fehlen. An der Wand des Neubaus der Stadtwerke ist die 1946 gesetzte Tafel zur Erinnerung an die Zerstörung der Synagoge angebracht. Verbliebene Steine aus den Ausgrabungen wurden zu einem massiven Kubus aufgeschichtet, der an den Börneplatzkonflikt und die Zerstörung der Häuserfundamente erinnert. Straßenschilder verweisen auf die häufige Umbenennung des Platzes. Der Platz selbst heißt jetzt Neuer Börneplatz.

Nach vielen Jahren wurde somit eine – vor allem durch den Fries mit den Namensblöcken – eindrucksvolle Gedenkstätte geschaffen, die im Museum Judengasse ergänzt wird von einer Datenbank mit Biografien der Ermordeten. Sie steht allerdings im Schatten eines monumentalen Zweckbaus, der gegen Widerstand durchgesetzt und schon gut zehn Jahre später vom Erbauer verkauft wurde.

Frankfurter Juden hatten in den großen Konflikten der 1980er Jahre gezeigt, dass sie nicht länger nur von einem Beobachtungsposten aus antisemitische Erscheinungen verurteilten und mit unguten Gefühlen Entwicklungen in Deutschland verfolgten. Sie traten in den Konflikten als »jüdische Bürger Frankfurts« auf, die beeinflussen und mitwirken wollten und die Öffentlichkeit nicht scheuten, auch wenn sie dafür von manchen Seiten kritisiert wurden. Sie hielten es für notwendig, Sensibilität für die Opfer zu fordern und entgegen dem allgemeinen Trend darauf zu verweisen, dass eine »Normalität« des Verhältnisses zwischen Juden und Deutschen keinesfalls von letzteren eingefordert und proklamiert werden könne, solange sie von jüdischer Seite nicht empfunden werde.

X. »Wer ein Haus baut, will bleiben, und wer bleiben will, erhofft sich Sicherheit«[279]

1. »Es war richtig, wieder anzufangen – und dies soll auch mit dem neuen Haus deutlich sichtbar werden«

»Mit dem Bau eines Hauses ist ein Zeichen gesetzt, daß die neue Generation wieder einen festen Bestandteil der Frankfurter Bevölkerung darstellt [...] Es war richtig, wieder anzufangen – und dies soll auch mit dem neuen Haus deutlich sichtbar werden«, erklärte der Vorsitzende der Jüdischen Gemeinde Ignatz Bubis im September 1986 bei der Übergabe des Gemeindezentrums.[280]

In den Jahren der im vorangegangenen Kapitel geschilderten großen Konflikte hatte die Gemeinde beschlossen, in der Savignystraße im Frankfurter Westend ein säkulares Gemeindezentrum zu errichten und den Architekten Salomon Korn mit der Planung und Durchführung beauftragt. Ein großer Komplex entstand, in dem die Lichtigfeldschule, der Kindergarten, das Jugendzentrum, ein großer Saal, ein koscheres Restaurant und in einem getrennten Gebäude die Gemeindeverwaltung und die Sozialabteilung untergebracht wurden.

Der Wunsch nach einem neuen und größeren Gemeindezentrum, in dem die über die Stadt verstreuten sozialen Institutionen und die Gemeindeverwaltung zusammengefasst werden sollten, war älter, wurde aber zurückgestellt, weil der Bau eines Altenzentrums mit einer Altenwohnanlage, einem Alters- und Pflegeheim und einer Synagoge an der Gagernstraße zur Versorgung der vielen alten Gemeindemitglieder Vorrang hatte. Die Gemeinde hatte Mitte der 1980er Jahre etwa 5.000 Mitglieder, und sie verjüngte sich seit einigen Jahren. Mehr als die Hälfte der Mitglieder war im Alter zwischen 20 und 60 Jahren, knapp ein Drittel war über 60 Jahre und rund 12 Prozent waren unter 20 Jahren alt.[281] »Zum ersten Mal seit Kriegsende gibt es wieder drei Generationen in der jüdischen Familie, Großeltern, Eltern und Kinder. Ende der 1980er Jahre wird es

---

[279] Salomon Korn, Ansprache anlässlich der Eröffnung des Jüdischen Gemeindezentrums in Frankfurt am Main am 14. September 1986. In: Ders., Geteilte Erinnerung, Berlin 1999, S. 73.
[280] Zitiert in: Jüdisches Museum (Hrsg.), Wer ein Haus baut, will bleiben, 50 Jahre Jüdische Gemeinde Frankfurt am Main, Anfänge und Gegenwart, Frankfurt am Main 1988, S. 18.
[281] Bericht des Vorstands. In: Frankfurter Jüdisches Gemeindeblatt, 17. Jg., Nr. 3, Juni-August 1984, S. 5.

X. »Wer ein Haus baut, will bleiben«

Ignatz Bubis beim Richtfest des Erweiterungsbaus des Altenzentrums Bornheimer Landwehr, 29. August 1986

bereits eine vierte Generation geben«, hob Michel Friedman in dem Artikel »Wir bauen!« hervor.[282]

Nachdem Ignatz Bubis 1978 Vorstandsvorsitzender der Jüdischen Gemeinde geworden war, erklärte er die Errichtung eines Gemeindezentrums zu seiner wichtigsten Aufgabe. Das Projekt war damals umstritten, da vor allem ältere Gemeinde- und Vorstandsmitglieder noch nicht von der Zukunft jüdischen Lebens in Deutschland überzeugt waren. Außerdem musste die Finanzierung erst gesichert werden. Bubis überwand die Widerstände und erreichte hohe Zuschüsse von Stadt und Land. Als der Vorstand sich bei der nächsten Wahl wesentlich verjüngte, bestand Einigkeit, in der Gegenwart die Voraussetzungen für eine Zukunft zu schaffen, wenn es eine Zukunft geben sollte. Nach der Fertigstellung des Altenzentrums wurde 1979 ein Architektenwettbewerb für den Bau eines Gemeindezentrums in der Savignystraße ausgeschrieben. Das Grundstück konnte erst nach dem Verkauf des Philanthropins an die Stadt Frankfurt erworben werden: »Ein geeignetes Grundstück wurde unter einschneidenden Opfern gekauft. Das Philanthropin, eines der wenigen jüdischen Bauwerke, welches den Krieg unversehrt überstand, musste zwecks Geldbeschaffung veräußert werden«, hieß es in der Pressemitteilung der Jüdischen Gemeinde im Frühjahr 1980.[283]

Der Verkauf war ein herber Verlust. Das Philanthropin verkörperte als Reformschule der Israelitischen Gemeinde einen ganz wichtigen Teil der jüdischen Geschichte vor 1933 und der jüdischen Selbsthilfe zwischen 1935 und 1942, als jüdische Kinder keine öffentlichen Schulen mehr besuchen durften. Auch für die Nachkriegsgeschichte hatte es Bedeutung. Es wurde seit 1954 von der Jüdischen Gemeinde und zahlreichen Vereinen und Verbänden genutzt, und in der früheren Aula fanden wichtige Versammlungen statt, bis sie Kinosaal wurde. Als Gemeindezentrum wäre das Gebäude wohl nur nach kostspieligen Renovierungen und Umbauten nutzbar geworden, und zudem

---

[282] Michel Friedman, Wir bauen! Gedanken zur Grundsteinlegung. In: Frankfurter Jüdisches Gemeindeblatt, 17. Jg., Nr. 5, November 1984, S. 7.
[283] Frankfurter Jüdisches Gemeindeblatt, 13. Jg., Nr. 3-4, 1980, S. 7.

X. »Wer ein Haus baut, will bleiben«

links: Im Foyer des Gemeindezentrums während der Eröffnung am 14. September 1986

rechts: Ignatz Bubis-Gemeindezentrum in der Savignystraße, 1986

verlagerte sich der Schwerpunkt des Gemeindelebens ins Westend, in die Umgebung der Synagoge.[284]

Den Architektenwettbewerb für das Gemeindezentrum gewann »Dr. Salomon Korn und Architektengemeinschaft Gerhard Balser«. Die Grundsteinlegung fand am 8. November 1984 statt, und am Abend desselben Tages gestalteten die gleichen Redner die jährliche Gedenkveranstaltung an die »Kristallnacht«: »Ein Gemeindezentrum zu bauen, bedeutet Wurzeln zu schlagen, eine Gegenwart für die jüdische Gemeinschaft in Frankfurt zu akzeptieren, die Perspektive einer Zukunft wenigstens anzustreben. All dies kann allerdings nicht geschehen, ohne an die Geschichte, die die Juden mit Deutschland verbindet, zu erinnern und gleichzeitig zu mahnen«, erklärte das für Kultur und Öffentlichkeitsarbeit zuständige junge Mitglied des Vorstands Michel Friedman im »Frankfurter Jüdischen Gemeindeblatt« dieses zeitliche Zusammentreffen.[285] Der Inhalt der Kupferkassette, die in den Grundstein des Gemeindezentrums eingemau-

---

[284] Nach dem Verkauf war das Dr. Hoch'sche Konservatorium im Philanthropin untergebracht, das Erdgeschoss wurde zu einem Bürgertreff umgebaut und die Aula als Theaterraum genutzt. 2004 erwarb die Jüdische Gemeinde das Gebäude zurück, und 2006 zog die I. E. Lichtigfeldschule dort ein.

[285] Michel Friedman, Wir bauen! Gedanken zur Grundsteinlegung. In: Frankfurter Jüdisches Gemeindeblatt, 17. Jg., Nr. 5, November 1984. M. Friedman war damals noch Jura-Student und 1983, als sich der Gemeinderat sehr verjüngte, in den Gemeinderat und den Vorstand gewählt worden.

ert wurde, fasste ebenfalls Vergangenheit und Gegenwart zusammen. Sie enthält die von Paul Arnsberg geschriebene dreibändige »Geschichte der Frankfurter Juden seit der Französischen Revolution«, eine Liste mit Namen von 715 Frankfurter Juden, die den Freitod in den Jahren 1938 bis 1945 gewählt hatten sowie die Liste von 20 Transporten, mit denen über 10.000 Juden von Frankfurt in Konzentrations- und Vernichtungslager deportiert worden waren. Eine Urkunde aber weist den Weg in die Zukunft.[286] Während der Vorstandsvorsitzende Ignatz Bubis vorsichtig auf eine mögliche Zukunft der Jüdischen Gemeinde in Frankfurt hinwies und betonte, dass diese auch von der nichtjüdischen Umwelt abhinge, bedankte sich Oberbürgermeister Walter Wallmann, dass die jüdische Gemeinschaft »sich zu dieser Stadt als ihrer Heimat und zur Bundesrepublik« bekenne.

Salomon Korn beschreibt in einem Aufsatz harte Auseinandersetzungen zwischen ihm und Bubis über Änderungen und Einsparungen. Der Vorstandsvorsitzende kümmerte sich selbst um alle Baumaßnahmen: »Bis hin zu Materialien, Mobiliar und Einrichtungsgegenständen kontrollierte er den Ausbau, und selbst den Einkauf von Geschirr und Besteck für das koschere Restaurant machte er zur Chefsache.«[287] Das Gemeindezentrum gewann für Ignatz Bubis einen hohen symbolischen Wert als Beginn einer auf Zukunft gerichteten jüdischen Existenz in Deutschland. Salomon Korn erinnert auch an Gefühle bei der Eröffnung: »Nach Abschluß der Eröffnungsfeierlichkeiten traf ich Ida Bubis im Foyer des Gemeindezentrums. Wir kamen ins Gespräch, und während unserer Unterhaltung stellte sie fest: ›Zum ersten Mal habe ich das Gefühl, in Frankfurt zuhause zu sein‹. Sie, die sich in Tel Aviv und Paris beheimatet fühlt, traf damit auch meine Empfindungen an diesem Abend. Nach 40 Jahren Wüstenwanderung hatten die Kinder Israels ihre provisorischen Zelte mit einem festen, dauerhaften Haus getauscht.«[288]

Salomon Korn sah zwar das Ende der Nachkriegszeit erreicht, die gegenwärtige Situation aber von Brüchen und Rissen gekennzeichnet. Ihnen verlieh er architektonischen Ausdruck:

»Der durch das Gemeindezentrum hindurchlaufende ›Bruch‹ (Knick im Foyerbereich) wird thematisch in den Rissen der neben dem Haupteingang stehenden stilisierten Mosaischen Gesetzestafeln angedeutet; unter ihnen wurde eine Liste mit den Namen der etwa 11.000 von den Nationalsozialisten in Konzentrationslager deportierten Frankfurter Juden in den Grundstein eingelegt. Die Erinnerung an ihr Schicksal soll

---

[286] Ein historisches Ereignis – Grundsteinlegung für das Gemeindezentrum. In: Frankfurter Jüdisches Gemeindeblatt, 17. Jg., Nr. 6, Dezember 1984, S. 20.
[287] Salomon Korn, Erinnerungen an Ignatz Bubis. In: Ders., Die fragile Grundlage. Auf der Suche nach der deutsch-jüdischen »Normalität«, 2. Aufl. Berlin 2004, S. 33. Korn berichtet auch über abenteuerlichen Reisen, die beide damals gemeinsam unternommen haben, um z.B. Stühle in Italien einzukaufen.
[288] Ebenda, S. 35f.

Mahnung dafür sein, daß Gegenwart und Zukunft der Jüdischen Gemeinde Frankfurt und der Juden in Deutschland noch lange von den Ereignissen der jüngeren Vergangenheit geprägt bleiben werden.

Den Rissen in den Gesetzestafeln als Mahnung an die Brüchigkeit des deutschjüdischen Verhältnisses während einer langen gemeinsamen Geschichte stehen drei stilisierte siebenarmige Leuchter über dem Haupteingang als Zeichen des Lichts, Symbol der Hoffnung, gegenüber. Zwischen den noch immer lebendigen Erinnerungen an die Zerstörung und der weiterhin ungewissen Hoffnung auf Zukunft, so scheint es, oszilliert heute jüdisches Leben in Deutschland.«[289]

Die beiden Gesetzestafeln mit den zehn Geboten sind das wichtige Symbol für den Bund Gottes mit dem Volk Israel, der siebenarmige Leuchter erinnert an den zerstörten Tempel in Jerusalem und ist Zeichen für das Weiterleben des Judentums.

»Wer ein Haus baut, will bleiben, und wer bleiben will, erhofft Sicherheit.«[290] Auch dieser Gedanke wurde symbolisch umgesetzt, indem das schützende »drinnen« und das unwirtliche »draußen« durch die Fortsetzung eines Stückes Außenarchitektur in das Gebäudeinnere verbunden sind.

2. »Mit dem Bau des Hauses ist ein Zeichen gesetzt, dass die neue Generation wieder einen festen Bestandteil der Frankfurter Bevölkerung darstellt.«[291]

Ganz in diesem Sinne öffnete der Vorstand das Gemeindezentrum für die Frankfurter Öffentlichkeit und erweiterte eine Entwicklung der letzten Jahre, in denen die jüdische Gemeinschaft Interesse gezeigt hatte, Kenntnisse über Judentum, jüdische Geschichte, Religion und Kultur nach innen und außen zu vermitteln. Michel Friedman engagierte sich besonders im kulturellen Bereich, führte Podiumsdiskussionen durch und öffentliche Streitgespräche, z. B. zum Thema »Fremd in der eigenen Stadt« in der Alten Oper und »Jüdische Gegenwart in Deutschland« im Südbahnhof, mit dem Ziel, über Gespräche einen Prozess der Annäherung zwischen Juden und Nichtjuden zu beginnen.

Die seit 1980 alle zwei Jahre gemeinsam vom Kulturamt der Stadt und der Jüdischen Gemeinde durchgeführten jüdischen Kulturwochen mit jüdischen Filmen, Thea-

---

[289] Salomon Korn, Synagogenarchitektur in Deutschland nach 1945. In: Ders., Geteilte Erinnerung. Beiträge zur deutsch-jüdischen Gegenwart, Berlin 1999, S. 35-70, Zitat S. 63f.
[290] Salomon Korn, Ansprache anlässlich der Eröffnung des Jüdischen Gemeindezentrums in Frankfurt am Main am 14. September 1986. In: Ders., Geteilte Erinnerung, Berlin 1999, S 73.
[291] Ignatz Bubis bei der Übergabe des Gemeindezentrums. Zitiert in: Jüdisches Museum (Hrsg.), Wer ein Haus baut, will bleiben. 50 Jahre Jüdische Gemeinde Frankfurt am Main. Anfänge und Gegenwart, Frankfurt am Main 1998, S. 18.

terauführungen, Lesungen und großen Konzerten, aber auch Lerntagen und intensiver Beschäftigung mit jüdischer Geschichte und Religion fanden und finden bis heute ein breites Echo unter Juden und Nichtjuden. Sie wurden von Jahr zu Jahr umfassender und polulärer und haben viel zur Verbreitung israelischer Musik und Kunst, von Klezmermusik, jiddischen Liedern und Kenntnissen über große Persönlichkeiten der Vergangenheit beigetragen. Jüdische Kultur der Nachkriegszeit dagegen präsentierte sich öffentlich nur in Nischen wie die Kunst von Ami Blumenthal oder Max Weinberg. Erst mit der Entstehung einer jüdisch-literarischen Szene in Deutschland seit den 1980er Jahren trat auch sie stärker in die Öffentlichkeit.

Jüdische Kulturwochen 1988

Zu den Anstrengungen, jüdische Bildung zu vermitteln und zu vertiefen, gehörte 1987 die Gründung der Jüdischen Volkshochschule. Die Traditionsferne und Unkenntnis von Religion und Geschichte wurde allgemein als Grundschwierigkeit bei der Bestimmung der eigenen jüdischen Identität gesehen und die Volkshochschule deshalb als »Zentrum jüdisch-geistigen Lebens« eingerichtet. Sie stand aber vor dem Problem, geeignete Lehrkräfte zu finden, und sie verfügte nur über geringe finanzielle Mittel. Von Anfang an stand sie allen Frankfurtern offen, und es zeigte sich sehr schnell, dass das Interesse bei Nichtjuden größer war als bei Juden. Diese Tendenz hat bis heute angehalten.

Zunehmend beteiligte sich die Gemeinde am Besuchsprogramm für ehemalige Frankfurter Juden und begegnete durch die persönlichen Erinnerungen der Besucher dem zerstörten Leben der Juden in Frankfurt. Das Interesse an der Geschichte rückte zwar nicht ins Zentrum, zeigte sich aber an Publikationen und Beiträgen in der Gemeindezeitung und an der Beteiligung bei der Gründung des Jüdischen Museums.

Das Jüdische Gemeindezentrum hat für Frankfurt große Bedeutung bekommen.

Dort angebotene Veranstaltungen halfen vielen Nichtjuden, über die Schwelle einer jüdischen Einrichtung zu treten. Der Kulturdezernent Michel Friedman entwickelte ein bis heute laufendes breites Programm von Lesungen nichtjüdischer und jüdischer Autoren, das zunächst unter der Leitung des bekannten Literaturkritikers Marcel Reich-Reinicki stand und den großen Saal füllte. Konzerte und Vorträge und der alljährlich Ende November durchgeführte Bazar der WIZO fanden und finden großes Interesse bei Juden und Nichtjuden.

Allerdings ist es bedauerlicherweise bis heute notwendig, alle Besucher strengen Sicherheitsmaßnahmen zu unterziehen. Bald nach der Eröffnung wurde ein Sprengstoffanschlag auf das Gemeindezentrum verübt, bei dem zum Glück kein großer Schaden entstand. Der oder die Täter konnten nie gefasst werden. Es ist der einzige Anschlag auf eine jüdische Einrichtung in Frankfurt geblieben. Die Sicherheitsmaßnahmen wurden verschärft und erstrecken sich inzwischen auf alle jüdischen Einrichtungen und seit 2009 sogar auf das städtische Jüdische Museum.

Infolge der Konflikte in den 1980er Jahren kam auch Bewegung in die Gemeinde. Man wollte nicht länger unbedingt mit einer Stimme reden und alles hinnehmen, was vom Vorstand kam. Exemplarisch zeigte sich das bei einer Gemeindeversammlung im Juli 1988. Sie war mit mehr als 250 Mitgliedern gut besucht und setzte gegen den Willen des Vorstands eine Debatte über die »Affäre Nachmann« durch.[292] Mehr als zwanzig Jahre war der Unternehmer Werner Nachmann Vorsitzender des Zentralrats der Juden in Deutschland. Er galt als wichtiger Wegbereiter der Annäherung zwischen offiziellen Stellen der Bundesrepublik und jüdischen Organisationen. Für seine Arbeit wurde Nachmann zu Lebzeiten vielfach geehrt, aber auch aus eigenen Reihen scharf kritisiert, weil man seine Bemühungen um Aussöhnung als Mangel an Distanz gegenüber Deutschland wertete. Nach seinem Tod im Januar 1988 wurde gegen Nachmann der Vorwurf laut, er habe in der Zeit von 1981 bis 1987 etwa 33 Millionen DM an Zinserträgen von Wiedergutmachungsgeldern der Bundesregierung veruntreut, und es wurde vermutet, dass es Mitwisser gab. Für die jüdischen Gemeinden war diese Affäre und ihre große öffentliche Aufmerksamkeit sehr unangenehm.

Die Affäre Nachmann hatte bereits vor der Gemeindeversammlung zu heftigen Diskussionen innerhalb der Frankfurter Gemeinde geführt und vor allem zu einem Nachdenken über die enge Verbindung des Direktoriums des Zentralrats mit Politikern. Da Ignatz Bubis und das Vorstandsmitglied Hermann Alter Mitglieder des Direktoriums waren, forderten Gemeindemitglieder von ihnen Erklärungen zu der Affäre. Beide berichteten, ein Antrag auf Abwahl sei mit großer Mehrheit abgelehnt und ihnen das Vertrauen ausgesprochen worden.

Eine weitere heftige Diskussion entbrannte auf dieser Gemeindeversammlung über

---

[292] Sophie Remmlinger, Mitgliederversammlung der Jüdischen Gemeinde Frankfurt am Main vom 3. Juli 1988. In: Frankfurter Jüdische Nachrichten, Nr. 69, September 1988, S. 9f.

X. »Wer ein Haus baut, will bleiben«

Einladung zur Gedenkstunde am 9. November 1988 in der Westend-Synagoge, Jüdische Gemeindezeitung Frankfurt, 1. Jg., Nr. 7-10, 1988

die kommende Gedenkveranstaltung am 9. November 1988. Der Zentralrat plante zum 50. Jahrestag des 9. November 1938 eine zentrale Veranstaltung mit Bundespräsident Richard von Weizsäcker und Bundeskanzler Helmut Kohl. Der Vorstand der Jüdischen Gemeinde Frankfurt hatte sich um die Durchführung der Feier in der Westend-Synagoge beworben und den Zuschlag erhalten. Gegen den Redebeitrag des Bundeskanzlers erhob sich heftiger Protest. Nachdem bereits rund 100 Gemeindemitglieder am 9. November 1987 die Synagoge während der Rede von Oberbürgermeister Brück aus Protest gegen seine politische Entscheidung, den Börneplatz mit dem Verwaltungsgebäude der Stadtwerke bebauen zu lassen sowie seine Geschichtswertungen, verlassen hatten, verlangten jetzt Vorstands- und Gemeindemitglieder, »keinerlei Gedenkveranstaltung durchzuführen – dies sei nach Ansicht der Antragsteller ausschließlich Angelegenheit der Nichtjuden – und sich auch an der zentralen Gedenkfeier nicht zu beteiligen und die Westendsynagoge oder andere Räumlichkeiten der Gemeinde hierfür nicht zur Verfügung zu stellen«.[293] Dieser Antrag fand eine Mehrheit. Bis 1987 waren Grußworte und Reden von Stadt- und Landespolitikern am 9. November widerspruchslos akzeptiert worden, die Gemeinde hatte sich geehrt gefühlt. Jetzt wurde nicht allein die Teilnahme von Politikern kritisiert, sondern die Kritik richtete sich auch gegen die Reden selbst. Argumente gegen die Durchführung der zentralen Gedenkveranstaltung bzw. überhaupt einer Veranstaltung zusammen mit »Nichtjuden, möglicherweise mit den Mördern« kam vor allem von jüngeren Gemeindemitgliedern: »Im übrigen sei es nicht Sache der Jüdischen Gemeinde, sondern der

---

[293] Ebenda, S. 9.

Nichtjuden, den 9. November öffentlich zu gedenken«, weil die Perspektiven von Tätern und Opfern auf diesen Tag sehr unterschiedlich seien.[294]

Rechtlich gesehen war der Vorstand nicht an die Mehrheitsmeinung der Gemeindeversammlung gebunden. Er zeigte kein Verständnis für die Argumente, verwies auf die bisherige Praxis und argumentierte mit der Verpflichtung, über den 9. November und den Nationalsozialismus zu informieren. Friedliche Proteste wollte er in Kauf nehmen. In der folgenden Gemeinderatssitzung schwiegen die Kritiker.[295]

Bundespräsident von Weizsäcker (links), Ministerpräsident Walter Wallmann (Mitte) und der Vorsitzender des Zentralrats der Juden in Deutschland Heinz Galinski (rechts) vor der Westend-Synagoge, 9. November 1988

Die Person Helmut Kohl hat zur Verschärfung der Diskussion beigetragen, denn für kritische Gemeindemitglieder verkörperte er die »Versöhnungs- und Schlussstrichforderungen«. Sie sahen eine Parallele zu Bitburg, wenn in der Synagoge der Bundeskanzler mit dem Vorsitzenden des Zentralrats zusammensitzen würde.[296] Genau das geschah dann. Dennoch hatte die Kritik Folgen, denn vom kommenden Jahr an führte die Stadt Frankfurt eine eigene Gedenkveranstaltung in der Paulskirche durch, die Jüdische Gemeinde weiterhin ihre in der Synagoge – die Redner waren allerdings oft die gleichen.

Brisanz erhielt die Veranstaltung am 9. November 1988 noch dadurch, dass die Eröffnung des städtischen Jüdischen Museums im ehemaligen Rothschild-Palais am gleichen Tag mit einer Rede von Bundeskanzler Helmut Kohl durchgeführt wurde. Dass die Eröffnung auf den Tag des 50. Gedenkens an die Pogromnacht gelegt wurde, lief der Konzeption des Museums zuwider, die nicht die Vernichtung der Juden zum Bezugspunkt der deutsch-jüdischen Geschichte macht, das reichhaltige soziale und religiöse Leben einer Minderheit nicht als Vorgeschichte des Holocaust darstellt.

Die zentrale Gedenkfeier in der Synagoge und die Eröffnung des Jüdischen Museums am 9. November 1988 waren keine Veranstaltungen für die Öffentlichkeit. Diese beteiligte sich an einem Schweigemarsch, zu dem die Evangelische und Katholische

---

[294] Ebenda.
[295] Micha Brumlik, Ein Debakel des guten Willens. In: Frankfurter Jüdische Nachrichten, Nr. 69, September 1988, S. 7.
[296] Andy Steinmann, Bitburg in Frankfurt. Ebenda, S. 28.

Kirche, die Jüdische Gemeinde, der Stadtjugendring und der Gewerkschaftsbund aufgerufen hatten. Mehrere Stadtteilinitiativgruppen führten eigene Veranstaltungen durch. Das Historische Museum zeigte in der Ausstellung »Als die Synagogen brannten« umfangreich mit zahlreichen erstmalig präsentierten Dokumenten und Objekten die systematische und fast widerstandslose Zerstörung der jüdischen Lebenswelt in Frankfurt. Der Novemberpogrom wurde dabei als Schlüsselereignis gesehen auf dem Weg zur Vernichtung der Menschen.

»Die jüdische Gemeinschaft hat ihr Bewußtsein verändert. Sie ist kritischer, konfliktbereiter, selbstbewußter geworden«, stellte Michel Friedman zum jüdischen Neujahr 5749 (September 1988) fest. »Jüdisches Leben in Frankfurt ist trotz oder gerade auch dank der Diskussionen reicher geworden. Die Gemeinde ist mehr und mehr akzeptierter Bestandteil städtischen Lebens geworden. Sie vertritt ihre Interessen offensiv und vor allem öffentlich. Auch die verschiedenen Meinungen innerhalb der Gemeinschaft und der sich daraus bildende Pluralismus werden öffentlich ausdiskutiert.«[297]

Der kurze Zeit amtierende Oberbürgermeister Volker Hauff (SPD) erreichte 1990 den Abschluss eines Vertrages zwischen der Stadt Frankfurt am Main und der Jüdischen Gemeinde, »der einmalig und beispielhaft sei« und »ein neues Kapitel in unserer gemeinsamen Geschichte aufschlägt«, wie Hauff sich äußerte.[298] »Er möge Zeichen für lebende und kommende Generationen dafür sein, daß der Beitrag der Jüdischen Gemeinde für das Leben unserer Stadt von unschätzbarer Bedeutung ist«, heißt es in der Präambel. Der Vertrag garantiert eine jährliche Zuwendung von zwei Millionen DM für »Aufwendungen aus besonderen Belastungen für Verwaltung, Betrieb und Unterhaltung der Gemeinschaftseinrichtungen der jüdischen Gemeinde«. Der Gemeindevorstand sah in dem Vertrag einen weiteren wesentlichen Schritt zur positiven Entwicklung der jüdischen Gemeinschaft, zur Fortentwicklung der sozialen, kulturellen und pädagogischen Einrichtungen. Beide Seiten bedauerten,

Oberbürgermeister Volker Hauff und Ignatz Bubis bei der Unterzeichnung des Vertrags zwischen der Stadt Frankfurt und der Jüdischen Gemeinde, 20. Dezember 1990

---

[297] Michel Friedman, Ein Jahr der Diskussionen. In: Jüdische Gemeindezeitung Frankfurt, 20. Jg., Nr. 7-10, 1988, S. 3.
[298] Oberbürgermeister Dr. Volker Hauff, Der Vertrag. In: Jüdische Gemeindezeitung Frankfurt, 22. Jg., Nr. 10/12, 1990, S. 5.

X. »Wer ein Haus baut, will bleiben«

Jüdische Politiker (von links: Peter Feldmann, Michel Friedmann, Micha Brumlik) im Stadtparlament, Allgemeine Jüdische Wochenzeitung, 44. Jg., Nr. 20, 19. Mai 1989

daß ein nicht geringer Teil des Geldes für notwendige Sicherheitsmaßnahmen aufgewendet werden müsse.[299]

Zum neuen Selbstbewusstsein der Gemeinde gehörte auch der Stolz darauf, dass seit den Kommunalwahlen 1989 erstmals wieder Juden in mehreren Fraktionen der Stadtverordnetenversammlung vertreten waren. Die gewählten Stadtverordneten gehörten der zweiten Generation der Juden in Frankfurt an, die sich seit den 1970er Jahren für eine Mitarbeit in der Stadtgesellschaft entschieden hatten und bis heute diesen Weg verfolgen: Micha Brumlik, Professor für Erziehungswissenschaft in Heidelberg, für die Grünen; der Diplom-Politologe Peter Feldmann für die SPD; und schon in der zweiten Wahlperiode der Rechtsanwalt Michel Friedman, Vorstandsmitglied der Jüdischen Gemeinde und Kulturreferent, für die CDU. Daniel Cohn-Bendit wurde als ehrenamtlicher Dezernent des neu eingerichteten »Amtes für multikulturelle Angelegenheiten« ernannt.[300]

»Dies ist in mehrfacher Hinsicht bemerkenswert«, hieß es in den »Frankfurter Jüdischen Nachrichten« im Vorspann zu Interviews mit den Gewählten: »Zum einen weil sich daraus ergibt, daß Juden sich heute in allen demokratischen Parteien engagieren, zum anderen weil offensichtlich gleich zwei Tabus durchbrochen wurden: Einerseits das Tabu der ersten Nachkriegsjahre, in denen für die meisten Juden politische Betäti-

---

[299] »Ein beispielhafter und einmaliger Vertrag.« In: Jüdische Gemeindezeitung Frankfurt, 22. Jg., Nr. 10/12, 1990, S. 6f. Für 1991 garantierte die Stadt 1,5 Millionen, 1,75 für 1992 und 2,0 ab 1993. 1986 war bereits ein Staatsvertrag des Landes Hessen mit den Jüdischen Gemeinden abgeschlossen worden.

[300] Daniel Cohn-Bendit war und ist nicht Mitglied der Jüdischen Gemeinde.

X. »Wer ein Haus baut, will bleiben«

»Demokratie verpflichtet«

Zur Veranstaltung am 17. Juni 1981 auf dem Frankfurter Römerberg

Der erfolgreiche Verlauf der im letzten Jahr stattgefundenen Veranstaltung zum 17. Juni in Frankfurt war eine gute Grundlage, um ein ad hoc gebildetes Bündnis gegen Neonazismus, für Demokratie und Völkerverständigung für weitere Aktionen zusammenzuhalten.

Die beiden Kirchen, der Deutsche Gewerkschaftsbund Kreis Frankfurt, der Stadtjugendring sowie die Jüdische Gemeinde Frankfurt stellen sich daher ihren demokratischen Verpflichtungen und wollen mit einer neuerlichen Kundgebung ein Zeichen setzen für friedliches Miteinanderleben verschiedener Bevölkerungsgruppen.

Es ist die Entwicklung des politischen Klimas der letzten Monate, welches zu noch mehr Wachsamkeit zwingt. In dem Bündnis der fünf Kundgebungsveranstalter ist — so der Vorsitzende des evangelischen Regionalverbandes Frankfurt, Propst Dr. Trautwein — »die Einheit sichtbar in der Ablehnung neofaschistischer radikaler Kräfte, denen man mit demokratischen Mitteln begegnen wolle«. Am 17.Juni 1981 soll unter Beweis gestellt werden, daß die Geschichte doch einen Lernprozeß in Gang gesetzt hat. Die Bündnispartner treten ein für solidarisches Miteinander über nationale und kulturelle Grenzen hinweg. Wie Ignatz Bubis, Vorstandsmitglied der Jüdischen Gemeinde Frankfurt, auf einer Presse-Konferenz sagte, »hätten sich die Geschehnisse seit der letzten Veranstaltung nicht nur nicht verändert, sondern sogar verschärft. Während die Gefahr von links bekannt sei, würden die von rechts ausgehenden Bedrohungen immer wieder verharmlost. Dabei sprächen rechtsradikale Aktionen, wie das Attentat in Bologna, der Anschlag in München, Schändungen jüdischer Friedhöfe, Bombendrohungen sowie eine zunehmende Zahl von Drohbriefen für starke, rechtsradikale Tendenzen«.

Die diesjährige Demonstration soll Ausdruck dafür sein, daß auch in vermeintlich wirtschaftlichen Krisenzeiten nationale Minderheiten nicht zu Opfern von politisch oder wirtschaftlich Unzufriedenen gemacht werden.

Als Hauptredner wird der frühere Ministerpräsident von Nordrhein-Westfalen, Heinz Kühn, deshalb in seiner Ansprache insbesondere die Ursachen der Ausländerfeindlichkeit, auch im Zusammenhang mit dem Faschismus, aufzeigen. Kühn, der bis zu seiner Emigration im Jahre 1933 aktiven Widerstand gegen den Nationalsozialismus übte, hat als Ausländerbeauftragter der Bundesregierung Erfahrung der Ausländerproblematik sammeln können.

Die Kundgebung zum 17. Juni, bei der letztes Jahr über 20.000 Teilnehmer zugegen waren, wird umrahmt von Künstlern, wie Manuel Campos, ein portugisischer Liedermacher, sowie nach Zusage die Gruppe »Espe« mit ihrem jiddischen Liederrepertoire.

S. Szajak

Aufruf

Sehr geehrte Gemeindemitglieder, wir laden Sie schon heute zu der am

**17. Juni 1981, 10.30 Uhr
auf dem Frankfurter Römerberg**

stattfindenden Kundgebung, zu der wir gemeinsam mit der evangelischen und katholischen Kirche, dem DGB-Frankfurt und dem Stadtjugendring aufgerufen haben, ein.

Die Teilnahme an der Kundgebung unter dem Motto

»DEMOKRATIE VERPFLICHTET«

ist Beweis des Willens der Frankfurter für Demokratie und Völkerverständigung, gegen Neonazismus Terror und Gewalt.

VORSTAND DER JÜDISCHEN
GEMEINDE FRANKFURT/MAIN

oben: 40 Jahre nach der Befreiung von Auschwitz, Schweigemarsch durch die Innenstadt am 19. Januar 1985

links: Aufruf zur Teilnahme an der Kundgebung auf dem Römer, am 17. Juni 1981, Frankfurter Jüdisches Gemeindeblatt, 14. Jg., Nr. 5-6, 1981

gung in und staatsbürgerliches Engagement für die Bundesrepublik undenkbar waren, andererseits die von vielen Nichtjuden vertretene Ansicht, Juden könnten nicht Deutsche sein und sollten sich deswegen nicht um deutsche Politik kümmern.

Dieses Wahlergebnis bestätigt ganz nebenbei auch, daß die jüdische Gemeinschaft – entgegen weitverbreiteter Ansicht (oder sollte man sagen: einem Vorurteil?) – nicht ideologisch gleichgesinnt, sondern politisch und weltanschaulich heterogen, eine pluralistische Gesellschaft ist. Sicher zeugen sowohl die Kandidatur von Juden für das Stadtparlament als auch die Tatsache ihrer Wahl in die Stadtverordnetenversammlung von dem geänderten Selbstverständnis und Selbstbewußtsein der Mitglieder der Jüdischen Gemeinde.«[301]

Der wachsende Rechtsradikalismus in Deutschland und die Wahlerfolge und Präsenz der NPD in Frankfurt beunruhigten Juden und Nichtjuden und führten 1978 nach einem Aufmarsch der NPD am »Tag der deutschen Einheit« und einer großen Gegendemonstration zur Gründung des »Römerbergbündnisses gegen Rechtsextremismus«, dem die Evangelische und Katholische Kirche, die Jüdische Gemeinde, der DGB Frankfurt und der Stadtjugendring angehörten.[302] Dieses Römerbergbündnis, das bis heute besteht und zu Kundgebungen und Demonstrationen und anderen Aktionen gegen Rechtsextremismus und Fremdenfeindlichkeit aufruft, hat breite Unterstützung bei den politischen Parteien und in der Bevölkerung gefunden. Bei diesen Veranstaltungen traten zum ersten Mal vor einem großen Publikum Frankfurter Juden auf und sprachen über ihre Lebensgeschichte. Zu ihnen gehörten Ignatz Bubis, Arno Lustiger und Peter Gingold. Ignatz Bubis trat am 1. September 1989 in einer Kundgebung zur Erinnerung an den Beginn des Krieges vor 50 Jahren das erste Mal mit einem Bericht über die Leiden seiner Familie in der Nazizeit an die Öffentlichkeit. Einige Monate zuvor hatte er Treblinka besucht, den Ort, wo sein Vater umgebracht worden war. »Treblinka war für mich wie der Besuch einer Hölle, und ich weiß nicht, ob ich dort je wieder hingehen werde. Aber seit dieser Zeit bin ich überhaupt erst in der Lage, über meine eigene Vergangenheit zu sprechen und mich mit meiner eigenen Geschichte auseinanderzusetzen«, beschreibt Bubis den Einschnitt in seinem Leben, der sein bisheriges Schweigen beendete.[303] Wenige Jahre zuvor hatte Arno Lustiger zum Abschluss eines Schweigemarsches

---

[301] »Mitglieder der Jüdischen Gemeinde im neugewählten Frankfurter Stadtparlament.« In: Frankfurter Jüdische Nachrichten, Nr. 70, April 1989.

[302] Die NPD erlangte 1968 mit 5,8 Prozent der Wählerstimmen fünf Sitze in der Stadtverordnetenversammlung. In den kommenden Wahlperioden lag ihr Ergebnis unter 5 Prozent, 1989 aber gewann sie 6,6 Prozent und sieben Sitze in der Stadtverordnetenversammlung. Sie war nicht nur während der Wahlkämpfe sehr präsent, sondern führte regelmäßig große Versammlungen durch und meldete in Frankfurt bundesweite Demonstrationen an.

[303] »Ignatz Bubis auf dem Römerberg.« In: Jüdische Gemeindezeitung Frankfurt, 21. Jg., Nr. 9/10, 1989, S. 16; Jüdisches Museum (Hrsg.), Ignatz Bubis/Peter Sichrowsky, »Damit bin ich noch längst nicht fertig«. Die Autobiographie, Frankfurt am Main/New York 1996, S 278. Die Tochter Naomi Bubis hat zusammen mit Sharon Mehler das Schweigen der Überlebenden und

durch die Frankfurter Innenstadt erstmalig als Überlebender von Auschwitz gesprochen und darum gebeten: »Fragt uns, solange wir noch leben, lernt aus unseren Erfahrungen. Damit Ihr selbst nicht die gleichen Erfahrungen machen müsst!«[304]

Irmgard Heydorn und Trude Simonsohn bei in einer Veranstaltung des StadtschülerInnenrates Darmstadt mit dem Titel »Rock gegen rechts«, Juni 2006; Foto aus dem Film von Adrian Oeser, »Eine Ausnahme...«

Das Angebot, gefragt zu werden und zu erzählen, traf auf ein wachsendes Interesse von Nichtjuden, die jüdische Verfolgungsgeschichte differenzierter wahrzunehmen. Es bildeten sich Stadtteilinitiativen, die das Leben der Juden in der Nachbarschaft vor 1933 und die folgende Ausgrenzung und Verfolgung erforschten. Das Jüdische Museum zeigte 1990 eine mit Unterstützung von Stadtteilinitiativen entwickelte Ausstellung »Die vergessenen Nachbarn. Juden in Frankfurter Vororten«. Schüler interessierten sich für das Schicksal jüdischer Schüler und Lehrkräfte ihrer Schule. Die »Initiative 9. November« knüpfte an die Erfahrungen während des Börneplatzkonfliktes an und verfolgte das Ziel, den Ort der ehemaligen Synagoge der Israelitischen Religionsgesellschaft und des dortigen Luftschutzbunkers zu einer Stätte des Begegnens, Erinnerns und Lernens zu entwickeln.[305] In den folgenden Jahrzehnten sind aus diesen Tätigkeiten Publikationen, Ausstellungen und Gedenkplätze ganz unterschiedlicher Art entstanden, und vielerorts wird die Arbeit in neuen Formen fortgesetzt, beispielsweise in den Initiativen zur Verlegung von »Stolpersteinen«.[306]

Die Forschungen von Initiativgruppen stießen durchaus auch auf Widerstände, z. B. bei Schulleitungen oder Hausbewohnern, Heimatforschern und Archivaren. Außergewöhnlich große Hilfe fanden alle Gruppen bei jüdischen Emigranten. Viele von ihnen

---

ihrer Eltern bearbeitet in: Shtika. Versuch, das Tabu zu brechen, Frankfurt am Main 1996. Shtika ist hebräisch und bedeutet Schweigen. Das Buch berichtet über Erfahrungen bei den Vorarbeiten zu ihrem Film »Nazi-Opfer brechen ihr Schweigen«.

[304] Michel Friedman, Nie wieder – Auschwitz ist noch nicht Geschichte. In: Frankfurter Jüdisches Gemeindeblatt, 18. Jg., Nr. 1, 1985, S. 8f.

[305] Initiative 9. November, Erinnerung braucht Zukunft. Der Ort der zerstörten Synagoge an der Friedberger Anlage in Frankfurt am Main, Frankfurt am Main 2010.

[306] Siehe www.stolpersteine-frankfurt.de und die jährlichen Dokumentationen 2003-2009.

schienen nur auf Kontakte gewartet zu haben, erzählten oder schrieben lange Berichte und öffneten bereitwillig ihre Fotoalben. Das von Lehrkräften getragene Projekt »Jüdisches Leben in Frankfurt« begleitet seit 30 Jahren während des von der Stadt durchgeführten Besuchsprogramms emigrierte Frankfurter Juden, lädt sie zu Gesprächen in Schulklassen ein und führt Interviews durch, die Wissenschaftlern und Initiativen zur Verfügung gestellt werden.[307] In Frankfurt lebende Überlebende des Holocaust und Widerstandskämpfer erklärten sich ebenfalls bereit, in Schulen zu gehen und das Gespräch mit Schülern zu suchen – auch wenn es ihnen bis heute schwer fällt, über ihre Verfolgungen zu reden. Viele Lehrkräfte haben das Angebot angenommen, und bis heute sind Zeitzeugengespräche für Schüler äußerst wertvolle und intensive Begegnungen und oft der Anstoß, sich intensiver mit der deutschen Vergangenheit und der Verfolgung der Juden zu beschäftigen.

Erzählte Geschichte und Alltagsgeschichte rückten in den Mittelpunkt, und Juden wurden nicht länger ausschließlich mit »Auschwitz« verbunden, sondern mit schönen Begegnungen zwischen Kindern, mit Ausflügen in den Taunus, mit einer freundlichen Nachbarschaft und einem regen Vereinsleben – und mit einem für die meisten nach 1933 erlebten unvermittelten und furchtbaren Bruch. 1978 war das Buch »Kaiserhofstraße 12« erschienen, in dem Valentin Senger die außergewöhnliche Geschichte seiner (jüdisch-russischen) Familie erzählt, die die Nazizeit in Frankfurt überlebt hatte. Diese Geschichte ist so spannend geschrieben, dass sie ein Frankfurter Bestseller wurde und große Teile der Bevölkerung sehr bewegte. Senger berichtet von glücklichen Zufällen und angstvollen Momenten, von Mut, Hilfe und »Wundern«. Dreißig Jahre hatte der Journalist und Redakteur des Hessischen Rundfunks gebraucht, bis er das Leben seiner Familie offen legen konnte. Das Schreiben geschah letztlich auf Anraten seines Therapeuten und wurde ein wichtiger Teil seiner Identitätsfindung. Nachdem er den Entschluss gefasst hatte, konnte Valentin Senger das Erlebte schnell niederschreiben, so präsent war es ihm. Danach war er in der Lage, weitere biografische Bücher und Bücher mit jüdischen Themen zu verfassen, gemeinsam mit seiner Frau Irmgard Senger Filme zu drehen und sich in Konflikte wie dem Börneplatzkonflikt einzumischen.[308]

---

[307] Aus dem Zeitzeugen-Projekt hervorgegangene Veröffentlichungen sind u.a.: Gottfried Kößler/Angelika Rieber/Feli Gürsching (Hrsg.), [...] dass wir nicht erwünscht waren. Novemberpogrom 1938 in Frankfurt am Main, Frankfurt am Main 1993 und Videoportraits in Zusammenarbeit mit der Staatlichen Landesbildstelle Hessen und dem Fritz Bauer Institut, Frankfurt am Main 1994 und 1995: Dorothy Baer: »Sie haben mir den Abschied sehr leicht gemacht«; Martha und Erwin Hirsch: »[...] bis wir es verstehen mussten«; Marianne Schwab: »Ich habe immer noch ein bisschen Sehnsucht und Heimweh«.

[308] Genannt seien: Kurzer Frühling, Zürich 1984; Die jüdischen Friedhöfe in Frankfurt (mit Klaus Meier-Ude), Frankfurt am Main 1985; Die Buchsweilers, Hamburg/Zürich 1991; Das Frauenbad und andere Jüdische Geschichten, München 1994; Der Heimkehrer. Eine Verwunderung über die Nachkriegszeit, München 1995. Siehe auch XII. Texte und Dokumente, S. 253ff. in diesem Band.

X. »Wer ein Haus baut, will bleiben«

Valentin Senger während einer Lesung im Café Kranzler, 1985

In den 1980er und 1990er Jahren folgten zahlreiche weitere autobiografische und biografische Veröffentlichungen von Überlebenden und Emigrierten. Auch Angehörige der zweiten Generation wie Noami Bubis, Michel Friedman, Gila Lustiger, Minka Pradelski haben in literarischer Form eigenes Erleben verarbeitet und thematisiert, wie der Holocaust und sein Nachwirken in der Familie ihr Leben beeinflusst haben.[309]

3. Das erste Jüdische Museum in Deutschland

In den konfliktreichen 1980er Jahren, in denen aus der »unsichtbaren« Jüdischen Gemeinde eine »sichtbare« wurde, und das Interesse der nichtjüdischen Bevölkerung an der Geschichte der Juden in Frankfurt zunahm, begannen die Vorbereitungen für das erste eigenständige Jüdische Museum in Deutschland. Im Februar 1980 hatten die Stadtverordnetenversammlung und der Magistrat einvernehmlich die Gründung eines

---

[309] Naomi Bubis, Sharon Mehler, Shtika. Versuch, das Tabu zu brechen, Frankfurt am Main 1996; Minka Pradelski, Und da kam Frau Kugelmann, Frankfurt am Main 2005; Gila Lustiger, So sind wir. Ein Familienroman, Berlin 2005; Michel Friedman, Kaddisch vor Morgengrauen, Berlin 2005.

X. »Wer ein Haus baut, will bleiben«

Jüdischen Museums im Rothschild-Palais beschlossen. Das repräsentative klassizistische Gebäude am Untermainkai mit der historischen Innenausstattung des Treppenaufgangs sowie einiger Räume im Erdgeschoss stammte aus der Blütezeit jüdischen Lebens. Es wurde 1846 von Mayer Carl von Rothschild erworben und erweitert und beherbergte von 1894 bis 1967 die »Freiherr Carl von Rothschild'sche öffentliche Bibliothek«. Eine umfangreiche Restaurierung und Umbauarbeiten nahmen Jahre in Anspruch.

Dietrich Andernacht, Leiter des Stadtarchivs/Institut für Stadtgeschichte, um 1983

Die Einrichtung des Museums hat eine lange Vorgeschichte.[310] Seit 1957 wurde auf einen zentralen Ort des Sammelns, der Ausstellung und der wissenschaftlichen Bearbeitung der Geschichte der Juden in Frankfurt am Main hingearbeitet.

Vor allem emigrierte Juden wie Rabbiner Salzberger hatten sich dafür eingesetzt. Der Leiter des Stadtarchivs Dr. Dietrich Andernacht hatte bereits in den frühen 1950er Jahren damit begonnen, den Juden betreffenden Archivbestand zu ordnen und nach Emigranten aus Frankfurt zu suchen und mit ihnen Kontakt aufzunehmen. Außerdem legte er eine umfangreiche Fotosammlung an, die er in kleineren Ausstellungen der Öffentlichkeit präsentierte. Mit der Gründung der »Kommission zur Erforschung der Geschichte der Juden in Frankfurt« schuf die Stadt 1961 ein von Juden und Nichtjuden besetztes Gremien, das wichtige Vorarbeiten für die Einrichtung des Jüdischen Museums leistete.[311] Es gelang mit Unterstützung durch den Kulturdezernenten Hilmar Hoffmann, eine kleine Sammlung von Judaica anzulegen und Repliken ehemaliger Frankfurter Exponate anfertigen zu lassen.

Zur Vorbereitung der Gründung des Jüdischen Museums wurde noch 1980 ein wissenschaftlicher Beirat berufen, der sich aus sieben Mitgliedern der Jüdischen Gemeinde, drei Delegierten der Fraktionen und vier Vertretern von städtischen Kultureinrichtungen zusammensetzte. Der wissenschaftliche Beirat legte fest, dass das neue Institut

---

[310] Georg Heuberger, Zur Vorgeschichte der Gründung des Jüdischen Museums Frankfurt. In: Die Pracht der Gebote. Die Judaica-Sammlung des Jüdischen Museums Frankfurt am Main, Köln 2005, S. 24-39.
[311] Siehe S. 134f.

X. »Wer ein Haus baut, will bleiben«

eine Dauerausstellung zur Geschichte der Juden in Frankfurt von den Anfängen bis in die Gegenwart und eine Dauerausstellung über das jüdisch-religiöse Leben beinhalten und dass Räume für Wechselausstellungen zur Verfügung stehen sollten. Gewünscht wurde eine didaktisch auf ein nichtjüdisches Publikum – besonders auf ein junges Publikum – ausgerichtete Ausstellung. Weiterhin beschloss er, einen Dokumentations- und Forschungsbereich einzurichten, der über Frankfurt hinausgeht und sich auf die Geschichte der deutschen Juden insgesamt erstreckt.

Die Entscheidung, ein Jüdisches Museum in Frankfurt einzurichten, war in dem Wissen getroffen worden, dass keine religions-, kultur- und sozialgeschichtliche Sammlung in Frankfurt existierte, auf die zurückgegriffen werden konnte und dass eine derartige Sammlung auch nicht mehr zusammengetragen werden konnte. Bis 1938 bestand ein Jüdisches Museum in Frankfurt am Main. Das »Museum Jüdischer Altertümer« war eine Einrichtung der Jüdischen Gemeinde. Es besaß eine umfangreiche Sammlung von Textilien, Silbergeräten und Dokumenten, die 1938 geraubt wurde. Gerettete Objekte waren nach 1945 über die Jewish Restitution Successor Organization (JRSO) in die USA und nach Israel gelangt.[312]

Zwei große Schenkungen legten dann allerdings in den 1980er Jahren den Grundstock zu einer exponatenbezogenen Ausstellung. Im Jahr 1982 bot Meta Gorski die Judaica-Sammlung ihres Lebensgefährten Siegfried Baruch der Stadt Frankfurt als Schenkung an. Die Sammlung bestand aus 78 Einzelstücken, überwiegend Ritualgegenstände für den täglichen Gebrauch.[313] Im September 1985 übergab Ignatz Bubis seine wertvolle Sammlung von 24 Ritual- und Kultgegenständen. Weitere Sammler boten Leihgaben an, und die Jüdische Gemeinde erklärte sich bereit, mehrere historisch sehr bedeutende Kultgegenstände aus früheren Frankfurter Synagogen als Dauerleihgaben zur Verfügung zu stellen. Durch Magistratsbeschluss wurden dem Jüdischen Museum 1987 Judaica-Objekte aus dem Historischen Museum übergeben. Damit gab es für die geplante Abteilung »Jüdische Religion und jüdisches Leben« einen guten Grundstock an Objekten; für die historische Abteilung standen dagegen zunächst nur sehr wenige Objekte zur Verfügung.

Im Dezember 1985 wurde die Museumsleitung berufen. Die Wahl fiel mit Georg Heuberger auf ein aktives Mitglied der Jüdischen Gemeinde Frankfurt am Main. Mit weiteren Mitarbeiterinnen und Mitarbeitern begann eine Phase intensiver konzeptioneller Planung. Grundsätzliche Fragen waren: Ist das Leben der Juden in Deutschland als Vorgeschichte zum Holocaust darzustellen, die Assimilation als Irrweg, die Integration als Schein, der religiöse Liberalismus als Weg zum Ende des Judentums, der Zionismus als nicht rechtzeitig erkannter allein richtiger Weg? Eine weitere Frage stellte sich

---

[312] Siehe S. 93ff.
[313] Georg Heuberger, Zur Vorgeschichte der Gründung des Jüdischen Museums Frankfurt. In: Die Pracht der Gebote. Die Judaica-Sammlung des Jüdischen Museums Frankfurt am Main, Köln 2005, S. 34.

nach dem Blickwinkel: Soll ein Jüdisches Museum die jüdische Geschichte aus der Sicht von Juden darstellen oder aus der Sicht der Mehrheitsgesellschaft oder lässt sich beides verbinden?

Die Zusammenarbeit von Juden und Nichtjuden – auch unter den nach und nach eingestellten Mitarbeitern – und Kontakte zu ehemaligen Frankfurter Juden erwiesen sich in dieser Phase der Vorbereitung als bereichend bei der Entwicklung eines Konzepts, dem dann die inhaltliche Gestaltung des Museums folgen konnte.

Am 9. November 1988 wurde das erste Jüdische Museum in Deutschland eröffnet. Die Dauerausstellung zur Geschichte der Juden in Frankfurt und das religiöse Leben versuchte, auf die in der Diskussion um eine Konzeption gestellten Fragen Antworten zu geben. Für die gleichzeitige Sonderausstellung »Was übrig blieb. Das Museum Jüdischer Altertümer in Frankfurt 1922-1938« konnten Exponate insbesondere aus Israel und den USA nach Frankfurt geholt werden, die den Reichtum des einstmals Vorhandenen zeigten.[314]

Georg Heuberger, Direktor des Jüdischen Museums 1985 bis 2005, 1994

Im Jahr 1992 erhielt das Jüdische Museum am Börneplatz als Dependance das Museum Judengasse, in dessen Zentrum die wiedererrichteten Fundamente von Gebäuden der ehemaligen Judengasse stehen. Die regelmäßigen Sonderausstellungen in beiden Häusern intensivierten Frankfurter Themen, gingen und gehen zum Teil aber weit über diesen Rahmen hinaus.[315]

Das Jüdische Museum hat sich sehr schnell zu einer wichtigen Kultureinrichtung der Stadt Frankfurt entwickelt. Es hat intensive Aufklärung geleistet, indem es sowohl den Umgang von Stadtregierung und Gesellschaft mit einer religiös-ethnischen Minorität und die lange, widerspruchsreiche Zeit des Kampfes um rechtliche und soziale Gleichstellung dokumentiert als auch das reiche religiöse und kulturelle Leben dieser Gruppe erfahren lässt.

Die Existenz eines jüdischen Museums hat nicht nur die Möglichkeit erweitert, Informationen über die reiche jüdische Tradition in Frankfurt und das Leben von Juden in dieser Stadt zu erhalten, sondern auch die Diskussion über das Zusammenleben von Juden

---

[314] Jüdisches Museum Frankfurt am Main. Prestel Museumsführer, 2. Auflage München 2002; Rachel Heuberger/Helga Krohn, Hinaus aus dem Ghetto... Juden in Frankfurt am Main 1800-1950. Begleitband zur ständigen Ausstellung des Jüdischen Museums, Frankfurt am Main 1988, 2. Aufl. 1997; Was übrig blieb. Das Museum Jüdischer Altertümer in Frankfurt 1922-1938, Frankfurt am Main 1988.

[315] Ausstellungen und Publikationen unter www.juedischesmuseum.de.

X. »Wer ein Haus baut, will bleiben«

links: Museumsführer des Jüdischen Museums
rechts: Aufsatzband zu der Ausstellung »Die Rothschilds – eine europäische Familie«, 1994/95

und Nichtjuden in Vergangenheit und Gegenwart angeregt und belebt. Und das Museum hat sich zu einem Ort der Begegnung zwischen Juden und Nichtjuden entwickelt.

Im Zusammenhang mit den Aktivitäten zum 50. Jahrestag des Novemberpogroms und der Gründung des Jüdischen Museums 1988 begann in Frankfurt eine breite öffentliche Diskussion darüber, ob und in welcher Form ein institutioneller Rahmen geschaffen werden könnte zur weiteren Erforschung des Holocaust und zur Auseinandersetzung über seine Nachwirkungen und seine Stellung im kollektiven Gedächtnis der deutschen Gesellschaft. Nach mehrjährigen Vorarbeiten und einer von Hanno Loewy ausgearbeiteten Konzeption wurde 1995 das Fritz Bauer Institut gegründet, das erste interdisziplinäre Studien- und Dokumentationszentrum zur Geschichte und Wirkung des Holocaust in Deutschland. Die drei Gründungsstifter waren das Land Hessen, die Stadt Frankfurt am Main und der bundesweit organisierte Förderverein Fritz Bauer Institut e.V. Das Institut trägt den Namen des ehemaligen hessischen Generalstaatsanwalts Fritz Bauer, dessen großes Verdienst es war, den Frankfurter Auschwitz-Prozess gegen heftige Widerstände durchgesetzt zu haben.[316] Ein Rat der Überlebenden, dessen Vor-

---

[316] Irmtrud Wojak, Fritz Bauer (1903-1968). Eine Biographie, München 2009. Erster Leiter des

sitzende seit einigen Jahren Trude Simonsohn ist, berät und unterstützt die Arbeit des Instituts. Personelle Beteiligungen im Förderverein verbinden Nichtjuden und Juden. Mit Forschungsprojekten, Publikationen, Tagungen und Ausstellungen hat das Fritz Bauer Institut außerordentlich viel zur sehr differenzierten Auseinandersetzung mit dem Nationalsozialismus und dem Holocaust beigetragen und dabei die Frankfurter Öffentlichkeit einbezogen. Die Pädagogische Abteilung entwickelt schulische und außerschulische Bildungsangebote zur Geschichte und Wirkungsgeschichte des Nationalsozialismus und des Holocaust und begleitet pädagogische Arbeit durch Beratung und didaktische Forschungsprojekte.

4. »Weiterleben mit der Hoffnung«[317]

In den Auseinandersetzungen über die Aufführung des Theaterstücks von Fassbinder und die Bebauung des Börneplatzes waren drei Persönlichkeiten besonders hervorgetreten: Ignatz Bubis, Salomon Korn und Michel Friedman.

Ignatz Bubis wurde 1927 in Breslau geboren und hat Ghettos, Arbeitslager und Deportation überlebt. 18 Jahre alt war er bei der Befreiung. Er war geprägt durch die Verfolgung und die Lager, aber entschlossen, dass der Holocaust nicht sein weiteres Leben bestimmen sollte.

Salomon Korn und Michel Friedman gehören zur Nachkriegsgeneration. Korn wurde 1943 in Lublin geboren, seine Familie überlebte im Versteck und floh nach der Befreiung aus Polen und landete als Displaced Persons zunächst im Lager Zeilsheim. Später zog sie nach Frankfurt und wartete in dem schon beschriebenen notdürftig hergerichteten Gebäude der ehemaligen Volksschule der Israelitischen Religionsgesellschaft am Röderbergweg auf die Einreisegenehmigung in die USA. Die Familie blieb aber hier. Salomon Korn studierte Architektur und Soziologie und wurde bereits als Zwanzigjähriger von Ignatz Bubis in die Baukommission der jüdischen Gemeinde berufen. Seit 1986 bis heute ist er Mitglied im Gemeinderat, seit 1999 Vorsitzender des Vorstands und seit 2003 Vizepräsident des Zentralrats der Juden in Deutschland.

Michel Friedman wurde 1956 in Paris geboren. Seine Eltern waren durch den Unternehmer Oskar Schindler in Krakau vor der Ermordung gerettet worden. Sie blieben nach der Befreiung in Polen, flohen dann aber nach Paris. Seit 1965 lebt Michel Friedman in Frankfurt am Main, wo er zunächst Medizin, dann Jura studierte und ein

---

Instituts war Hanno Loewy, ihm folgte Micha Brumlik. Gegenwärtig ist der Direktor des Jüdischen Museums, Raphael Gross, gleichzeitig Direktor des Fritz Bauer Instituts. Für weitere Informationen siehe www.fritz-bauer-institut.de.

[317] Ignatz Bubis, Weiterleben mit der Hoffnung. Die Jüdische Gemeinde nach 1945. In: Jüdische Gemeindezeitung Frankfurt, 19. Jg., Nr. 8, 1986, S. 18f.

X. »Wer ein Haus baut, will bleiben«

Ministerpräsident Holger Börner beim Besuch der Jüdischen Gemeinde, 1985; von links: Salomon Korn, Ignatz Bubis, Holger Börner, Trude Simonsohn und Michel Friedman

erfolgreicher Anwalt wurde. 1981 wurde er jüngstes Mitglied im Gemeinderat. 2000 wurde er stellvertretender Vorsitzender des Zentralrats der Juden in Deutschland, ein Jahr später Präsident des Europäischen Jüdischen Kongresses. 2003 legte er nach der Eröffnung eines Strafverfahrens gegen ihn alle Ämter nieder.

Diese drei Persönlichkeiten beeinflussten ganz wesentlich die innere Entwicklung der jüdischen Gemeinde und die Stellung der Gemeinde in der Frankfurter Gesellschaft in den 1980er und 1990er Jahren und wirkten über Frankfurt hinaus als Mitglieder im Zentralrat der Juden in Deutschland, in den Medien, in Publikationen und Gesprächsrunden. Alle drei hatten sich entschieden, in Frankfurt zu bleiben, Frankfurt als Lebensmittelpunkt anzusehen und sich als Frankfurter Bürger in das politische und gesellschaftliche Leben einzubringen. Sie hatten Interesse daran, dass die Gemeinde sich den Aufgaben der Gegenwart und Zukunft stellt und dass sie sich als Teil der Stadtgesellschaft versteht und gesehen wird.

Ignatz Bubis war eine herausragende Persönlichkeit in der Jüdischen Gemeinde und in der Frankfurter Stadtgesellschaft. Ihm wuchs im Laufe seines Wirkens eine zentrale Rolle zu, die ihm seitens der jüdischen Gemeinschaft und der deutschen Öffentlichkeit angetragen wurde, und die er gern angenommen und ausgefüllt hat.

X. »Wer ein Haus baut, will bleiben«

Der hochbegabte Autodidakt Ignatz Bubis, der sieben Sprachen beherrschte, von denen er die meisten »nebenbei« erlernt hatte, stellte sich die Frage, was aus ihm geworden wäre, wenn er mehr als nur vier Jahre hätte zur Schule gehen können, wenn er einen Beruf hätte erlernen oder studieren können. Seine Eltern waren 1919 von Russland nach Breslau gezogen, wo er 1927 geboren wurde. Vor den Nationalsozialisten floh die Familie 1935 in die polnische Kleinstadt Deblin. Mit vierzehn Jahren kam Bubis ins Ghetto Deblin, wenig später ins Arbeitslager, weitere Arbeitslager folgten. Seine Mutter starb 1940, vier Geschwister waren früh verstorben, zwei kamen in der Sowjetunion ums Leben, sein Vater wurde in Treblinka ermordet.

Nach der Befreiung stand Ignatz Bubis als Achtzehnjähriger allein in der Welt, ohne Familie, ohne Beziehungen, ohne Geld. Er hatte ein Gespür für »gute Gelegenheiten« und keine Scheu vor Risiken. »Ich war hungrig nach Leben, hungrig nach Selbstständigkeit, vielleicht auch hungrig nach Wohlstand. Ich hatte ein fast unersättliches Bedürfnis, meine neu erworbene Freiheit nach allen Richtungen hin abzusichern. Unabhängigkeit war besonders erstrebenswert, und die Grundlage hierfür war Erfolg. So wurde ich Unternehmer, und der Drang zu studieren ist mehr und mehr verblasst«, berichtet er in seiner Autobiografie.[318] Er handelte mit den russischen Soldaten, leitete eine genehmigte Tauschzentrale, half russisch-jüdischen Soldaten zur Flucht, floh selbst in die amerikanische Zone und handelte halblegal mit Gold und betrieb einen Schmuckhandel. 1953 heiratete er Ida Rosenman, die er schon in Deblin kennen gelernt hatte und die dort mit ihrer Familie ebenfalls im Ghetto lebte. Sie wurde von Polen nach Bergen-Belsen deportiert und als Vierzehnjährige befreit. Im Alter von knapp 30 Jahren zog Bubis 1956 mit seiner Frau nach Frankfurt, wo er blieb und erfolgreicher Unternehmer im Immobiliengeschäft wurde.

Der Bauboom in Frankfurt Ende der 1960er Jahre und die ehrgeizige Stadtplanung der von der SPD geführten Stadtregierung, Frankfurt zu einem Finanzzentrum auszubauen und das Westend in ein modernes Büroviertel umzuwandeln, eröffneten Immobilienspekulanten große Geschäftsperspektiven. Sie riefen allerdings den heftigen Widerstand der Wohnbevölkerung hervor, die sich in der Bürgerinitiative »Aktionsgemeinschaft Westend« organisierte. Intensiviert wurde der Widerstand durch Proteste von Studenten und ihre Besetzung mehrerer zum Abriss vorgesehenen Villen aus der Gründerzeit. Die Proteste erreichten eine Änderung der Stadtpolitik und brachten die bis dahin begünstigten Bauherren und Spekulanten wie Bubis in große wirtschaftliche Schwierigkeiten.[319]

---

[318] Ignatz Bubis/Peter Sichrowsky, »Damit bin ich noch längst nicht fertig«. Die Autobiographie, Frankfurt am Main/New York 1996, S. 63. Zur Biografie außerdem: Ignatz Bubis, »Ich bin deutscher Staatsbürger jüdischen Glaubens«. Ein autobiographisches Gespräch mit Edith Kohn, Köln 1993; Fritz Backhaus/Raphael Gross/Michael Lenarz (Hrsg.), Ignatz Bubis: Ein jüdisches Leben in Deutschland, Frankfurt am Main 2007.

[319] Hierzu: Häuserrat Frankfurt, Wohnungskampf in Frankfurt, Frankfurt am Main 1974; Heinrich Appel, Heißer Boden. Stadtentwicklung und Wohnprobleme in Frankfurt am Main. Eine Pu-

X. »Wer ein Haus baut, will bleiben«

Bubis erlebte, dass städtische Zusagen nicht eingehalten wurden, zeitliche Verzögerungen von Bauvorhaben eintraten und er viel Geld verlor. Die Beweggründe des Protestes blieben ihm, der damals mit der Stadt in erster Linie eine wirtschaftliche Verbindung hatte, unverständlich; Hausbesetzungen als Widerstandsform und Straßenschlachten nach gewaltsamen Räumungen verurteilte er. Aufgrund der damaligen Erfahrungen verlangte Bubis später von sich selbst, geschlossene Verträge immer einzuhalten, weshalb er beispielsweise beim Börneplatz-Konflikt die einmal gegebene Zusage zur Bebauung des Platzes nicht zurückziehen wollte.

Demonstranten vor den von Ignatz Bubis erworbenen Häusern Bockenheimer Landstraße 111 und 113. An dieser Stelle sollte ein 26stöckiges Bürogebäude entstehen, 27. Oktober 1973

Der »Häuserkampf« im Westend wurde auch personalisiert geführt, die Immobilienunternehmer in Flugblättern und an den Häusern mit ihren Namen genannt. Unter ihnen waren mehrere Juden. Antisemitische Untertöne mischten sich in die Auseinandersetzungen, sie wurden immer aber auch kritisiert. In einem späteren Interview hat Bubis darüber seine Verärgerung zum Ausdruck gebracht: »Ich habe keine Angst, wenn mich jemand Spekulant nennt, nur ›jüdischer‹ Spekulant, da habe ich Probleme.«[320]

Von Ignatz Bubis wurde in den Jahren des »Frankfurter Häuserkampfes« ein Negativbild gezeichnet, das ihn veranlasste, einen Schwerpunkt seiner Immobilieninvestitionen ins Ausland zu verlegen und sein gerade erst begonnenes Engagement in der Jüdischen Gemeinde und in der FDP ruhen zu lassen. Im Bewusstsein, dass die Entwicklung der jüdischen Gemeinschaft ganz entscheidend von der Stabilisierung der Demokratie in der Bundesrepublik Deutschland abhing, war er 1969 in die FDP eingetreten, weil er in ihr den Wahrer einer liberalen Rechts- und Innenpolitik und einer auf Verständigung gerichteten Außenpolitik sah. Er gehörte damit zu den ersten Juden im Nachkriegsdeutschland, die auch politisch eindeutig Partei ergriffen und sich engagierten. Aktiv in

---

blikation des Presse- und Informationsamts, Frankfurt am Main 1974; Michael Lenarz, Ignatz Bubis und die Auseinandersetzungen um das Frankfurter Westend. In: Fritz Backhaus/Raphael Gross/Michael Lenarz (Hrsg.), Ignatz Bubis: Ein jüdisches Leben in Deutschland, Frankfurt am Main 2007, S. 52-66.

[320] Interview von Bettina Röhl am 7. Juli 1999. www.bettinaroehl.de Das Zitat hier ist gekürzt.

der Partei wurde er erst viele Jahre später als Mitglied des Bundesvorstands. Er setzte sich besonders für die Beteiligung von Migranten in der FDP ein, fand dabei aber wenig Unterstützung. Im März 1997 trat Bubis als Frankfurter Spitzenkandidat der FDP für die hessischen Kommunalwahlen an und verhalf der Partei zur Rückkehr ins Stadtparlament. Er selbst wurde zum ehrenamtlichen Stadtrat gewählt.

Seit 1963 saß Bubis im Gemeinderat der Jüdischen Gemeinde, 1973 kandidierte er nicht wieder. Fünf Jahre später ließ er sich wieder aufstellen und wurde zum Vorstandsvorsitzenden gewählt und Mitglied im Direktorium des Zentralrats der Juden in Deutschland. Damals sah er es als eine seiner »wichtigsten Aufgaben an, eine Art ›Wachablösung‹ einzuleiten. Waren bisher die Überlebenden mit ihrer begreiflichen Fixierung auf die Vergangenheit bestimmend, so wollte ich die Gemeinde dazu befähigen, sich auch den Aufgaben der Gegenwart zu stellen.«[321] Der Durchführung von Baumaßnahmen galt sein besonderes Interesse, außerdem der Finanzorganisation und den sozialen Problemen.

Nach seiner Wahl zum Vorsitzenden des Zentralrats der Juden in Deutschland 1992 wurde Bubis der in der Öffentlichkeit hoch geschätzte Repräsentant der Juden in Deutschland. Er war der »Jude zum Anfassen«, wie es manchmal in saloppen Kommentaren hieß. Er äußerte sich zu vielen tagespolitischen Themen und suchte in vielen heiklen Fragen die Verständigung zwischen Juden und Nichtjuden. Unermüdlich setzte er sich für mehr Toleranz nicht nur gegenüber Juden, sondern gegenüber allen Minderheiten in Deutschland ein. Er wies bereits auf die Notwendigkeit hin, den Pluralismus in der Gesellschaft anzuerkennen, als viele Politiker das nicht sehen und anerkennen wollten. Deswegen hat Bubis sich eingemischt in die Debatte um die Verschärfung des Asylrechts, er bekämpfte Fremdenfeindlichkeit durch Nähe zu den Opfern, Aufklärung und Warnungen.

Ignatz Bubis bei einer Gedenkfeier für die drei ermordeten türkischen Opfer eines fremdenfeindlichen Brandanschlags in Mölln, 23. November 1992

Viele Politiker hielten engen Kontakt

---

[321] Ignatz Bubis/Peter Sichrowsky, »Damit bin ich noch längst nicht fertig«. Die Autobiographie, Frankfurt am Main/New York 1996, S 122.

X. »Wer ein Haus baut, will bleiben«

Ignatz Bubis in einer Diskussion mit Gymnasiasten über den Film »Schindlers Liste«, Berlin, 17. März 1994

zu ihm, und er fühlte sich wohl in politischen Kreisen. Er reiste mit ihnen nach Israel und war ein gefragter Interviewpartner in den Medien. Seine Haltung wurde auch vom World Jewish Congress anerkannt, und Bubis wurde als erster Deutscher zum Vorsitzenden des European Jewish Congress gewählt.

Ignatz Bubis hat der deutschen Gesellschaft eindringlich vermittelt, welche Tugenden nötig sind, damit in einer demokratischen und offenen Gesellschaft Menschen mit unterschiedlicher Religion und Kultur, mit verschiedener Herkunft und andersartigem Aussehen gemeinsam leben können: Respekt voreinander, Toleranz, Hilfsbereitschaft, Zivilcourage.

In gleichem Maße legte er mit großer Ernsthaftigkeit, oft aber in humorvoller Form und einzigartiger Schlagfertigkeit, bei Reisen mit Politikern, in Talkshows und im Gespräch mit Schulklassen Finger auf die Wunden der deutschen Gesellschaft. Er konnte unbequeme Wahrheiten in klaren einfachen Worten aussprechen. Durch seine offene Art und die Nähe zu Menschen hat er mehr von Einstellungen und Meinungen der nichtjüdischen Öffentlichkeit erfahren als viele andere. Ignatz Bubis hatte mit dieser Haltung nicht nur Bewunderer. Manche Juden kritisierten die offene und auf Verständigung ausgerichtete Haltung, andere seine Nähe zu Politikern. Unzählige Schmähbriefe und Drohungen sind bei ihm eingegangen, die ihn aber nicht daran hinderten, unbeirrt seinen Weg zu verfolgen.

Kein anderer prominenter Jude hat wie Bubis betont, deutscher Staatsbürger mit jüdischem Glauben zu sein. Als solcher sah er sich im Recht, gegen die Aufführung des Fassbinder-Theaterstücks zu demonstrieren, in die Verjährungsdebatte einzugreifen und für die Beibehaltung des im Grundgesetz verankerten Asylrechts zu streiten, Fremdenfeindlichkeit zu bekämpfen und wiederholt sein Vertrauen in die deutsche Demokratie zu bekunden. Seine Haltung und Fähigkeit, andere Meinungen zu respektieren, ohne sie anzunehmen, und Person und Meinung zu trennen, erleichterten es, mit ihm zu streiten, auch innerhalb der Jüdischen Gemeinde.

Nicht die antisemitischen Schmähbriefe und Telefonanrufe und die Unkenntnis vieler Deutscher über die Zeit des Nationalsozialismus beunruhigten Bubis, sondern der Antisemitismus der »Wohlmeinenden«. Dieser zeigte ihm die Tiefe überlieferter und vorhandener Vorurteile, die Gedankenlosigkeit und die Unwissenheit. Deshalb lag ihm auch sehr daran, in den Schulen die Beschäftigung mit Juden nicht auf den Holocaust zu reduzieren, sondern die lange Geschichte der Juden in Deutschland als Teil der deutschen Geschichte zu behandeln. Er wollte der »Fremdheit« der Juden entgegentreten. Die Sicht auf deutsche Juden als Fremde zeigte sich für ihn immer wieder darin, dass Israel als Heimat der in Deutschland lebenden Juden und sie selbst als Israelis bezeichnet wurden. Sehr oft musste Bubis diese Erfahrung machen; mit Humor und Schlagfertigkeit rückte er den Fehler zurecht, zweifelte aber auch an dem Erfolg seiner Bemühungen: »Manchmal bin ich es müde und würde am liebsten überhaupt nicht reagieren. Aber man muß sich verteidigen gegen solch dumme Fragen und die kleinen Angriffe, man muß antworten, manchmal mit einer spöttischen Bemerkung, manchmal mit einer Gegenfrage, aber immer die Ruhe bewahren. Es ist die Dummheit, die Ignoranz, die Gleichgültigkeit und das ewige Vorurteil, das einem zu schaffen macht, und ich denke oft: Wir werden als Juden hier für die Mehrheit immer die Fremden bleiben.«[322]

Ignatz Bubis starb am 13. August 1999 im Alter von 72 Jahren an Knochenkrebs. Seine Verfügung, in Israel begraben zu werden, hat Fragen aufgeworfen und ist wohl Ausdruck einer tiefen Enttäuschung über die Wirkung und die Folgen seines Einsatzes. Seine Bilanz im letzten Interview im Juli 1999 klang bitter: »Ich habe nichts oder fast nichts bewirkt. Ich habe immer herausgestellt, daß ich deutscher Staatsbürger jüdischen Glaubens bin. Ich wollte diese Ausgrenzerei, hier Deutsche, dort Juden, weghaben. Ich habe gedacht, vielleicht schaffst du es, daß die Menschen anders übereinander denken, anders miteinander umgehen. Aber, nein, ich habe fast nichts bewegt. Die Mehrheit hat nicht einmal kapiert, worum es mir ging. Wir sind fremd geblieben; sicher auch, weil sich die Juden in diesem Land teilweise selbst ausgrenzen. [...] Im öffentlichen Bewußtsein ist die Verantwortung für Auschwitz nicht verankert. Jeder in Deutschland fühlt sich verantwortlich für Schiller, für Goethe und für Beethoven, aber keiner für Himmler. Ein Großteil der Bevölkerung denkt wie Martin Walser. Ende. Zeit, Schluß zu machen, nur noch nach vorne schauen.«[323]

Martin Walser hatte sich in seiner Rede bei der Verleihung des Friedenspreises des deutschen Buchhandels 1998 in der Paulskirche gegen die Erinnerungskultur gewandt, wie sie in Deutschland seit den ausgehenden 1980er Jahren zum allgemein akzeptierten Verhältnis gegenüber der deutschen Geschichte gehörte. Walser plädierte dafür, Gedenken in den Bereich des Privaten zu verweisen, und stilisierte die Erinnerungskultur zu einer von außen aufgezwungenen Haltung, die dem Bedürfnis der Deutschen nach Normalität entgegen stünde. Der Beifall, den er auch von allen prominenten Gästen der Feier erhielt, vor allem aber die folgenden Diskussionen und Stellungnah-

---

[322] Ebenda, S. 228; siehe auch S. 133.
[323] Gespräch von Michael Stoessinger und Rafael Seligmann mit Ignatz Bubis. In: Stern, 29. Juli 1999.

men, ließen Ignatz Bubis daran zweifeln, ob seine Politik der Vermittlung zwischen jüdischen und nichtjüdischen Deutschen irgendeinen Erfolg aufzuweisen habe. Bubis prägte in diesem Zusammenhang den Begriff von der »neuen Gleichgültigkeit«, die um sich greife.

Ihn selbst belastete mehr und mehr die Vergangenheit, nicht sein eigenes Leiden, sondern der Tod des Vaters in Treblinka, und die Ermordung der vielen Familienmitglieder. Er fürchtete Grabschändungen in Deutschland, von denen es viele gab. »Ich möchte in Israel beerdigt werden, weil ich nicht will, daß mein Grab in die Luft gesprengt wird – wie das von Heinz Galinski«,[324] hatte er in seinem letzten Interview erklärt. Vieles spricht für die Vermutung, dass hinter dem Wunsch, in Israel begraben zu werden, die Resignation stand, sein Lebensziel in Deutschland nicht erreicht zu haben.[325]

Auf Betreiben von Salomon Korn, seinem Nachfolger als Vorsitzender des Gemeinderats, gab die Gemeinde wenige Monate später dem Gemeindezentrum den Namen Ignatz Bubis-Gemeindezentrum. Korn endete seine Würdigung mit den Worten: »Doch wir ehren nicht nur Ignatz Bubis sel. A., wenn wir heute das Jüdische Gemeindezentrum nach ihm benennen. Wir ehren vor allem auch uns, die Jüdische Gemeinde Frankfurt am Main. Wir tun dies in Dankbarkeit und im Wissen, dass einer der großen Pioniere und Architekten jüdischen Lebens in Deutschland nach 1945 – vielleicht der bedeutendste – stets einer der unseren war und er vor allem für uns, für die Jüdische Gemeinde Frankfurt und für die jüdische Gemeinschaft in Deutschland, gelebt und gewirkt hat. Du wirst, Ignatz, in unserer Gemeinde, in unserer Erinnerung, in Deinem Werk und in Deinem Haus, im ›Beth Israel‹, weiterleben!«[326]

Im September 2000 beschloss die Stadtverordnetenversammlung mit den Stimmen von SPD, Grünen und FDP, die Obermainbrücke in Ignatz-Bubis-Brücke umzubenennen. Die CDU enthielt sich bei der Abstimmung; sie hatte vorgeschlagen, stattdessen den Westendplatz nach Bubis zu benennen. Beim Festakt zur Umbenennung im Dezember 2000 gab es vereinzelte Demonstrationen einer Bürgerinitiative für den Erhalt des Traditionsnamens Obermainbrücke. Es gab jedoch auch Proteste, die mit einem Verweis auf die Vergangenheit von Bubis zur Zeit des Häuserkampfes in Zusammenhang standen. Bei der Kommunalwahl 2001 warben die Republikaner mit einem Pla-

---

[324] Heinz Galinski war von 1954-1963 und von 1988-1992 Vorsitzender des Zentralrats der Juden in Deutschland. Auf sein Grab in Berlin wurden 1998 zwei Sprengstoffanschläge verübt.

[325] Bei seiner Beerdigung in Tel Aviv kam es zu einem Zwischenfall. Der israelische Künstler Meir Mendelssohn mischte sich unter die Trauernden, ging dann ans Grab und bespritzte das Leichentuch mit schwarzer Farbe. Mendelssohn hatte rund dreißig Jahre in Deutschland gelebt – eine Zeitlang hatte die Jüdische Gemeinde Frankfurt ihn beschäftigt (er trug damals einen anderen Namen) – und musste Deutschland wegen verschiedener finanzieller Probleme und Steuerbetrugs verlassen.

[326] Salomon Korn, Kein Tag wie jeder andere. Ansprache zur Umbenennung des Jüdischen Gemeindezentrums Frankfurt am Main in Ignatz-Bubis-Gemeindezentrum. In: Ders., Die fragile Grundlage, 2. Aufl. Berlin 2004, S. 50.

kat, das nur die Aufschrift »Bubis-Brücke« trug. Die Vertreter der Republikaner bestritten jedoch, dass damit ein verdeckter Antisemitismus transportiert werde.

Die Stadt ehrt außerdem das Lebenswerk und die Persönlichkeit von Ignatz Bubis mit dem alle drei Jahre verliehenen »Ignatz-Bubis-Preis für Verständigung« an eine Persönlichkeit oder Organisation, deren öffentliches Wirken in hervorragender Weise im Sinne der von Ignatz Bubis vertretenen Werte gekennzeichnet ist. Den 2010 verliehenen Preis erhielt Trude Simonsohn für ihre intensiven und erfolgreichen Bemühungen um Verständigung zwischen Juden und Nichtjuden, zu denen ihr Auftreten als Zeitzeugin in Schulen und vor Jugendlichen und die Mitarbeit in der Jugendbegegnungsstätte Anne Frank und im Fritz Bauer Institut gehören.

Michel Friedman engagierte sich besonders bei kulturellen Aktivitäten der Gemeinde und trat regelmäßig als ihr Sprecher auf. Im Jüdischen Gemeindezentrum organisierte er Lesungen mit bekannten jüdischen und nichtjüdischen Autoren, die den großen Saal füllten und viel zur Akzeptanz des Gemeindezentrums in der Öffentlichkeit beitrugen. 2000 wurde er Vizepräsident des Zentralrats der Juden in Deutschland. In dieser Funktion warnte er vor der zunehmenden Fremdenfeindlichkeit und der sie begleitenden Gleichgültigkeit großer Teile der Bevölkerung, und er kritisierte die geringer werdende Bereitschaft der Politik zur historischen Verantwortung gegenüber dem Nationalsozialismus. Als Mitbegründer der Aktion »Gesicht zeigen – für ein weltoffenes Deutschland«[327] im Jahr 2000 initiierte er eine wirksame Kampagne gegen Rechtsradikalismus, Fremdenfeindlichkeit und Antisemitismus, die viele prominente Unterstützer und Sponsoren fand. Die Aufforderung, nicht mehr weg zu sehen und Verantwortung zu übernehmen, findet bis heute ihren Niederschlag in vielen Initiativen und Aktionen. Seit 1983 ist Friedman Mitglied der CDU; er wurde Stadtverordneter in Frankfurt, Mitglied des Vorstands der hessischen CDU und des Bundesvorstands. Er war immer ein kritisches Mitglied.

Große Popularität erlangte Michel Friedman als Talkmaster mit seiner Sendung »Vorsicht Friedman«. Wegen der Schärfe seiner Fragen und seiner unerbittlichen Härte im Gespräch erfuhr er Zustimmung wie Ablehnung und wurde auch mit Beschimpfungen und Verleumdungen angegriffen. Er wurde einer der bekanntesten »öffentlichen Juden« und erhielt 2001 das Bundesverdienstkreuz »für sein politisches Verantwortungsbewusstsein, vor allem in seinem Einsatz für ein stabiles jüdisches Leben in Deutschland und für sein Engagement gegen Antisemitismus und Fremdenfeindlichkeit«.[328] Seine po-

---

[327] Der Verein »Gesicht zeigen – für ein weltoffenes Deutschland« wurde im August 2000 unter dem Eindruck des Anschlags auf die Düsseldorfer Synagoge und angesichts der zunehmenden rechten Gewalt in Deutschland von Uwe-Karsten Heye (Journalist und Diplomat, damals Regierungssprecher in der Regierung Gerhard Schröder), Paul Spiegel (2000-2006 Vorsitzender des Zentralrats der Juden in Deutschland) und Michel Friedman gegründet.
[328] »Freiheit ist das Grundrecht auf Anderssein.« In: Jüdische Gemeindezeitung Frankfurt, 34. Jg., Nr. 8, September 2001, S. 27.

litische Karriere und sein Einfluss auf die weitere Entwicklung der Jüdischen Gemeinde Frankfurt am Main und des Judentums in Deutschland fand 2003 ein Ende durch eine Affäre im Berliner Prostituierten-Milieu und durch Drogenkonsum. Er sprach selbst von einem »Fehltritt«, entschuldigte sich öffentlich und erklärte, dass die Person, über die gerichtlich und öffentlich geurteilt wurde, »nicht der ganze Friedman« sei und bat um eine zweite Chance. In die Öffentlichkeit ist er inzwischen zurückgekehrt mit publizistischen Arbeiten und Fernsehsendungen, Ämter in der Jüdischen Gemeinde strebt er nicht mehr an.

Der Architekt Salomon Korn bei der symbolischen Schlüsselübergabe an den Vorsitzenden der Jüdischen Gemeinde Ignatz Bubis, 14. September 1986

Zwischen Ignatz Bubis und dem 16 Jahre jüngeren Salomon Korn hatte sich während des Baus des Gemeindezentrums eine enge Freundschaft entwickelt, die trotz Meinungsverschiedenheiten im Börneplatz-Konflikt und später über das Holocaust-Mahnmal im Berlin bestehen blieb. Es war Bubis, der Korn bestärkte, »im September 1986 mit Ignatz Bubis und seiner Fraktion für den Gemeinderat der Jüdischen Gemeinde Frankfurt zu kandidieren. Von der Popularität des ›Gemeindezentrums-Architekten‹ getragen«[329] wur-

---

[329] Salomon Korn, Im Anderen den Nächsten sehen. Erinnerungen an Ignatz Bubis. In: Ders., Die fragile Grundlage, 2. Aufl. Berlin 2004, S. 36.

de er zunächst in den Gemeinderat und anschließend in den Vorstand gewählt. Schon vorher hatte er die Nachfolge von Paul Arnsberg in der Kirchheim'schen Stiftung übernommen und damit deutlich gemacht, dass ihm die Geschichte der Juden in Frankfurt für die Entwicklung der Jüdischen Gemeinde in der Zukunft wichtig war. Das hatte auch sein Einsatz für den Erhalt der Fundamente der Ghettohäuser am Börneplatz gezeigt. Seitdem spielt Salomon Korn eine herausragende Rolle in Frankfurt und Deutschland. Er hat in der ihm eigenen souveränen Haltung die Verankerung der Gemeinde in der Frankfurter Stadtgesellschaft weiter gestärkt und gehört seitdem zu den brillantesten Intellektuellen der Stadt. In der Öffentlichkeit bezieht er in Vorträgen, Aufsätzen und Zeitungsartikeln immer wieder Stellung zum Verhältnis zwischen Deutschen und Juden. Besonders engagiert ist er in Fragen des Umgangs mit Gedenkstätten und Erinnerungsorten.

Ein bedeutendes Ereignis ragt aus der weiteren Entwicklung der Gemeinde heraus: die Rückerwerbung des Philanthropins und der Umbau zu einem Jüdischen Gymnasium. Schon zu Bubis' Lebzeiten hatte eine kontroverse Diskussion über die Gründung eines Jüdischen Gymnasiums begonnen. Die Lichtigfeldschule, 1966 als Experiment begonnen, hatte sich hervorragend entwickelt. 1987 zog sie in das neue Gemeindezentrum um, aber die dortigen Räume reichten schon bald nicht mehr aus. Die Schülerzahlen

Isaak E. Lichtigfeldschule im Philanthropin, Grundschulklasse, 2008

X. »Wer ein Haus baut, will bleiben«

Isaak E. Lichtigfeldschule im Philanthropin, Mittagessen in der Mensa, 2008

stiegen, die Grundschule wurde um eine Förderstufe erweitert, und Büroräume mussten zu Schulräumen umgebaut werden. Bubis Ziel war es, zum 200jährigen Gründungsjubiläum des Philanthropins 2004 das Gebäude wieder im Besitz der Jüdischen Gemeinde zu haben und dort eine Jüdische Ganztagsschule mit Grundschule und Gymnasium einzurichten. Das Hauptargument für die Einrichtung eines Gymnasiums, das eigentlich die finanziellen Möglichkeiten der Gemeinde weit überschritt, war die Hoffnung, mehr Jugendlichen eine jüdische Identität und Kenntnisse über das Judentum zu vermitteln, wozu die Elternhäuser immer weniger in der Lage waren. An einem starken Zuspruch der Schule wurde nicht gezweifelt. Die Gegner eines Gymnasiums waren in der Minderheit. Sie warnten davor, dass auch ein Jüdisches Gymnasium nicht vor gemischten Ehen, vor einer Abkehr vom Judentum bewahren würde.[330] Tatsächlich zog die Isaac Emil Lichtigfeld-Schule im August 2006 vom Gemeindezentrum im Frankfurter Westend in das Philanthropin im Nordend ein. Mit dem Umzug verbunden war die Erweiterung der Schule zu einem Sekundarstufe I – Gymnasium und zu einer Ganztagsschule. Seit ihrer Gründung ist die Schule auch für Nichtjuden geöffnet. Heute sind etwa ein Viertel der rund 460 Schülerinnen und Schüler und die Hälfte der Lehrkräfte Nichtjuden.

Ende des 20. Jahrhunderts schien sich der Rahmen für Entfaltungsmöglichkeiten eines deutschen Judentums in Frankfurt am Main und anderen Großgemeinden wie München und Berlin abzuzeichnen. Die Infrastruktur der Frankfurter Gemeinde – Synagogen, Gemeindezentrum, Verwaltung und Sozialabteilung, Kindergärten und Schule, Kulturarbeit, Jugend- und Sportvereine – zeugte von Stabilität, Selbstbewusstsein und Kraft.

Dennoch betrachtete sich die Gemeinde immer noch als stark gefährdet: Die Überalterung, der Wegzug von jungen Menschen, die Nichtmitgliedschaft von Juden, die große Zahl von Juden, die interkonfessionelle Ehen eingingen, wirkten bedrohlich. Die

---

[330] Peter Shephard, stellvertretender Jugendzentrumsleiter, Ein Jüdisches Gymnasium? In: Tacheles, Frühjahr 1990.

X. »Wer ein Haus baut, will bleiben«

Frage, ob es überhaupt möglich sein werde, ein jüdisches Leben in Deutschland zu führen, stellte sich weiterhin. Hoffnung und Zuversicht verbanden sich mit Befürchtungen.

Salomon Korn hat sich in Interviews, Reden und Aufsätzen häufig zu diesen Problemen geäußert. Im Unterschied zu Bubis, der gern zu Lebzeiten eine deutsch-jüdische Normalität erlebt hätte, ist er der Überzeugung, dass es dafür einer historischen Zeitspanne von etwa 100 Jahren oder vier Generationen bedarf. »Das mag im Leben eines Menschen lange sein, in der Geschichte eines Volkes ist es kurz.«[331] Immer wieder verweist er auf die »fragile Grundlage«[332] des Zusammenlebens und der Zuversicht der Juden, auf Dauer hier leben zu können. Die tief verwurzelten, historisch gewachsenen Vorurteile und die nie vollständig anerkannte Emanzipation der Juden durch die Bevölkerung vor 1933 sollten davor warnen, heute auf eine deutsch-jüdische Normalität zu hoffen. Die Nachwirkungen der von den Nationalsozialisten betonten Unterschiede zwischen Juden und Deutschen, der die Mehrheit der Bevölkerung zustimmte, seien nicht überwunden. Korn sieht seine Besorgnis begründet in einer nachlassenden Wachsamkeit gegenüber Beschädigungen der Demokratie und in einer zu geringen Akzeptanz von Minderheiten. Damit erklärt er auch die immer wiederkehrende Erfahrung, als Israeli angesprochen zu werden. Er sieht darin die – geschichtlich zu erklärende – Haltung: Juden sind anders.

Die entscheidende Frage für die Akzeptanz von Juden in Deutschland ist und bleibt für Korn und viele weitere Juden: Dürfen sie anders sein, wird es akzeptiert, dass sie anders sind, dass sie weder als Religionsgemeinschaft noch als Volk eindeutig zu bestimmen sind, dass es religiöse und säkulare Juden gibt, Juden in Israel und Juden in vielen Staaten der Welt? Salomon Korn sieht Normalität erst erreicht, wenn der Jude als Individuum wahrgenommen wird und nicht als Vertreter eines Kollektivs, wenn Juden »anders« sein können, ohne aufzufallen, wenn Juden als Minderheit akzeptiert werden.

Nachdenklich äußert sich Salomon Korn auch zur Identitätsbestimmung der Jüdischen Gemeinde, wenn nur eine Minderheit einen religiösen Bezug zum Judentum behält und wenn in einigen Jahren oder Jahrzehnten der Holocaust als »Identitätsstütze« der Juden in Deutschland entfallen wird: Die Kraft in den Gemeinden sei nach wie vor nicht vorhanden, »aus eigenen, lebendigen religiösen Primärquellen« schöpfen zu können. Das äußere Bild der Frankfurter Gemeinde überdecke auch hier eine »fragile Grundlage«. Es fehle immer noch an in Deutschland ausgebildeten Rabbinern und Kultuspersonal, an Wissenschaftlern und Sozialarbeitern. Die Einheitsgemeinde sei gefährdet durch Abspaltungen oder Orientierungen, die vom »jüdischen Ausland« bestimmt sind: »So wird die Orientierung unterschiedlicher religiöser Observanzen mit

---

[331] Salomon Korn im Gespräch mit Mitarbeitern der »Tribüne«. In: Ders., Die fragile Grundlage, 2. Aufl. Berlin 2004, S. 17.
[332] Titel seines Buches mit einer Sammlung von Aufsätzen und Vorträgen, Berlin 2003, 2. Aufl. Berlin 2004.

einer wachsenden Abhängigkeit vom ›jüdischen Ausland‹ – sei es Israel für die Konservativen, seien es die USA für die Liberalen – bezahlt werden müssen.«[333] Die Frage ob die jüdische Nachkriegsgemeinde in Frankfurt am Main eine Zukunft habe oder nur ein Zwischenspiel sei, erwiderte Korn 1991 mit der offenen Antwort: »Das Zwischenspiel hat Zukunft.«[334]

Eine vom Gemeinderat eingesetzte Langzeitkommission hat 1998 Thesen für eine grundlegende Veränderung der Gemeinde im kommenden Jahrzehnt vorgelegt. Sie enthalten die bekannten Themen: Ausweitung der Sozialarbeit, u.a. der Seniorenbetreuung; Gewährleistung erstklassiger Ausbildung und Weiterbildung in weltlicher und religiöser Hinsicht; Organisations- und Strukturveränderungen in der Verwaltung und der Vorstandsarbeit. Bemerkenswert ist, dass auch langjährige Tabuthemen angesprochen werden wie »die Integration liberaler und reformistischer Gruppen ins Gemeindeleben« und die »Berücksichtigung der Problematik der interkonfessionellen Ehen und deren Kinder«.[335] Diese Dekanstöße für die Weiterentwicklung der Gemeinde als Einheitsgemeinde waren zukunftsweisend, weil sie innerhalb der Jüdischen Gemeinde von einer Vielfalt jüdischen Lebens ausgehen. Sie haben ihre Richtigkeit behalten, obwohl sich die Gemeinde in den anschließenden Jahren in einer Weise veränderte, die die Langzeitkommission nicht voraussehen konnte.

---

[333] Salomon Korn, Auf der Suche nach innerer Festigung. Über die Gefährdung der jüdischen Gemeinden in Deutschland und Europa. Ein Ausblick ins 21. Jahrhundert. Vortrag gehalten 1998. In: Ders., Geteilte Erinnerung, Berlin 1999, S. 155.

[334] Salomon Korn, Die 4. jüdische Gemeinde in Frankfurt am Main. Zukunft oder Zwischenspiel? In: Karl E. Grözinger (Hrsg.), Judentum im deutschen Sprachraum, Frankfurt am Main 1991, S. 428.

[335] Rachel Singer, Die Jüdische Gemeinde im Jahr 2005. Die Thesen der Langzeitkommission zu den grundlegenden Veränderungen im kommenden Jahrzehnt. In: Jüdische Gemeindezeitung Frankfurt, 31. Jg., Nr. 3, Juni/Juli 1998, S. 8f. Die Thesen beruhen auf einer Mitgliederbefragung 1994.

XI. Das Ende der Nachkriegsgeschichte?
Die russisch-jüdische Zuwanderung und der Weg zu einem neuen deutschen Judentum

Zwischen 1970 und 1990 blieb die Zahl der in Frankfurt am Main lebenden und in der Gemeinde registrierten Juden nahezu konstant bei etwa 5.000. Die Frankfurter Jüdische Gemeinde war damit die größte in Westdeutschland. Heute, im Jahr 2011, hat die Gemeinde rund 7.000 Mitglieder, von denen gut ein Drittel Zuwanderer aus den Staaten der früheren Sowjetunion sind. Damit gehört Frankfurt zu den wenigen Gemeinden mit einer großen Mehrheit von »Alteingesessenen« im Verhältnis zu den »russischen« Zuwanderern.[336] Allerdings ist zu bedenken, dass auch die »Alteingesessenen« irgendwann zugewandert sind aus Polen, Ungarn, Rumänien, Israel oder aus zugewanderten Familien stammen. In der Statistik nimmt Frankfurt heute den vierten Platz ein hinter Berlin, München und Düsseldorf. Der Verwaltungsdirektor der Gemeinde, Stefan Szajak, betont immer wieder mit Stolz die erreichte Infrastruktur und die Aktivitäten der Gemeinde und urteilt deshalb: Berlin ist die größte Gemeinde, Köln die älteste und Frankfurt die beste.

Die Zuwanderung von russischen Juden begann nach der Lockerung der Ausreisebestimmungen 1986 in der Zeit der Perestroika. Die ersten kamen mit Touristenvisa und blieben. Die Bundesregierung und der Zentralrat der Juden in Deutschland begrüßten die Zuwanderung, aber erst Anfang 1991 wurde eine politische Entscheidung getroffen und beschlossen, die Zuwanderung von Juden »auf der Grundlage des Gesetzes über die Maßnahmen für im Rahmen humanitärer Hilfsaktionen aufgenommener Flüchtlinge«, dem sogenannten Kontingentflüchtlingsgesetz, zu regeln. Deutschland wollte kein Einwanderungsland sein und werden, deshalb wurden aus den Zuwanderern Flüchtlinge mit einem ungewöhnlichen Status: Sie durchlaufen kein Asylverfahren, erhalten eine unbefristete Aufenthaltsgenehmigung, Reiseausweise, Start- und Eingliederungshilfen und eine Arbeitserlaubnis. Gesorgt wird für ihre Unterbringung, sie erhalten Sozialun-

---

[336] Durch die Zuwanderung ist die jüdische Gemeinschaft in Deutschland nach Frankreich und Großbritannien die drittgrößte in Westeuropa und weltweit die am stärksten ansteigende.

Die Bezeichnung »russische Zuwanderer« wird heute allgemein benutzt und umfasst Zuwanderer aus allen früheren Teilrepubliken der Sowjetunion und heute selbständigen Staaten. Die russische Sprache stellt die Verbindung zwischen allen Zuwanderern dar. Die Herkunftsländer sind: Estland, Lettland, Litauen, Moldawien, Russische Förderation, Ukraine, Weißrussland, Armenien, Aserbaidschan, Georgien, Kasachstan, Kirgisistan, Tadschikistan, Turkmenistan und Usbekistan.

terstützung, und ihnen werden Deutschkurse angeboten. Die Bundesregierung erklärte die Zuwanderung zu einem Akt der Wiedergutmachung. Der Zentralrat der Juden in Deutschland, insbesondere der damalige Vorsitzende Heinz Galinski, setzte sich aktiv für die Zuwanderung ein und erwartete dadurch eine »Revitalisierung« der Jüdischen Gemeinden.[337]

Die russisch-jüdische Zuwanderung hat den Alltag und den Charakter der Frankfurter Gemeinde sowie die zu bewältigenden Aufgaben wesentlich verändert. Die russische Sprache scheint oft zu dominieren, in der Synagoge liegen Bücher mit russischer Übersetzung der hebräischen Gebete, die Gemeindezeitung enthält einige Seiten in russischer Sprache, russische Kulturveranstaltungen werden neben deutschen und jüdischen angekündigt. Erzieherinnen wechseln zwischen der russischen und der deutschen Sprache. Die Sozialabteilung musste sich auf eine völlig neue Klientel einstellen. Unter den Zuwanderern sind viele, die als Juden nach Deutschland gekommen sind, aber nicht Mitglied der Gemeinde werden wollen oder können – beides hat erneut eine Debatte über das Selbstverständnis der Gemeinde ausgelöst und auch über die ins Grundsätzliche gehende Frage der halachischen Definition der Zugehörigkeit zum Judentum. Von den rund 112.000 in Deutschland 2009 registrierten Juden haben rund 90.000 einen russischsprachigen Hintergrund; von den etwa 212.000 russischen Zuwanderern (einschließlich nichtjüdischer Familienangehöriger) wurden etwa 75.000 bis 95.000 Mitglieder in jüdischen Gemeinden.[338]

Obwohl immer wieder die positive Seite dieser Zuwanderung hervorgehoben wird, ist sie doch auch in der Frankfurter Gemeinde nicht unumstritten, die – wie erwähnt – immerhin noch zu zwei Dritteln aus »Alteingesessenen« und nur zu einem Drittel Zuwanderern besteht. Viele Holocaustüberlebende fühlen sich zurückgesetzt, weil »alles nur noch für die Russen getan« wird. Sie fühlen sich »überrollt« von den teilweise großen Familien und deren engem Zusammenhalt. Bei gemeinsamen Festen wie dem Pesachessen nehmen einige Anstoß an dem nicht ordnungsgemäßen Verhalten der Russen, denen der Ablauf nicht bekannt ist. Befremden löst auch aus, dass viele russische Zuwanderer eine positive Einstellung zu Deutschland haben und eine baldige Einbürgerung anstreben.

Die Zuwanderer haben sich bewusst für Deutschland entschieden, es hätte für sie auch andere Möglichkeiten wie die Auswanderung nach Israel oder in die USA gegeben. Es ist bemerkenswert, dass sie keine aus der nationalsozialistischen Judenvernichtung herrührenden Vorbehalte gegenüber den Deutschen haben. Ihre kollektive Erinnerung ist durch den »Großen Vaterländischen Krieg« geprägt, den Kampf gegen den Nationalsozialismus und die Deutschen, an dessen Ende sie zu den Siegern gehörten.

---

[337] Zur Zuwanderung von Juden aus den Staaten der früheren Sowjetunion gibt es eine umfangreiche Literatur. Siehe u.a. Dmitrij Belkin/Raphael Gross (Hrsg.), Ausgerechnet Deutschland! Jüdisch-russische Einwanderung in die Bundesrepublik, Berlin/Frankfurt am Main 2010.
[338] Ebenda, S. 15. Die statistischen Angaben schwanken und sind sehr ungenau.

XI. Das Ende der Nachkriegsgeschichte?

Sie feiern den 9. Mai als Tag der Befreiung, die zentralen (deutschen) Gedenktage wie der 9. November sagen ihnen nichts. Die Russen bereichern das Leben in der Gemeinde mit einem breiten kulturellen Angebot an Musik, Kunst und Literatur, das sie oft aus den eigenen Reihen präsentieren können.

Manche religiöse Juden sind enttäuscht, weil die meisten Zuwanderer keinen Bezug zur jüdischen Religion und Tradition mitbringen und sie nicht die Synagogen füllen.

Viele russische Juden leben in interkonfessionellen Ehen, sind oder waren Atheisten. Andere und vor allem viele Kinder sind nach halachischen Bestimmungen keine Juden und verstehen nicht, warum sie nicht Mitglied der Jüdischen Gemeinde werden können. Sie verlangen, dass alle Familienmitglieder aufgenommen werden, wenn sie es wollen, denn alle sind als Juden hierher gekommen. Andere fühlen sich »jüdisch«, weil sie in der Sowjetunion Benachteiligungen ausgesetzt waren, interessieren sich aber nicht für die Religion. Die Nichtanerkennung als Jude führt häufig zu starken Spannungen, weil sie damit auch von Freizeiten und gesellschaftlichen Ereignissen ausgeschlossen bleiben.

Die Mischehen sind damit auf eine neue Weise zu einem Problem geworden. Viele Russen wollen nicht akzeptieren, dass es nicht genügt, »Jude sein zu wollen«, sondern dass ein Übertritt erforderlich ist, wenn die halachischen Voraussetzungen nicht gegeben sind. Es hat also mit der Einstellung zur Religion und mit den Aufnahmebedingungen der Gemeinde zu tun, dass etwa die Hälfte der Zugewanderten nicht Mitglied der Jüdischen Gemeinde ist.

Diese Differenzen beruhen auf einem fundamentalen Unterschied zwischen der halachischen, der religionsgesetzlichen Bestimmung der Zugehörigkeit zum Judentum und der nationalen Zuordnung, die in der Sowjetunion galt. Nach dem jüdischen Religionsgesetz ist jemand Jüdin oder Jude, der von einer jüdischen Mutter geboren ist; er bleibt es sein Leben lang, und Mütter geben die Zugehörigkeit an Kinder weiter, ob sie einen Bezug zum Judentum haben oder nicht. Ein Übertritt zum Judentum ist möglich; allerdings gehen die Auffassungen über die Anforderungen beim Übertritt zwischen orthodoxen und liberalen Rabbinern weit auseinander, und mancher Übertritt wird von orthodoxen Rabbinern nicht anerkannt.

In der Sowjetunion galt Judentum als Nationalität, nicht als Religion. Die Eltern entschieden über die Nationalität der Kinder, und die Nationalität »Jude« konnte in den Inlandpass eingetragen werden bei Nachkommen eines jüdischen Vaters oder einer jüdischen Mutter. Die Zuwanderungsberechtigung als Jude erfolgte deshalb durch den Nachweis eines jüdischen Vaters oder einer jüdischen Mutter in der Geburtsurkunde oder durch den Nachweis der jüdischen Nationalität im Pass bei den diplomatischen Vertretungen der Bundesrepublik in den Staaten der ehemaligen Sowjetunion. Die Zugehörigkeit zu einer jüdischen Religionsgemeinde spielte dabei keine Rolle. Antragsberechtigt waren also auch diejenigen, die von einem jüdischen Vater abstammen und deren Familie. Diese ethnische Zuschreibung »Jude« aber widerspricht der religionsgesetzlichen.

Mit diesem Problem, dass Juden nach Deutschland kommen, die nach dem jüdischen Religionsgesetz nicht Mitglieder der Gemeinde werden können, gehen die einzelnen Gemeinden unterschiedlich um. Für die Frankfurter Gemeinde steht fest, dass nur der »halachische« Jude, der von einer jüdischen Mutter geboren wurde oder übergetreten ist, Mitglied werden kann. Zum Übertritt aber sind viele erst nach längeren Überlegungen und Abwägungen bereit. Divergierend sind die Meinungen über den Umgang mit Kindern aus »nichtjüdischen« Ehen: Will man sie am Religionsunterricht und z.B. an Freizeiten teilnehmen lassen und ihnen den Zugang zum Jugendzentrum öffnen? Die Frankfurter Gemeinde geht sehr rigide mit der Zulassung um und verweigert die Teilnahme. Viele Mitglieder sind aber auch der Meinung, dass gerade Kinder und Jugendliche über die Erfahrung des jüdischen Lebens Interesse am Judentum gewinnen und dann aus Überzeugung übertreten.

Viele der geschilderten Probleme werden sich als Übergangsschwierigkeiten erweisen. Mehr und mehr russische Juden interessieren sich in der Zwischenzeit auch für ihre jüdischen Wurzeln und das Judentum. Sie sind bereit, die Aufnahmevoraussetzungen der Gemeinde zu erfüllen und wenn nötig überzutreten. Die Zuwanderungsbedingungen wurden 2005 verschärft und die Zuwanderung damit faktisch zum Erliegen gebracht. Seitdem prüft die »Zentralwohlfahrtsstelle der Juden in Deutschland«, ob der Antragsteller die Voraussetzung erfüllt, in eine Jüdische Gemeinde aufgenommen werden zu können. Außerdem hat er nachzuweisen, dass er keine Sozialhilfe in Anspruch nehmen wird.

Die Zuwanderung hat die Gemeinde vor große soziale Aufgaben gestellt, die aber nicht von ihr allein bewältigt werden können. Die russischen Zuwanderer fühlten sich in die Bundesrepublik eingeladen. Sie hatten die Vorstellung, in ein reiches Land zu gehen und in blühenden jüdischen Gemeinden betreut zu werden. Stattdessen wurden sie mit riesigen Problemen konfrontiert, auf die die Jüdische Gemeinde in der ersten Zeit personell und institutionell nicht vorbereitet war. »Die Russen kommen« bedeutete: sie brauchten Geld, d.h. Sozialhilfe, Wohnungen auf dem teuren und knappen Frankfurter Wohnungsmarkt, sie suchten Arbeit, brauchten Sprachkurse, persönliche Betreuung bei Ämtergängen und viele persönliche Gespräche.

Die neuen Zuwanderer unterschieden sich von bisherigen Migrantengruppen in Deutschland. Sie waren gut ausgebildet, kannten die Anforderungen einer Industriegesellschaft, waren an das Leben in Großstädten gewöhnt, waren kulturell vielseitig interessiert und hatten klare Bildungsideale für ihre Kinder. Übergangslösungen wie die Unterbringung in Hotels im Bahnhofsviertel erschreckten sie, die Nichtanerkennung ihrer Ausbildung und Qualifikation erlebten sie als tiefe Verletzung.

»Sie wollten eine Wohnung, sie wollten Deutschkurse, Eingliederungskurse des Arbeitsamtes, Plätze in unserem Kindergarten und in unserer Schule. Sie wollten ein normales Leben und für die Kinder nur das Beste: Ballett-und Klavierunterricht, Schach und selbstverständlich russische Literatur. Und für sich selbst eine gute Arbeit, wie früher. Als Agrarökonom, als Schiffbauingenieurin, als Feldscher (das ist ein bei uns unbekannter Beruf zwischen Arzt und Krankenpfleger), als Politökonomin oder Elektroniker, als Medizinerin, als Geiger, als Pianistin oder Journalist.« So beschreibt die Leiterin der Sozialabteilung der Jüdischen Gemeinde, Dalia Wissgott-Moneta, ihre Erfahrungen. »Doch vor jedem Erfolg steht bekanntlich die Bürokratie und verhindert ihn. Diese Juden mit ihren guten Ausbildungen und ihrem selbstbewussten, bürgerlichen Auftreten waren bei Ämtern und Behörden suspekt; sie galten als fordernd und anspruchsvoll. Was wollen die denn hier? Warum kriegen Juden hier Privilegien? Wie wir wissen, ist das enorme Potenzial dieser gut ausgebildeten und hochmotivierten Gruppe von Einwanderern in der Bundesrepublik nie genutzt worden. Ihre Fähigkeiten sind im Sumpf der Bürokratie, in den Arbeitsämtern versackt. Dennoch: In Frankfurt am Main hatten wir Glück. Unsere Gemeinde hat dank einiger menschlich denkender und kluger Mitarbeiter der städtischen Verwaltung aus der obersten, den mittleren und unteren Etagen hervorragende moralische und praktische Unterstützung erhalten, auch gegen Vorurteile, Dummheit und Ignoranz.«[339] Mehr als 5.000 jüdische Migranten und ihre Familienangehörigen sind als Neuankömmlinge durch die Sozialverwaltung der Jüdischen Gemeinde betreut worden.

Die Jüdische Gemeinde selbst ist inzwischen ein bedeutender Arbeitgeber für Zuwanderer geworden. Viele haben sich für Tätigkeiten in den Altenzentren, den Kindergärten, den Küchen und dem Jugendzentrum ausbilden lassen. Andere arbeiten in der Verwaltung der Jüdischen Gemeinde, im Rabbinat, in der Synagoge. Einige haben wertvolle ehrenamtliche Arbeiten übernommen.

Die Heranführung an das Judentum, an die religiösen und traditionellen Grundlagen einer Gemeinde war und ist die zentrale Aufgabe der Gemeinde und der »Zentralwohlfahrtsstelle der Juden in Deutschland«. Viele Zuwanderer sind als Atheisten gekommen, ein Teil möchte es bleiben, andere suchen ihre jüdischen Wurzeln, und einige wenden sich der jüdischen Religion zu. Es ist also eine doppelte Integration zu leisten: Die Integration in die deutsche Mehrheitsgesellschaft, die für die meisten Zuwanderer an erster Stelle steht, und die Integration in das jüdische Leben. Die jüdischen Kindergärten, die Lichtigfeldschule, das Jugendzentrum und der Sportverein Makkabi nehmen wichtige Integrationsaufgaben wahr. Etwa 70 Prozent aller Kinder von Gemeindemitgliedern besuchen diese Einrichtungen und wachsen in ein jüdisches Umfeld hinein. Jüdische Feste bilden den Rhythmus des Jahres, Kenntnisse über jüdische Traditionen und jüdische Religion werden selbstverständlich. In Deutschland aufgewachsene, aus Israel gekommene und aus Russland emigrierte Kinder verschmelzen so zu einer Gemeinschaft, ohne dass durch Herkunft und Traditionen geprägte Unterschiede ausgelöscht werden.

---

[339] Dalia Wissgott-Moneta, BRD – Gelobtes Land. 20 Jahre danach. In: Dmitrij Belkin/Raphael Gross (Hrsg.), Ausgerechnet Deutschland! Jüdisch-russische Einwanderung in die Bundesrepublik, Berlin/Frankfurt am Main 2010, S. 99.

Die Erziehungseinrichtungen verfolgen nicht das Ziel, religiöse Juden heranzubilden, sondern Kenntnisse der jüdischen Tradition und Geschichte zu vermitteln und mit der Vorbereitung und dem Feiern von Festen auch zu leben. Es ist eine Identitätsbildung, bei der die Identität »Jude in Deutschland« oder sogar »deutscher Jude« selbstverständlich wird, die Identifizierung mit dem Judesein aber verschiedene Facetten haben darf. »Ich bin, was ich bin, ein Jude« unter diesem bezeichnenden Titel sind Berichte von jüdischen Kindern zusammengefasst, die über ihre Erfahrungen als Jude, ihre Ängste in Deutschland, ihre positiven und negativen Erlebnisse und auch über ihre Zukunftserwartungen Auskunft geben.[340] Die Berichte sind sehr unterschiedlich, für die meisten aber ist ihr Judesein ein selbstverständlicher Teil ihres Lebens. Erschreckend ist, dass einige Kinder auf Spielplätzen oder in der Klasse als Jude schlimme Erfahrungen gemacht haben und große Ängste vor Fremdenhass und Rechtsradikalismus bestehen. Die Berichte wurden verfasst, als die Ereignisse in Hoyerswerda, Mölln und anderen Orten durch das Ausmaß an Fremdenhass, Antisemitismus und Gewaltbereitschaft bisherige Sicherheiten infrage stellten und Ängste hervorriefen, die bis heute nicht überwunden werden konnten. Die Ermordung der Juden durch Deutsche liegt im Bewusstsein der jüdischen Kinder und Jugendlichen nicht so lange zurück wie im Bewusstsein der nichtjüdischen, die nur selten damit konfrontiert werden. Die Schwankungen zwischen Sich-Wohlfühlen und immer wieder aufflammenden Ängsten zeigen, in welchem Maße die Integration der jüdischen Minderheit von der demokratischen und humanen Stabilität der nichtjüdischen Gesellschaft abhängt. Trotz immer wieder aufflackernder Befürchtungen ist aber der Wegzug, die Auswanderung für die meisten Jugendlichen nicht mehr ein erstrebenswertes Ziel. Viele in Israel geborene Kinder und Jugendliche allerdings wünschen und hoffen, eines Tages zurückkehren zu können.

Inzwischen leben bis zu drei Generationen von Einwanderern aus Staaten der ehemaligen Sowjetunion in Frankfurt; der Enkelgeneration gelingt es am besten, sich kulturell und gesellschaftlich zurecht zu finden. Gerade über die Schule entdecken viele ihr Judentum. Da die Schule auch von Nichtjuden besucht wird, entwickelt sich auch zwischen jüdischen und nichtjüdischen Kindern und Jugendlichen ein selbstverständliches Zusammensein, das über die Schule hinaus wirkt.

Der Rabbiner der Gemeinde, Menachem Halewi Klein, beschrieb 2001 seine Eindrücke über sichtbare Veränderungen in einem Gespräch: »Als ich nach Frankfurt kam, gab es eine Art Schamgefühl, erkennbar ein Jude auf der Straße zu sein. Wenn ich zum Beispiel als Prüfer zu den Abiturprüfungen in die Gymnasien gehe: In den ersten Jahren bin ich in der Pause auf den Hof gegangen und stand da meistens allein. Heute kommen die jüdischen Kinder aus allen Klassen und zeigen den anderen: ›Schau, das ist unser Rabbiner.‹ Sie schämen sich nicht. Sie kommen ›wie die Bienen zum Honig‹. [...]

---

[340] Alexa Brum (Hrsg.), Ich bin, was ich bin, ein Jude: jüdische Kinder in Deutschland erzählen, Köln 1995.

XI. Das Ende der Nachkriegsgeschichte?

In welche Schule ich auch gehe, die Kinder rufen ganz offen ›Schalom‹. Es ist für mich der Beweis, dass sich die Kinder nicht schämen, sich mit einem Rabbiner zu zeigen, auch wenn er wie ein sehr frommer Jude aussieht. Die Selbstverständlichkeit, ein Jude zu sein, ist eine der wichtigsten Sachen, die wir erreicht haben.« [341]

Nicht allein die einen außerordentlich guten Ruf genießenden pädagogischen Einrichtungen der Gemeinde, sondern auch ihre innere Struktur machen es Juden heute leichter als früher, Mitglieder zu sein und zu bleiben und sich zu engagieren. Das Verständnis von »Einheitsgemeinde« hat sich geändert und einen als beispielhaft angesehenen Charakter angenommen. Repräsentanten der Gemeinde haben eine Spaltung verhindern wollen und zugelassen, dass sich unter dem weit gespannten Dach der »Einheitsgemeinde« in den letzten Jahren unterschiedliche religiöse Richtungen etablieren konnten, die sich gegenseitig respektieren, wenn auch nicht unbedingt gut heißen. Drei religiöse Richtungen sind nicht nur unter dem organisatorischen Dach der Einheitsgemeinde, sondern sogar unter dem Dach eines Gebäudes vertreten, eine traditionelle, eine liberale und eine orthodoxe.[342] Diese Bezeichnungen können allerdings nur als Hilfsbegriffe verwandt werden und müssen näher erläutert werden.

Die Jüdische Gemeinde hat einen angestellten Gemeinderabbiner, seit 1994 amtiert Rabbiner Menachem Klein. Er leitet den Gottesdienst im Hauptraum der Westend-Synagoge, das heißt dem großen Synagogenraum, in einer orthodoxen Form, die im allgemeinen als traditionell bezeich-

Rabbiner Menachem Halewi Klein auf dem Jüdischen Friedhof Eckenheimer Landstraße beim Chomez-Verbrennen, 1998
Vor dem Pesachfest verbrennen fromme Juden die letzten Reste von gesäuertem Brot (hachamez = sauer werden) und aus Getreide hergestellten Speisen.

---

[341] »Die Selbstverständlichkeit, ein Jude zu sein, ist eine der wichtigsten Sachen, die wir erreicht haben.« Gespräch von Susanna Keval mit Rabbiner Menachem Halewi Klein. In: Frankfurter Jüdische Gemeindezeitung, 34. Jg., Nr. 2, Mai 2001, S. 14.

[342] 100 Jahre Westend-Synagoge. Herausgegeben von Rachel Heuberger im Auftrag der Jüdischen Gemeinde Frankfurt am Main, Frankfurt am Main 2010.

XI. Das Ende der Nachkriegsgeschichte?

Der Maschgiach der Jüdischen Gemeinde beim Koschern der Küchengeräte im Hotel Kempinski (Neu-Isenburg) vor einer Bar Mizwa oder Hochzeitsfeier, 1996. Ein Maschgiach kontrolliert die Einhaltung der Regeln der jüdischen Speisegesetzte.

net wird. Männer und Frauen sitzen getrennt. Die aus der Gründungszeit vorhandene Orgel wird im Gottesdienst nicht eingesetzt, es darf kein Mikrofon benutzt werden, und die Liturgie wird in hebräischer Sprache nach orthodoxem Ritus durchgeführt. Die Mehrheit der Gemeindemitglieder besucht die dortigen Gottesdienste, die meisten Jugendlichen erleben hier ihre Bar-Mizwa oder Bat-Mizwa. Die Gottesdienste in der Synagoge Baumweg und im jüdischen Altenzentrum stehen ebenfalls unter der Leitung des Rabbiners. Dem Rabbinat unterstehen die Religionsschule, die Unterweisung in der Thora und religiöse Handlungen wie die Beschneidung. Außerdem beaufsichtigt es die koscheren Einrichtungen, die Friedhöfe und Beerdigungen. Für koschere Versorgung bei Veranstaltungen stehen nicht nur das Restaurant im Gemeindezentrum zur Verfügung, auch mehrere Hotels – wie das InterContinental und das Marriott-Hotel – haben eine zusätzliche koschere Küche eingerichtet oder lassen ein koscheres Catering für Feiern wie Hochzeiten und Bar-Mizwas liefern.

Die liberale Richtung vertritt der Egalitäre Minjan.[343] Seit 1994 führte die von Micha Brumlik und Andy Steinman gegründete Gruppe, die sich zunächst Kehillah Chadaschah (neue Gemeinde) nannte, regelmäßig Gottesdienste und Lerngespräche in privaten Wohnungen, dann in der Frankfurter Frauenschule und im Fritz Bauer Institut durch. Nachdem Ignatz Bubis als Gemeindevorstand ihr angeboten hatte, das Gemeindezentrum zu nutzen, traf sich die Gruppe dort. Seit Ende 2007 steht ihr im Gebäudekomplex der Westend-Synagoge die frühere Wochentagssynagoge zur Verfügung. Dieser Raum wurde zwar in der Nachkriegszeit als Büro und später als Turnraum der Schule genutzt, doch der Thoraschrein ist erhalten geblieben. Der Egalitäre Minjan hat heute etwa 70 Mitglieder und einen Freundeskreis von weiteren 200. Er möchte an die liberale jüdische Tradition in Frankfurt anknüpfen und sucht nach einer intensiven Beschäftigung mit dieser Tradition eine eigene moderne Form. »Wir versuchen, für uns

---

[343] Minjan heißt Zahl. Die Mindestzahl von 10 (eigentlich männlichen) Betern ist für den Gottesdienst vorgeschrieben. Siehe unter www.minjan-ffm.de.

XI. Das Ende der Nachkriegsgeschichte?

Egalitärer Minjan, Frauen beim Lesen der Tora, 2006

eine Vielfalt jüdischer Musik, Liturgie und Spiritualität wieder zu entdecken und weiter zu entwickeln. Es geht uns um die Suche nach einem jüdischen Selbstverständnis, das die jüdischen Traditionen mit den Herausforderungen unserer heutigen Lebenswelt verbindet«, erklärt der Musiker Daniel Kempin das Ziel der liberalen Vereinigung auf der eigenen Webseite. In Weiterentwicklung des Reformjudentums sind im Egalitären Minjan Frauen und Männer gleichgestellt, das bedeutet, dass auch Frauen einen Gebetsschal tragen und die Thora vorlesen. Seit 2009 ist Elisa Klapheck vom Egalitären Minjan (also nicht von der Gemeinde) als Rabbinerin verpflichtet. Sie ist eine von vier Rabinerinnen in Deutschland.[344]

Das liberale Judentum oder Reformjudentum, das in Frankfurt im 19. und frühen 20. Jahrhundert sehr ausgeprägt war, galt nach 1945 in Deutschland als Beispiel eines gescheiterten Versuchs der Modernisierung des Judentums. Ihm wird vorgeworfen, es habe durch die Anpassung an nichtjüdische Lebensweisen und die Aufgabe von jüdischen Traditionen das Judentum geschwächt und sei mitverantwortlich für die Vernichtung gewesen. Diese Beurteilung stellen heute viele infrage, und an zahlreichen Orten in Deutschland haben sich im letzten Jahrzehnt jüdisch-liberale Gruppen zusammengefunden. In manchen Gemeinden ist es in den letzten Jahren zu Abspaltungen der

---

[344] Elisa Klapheck, So bin ich Rabbinerin geworden. Jüdische Herausforderungen hier und jetzt, Freiburg i. Br. 2005.

Liberalen, d.h. zu eigenständigen Gemeindebildungen, gekommen, weil eine Verständigung innerhalb der Gesamtgemeinde über die Akzeptanz einer anderen religiösen Richtung nicht möglich war.[345] In Frankfurt wollten die Liberalen sich nicht absondern, und die Gemeinde hat einen Weg gefunden, sie aufzunehmen, obwohl viele Mitglieder mit dieser religiösen Richtung nicht einverstanden sind – und schon gar nicht mit einer Rabbinerin.

Studenten im Talmudseminar im Bet Ha-Midrasch in der Westend-Synagoge, 2010

Auch einen orthodoxen, einen torah-treuen Flügel hat die Jüdische Gemeinde Frankfurt. Das anhaltende Wachstum der jüdischen Gemeinden in Deutschland hat das Interesse religiöser und weltlicher jüdischer Organisationen in den USA und Großbritannien geweckt, sich hier zu engagieren. Umfangreiche Aktivitäten hat die orthodoxe Vereinigung Chabad Lubawitsch entwickelt, die ihr Zentrum in den USA hat, Religionseinrichtungen gründet und das Ziel verfolgt, möglichst viele Juden für die gesetzestreue jüdische Lebensweise zu gewinnen.[346] In Frankfurt unterhält sie Kinder- und Jugend-

---

[345] Die eigenständigen liberal-jüdischen Gemeinden sind Mitglieder in der internationalen Union Progressiver Juden und nicht Mitglieder im Zentralrat der Juden in Deutschland. Siehe dazu: www.liberale-juden.de.

[346] Das Wort Chabad enthält die drei hebräischen Begriffe für Weisheit, Verstehen und Wissen. Lubawitsch ist eine weißrussische Kleinstadt in der Nähe von Smolensk, die im 19. Jahrhun-

gruppen und das Talmudseminar »Jeschiwah Gedola«, wo täglich der Talmud interpretiert und diskutiert wird. Diese Jeschiwah führt den Unterricht im Bet Ha-Midrasch, dem ehemaligen Trausaal der Westend-Synagoge durch. Die Studenten, darunter mehrere amerikanische und israelische Juden, die mit ihren schwarzen Hüten und Kaftanen von Zeit zu Zeit im Westend auffallen, unterweisen die Gemeindemitglieder in Talmud und Tora und der Ausübung der Religionsgesetze und sorgen für die Durchführung der täglichen Morgen- und Abendgebete. Im Unterschied z.B. zu Berlin, wo die Lubawitscher eine eigene Synagoge und eine eigene Grundschule unterhalten, hat Chabad Lubawitsch in Frankfurt keine eigenständige Organisation geschaffen, sondern arbeitet innerhalb der Gemeinde.

»Orthodox kann es sein, liberal mag es sein, jüdisch muss es sein«, hat Dieter Graumann, Kulturdezernent der Jüdischen Gemeinde Frankfurt, die Haltung der Gemeinde beschrieben, unter dem Dach einer politischen und sozialen Körperschaft mehrere religiöse Strömungen zu akzeptieren.[347] Die gefundenen Regelungen werden im allgemeinen für mustergültig gehalten. Es wird allerdings auch über eine Weiterentwicklung zu gleichberechtigten Kultusverbänden innerhalb der Einheitsgemeinde nachgedacht. Das würde dann beispielsweise ermöglichen, dass die Gemeinde einen orthodoxen Rabbiner und außerdem einen Rabbiner oder eine Rabbinerin für den Egalitären Minjan anstellt.

Die Jüdische Gemeinde Frankfurt hat sich auf einen Weg begeben, der vielen Gemeinden nicht gelingt. Es wird der Realität Rechnung getragen, dass nur ein Teil der Mitglieder der Jüdischen Gemeinde ihre Mitgliedschaft mit einer aktiven Religionsausübung verbindet, und dass diejenigen, die die Religion praktizieren wollen, unterschiedliche Vorstellungen davon haben. Diese Differenzierung war in der vornationalsozialistischen Zeit eine Selbstverständlichkeit und machte den Reichtum des jüdischen Lebens aus. Heute kennzeichnet sie den Anfang einer pluralistischen Entwicklung, die erst durch die gewachsene Mitgliederzahl möglich werden konnte.

Probleme innerhalb der Gemeinde gibt es trotz dieser positiv gesehenen Entwicklung in einem ausreichenden Maß. Salomon Korn sieht die Gemeinden noch »auf der Suche nach innerer Festigung« und eine starke religiöse Differenzierung auch als Gefahr: »Die Stärke der Einheitsgemeinde, der Zusammenhalt verschiedener religiöser Ausrichtungen unter einem Dach, ist gleichzeitig deren Schwäche. Sie bietet zwar allen einen Rahmen, das notwendige instrumentelle Verwaltungsgerüst, aber keine klar definierten Inhalte, keine eindeutige Religionsausrichtung. Wo alles unter einen bequemen Hut paßt, besteht die Gefahr der Beliebigkeit – von manchen Gemeindemitgliedern auch

---

dert Zentrum dieser chassidischen Bewegung war. Nach dem Ersten Weltkrieg hat sie ihren Hauptsitz nach New York verlegt und sich zu einer finanzstarken, international tätigen Organisation entwickelt, die Juden von dem Wert der torah-treuen Lebensweise überzeugen will.

[347] Elke Wittich, Frauen auf die Bima! Egalitärer Minjan feierte zwölfjähriges Bestehen. In: Jüdische Allgemeine, 15. Juni 2006.

als Richtungslosigkeit empfunden.«[348] Die Gefahr von Abspaltungen besteht, ebenso die Aufgabe von Tradition aus religiöser Indifferenz. Viele Juden spüren auch nicht mehr den Druck, unbedingt Mitglied der Gemeinde zu werden, um einen Schutzraum zu haben, Solidarität zu suchen oder soziale Hilfe zu bekommen. Die aus historischen Gründen gewachsene emotionale Identifikation mit der Jüdischen Gemeinde wird in vielen Fällen durch eine bewusste Entscheidung zur Mitgliedschaft oder Nichtmitgliedschaft abgelöst.

Die Repräsentanten der Frankfurter Jüdische Gemeinde sind überzeugt, mögliche negative Entwicklungen aufhalten zu können. Nach der Gemeinderatswahl 2001 wurde zum ersten Mal ein Vorstand gewählt, »dessen Mitglieder ausschließlich einer Generation angehören, die den nationalsozialistischen Massenmord an den Juden nicht aus der eigenen Anschauung kennt«.[349] Ihm fällt es leichter, manche Veränderungen, die durch die russische-jüdische Zuwanderung eingetreten sind, zu akzeptieren und die Forderungen nach Reformen voranzutreiben. Damit wird möglicherweise das Ende der Nachkriegszeit zu einer gelebten Realität und der Weg zu einem »neuen deutschen Judentum« frei.

Die Zukunftswünsche von Gemeindemitgliedern, die 2008 in persönlichen Beiträgen in der »Jüdischen Gemeindezeitung« veröffentlicht wurden, gehen weit auseinander:[350] Einige wünschen ein »jüdisches Milieu« in Frankfurt in der Art wie es in Berlin mit Cafés und Restaurants, Galerien, Theater und Musik entstanden ist; andere möchten, dass die Orgel in der Westend-Synagoge wieder gespielt werde oder aber, dass es keine Rabbinerin mehr geben möge; ein jüdisches Krankenhaus steht auf der Wunschliste, während andere eine jüdische Betreuung in städtischen Einrichtungen vorziehen. Auch in der laufenden Diskussion über die Beibehaltung des konfessionellen oder die Einrichtung eines überkonfessionellen Religionsunterrichts gehen die Meinungen auseinander.

Wünsche richten sich auch an die bundesrepublikanische Gesellschaft: Nur wenn diese heterogene Identitäten als Bereicherung und nicht als Last sieht, und wenn sie die Idee und Vorstellung von einer deutschen Volksgemeinschaft endgültig aufgibt und »Bindestrichdeutsche« – Deutsch-Türken, Deutsch-Russen – als gleichwertige Deutsche anerkennt, wird es auch deutsche Juden wieder geben können. Mit der Lösung der Staatsbürgerschaft von einer ethnischen Definition fiele es der jüdischen Minderheit leichter, Teil einer zivilen, pluralen und multiethnischen Gesellschaft zu werden.

Der Vorstandsvorsitzende der Jüdischen Gemeinde und Vizepräsident des Zentral-

---

[348] Salomon Korn, Auf der Suche nach innerer Festigung. Über die Gefährdung der jüdischen Gemeinden in Deutschland und Europa. Ein Ausblick ins 21. Jahrhundert. Vortrag gehalten 1998. In: Ders., Geteilte Erinnerung, Berlin 1999, S. 152.

[349] Salomon Korn, Nach den Wahlen. In: Jüdische Gemeindezeitung Frankfurt, 34. Jg., Nr. 8, September 2001, S. 3.

[350] Jüdische Gemeindezeitung Frankfurt, 60 Jahre Jüdische Gemeinde Frankfurt, 1948-2008, S. 45f.

rats der Juden in Deutschland Salomon Korn hat sich in den letzten Jahren über die Zukunft der Juden in Deutschland zurückhaltend, doch zuversichtlich geäußert:

»Die kurze Nachkriegsgeschichte der jüdischen Gemeinden in Deutschland ist mit der deutschen Neuvereinigung und dem weiterhin anhaltenden Zuzug von Juden aus der ehemaligen Sowjetunion unwiderruflich zuende gegangen.

Sind wir, wie im letzten Jahrzehnt des 20. Jahrhunderts noch vermutet, weiterhin auf dem Weg vom Juden in Deutschland über den deutschen Juden hin zum jüdischen Deutschen? Ja, wir sind es – aber auf langen und windungsreichen Umwegen, ohne bereits zu wissen, was diese ›neuen‹ deutschen Juden oder jüdischen Deutschen von den früheren unterscheiden wird. Die Zukunft der jüdischen Gemeinschaft in Deutschland bleibt nicht nur Spannungen ausgesetzt – sie selbst bleibt spannend.«[351]

Wenn die Nachkriegsgeschichte abgeschlossen ist, was beginnt dann? Eine weitere zahlenmäßig starke Zunahme der Juden in Deutschland ist nicht zu erwarten. Die Einwanderung von russischen Juden ist durch die verschärften Zuzugsbedingungen zum Stillstand gekommen. Die Mitgliederzahlen in den Jüdischen Gemeinden sind wieder rückläufig. Große Gemeinden wie Frankfurt am Main werden voraussichtlich in den

Dr. Dieter Graumann nach seiner Wahl zum Präsidenten des Zentralrats der Juden in Deutschland, 28. November 2010; neben ihm die Vizepräsidenten Dr. Salomon Korn und Dr. Josef Schuster (Würzburg)

---

[351] Salomon Korn, Juden in Deutschland. Ansichten an der Schwelle des 21. Jahrhunderts. In: Ders., Die fragile Grundlage, Berlin 2001, S. 143.

XI. Das Ende der Nachkriegsgeschichte?

kommenden Jahren noch eine weitere Steigerung der Mitgliederzahlen erfahren, da Jugendliche und junge Erwachsene nicht in den ihren Familien zugewiesenen kleinen Orten bleiben, sondern im Verlauf der sozialen Integration in Großstädte ziehen werden. Möglicherweise werden auch mehrere der in den letzten Jahren entstandenen Jüdischen Gemeinden nicht weiter existieren können.

Einige Tendenzen zum Charakter eines »neuen deutschen Judentums«, das wesentlich von russischen Zuwanderern geprägt sein wird, zeichnen sich bereits ab. Die russischen Zuwanderer haben Deutschland und der Bezeichnung »deutsch« gegenüber geringere Vorbehalte als die Überlebenden des Holocaust und ihre Nachkommen. Sie wollen Deutsche sein und können sich deshalb auch ein deutsches Judentum vorstellen. Dieses wird ein Selbstbewusstsein entwickeln, das nicht durch die »Last der Vergangenheit« bestimmt ist, sondern durch die Selbstverständlichkeit jüdischen Lebens. Gegenüber Israel wird es als selbstbewusstes Diaspora-Judentum auftreten, das freiwillig hier lebt und sich dabei keiner Schuld bewusst ist. Israel rückt weiter an den Rand in der Identitätsbestimmung, wenn es auch seine Bedeutung behalten wird. Mit steigender Sicherheit und wachsendem Selbstbewusstsein wird auch die Angst vor Assimilierung geringer, das heißt vor dem Verlust des Judentums durch eine übergroße Anpassung an die Mehrheitsgesellschaft.

Ende November 2010 wurde das Vorstandsmitglied Dieter Graumann zum Präsidenten des Zentralrats der Juden in Deutschland gewählt. Eine Persönlichkeit der Frankfurter Jüdischen Gemeinde ist der erste Zentralratspräsident, der den Holocaust nicht selbst erlebt hat. Er möchte die jüdische Gemeinschaft heraus aus der »Meckerecke« führen und als Religionsgemeinschaft profilieren, »bei der es Spaß macht, dabei zu sein«.[352]

Dieter Graumann sieht in der Zuwanderung der russischen Juden eine »wirkliche Erfolgsstory« und das Zusammenwachsen zu einer »ganz neuen jüdischen Gemeinschaft in diesem Land« heraufziehen. »Dass wir jetzt überhaupt wieder von einem neuen deutschen Judentum träumen können, das ist doch fast schon ein Wunder an sich«, schreibt er 2010, und er wünscht ein verändertes Bewusstsein: »Wir Juden sind nicht nur Opfer, nicht einmal in erster Linie Opfer, sondern vor allem Träger einer außergewöhnlich kostbaren Religion, Tradition, Geschichte, Gedankenwelt und Kultur.«[353] Nicht alle Gemeindemitglieder werden sich dieser Sicht anschließen können, solange noch viele Schwierigkeiten im Alltag bewältigt werden müssen. Doch eine Bereitschaft, sich offen auf die Zukunft einzulassen, ist gerade in Frankfurt am Main vorhanden – das Neue, für das Umrisse und Inhalt bereits erkennbar sind, wird erwartet.

---

[352] www.sueddeutsche.de, 28. November 2010.
[353] Dieter Graumann, Unterwegs: Von der Einwanderung auf dem Weg zum Neuen Deutschen Judentum. In: Dmitrij Belkin/Raphael Gross (Hrsg.), Ausgerechnet Deutschland! Jüdisch-russische Einwanderung in die Bundesrepublik, Berlin/Frankfurt am Main 2010, S. 172f.

XII. Texte und Dokumente

Zu II.: »Befreit, aber nicht frei«. Organisierung des Überlebens

Briefe eines amerikanischen Offiziers 1945

Walter H. Rothschild, geboren 1912 in Frankfurt am Main, gestorben 1956 in Lake Success/USA. 1931 Abitur am Goethegymnasium Frankfurt am Main, Jurastudium, 1933 Verbot des Weiterstudiums, bis 1935 Studium in Frankreich, Rückkehr nach Deutschland. Seine Familie wohnte in der Leerbachstraße. 1936 Emigration in die USA, wo er sich mühsam eine Existenz als Kaufmann aufbaute.

Er kam 1945 als Offizier der Army Intelligence nach Deutschland und besuchte im April und Juni seine Heimatstadt Frankfurt am Main. Nach dem Besuch schrieb er an »Eltern, Freunde und auch Feinde, eben an alle Frankfurter«.

3. April 1945
[...] Wir wandten uns zur Leerbachstraße. Welch ein Anblick! Vom Opernplatz aus kann man die ganze Leerbachstraße hinaufsehen bis zur Hansaallee, es steht gar nichts mehr. Demzufolge wirkt die Straße furchtbar kurz, und wir erreichten die Hausnummer 53 [Wohnhaus der Familie 1913-1933], bevor ich es gewahr wurde; den Gärtnerweg und alle die anderen Seitenstraßen überquerend, bevor ich es noch erfasste. [...] Unser Haus, Nummer 53, muss einen Volltreffer abbekommen haben, denn es ist jetzt nur noch ein Haufen von verbogenen Tragebalken, Trümmern und Schutt. Das eiserne Eingangstor ragt an der Straßenseite heraus, und der Briefkasten liegt sonderbarerweise oben auf dem Trümmerhaufen. Nur eine Mauer steht noch, die Hinterfront mit dem Blick über die Gärten des Reuterwegs. [...]

Wir fuhren hinunter zum Reuterweg, das gleiche Bild, dann bogen wir in die Friedrichstraße ein. Nummer 38 [Wohnhaus der Familie 1934-1938], das Haus indessen steht noch, scheint gut erhalten. Ich stieg aus dem Jeep und sah es genauer an. Irrtum, das Haus sieht von außen unbeschädigt aus, aber es ist vollständig ausgebrannt. Die Fenster sind wie blinde Augen, das Dach ist eingestürzt, die Tür steht weit offen, als ob das Haus in Agonie gestorben wäre. Wir schauten uns ein bisschen um, die anderen Häuser sahen genau so aus, aber im ganzen sah die Straße nicht so schlimm aus; wenn auch viele Häuser verbrannt waren, so waren doch insgesamt etwa zehn noch in bewohnbarem Zustand.

Wir gingen zurück zur Synagoge [Westend-Synagoge, Freiherr-vom-Stein-Straße]. Der sonderbarste Anblick überhaupt: Sie ist unversehrt, absolut unbeschädigt, die Kuppel und alles, auch das Schulgebäude, die Eisentore geschlossen, als ob sie bereit sei, sich jederzeit zum Gottesdienst zu öffnen. Die Häuser gegenüber alle zerstört, leer, ausgebrannt, aber unsere Synagoge unberührt. Wo aber sonst könnte sich Gottes unglaubliche Gerechtigkeit besser offenbart haben als hier? Ich glaube tatsächlich, dass die Besatzungstruppen nun hier jüdische Gottesdienste halten. [...]

Wir fuhren weiter, bahnten uns den Weg durch die Allerheiligenstraße. Die meisten Straßen sind nicht passierbar, weder zu Fuß noch mit dem Jeep. Wir bogen ab in die Grünestraße. [In der Grünestraße 2-12 befand sich das väterliche Geschäft »D. Rothschild Sohn. Dampfkelterei ›Victoria«.] Das Bürogebäude steht noch da, das ist alles, was da ist, die Wände, und das große Haus besteht nur noch aus vier leeren Wänden, stark verbrannt und eingestürzt. Es war sehr still in der Grünestraße, nicht eine Menschenseele dort, der Wind bewegte ein paar Klappfensterläden und machte ein unheimliches Geräusch, als ob die Knochen der alten Zeit erbebten, die Erinnerungen zurückzubringen. [...]

Es ist schwer, die Gefühle zu beschreiben, die mich durchliefen, es ist gerade so, als ob man nach vielen Jahren nach Hause käme, um nach den Leuten zu suchen, die man einst gekannt hat, und alles, was man findet, ist ihr Grab. Das ist Frankfurt heute: ein Friedhof, ein riesiger, schrecklicher Friedhof, ein Zeichen der göttlichen Gerechtigkeit, der Vergeltung, ein Zeichen der wunderbaren Wege Gottes, uns von der Sintflut wegzuführen, bevor sie uns verschlingen konnte. Wo sonst und wo mehr würden wir Grund haben, auf die Knie zu sinken mit Tränen in den Augen? Ich war nahe daran, und ich danke Ihm [Gott] für alles, was Er für uns getan hat, dass Er uns von all dem hinweggeführt hat in dieses Land der Freiheit, in die Vereinigten Staaten von Amerika. Und wohin sonst könnte es sein, dass ich, in dieser Stadt geboren, nach so vielen Jahren zurückkehrte, als ein Offizier einer siegreichen Armee? Ich fühlte mich, als ob ich heute der Hüter der vielen tausend Juden von Frankfurt oder von Deutschland gewesen sei, die mit mir im Geiste zusammenkamen, um zu sehen was ewige Gerechtigkeit vollbringt.

Ich warf eine Zigarettenkippe weg und sah, wie ein Mann sie aufhob, 1933-1945, die Zeiten ändern sich.

Ich hörte den vertrauten Dialekt, und ich sah die vertrauten Ansichten. Und dann hatte ich den furchtbaren Drang, von all dem zu fliehen, meinen Jeep zu nehmen und wegzurasen und die schrecklichen Erinnerungen auszuwischen. [...]

XII. Texte und Dokumente

29. Juli 1945

[...] Zuerst fuhr ich hinaus zur Uhlandstraße, wo in ein paar baufälligen Häusern einige jüdische Familien untergebracht sind, die während all dieser Jahre in Frankfurt geblieben sind, hauptsächlich weil ein Teil der Familie christlich war. Ich hielt zuerst bei der Wohnung von Dr. Goldschmidt, einem Arzt, der erst vor ein paar Jahren von Wiesbaden nach Frankfurt gezogen und der einzige jüdische Doktor in der Stadt ist. Er bot wenig Hoffnung und Hilfe auf die Frage, wo sie alle wären. Ich wusste, dass ungefähr 350 Leute gerade aus Theresienstadt zurückgekehrt waren. Aber er hatte keine Liste. In demselben Haus lebt Rechtsanwalt Max L. Cahn, der auch wegen seiner christlichen Frau der Deportation entkam. [...] Er gab an, dass die meisten der Rückkehrer im Hospital in der Gagernstraße einquartiert seien. Also fuhr ich dorthin.

Das Hospital ist fast ganz zerstört. In dem am wenigsten beschädigten Flügel sind die unglücklichen Leute untergebracht. Zu unserer, der Amerikanischen Besatzungsmacht, ewigen Schande muss gesagt werden, dass diese armen Leute nicht gut versorgt sind, dass ihnen alles mangelt, dass sie alles brauchen, Pflege, Nahrung, Wärme, Kleidung und Hilfe. Zu unserer ewigen Schande muss gesagt werden, dass offenbar nichts für sie getan wird, Da sind sie, die einzigen Überreste einer jüdischen Gemeinde von über 25.000 Menschen, zusammengepfercht in ehemaligen Krankenzimmern, nicht in Betten, sondern in hölzernen Kojen, doppelstöckigen, mit all ihren schäbigen Habseligkeiten in ein Zimmer gestopft, unzureichende sanitäre Einrichtungen, fünf oder sechs Personen in einem Zimmer, Männer und Frauen, Alte und Junge, Kinder und Erwachsene, kaum ein Tisch, um daran zu sitzen, kaum ein paar Stühle und unzulängliche Nahrung. [...]

Da keine Liste erhältlich war, wurde ich an die jüdische Gemeinde im Sandweg verwiesen. Dort wurde ein kleines Haus für die Belange der wenigen verbliebenen Juden in Ordnung gebracht. Herr Max [richtig: Fritz] Stein ist der Vorsteher. Er kannte Georg auch [...] Er ist ein feiner Kerl, er tut das Äußerste, um die Zügel dieser lose verknüpften Organisation zu halten, aber er hat keine Hilfe von außen, keine Mittel, die vielen notleidenden Menschen zu ernähren, keine Unterstützung von irgend jemandem. Seht Ihr, das ist das Problem: Wie in allen Ländern, in denen große Not herrscht, blüht der Schwarzmarkt, und man kann dort alles kaufen, wenn man Geld hat. Aber diese Leute haben kein Geld, es wurde ihnen weggenommen, gestohlen, verstreut. Deshalb müssen sie von dem Wenigen leben, was ihnen über Lebensmittelkarten zugeteilt wird, und ihre ausgemergelten Körper brauchen mehr als das, um sie zu erhalten. Hier fand ich die Liste der Rückkehrer, aber keiner der Namen, die ich suchte, war darauf.

Sabine Hock, Frankfurt am Main zur Stunde Null 1945. Zwei Briefe von Walter H. Rothschild.
Archiv für Frankfurts Geschichte und Kunst 63, 1997, S. 535-566
Wiedergabe der Briefe in Englisch und in deutscher Übersetzung durch Sabine Hock.
© Sabine Hock. Mit freundlicher Genehmigung der Autorin

August Adelsberger über seine dreimonatige Tätigkeit als Beauftragter der amerikanischen Militärregierung zur Betreuung von »Juden, Mischlingen und jüdisch Angeheirateten«, 16. Juli 1945

August Adelsberger
Lirbigstrasse 24

Frankfurt, den 16. Juli 1945

Rechenschaftsbericht
über
meine Tätigkeit vom Tage der Berufung am 1.4.1945 durch den
Lieutenant-Colonel Criswell bis zum Tage meiner
Abberufung am 10.7.1945.

Es war ein historischer Augenblick für die Judenschaft von Frankfurt, als Herr Lieutenant-Colonel Criswell mir den Auftrag gab, die Betreuung der Juden, Mischlinge und jüdisch Angeheirateten zu übernehmen, mich dem Bürgermeister der Stadt Frankfurt vorstellte und mich in seinen Engeren Rat, den sog. Council, berief. An diesem Tage wurde äusserlich festgestellt, dass die Zeit der Diskriminierung der Juden vorüber und sie wieder als gleichgestellte Mitbürger in den Kreis der Bürgerschaft von Frankfurt aufgenommen waren. Der Oberst Criswell verlangte, dass diese Gleichstellung unbedingt restlos durchgeführt werden solle, dass die Wiederherstellung der Rechte der Juden gewährleistet werden müsse, in dem Bestreben, ihnen für die erlittene Not und Seelenqualen einen Ersatz zu bieten, der ihnen die Möglichkeit gibt, sich wieder in der Heimat einzuleben.

Ich ging sofort an die Arbeit, indem ich mich als Repräsentant dieser unglücklichen Menschen fühlte, und ich wurde durch die Stadtverwaltung in meinen Absichten auf das beste unterstützt.

Die erste Abmachung ging dahin, dass den sterntragenden Juden Lebensmittel für sich und ihre Familien gewährt werden sollten, da sie besonders unter der Herrschaft der Nationalsozialisten zu leiden hatten, indem sie weder Fleisch, noch Eier, noch Weissmehl, keine Milch, keine Rauchwaren und keine Kleiderkarten erhielten. Es wurde eine erstmalige Sonderzuteilung gegeben, die sich im Laufe der Monate zweimal wiederholte.

Zweitens beantragte ich die bevorzugte Verwendung befähigter jüdischer Mitbürger in gehobenen Amtsstellen und auch Unterbringung in anderen Berufszweigen, und da im ganzen nur wenige Juden hier ansässig waren, wurde die Erledigung dieser Frage schnellstens durchgeführt.

Drittens wurde die Bildung von Arbeitsämtern, sowohl bei der Stadt als bei dem Landesarbeitsamt auf meinen Antrag hin beschlossen und somit eine Arbeitsbetreuungsstelle angeordnet, die nur für Juden und Mischlinge tätig ist, und die sich im Laufe der Monate bestens bewährt hat.

Nachdem nun die vielen Menschen aus Theresienstadt zurückgekommen sind, ist es Aufgabe der Stadtverwaltung, besonders der Verwendung dieser Leute ihre Aufmerksamkeit zu widmen, denn gerade die Leute aus den Konzentrationslagern sollen Arbeitsplätze finden, die ihnen genügen, denn nur eine befriedigende Arbeit kann die Menschen beglücken.

XII. Texte und Dokumente

— 2 —

Der vierte Punkt war die Regelung der Unterstützungsfragen, und es wurde dem Fürsorgeamt der Auftrag zugewiesen, für die bedürftigen Leute zu sorgen. Der Bürgermeister gab mir die Zusicherung, dass den von mir Betreuten, ohne Rücksicht auf ihr Einkommen, die höchsten Unterstützungssätze zugebilligt werden.

Die Regelung der Wohnungsfrage: die Juden waren durch den Terror des Nationalsozialismus aus ihren Wohnungen vertrieben worden und mussten in ungenügenden Räumlichkeiten im Ostviertel der Stadt, manchmal unter unträglichen Verhältnissen, untergebracht werden. Wenn auch nicht ein ausgesprochenes Ghetto geschaffen wurde, so war es doch eine Ghettosierung, indem man die Juden in einigen wenigen Häusern zusammenpferchte. Diese menschenunwürdigen Zustände so schnell wie möglich zu beseitigen, schien mir eine erste Aufgabe. Trotz der schwierigen Wohnungsverhältnisse konnten, besonders am Anfang, die Familien in verschiedenen Stadtteilen verpflanzt werden und somit der Beginn einer Wiedergutmachung gegeben werden, die heute noch fortgesetzt werden muss, und wofür auch das Zugeständnis besteht, den Juden, Mischlingen und KZ-Häftlingen zureichende Wohnräume zu geben, dass auch der letzte Rest dieser Diffamierung in Form der Judenhäuser endgültig bereinigt wird.

Das waren die ersten fünf Punkte, die ich mir als vordringliches Programm gestellt hatte, und weiter wollte ich für die Familien Schrebergärten beantragen, was aber leider nicht durchgeführt werden konnte.

Nachdem so die Vorbedingungen für eine Besserstellung geschaffen waren, dachte ich an die zukünftige Not, wenn die Menschen aus den Konzentrationslagern zurückkommen würden, und ich wollte Vorsorge treffen, dass frühzeitig Heime geschaffen würden, um diesen Menschen eine würdige Stätte zu bieten, wenn sie aus der Bedrückung jenseits der Grenzen wieder in ihre Heimatstadt zurückkehren würden. Ich forderte, und der Herr Bürgermeister gewährte mir die Überlassung von drei Häusern: Sandweg 7 und Raumweg 5/7, sowie das frühere Krankenhaus in der Gagernstrasse, das allerdings vollständig zerstört ist, sodass nur die beiden Seitenflügel zur Aufnahme für die Heimkehrenden zur Verfügung gestellt werden konnten. Gerade die Gagernstrasse schien mir hier besonders geeignet, da ein grosses, parkähnliches Gelände die Gebäude umgibt und die Menschen in der stillen, freien Lage eine besondere Stätte der Erholung gefunden haben würden. Diese drei Häuser waren nicht sehr zerstört, die Hauptschäden waren durch Luftdruck bei den Fliegerangriffen entstanden oder durch den Aufenthalt von Nazistellen, die bei ihrem Abgang viel demoliert hatten.

Es waren hauptsächlich Glasschäden und leichte Bauschäden, und die Wiederherstellung wäre nach Meinung der Baudirektion innerhalb von vier Wochen möglich gewesen. Leider wurden von seiten der Militärverwaltung die notwendigen Baustoffe nicht bewilligt, und so musste dieses weitsichtig gedachte Vorhaben unausgeführt bleiben. Wäre es durchgeführt worden, dann hätten wir bei der Rückkehr der Leute aus Theresienstadt wirkliche Freude und Befriedigung erlebt und wären der grossen Sorge enthoben gewesen, wie man diese Menschen am besten unterbringen könnte.

—3—

Ferner liess ich mir die Friedhöfe zurückgewähren, damit diese ordnungsgemäss hergerichtet werden, um diese Heimstätte des Friedens wieder zu dem zu machen, was ihr nach göttlicher Bestimmung zusteht und die frevelhafte Zerstörung zu beseitigen, die der Vandalismus der Nazibanden verursacht hat. Im Neuen Friedhof waren sieben bis acht Zimmer bereitgestellt, die sehr gut als Krankenstation hätten verwendet werden können und die heute noch für einen guten Verwendungszweck bereitstehen.

Auch hat die Baudirektion unter Leitung von Herrn Baudirektor F i s c h e r , die mich sehr unterstützte, unter Zusicherung von Herrn B a l s e r die Zukunftsaussicht gegeben, dass die Gagernstrasse als eine vorzügliche Heimstätte wieder geschaffen werden soll, damit gerade dort jene Menschen untergebracht werden, die nicht in der Lage sind, ein eigenes Heim wieder aufzubauen.

Bei all diesen baulichen Arbeiten zur Wiederherrichtung der Friedhöfe wurde ich besonders von Herrn Fritz S t e i n unterstützt, der als Inspektor die Verwaltung dieser Dinge übernommen hat, und das Haus Baumweg 5/7 als Gemeindehaus herzustellen beabsichtigt. Weiter wurde in dem Hause Baumweg 5/7 ein Betsaal eingerichtet, um den kultischen Bedürfnissen der jüdischen Mitbürger zu genügen.

Das Fürsorgeamt wurde auf Veranlassung der Stadtverwaltung immer mehr für die jüdische Betreuung ausgebaut und besonders Fräulein D i e n s t b a c h mit dieser Stelle betraut, die sich fortan "Abteilung für Sonderfälle" benannte.

Meine Gedanken beschäftigten sich dann hauptsächlich mit den unglücklichen Menschen in den Konzentrationslagern, und ich wollte bei der Militärregierung erreichen, dass Delegationen in die Lager geschickt würden, um festzustellen, wer noch zu den Überlebenden gehörte, die von Frankfurt dorthin gebracht worden waren. Ich konnte mit dieser Absicht nicht durchdringen, und so blieb mir nichts anderes übrig, als immer und immer wieder das fürchterliche Geschick dieser Menschen zu betonen, die Spannung zu mildern, indem man die Angehörigen wieder zusammenführen würde. Dies gelang auch, und Frankfurt war die erste deutsche Stadt, die die Leute aus Buchenwald zurückholte, doch ergab sich nachher gleich die Schwierigkeit der Unterbringung dieser Leute. Ich machte den Bürgermeister hierauf aufmerksam, und so wurde auf meinen Vorschlag eine Regelung dahin beschlossen, sieben Gasthöfe freizumachen, in denen diese Häftlinge untergebracht werden sollten. Es waren dies erstklassige Häuser, wie: das Versorgungshaus, der "Baseler Hof", Hotel Viktoria u.a.

Mit diesen überlebenden Häftlingen aus Buchenwald und Bergen-Belsen kam aus den Lagern auch eine gross Zahl polnischer Juden, die das Problem der Unterbringung noch mehr erschwerten. Die evangelische Mission wollte mir einen Gutshof in der Nähe von Gross-Gerau zur Verfügung stellen, der für diese Leute Platz bieten sollte, damit sie dort eine Unterkunftsstätte hätten, bis sie ihre Absicht verwirklichen könnten, nach Palästina auszuwandern. Die Verwirklichung dieser Absicht konnte nicht durchgeführt werden, da die Militärverwaltung eine Unterbringung dieser Leute in der Heimatsiedlung wünschte, was aber nachher doch nicht möglich war.

Um eine grosse, finanzielle Unterstützung zu finden, machte ich den Vorschlag, eine Sammlung zu veranlassen, und durch Aufruf an die Bevölkerung die richtige Resonanz und einen grossen Erfolg zu gewährleisten. Im Council wurde dieser Vorschlag einstimmig gebilligt. Es waren aber einzelne Häftlinge selbst, die gegen die Art der Durchführung Widerstand erhoben, und so erreichte jene Sammlung nicht das Ziel, das ich mir gesteckt hatte, und das sicher auch verwirklicht worden wäre.

Da die jüdischen Mitbürger jahrelang durch den Entzug der Raucherkarten benachteiligt worden waren, bekamen sie nun eine besondere Zuwendung durch eine einmalige Verteilung einer grösseren Menge Tabakwaren.

Eine besonders schwierige Lage wurde geschaffen, als die amerikanische Heeresleitung die Beschlagnahme von Häuserblöcks verfügte, und viele jüdische und Mischlingsfamilien, die in die Sperrzone gezogen waren, mussten nun plötzlich ihre Häuser wieder verlassen. Ich bemühte mich, wenigstens zu erreichen, dass diese Menschen, die alles verloren hatten, die Möbel von ein bis zwei Zimmern herausholen durften, was mir von Herrn Oberst Criswell zugestanden wurde und nachher von den Nachfolgern unverständlicherweise widerrufen worden war. Viele Hoffnungen wurden dadurch enttäuscht.

Nun kam die grösste Schwierigkeit, und das war die Heimführung der Leute aus Theresienstadt. Die Spannung wurde immer grösser, der Schrei der unglücklichen Menschen nach ihrer Heimat immer lauter, der Wunsch der Zurückgebliebenen äusserte sich immer dringlicher, und ich wurde geradezu bestürmt, etwas zu unternehmen, um die Rückführung der Insassen von Theresienstadt zu ermöglichen.

Schon Mitte Mai hatte ich bei der Militärregierung gebeten, Verbindung mit Theresienstadt herzustellen, ich suchte immer und immer wieder darum nach, und der Zeitpunkt, dass die Sache nicht mehr aufzuschieben war, rückte immer näher. SOS-Rufe kamen von Theresienstadt, und ein Fabrikdirektor, der dort in der Gegend vorbeikam, brachte mir 320 Briefe, die ich in zwei Tagen an die Angehörigen verteilen liess, und in allen war nur ein einziger Ruf zu hören: holt uns zurück. Immer von neuem stellte ich der zuständigen Militärstelle das Dringliche dieser Heimholung dar, aber es war nicht möglich, eine definitive Entscheidung zu erhalten.

Aus anderen Städten kam die Nachricht, dass die Rückwanderer heimgekehrt seien, und um so verständlicher war die Mahnung der Menschen in hiesiger Stadt, die nach ihren Angehörigen verlangten. Ich veranlasste den Bürgermeister, alles zu tun, um mich in meiner schwierigen Arbeit zu unterstützen, und endlich, nachdem die Angelegenheit unaufschiebbar geworden war, kam die langersehnte Erlaubnis.

Nun musste alles überstürzt vonstatten gehen. Ich hatte gewünscht, dass zuerst Wagen ausgeschickt werden sollten zur Aufnahme des Gepäcks, denn ich vermutete, dass die Leute ziemlich viel Gepäck haben würden, das für sie in der Zukunft von Wert sein würde, und viel Gepäck ist durch Unterlassung dieser Massnahme verloren gegangen.

Die Insassen von Theresienstadt liessen sich zum Teil nicht mehr zurückhalten, und fingen an, auf eigene Faust loszuziehen und nahmen die Unsicherheit in Kauf, nur um nach der Heimat zurückzukehren.

Diese Aktion ist nun so ziemlich abgeschlossen, verbunden mit viel Freude und viel Verdruss. Im ganzen kamen 362 Leute zurück von ca. 6-7000, die in den letzten drei Jahren von Frankfurt nach Theresienstadt verschleppt worden sind.

Durch Entgegenkommen des Fürsorgeamtes wurde auch meinem Wunsche Rechnung getragen, die Kranken und Erholungsbedürftigen in Köppern unterzubringen, wo von der Leitung des Heilig-Geist-Hospitals genügend Raum zur Verfügung gestellt wurde. Vielleicht wird die Stadtverwaltung die Möglichkeit schaffen, eine Erholungsstätte für jene Menschen zu finden, die jahrelang im Gedanken an Not und Tod ihre Nerven verbraucht haben.

Weiter versuchte ich, soweit es möglich war, Lebensmittel und Bedarfsartikel zu schaffen, und die MILUPA-Nährmittelfabrik in Friedrichsdorf hat mir etwa 20 Zentner Kindernährmittel zur Verfügung gestellt, die zum grössten Teil noch zur Verteilung bereit stehen.

Weiter konnte ich Medikamente bei der Firma Andreae Noris Zahn feststellen, die ebenfalls noch zur Verfügung stehen und für die jüdischen Mitbürger Verwendung finden sollen.

Ferner hatte ich die Möglichkeit zu veranlassen, dass aus Lagervorräten mehr als 5.000 Paar Arbeitsstiefel, auch bessere Stiefel und Hausschuhe herangebracht wurden, die heute noch bei der Firma Chasalla im Steinweg zur Verteilung bereit liegen, und es ist Aufgabe der Stadtverwaltung, mit meinem Nachfolger die Verteilung zu beraten.

Ausserdem hat die Firma I.C.A. Schneider Schuhfabriken, Mainzerlandstrasse 281, mir eine grössere Anzahl Decken, Hausratgegenstände, Holzschuhe, Bestecke, Gläser etc. zur Verfügung gestellt, die möglichst sofort aussep Samstag dort abgeholt werden sollen.

Ferner habe ich eine grosse Aktion zur Beschaffung von Möbeln eingeleitet, um der Möbelnot ein Ende zu setzen und die dauernden Reibereien aus der Welt zu schaffen, die über den Besitz beschlagnahmter Möbel entstanden sind, und die rechtlich bis jetzt noch nicht geklärt werden konnten. Es sind überall Möbel beschlagnahmt, aber über die Herausgabe und Verteilung ist noch keine Grundlage und kein Plan geschaffen, und so hielt ich es für notwendig, hier organisatorisch etwas zu unternehmen, und der Erfolg war, dass nun

          500 komplette Schlafzimmer
und   500 komplette Küchen

hergestellt werden, die über den Einzelhandel der hiesigen Stadt zur Verteilung kommen.

Die Handelskammer hat diese Sache eingeleitet und unterstützt, das Militärgouvernement hat seine Genehmigung erteilt, die Stadtverwaltung ist damit einverstanden, doch ist die endgültige Bestätigung von dort noch nicht gegeben. Es handelt sich um die Anfertigung von neuen Möbeln, die innerhalb von zehn Monaten angeliefert werden sollen. Mit der Herstellung wird sofort begonnen werden, und ich füge im Anhang den Vertragstext bei, der vier Möbelhändler der hiesigen Stadt verpflichtet, die Lieferung durchzuführen unter besonderer Mitwirkung des Beauftragten der Handelskammer. Ich werde diese Sache noch so lange in der Hand behalten, bis die Aktion läuft, um dann die Durchführung meinem Nachfolger zu übertragen.

Eine letzte erfreuliche Abmachung war die Zuwendung von RM 300,-- für jüdische Rückwanderer von seiten des Fürsorgeamtes.

– 6 –

In meiner Geschäftsstelle wurden durch freiwillige Spenden

RM 13.500,-

aufgebracht, wovon RM 3.000,- dem Rückwandererhilfswerk zur Verfügung gestellt wurden, während die restlichen RM 10.500,- als Stock gedacht sind zum Aufbau eines Wohlfahrtsfonds für die künftige jüdische Gemeinde.

Welch grosse Arbeitslast bewältigt werden musste, geht daraus hervor, dass ich in den genau 100 Tagen meiner Amtsführung

3762 Besucher

beraten und betreut habe, die mit Sorgen kamen und mit Hoffnungen wieder gingen.

In dieser aufreibenden Arbeit wurde ich unterstützt durch meine Sekretärin, Fräulein H e l f r i c h , , die von Anfang an an meiner Seite gewirkt hat, sodann von drei weiteren Sekretären, die sich ehrenamtlich zur Verfügung gestellt hatten, darunter zuerst von Herrn F r e i b i g , später von Herrn K a r r y . Zwei weitere Hilfskräfte waren ausserdem zu meiner Verfügung. Dazu kamen die vielen Konferenzen, Sitzungen, Beratungen, die vielen Betreuungsfragen und andere Dinge, die ein solcher Betrieb mit sich bringt und die alle von mir persönlich erledigt worden sind, die auch eine ausserordentliche Belastung an den Arbeitswillen stellten und mich oft bis zu 16 Stunden im Tage beschäftigten. Eine besondere Belastung waren auch die vielen Nachforschungen, die amerikanische Soldaten nach dem Schicksal ihrer Angehörigen stellten und die manchmal nur unter grossen Bemühungen durchgeführt werden konnten.

Ausser dieser Tätigkeit zur Durchführung der mir gestellten Aufgabe waren aber noch weitere Aufträge an mich herangetragen worden, die sich ausserhalb des gezeigten Wirkungskreises stellten, die aber auch sehr viele Anforderungen mit sich brachten, und ich war hier in besonderen Missionen tätig, die auch in den Arbeitsbezirk der Militärregierung hineingehörten, und wo ich in Aufbau und Organisation mitwirkte.

Sodann waren die Gewerkschaften an mich herangetreten mit dem Ersuchen, ihnen behilflich zu sein bei der Wahrung ihrer Interessen, zur Sicherstellung ihrer Vermögen und zur Wiederaufnahme ihrer Tätigkeit. Ich habe den Gewerkschaften gesagt, dass ich mich für sie verwenden würde, vorausgesetzt, dass alle politischen Bestrebungen zurückgestellt würden und nur Gewerkschaftsdinge für die Wiedereinsetzung massgebend sein dürften. Dies wurde mir von dem Beauftragten, Herrn Gewerkschaftsführer Willi R i c h t e r auch zugestanden, und nach anfänglichen Schwierigkeiten war es mir dann doch möglich, dass die Gewerkschaften Anschluss an die Stelle der Arbeit im Militärgouvernement fanden.

Vor allen Dingen legte ich Wert darauf, dass die Bank der Arbeit, wie sie von jetzt ab genannt wurde, für sich herausgenommen wurde, um selbständig arbeiten zu können und eine Beaufsichtigung der Gelder der Sparer gewährleistet werden konnte.

-7-

XII. Texte und Dokumente

— 7 —

33

Sodann habe ich auch auf der Handelkammer viel für die geschäftlichen Notwendigkeiten der von mir Betreuten gewirkt, und ich habe die erste Anregung gegeben, um die arisierten Betriebe festzustellen und eine endgültige Regelung zu treffen. Es wurde auch darüber viel beraten und mit der Militärbehörde verhandelt, aber alles ist bis jetzt in den Anfängen stecken geblieben, obwohl gerade dieser Sektor ausserordentlich dringend ist, denn er ist ein Teil der Unsicherheit, die beseitigt werden muss, damit die Wirtschaft wieder aufgebaut werden kann. Vielleicht gelingt es Willen und Tatkraft, doch bald zu einem Ergebnis zu gelangen.

So wäre im grossen und ganzen meine Tätigkeit beschrieben, die zuerst darin bestand, das am Boden liegende Seil wieder aufzuheben, um den Wagen wieder in Gang zu bringen, und aus dem kleinen Saatenpflänzchen ist heute ein kräftiger Baum geworden, und hoffentlich wird er in der Zukunft reiche Früchte tragen.

Mein Grundsatz bei meiner Arbeit war, dem Rechte zu dienen, mit dem gesunden Menschenverstande zu wirken und die Wünsche des Herzens zu befriedigen, unglücklichen Menschen zu helfen. Das war der selbstlose Gedanke, der mich bei meiner ehrenamtlichen Tätigkeit geleitet hat, und darüber bin ich letzten Endes zu Fall gekommen, weil ich es in meinem Leben immer als erste Aufgabe angesehen habe, kompromisslos meinen Weg zu gehen, wenngleich ich mich vernünftigen Gegenvorschlägen nie verschliessen werde.

Zentralarchiv zur Erforschung der Geschichte der Juden in Deutschland, Heidelberg, B1/13, A 114

Leserbrief der 19jährigen Lore Gemeinder, Arndtstraße 19, in: Frankfurter Rundschau, 22. August 1945

Wir haben viel gefroren im Konzentrationslager und sind gewiß abgehärtet. Bei der Ankunft in Auschwitz zum Beispiel im Winter 1944 (nachdem wir schon vier Jahre in anderen Konzentrationslagern verelendet waren) bekamen wir einen Fetzen hingeworfen, der ein Kleid darstellen sollte. Alles andere wurde uns abgenommen. Nichts drunter und nichts drüber, nur noch ein Paar Holzpantinen. (Wozu braucht es auch mehr, da wir doch in die Gaskammer sollten.) Zufall und Glück wollten es aber, daß meine Mutti, meine Schwester und ich diesem Schicksal entronnen sind.[354] Mein Vater wurde erschossen.

Jetzt aber sind wir wieder in Frankfurt und dachten, in diesem Winter werden wir endlich wieder warme Kleidung haben. Der vorgebrachte Wunsch nach einem Wintermantel wurde vom Wirtschaftsamt mit der Aufforderung beschieden, daß eine ärztliche Bescheinigung beizubringen sei. Anders gäbe es keinen Bezugsschein für einen Wintermantel, auch nicht für Kzler. Wohlgemerkt, nicht einmal einen Bezugsschein, denn es ist ja noch lange nicht heraus, dass man für einen Bezugsschein auch einen Wintermantel erhält. Mit Bezugsscheinen für sonst bewilligte Sachen (je ein Hemd, Schlüpfer, Unterkleid, zwei Paar Strümpfe) hatten wir bisher keinen Erfolg.

Valentin Senger, Am Fenster stand Papa

Valentin Senger, geboren 1918 in Frankfurt am Main, schildert in seinem Buch »Kaiserhofstraße 12« das Überleben seiner Familie während der Nazizeit. Im September und Oktober 1944 wurden sein Bruder Alex und er zum Militär eingezogen. Valentin Senger konnte aus einem Lazarett in Fritzlar fliehen und sich in der Nähe, in Heimarshausen, bis Kriegsende verstecken.

Der Offizier empfing mich ungewöhnlich freundlich und gab mir sogar die Hand. »Ich habe gute Nachricht aus Frankfurt. Ihre Angaben wurden mir bestätigt.«
    Ich atmete erleichtert auf. »Es besteht also kein Verdacht mehr, daß ich Spion bin?«
    Er klopfte mir auf die Schulter: »Nein, kein Verdacht mehr.«
    Wir nahmen auf einem Sofa Platz, und der Offizier fuhr fort: »Sagen Sie mir eines noch: Warum sind Sie staatenlos?«
    »Das ist schwer zu erklären.«
    »Erklären Sie's mir.«

---

[354] Die Mutter ist Helene Gemeinder, geboren 1905; die Schwester Irene, geboren 1935.

Jetzt war ich an der Reihe. Tief atmete ich ein – es war, wie wenn man die Sehne eines Bogens mit aller Kraft zurückzieht und dann losläßt.

»Ich bin Jude.«

Der Amerikaner stand auf, ging einige Schritte zum Schreibtisch, kam wieder zurück, blieb vor mir stehen und starrte mich an, ohne etwas zu sagen.

»Glauben Sie mir vielleicht nicht? Ich bin wirklich Jude.«

»Ich glaube Ihnen.«

»Wir lebten versteckt in Frankfurt, nein illegal, nein, auch das nicht. – Ach, das ist schwer zu erklären.«

Der amerikanische Offizier faßte mich am Arm, drückte und schüttelte mich: »Was wollen Sie erklären? Mir erklären! Mann! Ist das zu fassen! Sie sind durchgekommen? Der Himmel hat Sie bewahrt.«

»Ja, mich und meine Familie.«

»Ich bin auch Jude.« Sein Englisch brach ab und er sprach in einem deutsch-jiddischen Kauderwelsch weiter: »Mein Vater und meine Mutter kommen aus der Gegend von Lodz. Sie sind 1921 in die Vereinigten Staaten ausgewandert. Ich bin auf dem Schiff zur Welt gekommen. Wir leben in Boston.« Er setzte sich neben mich und faßte mich noch einmal am Arm: »Aber wie haben Sie es geschafft? Wie sind Sie durchgekommen?«

»Wie? Das frage ich mich oft selbst.«

»Das müssen Sie mir erzählen. – Sind Sie fromm?«

»Nein.«

»Dann ist's gut. Heute ist Schabbes.« Er hielt mir eine Zigarettenschachtel hin, gab mir Feuer und steckte sich selbst auch eine Zigarette an.

»Trinken Sie?«

»Ja, gern.«

Er ging nach draußen und kam mit einer Flasche Whisky und zwei Gläsern zurück. Er schenkte ein und prostete mir zu. »Lé Chajm!«[355]

Eine deutsche Bedienstete brachte etwas später Kaffee und Gebäck.

Dann erzählte ich ihm die Geschichte der Familie Senger, unvollständig und stockend, und allmählich löste sich Schicht um Schicht.

Als ich geendigt hatte, schwieg der Amerikaner. Nach einer Weile fragte er: »Kann ich irgend etwas für Sie tun?«

»Ich möchte zu meiner Familie nach Frankfurt zurück. Können Sie mir einen Passierschein ausstellen, daß ich auch durchkomme?«

»Und sonst nichts?«

»Sonst nichts. Ich will nur nach Hause.«

---

[355] Le Chajm!: (hebräisch) Auf das Leben! (Trinkspruch)

Einen Tag später verließ ich das Jagdhaus, dessen Gesellschaft, die drei Offiziersfrauen und den Möbelfabrikantensohn, ich schon lange nicht mehr ertragen konnte, nahm Abschied von dem schlitzohrigen Justus Mohl und seiner Frau, deren armseliges Leben mich tief schmerzte und die mir für wenige Wochen eine gute Mutter gewesen war, verließ Heimarshausen und die kranke Gerdi mit dem Pferdegebiß, bei der es einmal nicht geklappt und einmal doch geklappt hatte und die mich in einer einzigen Stunde die ganze Misere der Jagdhausgesellschaft vergessen ließ.

In der Tasche hatte ich einen Passierschein, der mir bis Frankfurt freies Geleit sicherte. Das war Ende April 1945.

Am 8. Mai, dem Tag der Kapitulationsunterzeichnung, kam ich in Frankfurt an. In der Nähe des zerstörten Eisernen Stegs erreichte ich den Main. Alle Mainbrücken, die Frankfurt mit Sachsenhausen verbanden, waren von den deutschen Truppen bei ihrem Rückzug gesprengt worden.

Mit einem Fischerkahn, der als Notfähre diente, setzte ich über. Auf der anderen Mainseite sah ich bereits den zerbombten Römer und den stark beschädigten Kaiserdom. Mitten im Fluß geriet der Kahn ins Schwanken, weil zwei Männer, die mit ihren Fahrrädern in der Mitte standen, aus dem Gleichgewicht gekommen waren. Ein Fahrrad fiel gegen meine Knie und drückte mich fast über Bord. Nur das geschickte Manöver des Fährmanns verhinderte, daß ich hinunterkippte. Mein linker Arm war schon eingetaucht.

Mit einem nassen Jackett und mit klopfendem Herzen lief ich durch das Ruinenfeld und über Berge von Schutt, vorbei an der zerstörten Hauptwache, in Richtung Opernplatz. Noch die letzten Häuser der Altstadt lagen in Trümmern oder waren ausgebrannt, auch große Teile der Innenstadt gab es nicht mehr.

Je mehr ich mich der Kaiserhofstraße näherte, desto zittriger wurde ich in den Knien. Ich ging langsamer. Da war der Milch-Kleinböhl, dann kam der Obst-Weinschrod, und da war schon die Ecke vom Käs-Petri. Ich schaute die Straße hoch, suchte das Haus Nummer 12, wo die Gaslaterne davorstand. Gott sei Dank, die Gaslaterne war noch da, und das Haus stand auch noch. Ob Papa und Paula wohl zu Hause waren? Papa bestimmt. Ich stellte mir vor, er würde, wenn ich in den Hinterhof käme, am Fenster stehen und auf die Einfahrt zum Hof hinunterstarren, weil er ja auf Alex und mich wartete.

Ich bog in das Tor ein, ging durch den dunklen Gang und schaute hoch. Da stand Papa hinter dem Fenster und blickte nach unten, genau auf das Tor zum Vorderhaus, wo ich herkam. Es war mir, als habe er so Wochen und Monate gestanden, Tag und Nacht, und habe auf mich und auf Alex gewartet.

Aus: Valentin Senger, Kaiserhofstraße 12. Mit einem Nachwort von Peter Härtling.
© Schöffling & Co. Verlagsbuchhandlung GmbH, Frankfurt am Main 2010, S. 304-307.
Mit freundlicher Genehmigung

Valentin Senger, Black Stars

Das beste Brennholz nützt nichts, wenn der Kochtopf leer ist. Was es an Lebensmittelzuteilungen für die in der Stadt verbliebene Bevölkerung gab, war kaum der Rede wert, war, wie Papa sagte, zum Sterben zu viel und zum Leben zu wenig. Wer mit diesen Rationen auskommen mußte, konnte nur verhungern. Von Schiebern und Schwarzhändlern abgesehen, wurden damals in den Städten nur wenige Menschen satt, obwohl sie aus ihrem häuslichen Fundus alles auf den Schwarzen Markt und zu den Bauern der Umgebung schleppten, was in ein Stück Speck oder einen Sack Kartoffeln einzutauschen war. Glücklich, wer ab und zu ein Care-Paket aus Übersee bekam. Wir zählten nicht zu den Glücklichen, auch nicht zu der kleinen, privilegierten Schicht, die gelegentlich Sonderzuteilungen erhielt.

Weder Paula noch Papa noch ich hatten das Geschick, etwas Zusätzliches zum Essen zu beschaffen. Aber nicht nur das bereitete mir Kummer, besonders Papa litt unter den Entbehrungen und wurde von Tag zu Tag schwächer. Darum bemühte ich mich bald um einen der begehrten Jobs bei den Amis. Dort gab es alles, was uns fehlte, im Überfluß.

Obwohl auf jeden dieser Arbeitsplätze Dutzende Deutsche spekulierten, hatte ich das Glück, dank der Vermittlung einer Freundin eine Stelle in einem US-Offizierskasino zu bekommen. Zum Ausüben der mir zugewiesenen Arbeit bedurfte es keiner besonderen Qualifikation und keiner Eignungsprüfung.

Meine Arbeitsutensilien waren Schrubber, Bürste und Scheuersand, meine Aufgabe, die Bäder und Klos im Souterrain des Offizierskasinos sauberzuhalten. Der weiße Kittel und die weiße Hose, die ich dabei trug, täuschten darüber hinweg, daß diese Arbeit wenig appetitlich war. Aber wir brauchten nicht mehr zu hungern.

Für das deutsche Personal fielen täglich Überbleibsel aus der Küche und vom Tisch der Besatzungsoffiziere ab, beim Frühstück die Reste von Ham und Eggs, beim Mittagessen die Bratenanschnitte, die man den Militärs nicht servierte, oder beim Abendessen die Reste von den Wurst- und Käseplatten. Und bevor die Köche das Bratenfett aus den großen Elektropfannen in den Ausguß kippten, hielten die Deutschen schnell ihre Büchsen und Flaschen darunter.

Wer sich mit Resten nicht begnügen wollte, der stahl in der Küche oder in den Lagerräumen. Das war nicht sonderlich schwer, aber erwischen lassen durfte man sich nicht. Da kannten die Amerikaner kein Pardon. Wer erwischt wurde, flog auf der Stelle. Mancher US-Soldat steckte auch schon mal einem Deutschen ein Stück Dörrfleisch oder etwas Butter zu oder gab ihm eine Zigarette. Bedienstete weiblichen Geschlechts, wenn sie dazu noch jung waren, hatten es erheblich leichter, die Mildtätigkeit der Amerikaner anzuregen.

Aus: Valentin Senger, Kurzer Frühling, Ammann Verlag AG, Zürich 1984, S. 15f. © Irmgard Senger, Frankfurt am Main. Mit freundlicher Genehmigung

Finanzielle Unterstützung und Lebensmittelspenden von emigrierten Frankfurtern
Postkarte von Therese Freimann aus New York

Therese Freimann war in Frankfurt am Main sehr aktiv in der Jüdischen Wohlfahrtspflege. Sie wanderte im Mai 1939 mit ihrem Mann, dem Bibliothekar der Judaica-Abteilung der Frankfurter Stadtbibliothek, in die USA aus und kümmerte sich von New York aus intensiv um Hilfe für die Juden in Frankfurt am Main. Herr de Jong lebte bereits vor der Nazizeit in Frankfurt am Main und leitete nach 1945 das Altersheim in der Gagerstraße.

New York, 25. Dec. 1949

Sehr geehrter Herr de Jong!
Vielen Dank für Ihre Zeilen vom 25. 11. Es freut mich herzlich zu hören, dass Ihre l[iebe] Frau wieder gesund zu Hause bei Ihnen und den l[ieben] Kindern ist. Wie ich von Herrn Fritz Adler hörte, sind die ersten 500 Reichsmark bereits an Sie für Alters-Krankenheim ausgezahlt.
Sagen Sie bitte Herrn Rabbiner Weinberg, dass an ihn für die Schule und Kindergarten auch ein Betrag, der aber kleiner ist, von Herrn Max Kast durch denselben Anwalt ausgezahlt wird. Hoffentlich geht es auch schnell. Auch für den Frauenverein hoffe ich etwas erledigen zu können. Grüssen Sie Frl. Deutscher und Frau Stern bestens von mir. Hoffentlich haben Sie das Mehl inzwischen bekommen. Meinem Bruder aus London hat es Leid getan, Sie neulich als er in Frankfurt war, nicht gesehen zu haben. Schreiben Sie mir bitte wie viel die Stadt dem Altersheim monatlich für jeden Insassen zahlt und ob das Geld durch die Gemeinde oder direkt an das Altersheim geht. Ich habe in den letzten Wochen viel vorzubereiten gehabt für Chanukka und bin sehr beschäftigt mit Menschen, die jetzt hier ankommen und alle viel durchgemacht haben und von denen viele krank und schwach sind. Auch für Israel ist viel zu tun, so sind meine Tage voll besetzt und ich habe oft bis spät in die Nacht zu arbeiten. Ich bin dankbar, dass ich die Kraft habe, es zu tun.

Leben Sie wohl, beste Grüße für Sie und Ihre Familie

Ihre Therese Freimann.

© *Jüdisches Museum Frankfurt am Main, Archiv*

Valentin Senger, Helden

[Ich unterschied nicht] zwischen den Opfern des Faschismus. Es war für mich ohne Belang, ob sie Russen oder Polen, Kommunisten oder Juden, ob sie wegen ihrer politischen Betätigung oder ihrer rassischen Zugehörigkeit ermordet worden waren. – Bis zu der Begebenheit am alten jüdischen Friedhof in der Rat-Beil-Straße am 9. November 1946. Irgend jemand hatte mich dorthin mitgenommen, wo sich in der offenen Vorhalle hinter dem Hauptportal einige Dutzend Juden an einem Gedenkstein für die jüdischen Opfer des Faschismus versammelt hatten, meist Angehörige der amerikanischen Besatzungsmacht. Am Jahrestag der Pogromnacht des Jahres 1938 gedachten sie der durch die Nazis Ermordeten und beteten für sie.

In den Monaten nach dem Zusammenbruch des Hitlerreichs hatte ich an einer Reihe von Trauer- und Gedenkveranstaltungen für die Opfer des Faschismus teilgenommen. Viele Freunde und Bekannte meiner Eltern waren ermordet worden. Nie zuvor hatte mich eine Trauerfeier so erschüttert wie die am alten jüdischen Friedhof. Nachdem die an dem Stein aufgestellten Kerzen entzündet und der Kaddisch, das Totengebet, gesprochen waren, sang ein jüdischer Kantor das Klagegebet El male rachamim – Gott voller Erbarmen.

Ich war und bin auch heute kein gläubiger Jude. Den Inhalt des Klagegebetes kannte ich nicht. Und dennoch wühlte mich die auf- und abschwellende Melodie zutiefst auf. Es war ein Jammern und Schluchzen, Klage und verzweifelter Aufschrei zugleich. Als dann, eingefügt in das gesungene Gebet, der Kantor die Namen der Vernichtungslager nannte, Auschwitz, Treblinka, Maidanek und alle anderen, wollte es mir das Herz zerreißen. Hier an dieser Stelle, da ich mich jener Augenblicke rückerinnere, glaube ich diese abgegriffene Redewendung benutzen zu dürfen: das Herz wollte es mir zerreißen. Ich finde keine passendere Bezeichnung des Zustands, in dem mich das El male rachamim versetzt hatte. Weinend schlich ich mich davon.

Auf dem Nachhauseweg wurde mir erstmals klar, welch ein grundlegender Unterschied bestand zwischen dem Opfer, das die gegen das Hitlerregime kämpfenden Antifaschisten gebracht hatten, und dem Blutzoll, den die Juden entrichten mußten. Die einen hatten sich gegen die Nazidiktatur gewehrt, sie bekämpft und dabei das Risiko der Repressalie bewußt auf sich genommen. Den anderen dagegen, den jüdischen Menschen, war nur ihre Anstammung, nicht einmal ihr Glaube, lediglich ihre Abstammung zum Verhängnis geworden. Wie sie sich auch verhielten [...] sie wurden vernichtet, alle, vom Säugling bis zum Greis, ohne Ausnahme, ohne Erbarmen.

Aus: Valentin Senger, Kurzer Frühling, Ammann Verlag AG, Zürich 1984, S. 59f.
© *Irmgard Senger, Frankfurt am Main. Mit freundlicher Genehmigung*

Stefanie Zweig, Rückkehr nach Deutschland 1947

Stefanie Zweig wurde 1932 in Leobschütz/Oberschlesien geboren. Ihre Eltern wanderten mit ihr 1938 nach Kenia aus, wo sie ihre Kindheit auf einer Farm verbrachte. 1947 kehrte die Familie – Walter, Jettel, Regina [Stefanie] und das Baby Max – nach Deutschland zurück und ließ sich in Frankfurt am Main nieder, weil dem Vater eine Stelle als Richter angeboten worden war.

Stefanie Zweig ist erfolgreiche Autorin und Journalistin. Sie lebt in Frankfurt am Main.

[Bei der Flüchtlingsbetreuung 15. April 1947]

An der fünften Tür stand »Flüchtlingsbetreuung«. [...] Der Beamte hieß Fichtel, war heiser, trug ein graues Hemd, das ihm am Hals sehr viel zu weit war, und hatte trotz seines großen Adamsapfels und der eingefallenen Wangen die Andeutung einer Gutmütigkeit im Gesicht, die Walter Mut machte.

»Nun erzählen Se mal«, sagte Fichtel.

Als er hörte, daß Walter soeben aus Afrika angekommen war, pfiff er mit einem langen, geradezu absurd jugendlichen Ton, und sagte: »Kerle, Kerle«, was Walter nicht verstand. Ermuntert durch den wachen Ausdruck, der Fichtels Gesicht mit einem Mal belebt hatte, begann er, ausführlich von den letzten zehn Jahren seines Lebens zu berichten.

»Und ich soll Ihnen glauben, daß Sie freiwillig in dieses Drecksland gekommen sind? Mann, ich würde lieber heute als morgen auswandern. Das wollen alle hier. Was hat Sie zurückgetrieben?«

»Die wollten mich nicht in Afrika.«

»Und wollen die Sie hier?«

»Ich glaube schon.«

»Na, Sie müssen es ja wissen. Heutzutage ist alles möglich. Haben Sie wenigstens Kaffee von den Negern mitgebracht?«

»Nein«, sagte Walter.

»Oder Zigaretten?«

»Ein paar. Aber die hab ich schon aufgeraucht.«

»Kerle, Kerle«, sagte Fichtel. »Und ich dachte immer, die Juden sind schlau und kommen überall durch.«

»Besonders durch die Schornsteine von Auschwitz.«

»So hab ich das nicht gemeint, ganz bestimmt nicht. Das können Sie mir glauben«, versicherte Fichtel. Seine Hand zitterte ein wenig, als er die Stempel von einer Seite des Tisches zur anderen schob. Seine Stimme war unruhig, als er sagte: »Auch wenn ich Sie sofort auf die Dringlichkeitsstufe eins setze, bekommen Sie bei mir in Jahren noch keine Wohnung. Wir haben gar keine. Die meisten Wohnungen sind entweder zerbombt oder von den Amis beschlagnahmt. Für Sie ist die Judengemeinde im Baumweg viel besser.

Es heißt, daß die Wunder tun kann und ganz andere Möglichkeiten hat als unsereins.«

Der Satz verwirrte Walter so, daß er sich keine Zeit für die Empfindungen nahm, die ihn bedrängten. »Sie wollen doch nicht sagen, daß es hier in Frankfurt eine Jüdische Gemeinde gibt?«, fragte er.

»Klar«, sagte Fichtel, »da sind doch aus den Lagern, von den' heut draußen alle Welt redet, genug zurückgekommen. Und wie man hört, geht es denen nicht schlecht. Bekommen ja die Schwerarbeiterzulage. Steht Ihnen ja auch zu. Kommen Sie, ich schreib Ihnen die Adresse auf, Herr Rat. Sie werden sehen, morgen können Sie schon in der eigenen Wohnung sitzen. Ich sag's ja immer. Die eigenen Leute lassen einen nicht im Stich.«

[Auszüge aus dem Tagebuch: Wohnungssuche, Hunger, Schlangestehen]

Sonntag, 20. April [1947]
Hurra. Heute bin ich zum ersten Mal in Frankfurt glücklich (fast). Endlich sind wir von Frau Reichard weg. Zum Schluß hat sie uns sehr schikaniert. Bis wir eine Wohnung zugewiesen bekommen (wird sehr lange dauern), dürfen wir in der Gagernstraße 36 wohnen. Vor drei Tagen hat Papa endlich jemanden bei der Jüdischen Gemeinde erreicht — den nettesten Mann der Welt. Er heißt Doktor Alschoff und hat dafür gesorgt, daß wir im ehemaligen jüdischen Krankenhaus unterschlüpfen dürfen. Es ist sehr kaputt und kein Krankenhaus mehr, sondern ein Altersheim. Wir haben ein Zimmer mit drei Betten, einem Tisch, drei Stühlen und einer Kochplatte. Wir waschen uns in einer Schüssel, die auf einem dreibeinigen Ständer steht, der mir sehr gut gefällt. Das Klo ist auf dem Flur. Eine Mahlzeit bekommen wir vom Koch des Altersheims, aber nur für drei Personen, weil Max eine Lebensmittelkarte für Kleinkinder hat, und da sind zu viele Marken für Milch und zu wenig für Fett. Sagt der Koch. Unsere Kleider bleiben in den Koffern. Zum ersten Mal in meinem Leben bin ich froh, daß ich so wenig zum Anziehen habe. Wir wurden auf einem Lastwagen in die Gagernstraße gebracht. Eigentlich hätten wir schon am Samstag kommen können, aber das durften wir nicht, weil Juden am Schabbes nicht fahren, und das Heim ist koscher.

Ich bin froh, daß ich Tagebuch führen kann. Das habe ich Doktor Alschoff zu verdanken. Er hat mir heute zum Empfang drei Hefte und zwei Bleistifte geschenkt, und nun habe ich endlich jemanden zum Reden. In diesem Tagebuch werde ich nämlich nur Englisch schreiben. Da komme ich mir vor wie zu Hause. Ich muß sehr klein schreiben und nicht jeden Tag, weil Papier in Deutschland sehr knapp ist. Wer weiß, ob ich je neues bekomme.

Von Doktor Alschoff muß ich aber doch noch was schreiben. Er war im Konzentrationslager. In Auschwitz. Als Mama das hörte, hat sie schrecklich geweint. Ihre Mutter und ihre Schwester sind ja dort gestorben. Aber er hat sie nicht gekannt. Er hat sehr traurige Augen und wollte immer wieder Max streicheln. Er sagt, außer uns gibt es nur eine rein jüdische Familie mit Kindern in der Gemeinde. [...]

Donnerstag, 24. April
Hier gibt es einen großen Rasen mit vielen Bänken. Heute habe ich zum ersten Mal auf einer Bank gesessen. Eine sehr alte Frau setzte sich zu mir. Sie heißt Frau Feibelmann und hat gleich mit mir geredet. Mir war das schrecklich peinlich, aber sie hat kein bißchen gelacht, weil ich einen englischen Akzent habe. Sagte, sie habe sich das Lachen in Theresienstadt abgewöhnt. Das war auch ein Konzentrationslager. Fast alle Leute, die hier wohnen, waren in Theresienstadt. Frau Feibelmann hat Max auf den Schoß genommen und ihm was vorgesungen. Dann ist sie weggehumpelt und kam mit zwei Keksen wieder, die sie ihm in den Mund steckte. Sie hatte drei Kinder, aber nur ein Sohn lebt noch. In Amerika (deswegen hat sie ja Kekse – er schickt ihr Pakete). Ihre beiden Töchter und fünf Enkelkinder sind umgekommen. Ich weiß gar nicht, wie ein Mensch so etwas erzählen kann, ohne zu weinen. So viel Trauriges wie in den ersten zehn Tagen in Frankfurt habe ich mein ganzes Leben noch nicht gehört. Viele Menschen hier haben eine Nummer auf dem Arm. Das bedeutet, daß sie in Auschwitz waren.

Im Garten gibt es drei Schafe. Ich beneide sie sehr, sie haben genug zu essen. Der Koch mag uns nicht. Die Portionen, die ich bei ihm abhole (wir dürfen nicht im Speisesaal essen, weil Max die alten Leute stört), sind sehr viel kleiner als die für die alten Leute. Wir sind alle schon dünner geworden. Nur Max nicht. Wir geben ihm sehr viel von unserem Essen ab.

Montag, 2. Juni
Es ist heißer als in Nairobi. Mama stöhnt sehr, hat mich aber trotzdem nach einer Stunde Schlangestehen im Milchgeschäft abgelöst. Es gab nur einen viertel Liter.. Trotzdem kein ganz schlechter Tag. Seit heute haben wir eine Zeitung. Die »Frankfurter Rundschau«. Sie beliefert rassisch Verfolgte (das sind wir), ohne daß sie auf die Warteliste müssen. Endlich hört die Sorge um Klosettpapier auf. Schade, daß wir nicht »Die Neue Zeitung« bekommen können. Die soll viel weicher sein.

Donnerstag, 3. Juli
In der Schlange vor Spanheimers Laden sagte plötzlich eine Frau: »Wir müssen uns die Beine in den Leib stehen, und den Juden werfen sie alles in Rachen.« Mama schrie: »Glauben Sie, ich stehe freiwillig neben so einem verdammten Naziweib? Ich bin jüdisch. Und wenn Sie wissen wollen, wie es uns ergangen ist – unsere ganze Familie ist umgekommen.« Alle haben uns angeguckt, aber keiner hat ein Wort gesagt. Die Frau rannte weg, obwohl sie ganz vorn in der Schlange stand. Ich bewundere Mama sehr.

Mittwoch, 9. Juli
Jetzt haben wir wirklich eine Wohnung. In der David-Stempel-Straße auf der anderen Seite des Mains in Sachsenhausen. Wieder drei Zimmer, Küche und Bad. Zur Zeit wohnt noch ein ehemaliger Nazi mit seiner Frau dort, aber bis zum 1. August muß er ausziehen.

Freitag, 11. Juli
Heute hat Spanheimer alle, die nach mir kamen, vor mir bedient. Ich fing schon an, mich zu ärgern, aber dann hat er plötzlich meine Tasche genommen und Haferflocken, Zucker und ein Stück Käse reingelegt. Ich war so erschrocken, daß ich mich kaum bedanken konnte. Herr Spanheimer hat gesagt, daß er Mama verehrt und sie sehr mutig findet. Er hat nur noch ein Bein und haßt die Nazis. Er hat gesehen, wie man die Menschen aus dem jüdischen Krankenhaus abgeholt hat. Papa hat sich sehr über die Geschichte gefreut.

Montag, 28. Juli
Wir bekommen die neue Wohnung nicht. Der Nazi hat eine Bescheinigung vorgelegt, daß er doch kein Nazi war, und darf bleiben. Er ist Metzger. Jetzt glaubt sogar Papa an Bestechung.

Samstag, 20. September
Die Leute im Altersheim holen Papa dauernd zum Beten. Sie brauchen zehn Männer, ehe sie mit dem Gottesdienst anfangen können, und es sind nie genug Männer da. Papa sieht das als eine Ehrenpflicht an und geht immer hin, obwohl er jammert.

Mittwoch, 24. September
Diese Woche gibt es nur 900 Kalorien auf die Lebensmittelkarten, aber zum Glück eine Sonderzuteilung von der Jüdischen Gemeinde. Ein Viertel Fett, ein Pfund Nährmittel, 200 Gramm Trockenmilch oder eine Büchse Milch und 200 Gramm Eipulver. Plötzlich behaupten auch Leute, die nie jüdisch waren, daß sie von den Nazis verfolgt wurden. Man nennt sie die Milchbüchsenjuden. Der KC in Amerika (Papas alte Studentenverbindung) hat geschrieben, daß er uns ein CARE-Paket schicken wird, obwohl das gegen die Bestimmungen ist, weil Papa freiwillig nach Deutschland zurückgekommen ist. Wegen mir und Max will man eine Ausnahme machen. Papa war lange nicht mehr so wütend. Er schrieb sofort, daß er keine Almosen annimmt, aber Mama hat den Brief zerrissen. Riesenkrach. Ich find Mama hat recht. Stolz macht nicht satt.

Montag, 6. Oktober
In Zeilsheim gibt es ein jüdisches Lager. Puck hat mir davon erzählt. Da kann man Lebensmittel auf dem Schwarzen Markt kaufen. Ich glaube, sie geht mit ihrer Mutter dorthin. Als ich Papa fragte, weshalb wir das nicht auch mal versuchen, ist er richtig böse geworden. Ein deutscher Richter darf das nicht. Leider darf ein deutscher Richter überhaupt nichts außer stolz darauf zu sein, daß man ihn »Herr Rat« nennt. Vorige Woche wollte ein Mann Papa ein Pfund Speck schenken, aber ein deutscher Richter muß unbestechlich sein. Die Feuersteine, die wir aus London mitgebracht haben und die man gegen Lebensmittel eintauschen könnte, sind noch im Koffer. Ein deutscher Richter macht keine Geschäfte. Ich bin die einzige in der Klasse, deren Vater ein deutscher Richter ist und die keine Verwandten hat, die auf dem Land woh-

nen. Das ist schlimmer, als ein jüdisches Mädchen auf einer englischen Schule zu sein.

Donnerstag, 16. Oktober
Seit drei Tagen wohnen jüdische Rückwanderer aus Shanghai hier. Die waren schon bei der Ankunft so dünn und blaß wie wir jetzt, sind aber viel mutiger als wir und beschweren sich dauernd über alles. Mama bewundert sie sehr und sagt: »Die haben wenigstens Ellenbogen und lassen sich nichts gefallen.« Von der Gemeinde haben sie gleich Kleidung bekommen und erzählen jedem, daß sie nicht lange im Altersheim wohnen werden. Uns hat der Koch wieder mal gedroht. Er will uns nicht länger behalten. Doktor Alschoff sagt aber, wir können so lange bleiben, bis wir eine Wohnung haben. Else hat vorgeschlagen, eines der Schafe vom Koch zu schlachten. Kann sie ja, weil sie vom Bauernhof kommt, aber Papa war natürlich dagegen (deutscher Richter).

Mittwoch, 29. Oktober
Uns ist wieder eine Wohnung zugewiesen worden. Für den 15. November in der Höhenstraße. Drei Zimmer, Küche, Badenische und Möbel. Sie gehört dem Hauswirt. Der war Nazi und soll raus. Keiner von uns glaubt das. Jedenfalls wird es diesmal keine Enttäuschung geben. Mama hat gesagt: »Die Botschaft hör ich wohl, allein mir fehlt der Glaube.« Soll von Goethe sein.

Montag, 5. November
Schönster Tag seit der Ankunft in Frankfurt. Als ich von der Schule kam, hatte Mama vom Zollamt ein Paket aus Amerika abgeholt. Ihre Freundin aus Breslau, Ilse Schottländer, hat es geschickt. Ein Pfund Kaffee, zehn Beutel Puddingpulver, zwei Tafeln Schokolade, zwei Pfund Mehl, eine Büchse Kakao, vier Dosen Corned Beef, ein Pfund Zucker, ein Paket Haferflocken, drei Dosen Ölsardinen, eine Dose mit Käse, eine Dose Ananas, drei Hosen für Max und zwei Blusen für mich. Wir haben alles auf den Tisch gestellt, uns davorgesetzt und geweint (auch Papa).

Freitag, 14. November
Papa war wieder bei Frau Wedel, Und wir haben alle Hoffnung und Bauchschmerzen. Morgen sollen wir einziehen. Als der Koch das erfuhr, wurde er plötzlich ganz freundlich und hat uns am Abend vier Portionen vom Schabbes-Essen geschickt, obwohl wir ja bisher immer nur Mittagessen bekommen haben. Wenn ich morgen um diese Zeit nicht mehr hier bin, glaub ich wieder an Wunder. Und fange wieder an zu beten.

Aus: Stefanie Zweig, Irgendwo in Deutschland, zit. nach der Taschenbuchausgabe: Wilhelm Heyne Verlag, München 1996, S. 16f., 22-37. © 1996 by LangenMüller in der F. A. Herbig Verlagsbuchhandlung GmbH. Mit freundlicher Genehmigung

Arno Lustiger, »Ich habe mein ganzes Leben Glück gehabt«
Erinnerungen an das Zeilsheimer Lager und die gescheiterte Auswanderung nach Amerika

Einen Tag nach seinem 21. Geburtstag erfuhr Arno Lustiger, dass der Krieg zu Ende ist. Einige Wochen vorher war er von den Amerikanern gerettet worden, nachdem er auf einem Todesmarsch geflohen war. Er meldete sich bei ihnen als Dolmetscher und erhielt eine Uniform. Als die Amerikaner sich nach der Festlegung der Demarkationslinie aus dem Osten Deutschlands zurückziehen mussten, ging er mit ihnen nach Westen Er schloss sich in Northeim einer Gruppe junger Juden an, die auf dem Weg nach Bergen-Belsen waren. Dort fand er die Schwester seiner Mutter. Auf der Suche nach seiner Familie durchquerte er Deutschland und gelangte über Prag in einen kleinen Ort in Niederschlesien/Polen, wo er seine Mutter und drei Schwestern fand, die in einem Zwangsarbeitslager gearbeitet hatten. Sein Vater und Bruder waren ermordet worden.

Zwei Schwüre legte er ab: er würde nie wieder für Essen anstehen, und er würde nie wieder gebrauchte Kleidung tragen.

Die fünf Überlebenden beschlossen, gemeinsam Polen zu verlassen und machten sich – ohne Papiere – auf nach Westen. Unterwegs erfuhren sie von dem Lager in Zeilsheim und ließen sich dort registrieren. Ihnen wurde versichert, dass sie von dort auswandern könnten. Sie bezogen eine Zwei-Zimmer-Wohnung in einem geräumten Haus.

Dieses Zeilsheim, 4.000 Menschen, war ein kleiner Mikrokosmos, bei dem praktisch alles organisiert worden ist. Aus der Rückschau muss ich mich wirklich sehr, sehr wundern. Man wusste, dass man nicht bleiben würde, jeder wollte auswandern. Es gab keinen einzigen Menschen, der glaubte, er würde in Deutschland bleiben, auch ich nicht. [...] Man hat Schulen eingerichtet. Meine kleine Schwester ging aufs Gymnasium. Sie musste den Stoff von zwei Jahren in einem schaffen. Berufsschulen gab es, Organisationen, Parteien, Kultur, Theater. Alle diese Sektionen wurden geschaffen mit Hilfe der amerikanisch-jüdischen Hilfsorganisation Joint und mit Hilfe der Jewish Agency, das ist die Jüdische Selbstverwaltung von Palästina. Wir standen unter dem Schutz der amerikanischen Armee. Und es gab ein reges kulturelles und politisches Leben. Es gab auch Zeitungen. Auch in Zeilsheim gab es eine jüdische Zeitung, die hieß »Unterwegs«, jiddisch und deutsch gleich. Der Titel war programmatisch. Man war ja nicht da, um zu bleiben. Und ich hab in dieser Zeitung gearbeitet – in jiddischer Sprache. Da kam mir etwas zupass, das ich in meiner kurzen Zeit beim Skif gelernt habe, Jiddisch, und plötzlich war ich Redakteur einer jüdischen Zeitung. Ich hatte eine ganze Seite für mich. Ich habe die Pressestimmen aus den ausländischen Zeitungen und Presseagenturen zusammengefasst. Die Zeit war natürlich sehr, sehr dramatisch. Das war die Zeit der illegalen Einwanderung nach Palästina, das Auffangen von Schiffen von der britischen

Kriegsmarine, und die Überlebenden des Holocaust wurden wieder in Lager hinter Stacheldraht nach Zypern gebracht. Da war die Tragödie des Schiffes Exodus, das kurz vor Palästina aufgebracht worden ist und zurückgeschickt wurde – ein Skandal sondergleichen. Mit Gewalt wurden die Leute dann nach Deutschland gebracht, nach Hamburg und Lübeck. Darüber habe ich aus der Presse berichtet. Es gab auch eine Bibliothek, es gab Theateraufführungen. All das hat es gegeben mit der Maßgabe, dass man so schnell als möglich auswandern würde, was auch der Fall war. Von den 230.000 [DPs in der US-Zone] blieben vielleicht 10.000 in Deutschland.

Im Herbst 1948 wurde das Lager Zeilsheim wie die meisten Lager aufgelöst, weil die meisten Menschen ausgewandert sind. Und wir sind noch im Lager.

Am Ende wurden wir zugeteilt als Untermieter zu einer Familie am Dornbusch, einem Stadtteil von Frankfurt. Dort lebten wir in zwei Zimmern mit Küchenbenutzung mit einer anderen Familie. So haben wir unser Dasein hier gefristet in einer Stadt, in der die jüdische Gemeinschaft von Frankfurt Hunderte von Liegenschaften gehabt hat, und auf einmal war kein Platz da – was für ein Skandal. Aber wir waren so schwach und konnten nichts tun und sind dann geblieben. Und dann hatte ich Glück gehabt.

Davor muss ich noch etwas berichten vielleicht über unsere Versuche, nach Amerika zu gelangen, auszuwandern. Meine Schwester Manja war schon in Amerika, und wir wollten auch dahin, denn aus gesundheitlichen, klimatischen Gründen wäre für meine herzkranke Mutter und meine Schwester Palästina, also Israel, nicht möglich gewesen. [...]

Wer auswandern wollte, musste sich in einem Lager in Ludwigsburg bei Stuttgart einfinden, wo die Überprüfung für die Einwanderung vor sich ging. Man musste also ein Führungszeugnis bringen, dass man nicht vorbestraft war. Waren wir nicht. Dann war eine politische Überprüfung, ob man nicht – Gott behüte – Kommunist war. Waren wir nicht. Also wer das war, hatte das natürlich geschrieben. Und dann war die medizinische Überprüfung. Bei der medizinischen Überprüfung haben die Ärzte durch Röntgenaufnahmen festgestellt, dass meine Schwester eine Tuberkulose hinter sich hatte, aber die Spuren waren noch da auf der Röntgenaufnahme. Abgelehnt. Meine Mutter: Herzschwäche. Abgelehnt.

Und dann gab es eine Möglichkeit für bestimmte Fälle: Einmal im Monat kam ein hoher Beamter der amerikanischen Gesundheitsbehörde zur Überprüfung der Fälle, die noch schwebend waren.

So habe ich die Papiere und alles mitgenommen eines Tages nach Ludwigburg und plädierte vor ihm: Ich bin gesund, ich werde für meine Familie sorgen, und ich werde nie der amerikanischen Gesellschaft oder Regierung zur Last fallen. Ich zeigte ihm meine Papiere aus der Armee. Ich hatte ja in der Armee gedient. Er wurde immer ungeduldiger und sagte: Es ist schade um Ihre Zeit und auch meine Zeit. Ich habe keine Zeit. Ihre Mutter und Ihre Schwester werden nie nach Amerika auswandern dürfen. Da habe ich aus der Tasche mein Papier gezogen, wo ich schon die Auswanderung hatte.

Ich nahm das Papier mit dem amerikanischen Siegel und dem Adler drauf und wurde so zornig, weil ich erkannte, dass ich verurteilt wurde, in Deutschland zu bleiben, was ich absolut nicht wollte. Und ich habe das Papier zerrissen und ihm auf den Schreibtisch geschmissen. Er ist zornig geworden und stand auf. Ich war in meiner Hilflosigkeit, in der Situation, und wusste nicht, was ich machen sollte. Da sagte ich, was ich in der Armee gelernt hatte: »Fuck you!« Daraufhin wurde er noch zorniger, und da sagte ich: »Fuck you again.« So endete die Geschichte meiner Auswanderung nach Amerika. Das ist der Grund dafür, dass ich heute hier bin.

Nun musste ich meine Familie unterhalten. Ich konnte nicht lernen, ich musste meine Familie unterhalten. Da habe ich Glück gehabt, und ich habe immer Glück gehabt. Zufällig traf ich jemanden, der älter als ich war, der früher in der Konfektionsbranche, in der Damenbekleidungsbranche, in Berlin tätig war. Er wollte wieder nach Deutschland kommen, wieder in Deutschland Fuß fassen und ein Unternehmen der gleichen Branche gründen. Er suchte jemanden, der das Geschäft [...] und ich fing dann das Geschäft an. Herstellung von Damenoberbekleidung. Keine Ahnung, nichts gelernt, aber learning by doing. Am Ende habe ich die Geschäftsführung gehabt. Die Firma hat sich gut entwickelt. Nach einigen Jahren habe ich das Unternehmen in Berlin auch gekauft mit einem Freund zusammen

Wenn ich zurückblicke auf diese Zeit, frage ich mich, woher habe ich die Zeit genommen, mich außerdem noch gesellschaftlich zu betätigen. [...]

© *Arno Lustiger erzählt aus seinem Leben: »Ich habe mein ganzes Leben Glück gehabt!«, Auszug Titel 3-5. Edition Zeitzeugen, Aktives Museum Spiegelgasse für deutsch-jüdische Geschichte in Wiesbaden e.V, Wiesbaden 2008. Mit freundlicher Genehmigung*

Erinnerungen an das Leben im DP-Lager

Ari N,. 25 Jahre, Mitglied des Komitees der befreiten Juden in der US-Zone:
»Wir hatten diese verrückte Vorstellung gehabt, daß sich im Augenblick der Befreiung die Welt vor uns aufstellen würde, um uns zu helfen. Es ist nicht so gekommen, und es wird auch nie so kommen.«

Joe S, als Kind im DP-Lager:
»Selbsterhaltung, Überleben, das waren die Maßstäbe. Sie sind aber kein brauchbares Werkzeug, denn sie stumpfen ab. Wesentliches Empfinden kommt abhanden: die Fähigkeit zu weinen, Mitleid zu spüren, und man wird von einem Extrem ins nächste getrieben. Die Mutter kam in die Gaskammer, das ist die eigentliche, unheilbare Enttäuschung, dadurch wurde man der einfacheren Enttäuschungen beraubt: Ich habe

den Preis nicht gewonnnen; mein Spielzeug ist kaputtgegangen. Man kommt von einer Situation auf Leben und Tod her, da stellt sich kein Gefühl der Enttäuschung ein, wenn man den Schulabschlußball verpaßt. Das wird belanglos. Nur das Überleben hat Bedeutung. Man hat mir all die normalen Empfindungen geraubt, die man im Alter von vier bis zehn Jahren erfährt.«

Jimmy R., aus dem KZ Buchenwald befreit:
»Klar, daß man sich freute, daß ein Kind unterwegs war, daß das Leben neu anfängt, eine neue Welt. Aber damals hat es so weh getan. Alles war voller Schmerz. Ich erinnere mich, daß meine kleine Schwester im Ghetto getötet wurde. Ich glaube, ich konnte noch nicht normal denken, denn wenn man mich fragt, wie es mir damals ging – ich weiß es nicht mehr. Aber es tat gut. Wir gaben dem Kind alles. Man hatte das Gefühl, daß die Welt einem etwas schuldete, daß die Welt sich wegen jener Erfahrung, jener Tragödie verändern würde. Doch die Wirklichkeit holte einen ein, es hatte sich nicht allzuviel in dieser Welt verändert. Alles war sowieso nur provisorisch. Ich dachte nicht daran, in Deutschland zu bleiben. Ich hätte hier nicht leben können. Man lebte von Tag zu Tag.«

Gaby S., Sozialarbeiter des American Jewish Joint Distribution Committee (Joint):
»Wenn ein Kind nach dem Krieg geboren wurde, bekam es den Namen eines Kindes, das gestorben war. Das bedeutete eine ziemlich große psychische Bürde für das Kind, denn die Eltern verglichen immer: ›Der erste Jakob hätte das nicht getan. Du bist ein böser Junge.‹ Später arbeitete ich mit Jugendlichen und jungen Erwachsenen [der zweiten Generation], und diese Frage tauchte immer wieder auf. Sie mußten den Platz einer idealisierten Person einnehmen, und das war für viele sehr schwer.«

Ari N., 25 Jahre, Mitglied des Komitees der befreiten Juden in der US-Zone:
»1946 hatte das Warten in den Lagern eine tragische Dimension angenommen. Unsere Leute litten darunter, daß sich, nachdem sie jahrelang in Lagern gewesen waren, diese Situation nicht geändert hatte. Bin ich ein lebenslanger Lagerbewohner? Wie lange noch? Auf dem Zweiten Kongreß [der befreiten Juden in der US-Zone] hielt ich eine Rede und fragte, wie lange wir noch in den Lagern bleiben müssen. Diese Frage machte mich bei meinen Freunden nicht gerade beliebt. [...] Es fiel uns schwer, allmählich zu begreifen, daß unserer Situation von Dauer sein würde. Die Welt wollte uns nicht. Sie nahmen die ganzen Nazis auf, Esten, Litauer. Uns rechneten sie zu den Polen, und deren Quote war bereits aufgebraucht. Da fingen wir zu verstehen an, daß es noch lange dauern würde. Von da an richteten wir ORT [Berufsfachschulen] ein und begannen mit den Vorbereitungen für ein neues Leben.«

Judah Nadich, Militärrabbiner:
»Ich reiste mit Ben Gurion[356] nach Deutschland und begleitete ihn nach Zeilsheim, seinem ersten Besuch in einem DP-Lager. Im Lager kamen einige Menschen auf uns zu, sahen ihn und fingen an zu schreien. Ich hatte Angst vor einem Tumult. Ich bat, überall Bescheid zu sagen, daß Ben Gurion im Lager sei und daß er nachher im Versammlungsraum zu ihnen sprechen werde und forderte sie auf, sich diszipliniert zu verhalten. Die Nachricht verbreitete sich rasch. Und als wir dort ankamen, war der Raum brechend voll. Fenster und Türen standen offen und draußen wartete ebenfalls eine große Menschenmenge. Als ich Ben Gurion auf die Bühne führte, erhoben sich alle und sangen die Hatikwa [Hoffnung; heute die israelische Nationalhymne]. Ben Gurion weinte, ich weinte, alle weinten. So einen Augenblick vergißt man sein Leben lang nicht – nie. Die meisten dieser Menschen hatten all die schwarzen Jahre hindurch gehofft, daß sie eines Tages nach Eretz Jsroel gelangen würden und nun war Eretz Jsroel zu ihnen gekommen, man spürte deutlich, daß die Nacht endlich vorbei war – ein sehr bewegender Augenblick.«

Aus: Jaqueline Giere/Rachel Salamander (Hrsg.), Ein Leben aufs Neu. Das Robinson-Album. DP-Lager: Juden auf deutschem Boden 1945-1948. Christian Brandstätter Verlag: Wien 1995, S. 33, 53ff. © Jaqueline Giere/Rachel Salamander. Mit freundlicher Genehmigung

Anatol Chari, Nach dem Krieg als Displaced Person

Anatol Chari, Jahrgang 1923, stammt aus einer angesehenen Familie in Lodz. Als er 16 Jahre alt war, besetzten die Deutschen Lodz, ermordeten den Vater, enteigneten die Familie und wiesen sie ins Ghetto ein. Nach der Liquidierung des Ghettos 1944 erfolgte die Deportation nach Auschwitz, von dort zur Zwangsarbeit nach Groß-Rosen und in andere KZs. Die Befreiung erlebte Anatol Chari in Bergen-Belsen. In seinen Erinnerungen mit dem Titel »Undermensch« schildert er sein Überleben durch Glück, Wunder und Privilegien.

Anatol Chari gehörte zu den ersten Bewohnern des neu eingerichteten DP-Lagers in Zeilsheim. Leere und Antriebslosigkeit machten ihm in Zeilsheim zu schaffen, zu lange war sein Leben von den Befehlen, Launen und Entscheidungen anderer abhängig gewesen. »Keine Vergangenheit, keine Zukunft und nichts zu tun«, beschreibt er sein Leben.

---

[356] Ben Gurion war Vorsitzender der Jewish Agency, der Vertretung der Juden gegenüber der britischen Mandatsregierung in Palästina. Er wurde erster Ministerpräsident des 1948 gegründeten Staates Israel.

Anatol Chari ließ sich treiben, genoss die Privilegien, die ihm die Amerikaner auch gegenüber den Deutschen einräumten, handelte auf dem Schwarzmarkt und spielte mit seinen Kameraden Karten.

Als Chari erfuhr, dass er wider aller Erwartungen doch noch Familie in Lodz hatte, warf ihn diese Nachricht auch physisch völlig aus der Bahn: Er erkrankte, sein Körper war voller Eiterbeulen. Die Amerikaner behandelten ihn mit Penizillin. Nach der Genesung brach Chari nach Polen auf, besuchte die überlebenden Angehörigen, kehrte dann jedoch wieder nach Frankfurt am Main zurück. Seine Verwandten folgten ihm.

Anatol Chari wollte in die reichen USA auswandern, nicht nach Palästina, wo ihn wieder harte körperliche Arbeit erwartete. Da die Auswanderung in die USA noch nicht möglich war und er erkannte, dass er unbedingt eine Ausbildung brauchte, wenn er dort Erfolg haben wollte, entschloss er sich zu einem Studium in Frankfurt am Main. Im Ghetto Lodz hatte er das Abitur ablegen können.

Anatol Chari lebt seit vielen Jahren in Kalifornien.

Im Sommer [1945] verließen wir zu siebt das DP-Lager Bergen-Belsen und gingen nach Frankfurt, das zur amerikanischen Besatzungszone gehörte. Wir wußten zwar nicht viel über Frankfurt, aber es schien uns die beste Wahl zu sein. Wir hatten es satt, unter britischer Verwaltung zu leben. Die französische Besatzungszone war klein und weit entfernt, und die sowjetische Zone kam nicht infrage. Die Russen hätten mich zurück nach Polen geschickt, wo für mich nichts mehr zu holen war. [...] Also fuhren wir per Güterzug nach Frankfurt. [...] Am Bahnhof Fritzlar entdeckten wir einen Aushang, laut welchem an diesem Tag jeder Rückkehrer kostenlos einen Anzug bekam. Also begab ich mich ins Rathaus und erklärte, dass wir zu siebt waren. Vermutlich hatte ich unsere DP-Ausweise dabei. Anstandslos bekam ich sieben Berechtigungsscheine für Anzüge und wurde ohne weitere Fragen in ein Warenlager geschickt. Allem Anschein nach wollten die Deutschen keine Schwierigkeiten mit KZ-Überlebenden – es war wohl eine Mischung aus Schuldgefühlen und Angst. Sie wussten nicht, ob wir gefährlich waren oder was wir sagen würden. Es war ihnen lieber, auf Abstand zu bleiben.

Kurz darauf trafen sieben polnische Juden in nagelneuen Anzügen – graue Jacketts und passende graue Hosen – mit einem Personenzug in Frankfurt ein. Ein Personenzug war damals ein Güterzug, dessen Viehwaggons man mit Holzbänken versehen hatte. Gleich nach unserer Ankunft suchten wir ein jüdisches Gemeindezentrum auf, von wo man für uns Zimmer in nahegelegenen Hotels organisierte. Wir waren gerade zur richtigen Zeit eingetroffen. Ein paar Tage später eröffnete die Nothilfe- und Wiederaufbauverwaltung der Vereinten Nationen (UNRRA) ein DP-Lager für jüdische Überlebende aus dem Osten. Dieses Lager befand sich in Zeilsheim, einem Frankfurter Vorort, der vom Stadtzentrum etwa 30 km entfernt war. Meine Freunde und ich waren die Ersten, die dort einzogen. [...]

Der Alltag in diesem neuen DP-Lager war genau so wie im vorigen: Es gab buchstäblich nichts zu tun. Genauso fühlte ich mich damals: Keine Vergangenheit, keine Zukunft und nichts zu tun. [...]

Während des Krieges im KZ hatten wir nicht an die Zukunft gedacht, sondern nur von einem Moment zum nächsten gelebt. Wir dachten einzig und allein darüber nach, wie wir an ein bisschen mehr zu essen oder eine weniger schwere Arbeit kommen konnten. Abgesehen davon hatten wir keinerlei Entscheidungen zu treffen und keinerlei Einfluss auf unsere Lage. Man war nicht für sich selbst verantwortlich.

In mancherlei Hinsicht war das Leben im DP-Lager ganz ähnlich [wie im Konzentrationslager]. Jetzt waren die amerikanische Besatzungsmacht und die UNO für mein Wohlergehen zuständig. Sie schrieben mir zwar nicht vor, was ich wann zu tun hatte, aber sie sorgten dafür, dass meine Grundbedürfnisse erfüllt waren. Einige DPs arbeiteten in der Küche und in den Unterkünften, verdienten sich damit ein wenig Geld und konnten sich zusätzliche Verpflegung beschaffen. Aber ich hatte überhaupt kein Interesse daran. Ich hatte genug zu essen, und Kleidung konnten wir uns aus einem Lager für gebrauchte Kleidung holen, die von US-Amerikanern gespendet wurde. Essen, Kleidung, eine Wohnung und Freundinnen – was wollte ich mehr? Ich kam also in gewisser Weise von der Lagermentalität nicht los, freilich ohne die Schikanen und die tägliche Sorge ums Überleben, aber dennoch vollkommen abhängig und nicht fähig, über das Hier und Jetzt hinauszudenken. Ich hatte keine Ambitionen, mir eine Zukunft zu schaffen, ja nicht einmal sie mir auszumalen – bis ich einen Liebesroman las. [...]

Andere DPs hatten sich inzwischen an der Frankfurter Universität eingeschrieben. Es gab keinen vernünftigen Grund, das nicht zu tun. Jüdische Studenten durften ohne strenge Aufnahmeprüfungen studieren. Sie mussten keine Studiengebühren bezahlen und nicht mit den deutschen Studenten den Campus von Trümmern räumen. Jerzyk [mein Freund Jerzy Mines] wusste, dass ich im Getto Abitur gemacht hatte und sagte: »Du bist der Einzige, der tatsächlich die Voraussetzungen für einen Hochschulbesuch hat und schreibst Dich als Einziger nicht ein.« Aber das war mir egal. Ich war einfach zu träge. Ich meldete mich für eine Schlosserausbildung an, die vom ORT, einer jüdischen Bildungsorganisation, in unserem Lager angeboten wurde, brach sie jedoch nach ein paar Wochen wieder ab. Türschlösser fand ich nicht sonderlich interessant [...]

[Bei einem Besuch bei seinen Verwandten, die inzwischen von Lodz nach München gezogen waren, las Chari einen Liebesroman, der seine Einstellung veränderte.] Der Autor machte deutlich, dass man ab und zu im Leben die Gelegenheit bekommt, die Leiter nach oben zu klettern. Lässt man solche Gelegenheiten jedoch ungenutzt, wird die Leiter weggenommen. Als ich zurück nach Frankfurt kam, begab ich mich unverzüglich an die Uni. Das war Ende 1946. Ich schrieb mich für Philologie ein – die universelle Lehre –, weil man dafür am einfachsten zugelassen wurde, und wechselte kurz darauf zur Medizin. Sie sollte meine Leiter sein. [...] Im Sommer 1947 beschloss ich, von Medizin zu Zahlmedizin zu wechseln. [...] Präsident Truman änderte meine

Meinung, zumindest was die Zahnmedizin anging. Er kündigte an, dass Flüchtlinge aus Osteuropa von jenseits des Eisernen Vorhangs vier Jahre lang ungehindert in die USA einwandern konnten. Man brauchte dafür lediglich einen Gönner in Amerika. Ich wollte nicht augenblicklich nach Amerika, schließlich sprach ich kein Wort Englisch und kannte auch niemanden dort. Und ohne eine vernünftige Ausbildung hätte ich wohl kaum eine Chance in den USA gehabt. Das Medizinstudium in Frankfurt hätte fünf Jahre gedauert, sodass bei meinem Abschluss Trumans Fenster schon wieder zu gewesen wäre. Die zahlmedizinische Ausbildung hingegen dauerte nur dreieinhalb Jahre. [...]

[Geld verdienten Anatol Chari und seine Freunde über Schwarzmarktgeschäfte. Sie verkauften Kaffee und Zigaretten, die aus dem DP-Lager oder aus amerikanischen Warendepots gestohlen worden waren und verdienten damit so viel Geld, dass sie sich ein Auto kaufen konnten, mit dem sie Taxidienste leisteten. Später arbeitete er mit seinen Verwandten in München zusammen, die an einem europäischen Schmuggelring beteiligt waren und Silber, Seidentücher und Stoffe nach Deutschland brachten. Damit verdiente er sich den Lebensunterhalt während des Studiums.]

Gegen Ende 1948 begannen die Amerikaner die DP-Lager in Deutschland zu schließen. Viele DPs waren ohnehin bereits ausgezogen. [...] Wir verbliebenen Bewohner des Lagers in Zeilsheim waren ziemlich unglücklich über die Schließung. Wir hatten es ausgesprochen angenehm dort und wollten nicht weg. Es gab sogar vereinzelte Proteste, bei denen darauf verwiesen wurde, dass die Lager-»Synagoge« – ein eingeschossiges Gebäude, das als Bethaus gedacht war, jedoch kaum besucht wurde – ein heiliger Ort sei. Doch das beeindruckte die Amerikaner wenig.

Als das Lager geschlossen wurde, mietete ich ein Zimmer in einer großen Wohnung in der ersten Etage eines Hauses, das sich direkt gegenüber vom Bahnhof im Frankfurter Stadtteil Nied befand. Das war Ende 1948 oder Anfang 1949. Das Zimmer war kalt und ebenso unfreundlich wie die Vermieter. Später hörte ich, dass sie Selbstmord begangen hatten. Ich fühlte mich dort so unwohl, dass ich sehr bald zur Untermiete bei einem älteren Ehepaar im gleichen Stadtviertel einzog. Sie waren viel freundlicher und ausgesprochen herzlich. [...]

Obwohl ich bei einer deutschen Familie wohnte und eine deutsche Freundin hatte, schwanden meine Privilegien zusehend dahin. 1946 konnte ich noch bei einem hungrigen Deutschen eine gestohlene 350er NSU, ein deutsches Militärmotorrad, gegen zwei Brote eintauschen. Doch als die Deutschen seit Einführung der D-Mark 1948 wieder ausreichend Nahrungsmittel kaufen konnten, büßten unsere DP-Rationen rapide an Tauschwert ein. Meine Zeit als »reicher« Mann war somit vorbei. Dann wurde das DP-Lager geschlossen. Die Tatsache, KZ-Überlebender oder Flüchtling aus dem Osten zu sein, brachte nun keine besonderen Vorteile mehr. Als das Leben in Frankfurt und auch mein Leben sich normalisierte, wurde ich an der Uni unversehens ein ganz normaler ausländischer Student. Allerdings gab es eine neue Vergünstigung. Die hessische Landesregierung hatte beschlossen, als Restitutionsleistung jüdischen Überlebenden für jeden im KZ zugebrachten Tag fünf DM zu zahlen. An die Einzelheiten erinnere ich mich nicht mehr, ich weiß nur noch, dass jüdische Studenten der Universität fortan pro Monat 50 DM erhielten, der Restbetrag wurde dann zum Studienabschluss ausgezahlt. [...]

Im Oktober 1950 legte ich meine letzte Prüfung in Zahlheilkunde ab und verteidigte im Dezember meine Dissertation, in der ich die Krankheits- und Sterberaten von DPs in deutschen Lagern mit denen der Allgemeinbevölkerung unter westlicher Besatzung verglichen hatte. Da ich mich als DP ausweisen konnte, hatten mir die Amerikaner Zugang zum Medizinarchiv gewährt. Und nun war ich also Doktor der Zahnmedizin. Die Ferien verbrachte ich in München, und Tante Eva stellte mich überall stolz als »mein Neffe, der Doktor« vor. Als ausgebildeter Zahnarzt war es kein Problem, eine amerikanisch-jüdische Organisation zu finden, die meine Einwanderung in die USA finanzierte. Sie waren sogar regelrecht erpicht darauf, uns zu unterstützen – vielleicht fühlten sie sich schuldig, dass sie während des Krieges nicht mehr getan hatten. Ich kam bei der Hebrew Immigrant Aid Society (HIAS) unter. Allerdings verging noch fast ein Jahr, ehe ich ausreiste. [...] Jerzyk und ich trafen am 10. Oktober 1951 auf Ellis Island ein. Ich hatte 5,25 Dollar in der Tasche. Am Kai kaufte ich zwei Birnen für fünf Cent das Stück. Ich war in der Goldenen Medina angekommen.

[Die deutschen Universitätsabschlüsse wurden in den USA nicht anerkannt. Anatol Chari musste zwei weitere Jahre studieren. Danach arbeitet er zwei Jahre für die amerikanische Luftwaffe in der Türkei. Nach einem Aufbaustudium in Parodontologie schloss er die Facharztausbildung ab und konnte 1963 eine Praxis im Süden Kaliforniens eröffnen.]

Aus: Anatol Chari, »Undermensch«, aus dem Englischen von Franka Reinhart; © der deutschsprachigen Ausgabe: dtv, München 2010. Auszüge aus dem Kapitel »Nach dem Krieg als Displaced Person«, S. 193ff., 209-214, 217f. Mit freundlicher Genehmigung

Zu III.: Rückkehr aus der Emigration und Zuwanderung

Ernst Loewy
Jude, Israeli, Deutscher – Mit dem Widerspruch leben

Ernst Loewy wurde 1920 in Krefeld geboren. 1935 gelangte er mit der Jugendaliya nach Palästina. Mit seiner Frau und zwei Söhnen kehrte er 1956 nach Deutschland zurück und wohnte und arbeitete seitdem in Frankfurt am Main. Er starb 2002.

VII

Wir – meine Frau und ich – werden oft gefragt, warum wir (manchmal auch mit dem Zusatz »eigentlich«) zurückgekommen seien. Die Frage kann Interesse, sie kann aber auch Abwehr signalisieren. Gelegentlich verbirgt sich hinter ihr eine ganz andere Frage: »Warum seid ihr – ›eigentlich‹ – nicht dort geblieben?« Der so fragt, verrät sich vielfach als einer, der noch nachträglich die Vertreibung der Juden rechtfertigt, auch wenn er dies unter Umständen mit Sympathiekundgebungen für den Staat Israel verbindet. Ich will zunächst nur die Frage dagegen halten: Warum hätten wir vom Standpunkt eines demokratischen Deutschen oder eines deutschen Demokraten aus – »eigentlich« – nicht zurückkehren sollen, da wir doch hier geboren sind wie schon unsere Urgroßeltern und also – »eigentlich« – Deutsche sind. So einfach, nein so schwierig stellt sich diese Frage dar. Schwierig übrigens auch für uns selbst, da wir hier in einer Gesellschaft leben, in der deutschnationale Tendenzen einerseits neutralisiert zu sein scheinen, andererseits – und eben gerade wieder – immer auch deutlich sich bemerkbar machen. Allein vor diesem Hintergrund ist die Frage nach den Beweggründen für unsere Remigration verständlich. Wir werden ihr auch in Zukunft nicht ausweichen können.

Die Antwort ist in dem Gesagten implizit bereits enthalten. Sie hat mit Sprache zu tun, aber auch mit Landschaft, dem Klima, dem Grün der Wälder, der Romantik alter Städte und (nicht ganz so alter) Bahnhöfe, mit Gefühlen also, die allein vielleicht wenig erklären, ohne die das Übrige allerdings unerklärbar bleibt. Meine Frau hatte mir bereits, als wir uns kennenlernten, klargemacht, daß sie nach dem Kriege nach Europa zurückzukehren gedenke. Sie hatte eine außerordentlich Affinität zu ihrer heimatlichen Landschaft. Es war der Schwarzwald. Da waren aber auch enttäuschte Hoffnungen und ein ganzes Bündel von Illusionen, schließlich auch der praktische Wunsch, ein Studium nachzuholen, für das ich in Israel keine Möglichkeit sah, sowie das vage Verlangen nach einer Aufgabe, die meinen Neigungen und Vorstellungen entsprach und von der ich Grund hatte zu glauben, ihr nur in meiner Muttersprache nachkommen zu können.

VIII

Wir wußten, daß wir in ein Land zurückkehren würden, in dem von den erinnerten Lebenszusammenhängen kaum noch etwas übriggeblieben war. Es ist deshalb kein Wunder, daß sich die zwölf Jahre des »Dritten Reiches«, vor allem seine letzten, wie eine Art »Sintflut« in mein Gedächtnis eingegraben hatten. Vergangenheit und Gegenwart waren so weit auseinandergerissen, daß ich sie wie zwei Welten empfand. Natürlich traten Erinnerungen an Menschen sowie an bestimmte Kindheitssituationen immer wieder ins Gedächtnis, doch stellte das früh Zurückgelassene sich eher als diffuser Schatten, denn als ausdifferenziertes Bild in meiner Erinnerung dar. Auch hatten wir fast die Hälfte unseres jungen Lebens außerhalb Deutschlands verbracht. Dies ließ uns den Blick weniger an dem Alten haften als auf das Neue richten, das uns erwartete. Nicht irgendwo wieder anzuknüpfen war die Absicht, als vielmehr neu anzufangen, und dies keineswegs da, wo wir seinerzeit hatten abbrechen müssen. Als wir Ende 1956 aus Israel kommend bei Basel die Grenze passierten, war dieses Gefühl besonders stark. Es hat übrigens meiner publizistischen Beschäftigung mit der NS-Zeit nie im Wege gestanden. Wahrscheinlich war es die Voraussetzung dafür. Es hat lange gedauert, bis ich daran gehen konnte, die Kluft in meiner eigenen Lebensgeschichte zu überbrücken. Ganz verschwinden wird sie nie.

[...]

X

»Identität« – um diesen strapazieren Begriff hier zu verwenden – ist nicht ererbt, sie muß erworben werden, unter Umständen im Verlauf eines langwierigen Prozesses. Um Identität kreist auch das bisher Gesagte, wiewohl – oder gerade weil – sie sich hier einer vorschnellen Definition versagt. Dies mag an der Sache liegen, die meines Erachtens durch ein Entweder-Oder nicht zu beantworten ist. Jedenfalls scheint es mir ehrlicher, mich zu einer gebrochenen als zu einer erzwungenen, zu einer widersprüchlichen als zu einer aufoktroyierten Identität zu bekennen. Es ist, scheint mir, das Leben, ja die Geschichte selbst, die sich in diesem Punkt wie in einem Prisma bricht. Ich bin Jude *und* – ich sage es zögernd – Deutscher und unterscheide mich darin von zahlreichen deutschen Juden (älteren und jüngeren), die dies nicht sagen können, und anderen, die dies ganz unbefangen tun. Allen gemeinsam ist nur die Tatsache, daß sie Bürger der Bundesrepublik Deutschland sind und deren Verfassung achten.

Die Schwierigkeit, von der ich sprach, ist leicht begründbar. Sie liegt in dem zwar schwer definierbaren, doch nahezu jedem Juden bewussten Moment von Nicht-Identität, welches sich z.B. in der Abwehr von Volksgemeinschaftsideologien kundtut. Und in der Befürchtung, daß die Aussage, Deutscher zu sein, immer noch gern als Bekenntnis zum »Deutschtum« missverstanden werden kann. Nicht zuletzt aber auch darin, daß anders z.B. als in Italien, einem ebenfalls faschistisch gewesenen Land, zahlreichen Umfragen zufolge die Kumpanei mit ehemaligen Gefolgsleuten des Regimes hier immer noch größer zu sein scheint als die Solidarität mit seinen Opfern oder gar mit dem Widerstand. Wenn etwas, so waren es spätestens die Ereignisse um den 40. Jahrestag der Kapitulation Deutschlands, die dieses deutlich gemacht haben.

©*Ernst Loewy, Jude, Israeli, Deutscher – Mit dem Widerspruch leben (1986). In: ders., Zwischen den Stühlen. Essays und Autobiographisches aus 50 Jahren. Europäische Verlagsanstalt: Hamburg 1995, S. 39f., 44f., 51f. Mit freundlicher Genehmigung*

Ernst Loewy, Juden in der Bundesrepublik. Bewältigung oder Mystifizierung?

Nicht um das »authentische« Deutschland zu suchen, kehrten jene wenigen Emigranten zurück, die es nicht primär um der materiellen Vorteile wegen taten, sondern einfach darum, weil sie Deutsche waren. Indem ich dies schreibe, schrecke ich vor dem Wort »einfach« zurück, denn »einfach so« tat es wohl keiner von uns, sondern mit verbissenen Zähnen, ahnend worauf wir uns einließen und dennoch hoffend, daß das Wagnis gelänge. Daß dieser Hoffnung der Glaube an die Möglichkeit eines Wandels zugrunde lag, wer will dies bestreiten? Eines Wandels von deutscher »Volksgemeinschaft« zu so etwas wie deutscher »Nation« (und sei sie auch zweigeteilt). Dieser Wandel setzt allerdings die Ent-Ideologisierung und Ent-Mystifizierung eines obsoleten Volksbegriffes voraus. Er reduziert »Nation« auf einen Gesellschaftsverband, der sich (vorwiegend) der deutschen Sprache bedient und auf ein (kleineres oder größeres) Stück gemeinsamer Geschichte und Kultur zurückblicken kann. Dergleichen kann einem viel bedeuten, vor allem, wenn man es vermißt, schlimmer noch: wenn es einem aufgekündigt wird. Sollte man sich nicht auch dagegen wehren, daß ein so menschenverachtendes und mörderisches Diktat post mortem noch weiterwirkt? Zumal wir auch hier längst wieder Freunde und Weggefährten haben! Und Kinder, die hier in die Schule gegangen oder gar hier geboren sind.

Die Rückkehr deutsch-jüdischer Emigranten war etwas anderes als die Niederlassung von Flüchtlingen in einem ihnen fremden Land: Diese mußten, wenn sie psychisch bestehen wollten, etwas von ihrer Eigenart wahren. Unsere Eigenart aber gerade war es, die uns für ein Leben in Deutschland optieren ließ, wohl wissend, daß es das deutsche Judentum, aus dem wir stammen, nicht mehr gibt und damit auch eine greifbare, historisch kohärente Gruppenidentität (jenseits der religiösen Sphäre) für uns kaum noch erkennbar ist. Was dennoch auch uns noch an (mehr emphatisch verstandener oder gelassen bejahter) »Jüdischkeit« bleibt, ist das Bewußtsein unserer Herkunft sowie die Zugehörigkeit zu einer »Schicksalsgemeinschaft«, der wir uns weder entziehen können noch entziehen wollen. Vielleicht auch jenes schwer faßbare Moment von Nicht-Identität, welches sich in der Abwehr jeder Volksgemeinschaftsideologie kundtut. Auch die Schwierigkeit, mit der uns die Aussage, Deutscher zu sein, über die Lippen kommt, weil sie sich immer noch so leicht mit jenem Bekenntnis zum Deutschtum, das wir verabscheuen, vermischen will. Diese Schwierigkeit wird um so geringer werden, je mehr sich das so verstandene Jüdische (etwa Blochs Heimat. »worin noch niemand war«) einbringen läßt in das Bewußtsein und die Wirklichkeit unserer Umgebung, je mehr es darin im Hegelschen Doppelsinn »aufgehoben« (d.h. »bewahrt«) sein wird. Insoweit sollten wir alle auf Entwicklungen von der Art der Friedensbewegung nicht nur mit »Verwunderung« reagieren und uns auch von ihren Widersprüchen nicht gleich »verstören« lassen, vielmehr mit Genugtuung zur Kenntnis nehmen, daß hier etwas in Bewegung geraten ist, auf das wir seit langem gewartet haben. Dazu gehört nicht zuletzt auch die Besinnung junger Deutscher auf ihre Identität – eine Besinnung, die freilich nur dann etwas erbringen kann, wenn sie als Auseinandersetzung mit der eigenen Geschichte erfolgt. Als Juden sollten wir keine Barrieren dagegen errichten, im Gegenteil.

In: links. Sozialistische Zeitung, 14. Jg., Nr. 144, März 1982, S. 25f. Der Artikel ist eine Antwort auf die in links, Nr. 142 abgedruckte Rede von Micha Brumlik, die er auf einer Veranstaltung am 9. November 1981 gehalten hatte: »Bewältigung oder Verdrängung? Juden in der BRD«.

Gitta Guttmann, Die gescheiterte Auswanderung

Gitta Guttmann wurde 1923 in Piotrkow-Tribunalski/Polen (50 Kilometer von Lodz entfernt) geboren. 1940 floh sie vor den Nazis nach Russland, wo sie das Medizinstudium begann. Mit anderen Flüchtlingen aus Polen wurde sie nach Taiga/Sibirien in ein Lager verschleppt und konnte dort 1944 das Studium fortsetzen. 1946 ging sie nach Polen zurück, um die Familie zu suchen. Dort erlebte sie einen furchtbaren Antisemitismus. Sie fand ihre Mutter und erfuhr, dass fast alle Mitglieder ihrer sehr großen Familie umgebracht worden waren. In Lodz riet ihr ein Israeli, über Deutschland nach Palästina auszuwandern.

Sie und ihre Mutter landeten im DP-Lager Weilheim (Oberbayern). Von dort fuhr sie jeden Tag nach München zum Medizinstudium, legte das Examen ab und ließ sich zur Auswanderung nach Amerika registrieren. Sie heiratete den Architekten Zvi Guttmann und ging mit ihm nach Frankfurt, wo sie noch heute lebt

Die Auswanderung [in die USA] stand mir bevor im Jahre 1949/50. Das dauerte immer, diese Prozedur. Mein Gott, ich war damals schon in der Funkkaserne. Das wird

XII. Texte und Dokumente

Ihnen kein Begriff sein. Das war ein Durchgangslager für die Auswanderer. Ich mußte einen anderen Beruf angeben als Ärztin, weil die Ärztequote geschlossen war. Aber das ist jetzt unwichtig. Es war alles erledigt beim Konsulat. Dann habe ich meinen Mann kennengelernt, und der war nicht registriert. Er hatte vorgehabt nach Israel zu gehen. Die Auswanderung ist dann daran gescheitert, daß wir seine Mutter nicht mitnehmen konnten, und mein Mann wollte seine Mutter nicht allein lassen, was ich auch sehr gut verstehen konnte. So sind wir hier hängen geblieben. Es hat damals geheißen: »Für eine gewisse Zeit.« Dann aber habe ich ein Kind bekommen, das Kind war krank. Da konnten wir wieder nicht weg. Dann habe ich das zweite Kind bekommen. Und dann hat es geheißen: »Wenn das Kind in die Schule kommt, also dann ist es aus, dann wandern wir bestimmt aus!« Aber es hat sich eben anders ergeben. Es gab finanzielle Schwierigkeiten. Mein Mann war Architekt von Beruf. Er hat sich langsam hier etabliert. Er war ein sehr bekannter Synagogenbauer. Und so sind wie eben hier sitzen geblieben und haben versucht, das Beste daraus zu machen, indem wir den Dialog mit unseren nichtjüdischen Mitbürgern gesucht haben. Mein Mann hatte mit Christen viel beruflich zu tun. Er hatte im Büro nur Christen beschäftigt, nicht, weil wir keine Juden haben wollten, es gab damals einfach keine jüdischen technischen Zeichner oder Architekten, die schon so weit waren, daß sie arbeiten konnten. Sie waren noch im Studium. Ich habe meinen Mann in seiner Arbeit unterstützt. Da mein Kind krank war, konnte ich selbst nicht berufstätig sein, sondern habe mich dem Kind gewidmet. Ich bin also mit den Leuten auch in Berührung gekommen.

Eine Episode ist mir ganz besonders in Erinnerung geblieben. Mein Mann hat das erste jüdische Kinderheim in Wembach gebaut, die Einweihung war im Jahre 1956. Das war ein Umbau. Und da gibt es doch normalerweise kein Richtfest, es gibt keine Einweihung in dem Sinne, zumindest nicht für die Handwerker. Ich empfand das als Ungerechtigkeit, daß man da nicht für die Leute etwas ausrichtete. Sie wissen doch nicht, was es bedeutet, für eine jüdische Institution zu arbeiten. Jeder hat eine andere Meinung, und das alles unter einen Hut zu bringen, dauerte eine gewisse Zeit. Es war aber ein Termin gesetzt für die Einweihung, die Arbeit musste also fertiggestellt sein. Ich habe die Leute so weit gebracht, ich habe sie bearbeitet, daß sie Tag und Nacht gearbeitet haben. Und wir haben dann bei der Zentralwohlfahrtsstelle, die der Bauherr war, bewirkt, daß sie für die Handwerker ein Fest gemacht haben. Und da kam ein junger Mann auf mich zu, der war Elektriker, ich weiß heute noch den Namen, Zimmermann hieß er, und da sagte er:

»Wissen Sie, ich war bei der Hitlerjugend, ich habe immer eine ganz andere Meinung von den Juden gehabt, das wurde uns eingebleut, und seit ich mit Ihrem Mann zusammenarbeitete, muß ich meine ganze Weltanschauung ändern. Ich sehe, daß Juden anders sind. Das sind keine Parasiten.«

Das war ja, was den Leuten während der Hitler-Zeit eingebleut wurde.

Mir hat das damals mehr gegeben als die ganze christlich-jüdische Zusammenarbeit.

Dieses Alltagsleben, das Arbeiten mit den Leuten Tag und Nacht, an einem Strick ziehen, das hat wirklich viel bewirkt. Es ging soweit, daß der Priester in der Kirche gepredigt hat: »Es mußte ein Jude kommen aus Frankfurt, um die Leute hier zum Arbeiten zu bringen und sie alle unter einen Hut zu bringen!«

Wir haben uns phantastisch mit den Leuten verstanden. Man muß auch mit Leuten reden können. Und so ging das später weiter. Wenn dann Leute kamen, die gleich sagten: »Ach, wie wir den Juden geholfen haben!«, also die waren gleich abgeschrieben. Man mußte die Leute ein bißchen durchleuchten, wenn man einen Auftrag bekommen hat. Es ließ sich natürlich nicht vermeiden, daß man auch mal für solche Firmen gearbeitet hat, die vielleicht einmal gegen Juden während des Krieges gehandelt haben. Es ging ja nicht so weit, daß wir immer Recherchen anstellen konnten. Der Bauherr hat ja auch mitzureden, wenn es um die Auswahl einer Firma geht. Aber wir haben schon ein bißchen aufgepaßt, daß wir Leute hatten, die sich einigermaßen nicht zuviel haben zuschulden kommen lassen.

Aus: Susann Heenen-Wolff, Im Land der Täter. Gespräche mit überlebenden Juden, S. Fischer: Frankfurt am Main 1994, S. 263ff. © Mit freundlicher Genehmigung von Gitta Guttmann

XII. Texte und Dokumente

Zu V.: Das Fortleben des Antisemitismus

LANDESVERBAND DER JÜDISCHEN GEMEINDEN IN HESSEN
Frankfurt am Main - Hebelstrasse 17
Telefon 51883

34

Der Landesverband der Jüdischen Gemeinden in Hessen als die von der Hessischen Regierung anerkannte Vertretung der Juden in Hessen gibt zu dem am Montag, den 28.3.1949, im Degesch-Prozess verkündeten Urteil folgende Erklärung ab:

Wir haben bei dem Prozess gegen die verantwortlichen Männer der Degesch, welche für das Konzentrationslager Auschwitz das Gas Cyklon B zu Massentötungen geliefert haben, uns bewusst zurückgehalten, um nicht in ein schwebendes Verfahren einzugreifen.

Nach diesem Urteil aber, durch welches der Mord an 4 1/2 Millionen Juden mit einer Strafe von fünf Jahren Zuchthaus geahndet und zwei Angeklagte freigesprochen wurden, erklären wir vor der Weltöffentlichkeit:

Die Schmach dieses Urteils ist so gross, dass wir fassungslos und erschüttert ihm gegenüber stehen. Ein deutsches Gericht in der Stadt Frankfurt am Main spricht die Handlanger der Mörder frei oder bestraft sie so mild, dass dieses Urteil eine Verhöhnung des Andenkens an die Opfer dieses grössten Massenmordes der Weltgeschichte ist.

Die Angehörigen der Ermordeten in aller Welt mögen wissen, dass die Lieferanten des Todes guten Mutes und guter Laune sind, während die Asche ihrer Millionen Opfer in alle Winde verstreut ist.

Gegenüber den lügenhaften Aussagen, die in diesem Prozess unter Eid gemacht worden sind, stellen wir fest, dass in Auschwitz nicht unheilbar Kranke oder Geistesgestörte, sondern gesunde Menschen, unsere Väter und Mütter, unsere Schwestern und Brüder, unsere Frauen und Kinder einem grässlichen Gastod gewaltsam und heimtückisch ausgeliefert worden sind.

Wir rufen die gesamte gesittete Welt, die vor vier Jahren mit Grausen und Entsetzen das Ausmass der Verbrechen von Auschwitz erfahren hat, auf, sich unserem flammenden Protest gegen dieses Urteil anzuschliessen.

Wir rufen alle, die die Hölle von Auschwitz überlebt haben, auf, in Deutschland und überall in der Welt ihre Stimme zu erheben gegen die Bagatellisierung jener schändlichen Verbrechen, deren Mittäter die Angeklagten des Degesch-Prozesses sind.

Wir richten unseren Appell schliesslich an diejenigen im deutschen Volke, welche guten Willens sind. Es ist ihre heilige Aufgabe, dafür Sorge zu tragen, dass das Recht nicht zur Farce werde und die grössten Verbrechen der Menschheitsgeschichte eine gerechte Sühne finden.

XII. Texte und Dokumente

S. 279: Stellungnahme des Landesverbandes der Jüdischen Gemeinden in Hessen nach der Urteilsverkündung im Degesch-Prozess am 28. März 1949
© Zentralarchiv zur Erforschung der Geschichte der Juden in Deutschland, Heidelberg, B 1/13, A 745

Postkarte an Ludwig Joseph, April 1950
© Jüdisches Museum, Archiv, Nachlass Joseph

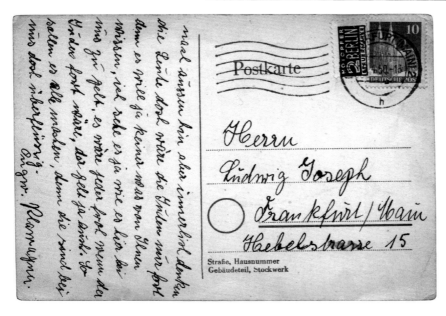

XII. Texte und Dokumente

AN ALLE FRANKFURTER!

Wir werden nicht zulassen,
daß törichte und verhetzte oder gewissenlose Elemente von neuem das Gleichgewicht und den geistigen Austausch zwischen den verschiedenen Bevölkerungsgruppen unserer Stadt stören.

Wir wünschen insbesondere nicht,
daß unsere Kinder mit sozialen, religiösen oder rassischen Vorurteilen erfüllt und zu Provokationen mißbraucht werden.

Wir sammeln daher
die gutgesinnten Kräfte aller Lager, besonders unter Christen und Juden, um dazu beizutragen, daß sie zu einem bestimmenden Faktor unseres öffentlichen Lebens werden.

Wir veranstalten
gemeinsam mit Organisationen, die diesem Ziel gegenüber aufgeschlossen sind, Versammlungen, Diskussionsabende und künstlerische Darbietungen.

Wir beobachten und erforschen
mit Hilfe der besten zuständigen Fachleute die Grundsätze moderner Pädagogik, Sozialarbeit, geistlicher Verkündigung und weltlicher Publizistik, insbesondere die Wirksamkeit der Gruppe in Familie, Schule und Gemeinwesen, sowie die Entwicklung der öffentlichen Meinung.

Wir helfen praktisch mit
an der Gestaltung demokratischer Lebensformen, indem wir gemeinsam mit unseren Schwestergesellschaften in Hessen und im übrigen Deutschland, die mit uns im Deutschen Koordinierungsrat der Christen und Juden vereinigt sind,
zu aktuellen Tagesfragen des Verhältnisses von Mensch zu Mensch und von Gruppe zu Gruppe kritisch Stellung nehmen;
Behörden sowie Parteien Vorschläge und Anregungen unterbreiten;
Bücher, Flugschriften und Artikel veröffentlichen;
Tagungen für Geistliche, Lehrer, Jugendliche und andere Gruppen abhalten;
Verbindung mit verwandten Organisationen im Ausland pflegen.

Wir erhoffen
für diese gemeinnützige Tätigkeit auch Ihren Beitrag, sei es
durch Ihre Mitarbeit in unseren Fachausschüssen,
durch regelmäßige Mitgliedszahlungen oder
durch einmalige oder regelmäßige Spenden.

Wir sind sicher,
daß auch Sie in der vielseitigen Arbeit unserer Gesellschaft den Ihnen zusagenden Platz finden, und bitten Sie, noch heute nähere Auskunft anzufordern von der Geschäftsstelle der

**Gesellschaft für christlich-jüdische Zusammenarbeit
in Frankfurt am Main (e. V.)**
Frankfurt am Main   Hebelstraße 17   Zimmer 36   Tel. 55950
Der Vorstand:
Dr. Franz Böhm   **Max L. Cahn**   **Dr. Hugo Stenzel**
o. Professor, Prorektor der   Rechtsanwalt und Notar   Herausgeber
Universität Frankfurt a. M.   der Frankfurter Neuen Presse

Bitte sorgen Sie durch Umlauf oder Aushang für Verbreitung dieses Blattes!

»An alle Frankfurter«, Aufruf der Gesellschaft für christlich-jüdische Zusammenarbeit in Frankfurt am Main, um 1950
© Jüdisches Museum Frankfurt am Main, Archiv, Nachlass Joseph

XII. Texte und Dokumente

Zu VI.: Konsolidierung der Jüdischen Gemeinde in den fünfziger Jahren

Die »Föhrenwalder« in Frankfurt am Main

Nach der Auflösung des Lagers für Displaced Persons in Föhrenwald bei München 1957 wurden die dort lebenden Familien auf München, Frankfurt am Main und Düsseldorf verteilt. 125 Familien zogen nach Frankfurt am Main. Die meisten lebten viele Jahre oder sogar Jahrzehnte in einem Block in der Waldschmidtstraße 129ff.

Simon Ainwojner wurde 1950 im DP-Lager Föhrenwald geboren. Seine Eltern stammten aus Polen und hatten in der Sowjetunion überlebt. Die Familie hatte in die USA auswandern wollen, wo schon ein Onkel lebte, aber wegen der Mutter, die »einen Fleck auf der Lunge« hatte, keine Einreisepapiere erhalten. Bemühungen, nach Bolivien zu gehen, wohin ein Freund der Familie schon einige Koffer und das Tafelbesteck mitgenommen hatte, scheiterten ebenfalls.

Erinnerungen von Simon Ainwojner:
»Wir gehörten zu den letzten Familien, die 1957 Föhrenwald verließen. Es war eine Zeit des Packens, und ich habe das in unangenehmer Erinnerung. Im Lager kannte ich mich aus, wußte, wer wer ist, auch wenn unsere Welt beim Eingang am Schlagbaum endete. In Frankfurt wurden wir in zwei Wohnblocks verfrachtet. Das fiel natürlich auf: Plötzlich gab es mitten im Ort einen ›Judenblock‹.«

20 Jahre lang wohnte Simon Ajnwojner in der Waldschmidtstraße zusammen mit seinen Eltern, dem jüngeren Bruder und einer Großmutter auf 58 Quadratmetern in einer Zweieinhalb-Zimmer-Wohnung. »Die Übersiedlung nach Frankfurt war ein riesiger Sprung. Ich hatte große Probleme in der Schule. In den ersten Wochen bin ich fast täglich weinend nach Hause gerannt aus Angst. Einmal mußte ich nachsitzen, da dachte ich, ich müßte mich umbringen. Mir war die ganze Umgebung total fremd.« In seiner Klasse war Simon das einzige jüdische Kind.

Als größeres Hindernis erwies sich die Sprache: Im DP-Lager Föhrenwald sprach man Jiddisch, auch wenn in den Familien noch weitere Sprachen beherrscht wurden. Jiddisch blieb die Alltagssprache der Bewohner in den Wohnblöcken der Waldschmidtstraße. Erst in der Volksschule in Bornheim lernte der siebenjährige Simon Deutsch: »Ich war am Anfang durch die Sprache gehandikapt. Das hat sich zwar nach einer Weile gegeben. Aber wir führten hier nahtlos das Ghettoleben weiter. Ich lud nach der Schule keine nichtjüdischen Freunde ein. Die Nachbarn staunten, wenn zum Laubhüttenfest im Herbst einer im schwarzen Kaftan zwischen zwei Teppichstangen unten im

Hof eine Sukkah baute, eine Laubhütte. Es war für die anderen eine klare Sache – dort standen zwei ›Judenhäuser‹.« Die Distanz zu den nichtjüdischen Mitschülern überwand Simon durch Sport: Dass er ein guter Fußballer war, nachmittags mit den anderen Jungs im Ostpark kickte, verschaffte ihm nach zwei, drei Jahren die Anerkennung in der Klasse und in der Nachbarschaft.

Erinnerungen von Anton Jakob Weinberger, 1996:
»Meine Familie gehörte zu den ersten ›Föhrenwaldern‹, die hier im Frühjahr 1956 eine Wohnung bezogen, eine Dreieinhalb-Zimmer-Wohnung in einem Neubaugebiet an der Gerauer Straße im Stadtteil Niederrad. Vor dem Wagnis, nach Amerika auszuwandern, waren wir zurückgeschreckt. In die Waldschmidtstraße zu ziehen, lehnte meine Mutter jedoch ab, sie wollte kein Ghetto. Aus der alten habsburgischen Vielvölkermetropole Czernowitz in der Bukowina stammend, brachte meine Mutter die Erfahrung mit, daß ein Jude Tür an Tür mit einem Nichtjuden leben kann – ohne sich verleugnen zu müssen. Auch in der neuen Umgebung folgten wir der jüdisch-orthodoxen Tradition. Aber es dauerte Jahre, bis meine Angst wich, hier ›draußen‹ könnte ich womöglich demjenigen die Hand schütteln, der meine Großeltern ermordet hatte, eine Angst, die ich mitnahm aus dem DP-Lager Föhrenwald nach Frankfurt.«

Anton Jakob Weinberger, Plötzlich gab es mitten im Ort einen »Judenblock«. In: Frankfurter Allgemeine Zeitung, 4. Juni 1996

Lea Fleischmann, Kindheit in Föhrenwald und Frankfurt am Main

Lea Fleischmann wurde 1947 im DP-Lager Föhrenwald (Oberbayern, Kreis Bad Tölz-Wolfratshausen) geboren. Sie trägt den Vornamen ihrer ermordeten Großmutter. 1957 zog die Familie nach Frankfurt am Main, wo Lea Fleischmann zur Schule ging und Pädagogik und Psychologie studierte. Sie war im Jugendzentrum der Jüdischen Gemeinde aktiv und schrieb ihre Diplomarbeit über außerfamiliäre jüdische Erziehung. Lea Fleischmann heiratete 1970 den Volkswirt Jakob Rozencwajg, der ebenfalls aktiv im Jugendzentrum mitarbeitete, 1971 mit der »Jungen Liste« in den Gemeinderat gewählt wurde und sich weiterhin in Einrichtungen der Gemeinde engagierte.

Nach dem Studium war Lea Fleischmann von 1973 bis 1979 im hessischen Schuldienst. Ihre Erfahrungen in diesen Jahren veranlassten sie, 1979 Deutschland mit ihren beiden Kindern zu verlassen und nach Israel zu gehen. Ihr 1980 veröffentlichtes viel beachtetes Buch »Dies ist nicht mein Land« ist eine autobiografische Abrechnung mit Deutschland. Lea Fleischmann lebt in Jerusalem als Schriftstellerin.

Wo fange ich an? Am besten bei meinen ersten Erinnerungen im nachfolgenden Leben. Sie sind in einem DP-Lager. DPs waren Displaced Persons, heimatlose Menschen. DP-Lager nannte man die Lager, in denen die Juden nach dem Krieg in Deutschland untergebracht waren, bevor sie auswanderten oder in größere Städte zogen. Die Umgangssprache war Jiddisch.

Unser Lager lag in Oberbayern, an der Isar. Im Krieg war es ein deutsches Munitionslager gewesen, und deswegen war um das Lager ein Zaun gespannt. Ich habe das Gefühl, als hätten alle Zäune im Krieg genauso ausgesehen. Betonpfähle, das obere Ende zum Lager hin gebeugt, mit Stacheldraht bespannt. Die Juden in unserem Lager waren so sehr an den Anblick dieser Zäune gewöhnt, daß ihnen dieser hier nicht auffiel, zumindest nicht so unangenehm, daß sie ihn hätten niederreißen wollen. Der Zaun störte niemand. Ich kann mich nicht erinnern, während meiner Kindheit etwas über den Zaun gehört zu haben. Er war da, und man nahm ihn hin. Vielleicht bot er sogar Schutz gegen die Umwelt, gegen die Deutschen, denen man hilflos ausgeliefert gewesen war und die man aus tiefster Seele haßte.

Die Bewohner des Lagers waren Überlebende aus den Konzentrationslagern. Ursprünglich waren sie in Osteuropa beheimatet, in Polen, Litauen, Rumänien, Ungarn. Es war ein Durchgangslager auf dem Weg nach Israel, Amerika, Kanada oder sonst einem Land der Erde. Nicht aus Deutschland auszuwandern konnte sich in den frühen fünfziger Jahren kein Jude vorstellen.

Unser Lager hieß Föhrenwald. Föhrenwald, der Name paßt in die Landschaft. Viel Wald gab es dort, und es lag eingebettet in einen großen Föhrenwald. Abgeschirmt, versteckt in dieser satten, oberbayerischen Landschaft. Eine Enklave, ein ostjiddisches Städtel in Bayern. Das nächste Dorf war zwei Kilometer entfernt, und doch lag es für mich in einer anderen Welt, in einer Welt, die fremd war und die ich als Kind nicht betreten habe.

Das Lager war mir heimisch und die Juden vertraut. Mir schien, als trügen sie die Schultern leicht nach vorne gebeugt, so daß sie eine gekrümmte Haltung hatten. Wie Menschen mit einer schweren, unsichtbaren Last. Die Gesichter waren bleich, und die meisten versteckten es unter einem Hut.

In der Mitte des Lagers, auf einem freien, runden Platz, stand ein hoher Mast, auf dessen Spitze ein Davidstern montiert war. Ein metallener, riesiger Davidstern. Er war das Wahrzeichen des Lagers, das Wahrzeichen der Juden, die alles verloren hatten, das Symbol aber nicht missen wollten. Golden strahlte der Davidstern in der Sonne und tat jedem schon von weitem kund, daß sich unser Dorf von allen umliegenden Dörfern unterschied.

In meiner frühen Kindheit bestand die Welt aus zwei Sorten von Menschen. Aus Juden und Nazis. Die Juden kannte ich, die Nazis kannte ich auch. Aus Hunderten von Erzählungen, aus jedem jüdischen Schicksal. Deutsch und Nazi waren damals für mich austauschbare Begriffe.

In meiner Kindheit wimmelte es von Morden, Demütigungen und Leiden. Jeder hatte seine Geschichte, und wir Kinder hörten manchmal den Erzählungen der Erwachsenen zu. Ich erinnere mich an eine Diskussion – Jahre später, bei der sich Pädagogen damit auseinandersetzten, ob man Kindern Grimms Märchen erzählen solle oder nicht, die Grausamkeiten könnten die Kinder schockieren. Meine Kindheitsgeschichten waren an Grausamkeit nicht zu überbieten. Ich hörte von Juden, die ihre Gräber selber ausheben mußten, bevor sie erschossen wurden, ich hörte von Müttern, denen man die Kinder entrissen und vor ihren Augen erschlagen hatte, ich hörte von Vergasungen, bevor ich wußte, was Gas ist, ich hörte von Hunden, die man auf Menschen gehetzt hatte, ich hörte von Kindern, die man lebendig in Feuergruben geworfen hatte. Diese Geschichten waren alltäglich, aber sie waren nicht greifbar. Irgendwie unvorstellbar, daß die Menschen, die sie erzählten, das gesehen oder erlebt hatten. Alltäglich waren auch die Flüche auf die Deutschen, diese Sadisten, diese Mörder, diese Verbrecher.

Das Leben in Föhrenwald war eingebettet in den festen Rahmen des jüdischen Jahres. Freitage, Samstage, dazwischen Wochentage. Jeden Samstag nahm mich mein Vater mit in die Synagoge, und dort traf ich meine Freunde. Wir liefen während des Gebetes zwischen den Eltern herum, lachten, spielten, und keinem wäre es eingefallen, uns daran zu hindern. Die Synagoge ist kein Ort der Ruhe und stillen Andacht, sondern ein Treffpunkt, an dem gebetet, erzählt und gelebt wird. Und die lärmenden Kinder gehören dazu. Eine Synagoge ohne Kinderlachen ist ein Haus ohne Leben.

Samstagmittag gab es immer das gleiche zu essen. Gefillte Fisch, Nudelsuppe, Fleisch, Kompott. Dieses Gericht hatte meine Mutter über den Krieg hinweggerettet. Alles war zerstört, aber das Essen hatte sich nicht verändert. Auch die Art des Essens war die gleiche geblieben. Man aß so viel, bis man das Gefühl hatte, es gehe kein Bissen und kein Tropfen mehr in den Bauch. Maßhalten beim Essen hatte ich nie gelernt.

»Alles kann man dem Menschen wegnehmen, nur das, was im Bauch ist, nicht«, pflegte meine Mutter zu sagen. Sie war fest davon überzeugt, daß ich kurz vor dem Verhungern stehe, unterernährt sei und man mich mit allen Mitteln stopfen müsse.

Ich erinnere mich, daß mein Vater eines Tages mit einer Konservendose Fisch in Tomaten heimkam und mir das sehr gut schmeckte. Nun wurde mir jeden Tag Fisch in Tomaten serviert, bis ich keinen Fisch in Tomaten mehr sehen konnte. Und so machten sie es mit jeder Speise, die ich gerne aß. Über das Essen konnte ich alles erreichen. Ich tyrannisierte meine Eltern maßlos, die alles taten, damit ich etwas aß. Beim Essen wurden Geschichten erzählt, Spielsachen versprochen, Drohungen ausgestoßen, Bitten und Tränen vergossen, nur damit ich ein paar Bissen zu mir nahm. Und dauernd rannte mir meine Mutter mit Essen hinterher.

»Ein Stückchen Banane, nur noch ein kleines Stückchen Banane.« Obwohl ich ihre Art, mich zu füttern, nicht ausstehen konnte, habe ich es viele Jahre später als Mutter selbst so gemacht. Mein Sohn hat die Gewohnheit aller jüdischen Kinder, schlecht zu essen. Deswegen saß ich mit dem Teller Suppe auf dem Spielplatz, ich ließ ihn unter dem Tisch essen, ich rutschte für eine Scheibe Brot in der Wohnung herum, und für ein Glas Milch mußte ich ihm stundenlang Märchen erzählen. Mir nutzte weder mein pädagogisches Diplom noch die Einsicht, daß ein Kind irgendwann essen muß. Er war und ist ein schlechter Esser, und ich lasse mich von ihm tyrannisieren, wie ich es mit meiner Mutter tat.

[...]

Als ich zehn Jahre alt war, wurde das DP-Lager Föhrenwald aufgelöst, und die wenigen verbliebenen Familien wurden in größere Städte umgesiedelt. Wir kamen nach Frankfurt. In zwei Wohnblocks wohnten fortan die Juden aus Föhrenwald, man blieb unter sich. Ein kleines Getto in Frankfurt. Juden haben vor Juden keine Angst, man weiß, der andere wird einem nichts tun, man kann sagen, was man will. Man kann streiten, man macht Geschäfte untereinander, man bleibt sich Geld schuldig, man söhnt sich aus, ohne daß es in irgendeiner Form weitergemeldet wird. Denunziation, lernte ich, ist ein widerliches Verbrechen, Denunziation beschneidet die Freiheit des einzelnen.

Ich ging in eine öffentliche Schule, und meine Kontakte mit Deutschen beschränkten sich ausschließlich auf die Schule. Ich kannte die Klassenkameraden, war aber nie bei ihnen eingeladen, ebenso wie sie nie zu mir nach Hause kamen. Niemals habe ich das Gefühl entwickelt, ein Teil der Klassengemeinschaft zu sein. Ich merkte noch nicht einmal, daß es so etwas gab. Ich machte alles mit und blieb immer draußen, nichts hat mich in der Schule innerlich berührt. Ich ging dorthin, weil man zur Schule gehen mußte. Meine Eltern haben keinen Elternabend besucht oder jemals mit der Lehrerin gesprochen. Sie wußten überhaupt nicht, was wir in der Schule lernten.

Als ich in der sechsten Klasse war, gerade 13 Jahre alt, machte sich mein Vater selbständig und hausierte mit verschiedenen kleinen Artikeln. Er hatte einen Gewerbeschein und mußte jeden Tag Buch führen, aufschreiben, was er ausgegeben und eingenommen hatte. Außerdem waren gelegentlich Formulare für das Finanzamt auszufüllen. Da er weder Deutsch schreiben noch lesen konnte und meine Muter überhaupt nichts verstand, fiel mir die Aufgabe der Buchführung und das Ausfüllen der Formulare zu. Ich haßte diese Arbeit wie die Pest. Die Buchführung ging noch, aber die Formulare waren zu schwierig. Ich las und begriff nicht, was das Finanzamt wollte. Wie soll man das einem Vater erklären, der meint: »Sechs Jahre geht man in die Schule, Deutsch spricht man, aber ein Stück Papier kann man nicht ausfüllen. Was lernst du überhaupt?«

[...]

Einmal gab die Lehrerin blaue Karteikarten an uns aus, die wir ausfüllen mußten. Name, Vorname, Geburtsdatum, Geburtsort, Name des Vaters, Beruf des Vaters, Name der Mutter, Beruf der Mutter. Zwei Schwierigkeiten hatte ich beim Ausfüllen: Name der

Mutter und Beruf des Vaters. An und für sich hat jede Mutter einen Namen, nur meine weiß nicht, wie sie heißt. In Polen hieß sie Franja, mein Vater nennt sie Rote, weil sie rote Haare hat, bei der Polizei ist sie mit Frieda angemeldet, beim Entschädigungsamt mit Freidi, beim Sozialamt heißt sie Freida, und jedesmal gibt es Theater, wenn es darum geht, ein Stück Papier für ein Amt auszufüllen. Ich brauche einen Kinderausweis, hole von der Polizei ein Antragsformular und frage meine Mutter: »Mama, wie heißt du bei der Polizei?«

»Ich weiß nicht.«

»Was heißt, du weißt nicht, wer denn soll wissen?«, schreie ich.

»Schreib Freidi.«

Ich fülle Freidi beim Vornamen der Mutter aus und gehe auf das Polizeirevier.

»Eine Freidi Fleischmann gibt es bei uns nicht«, sagt der Beamte.

»Wieso, meine Mutter heißt doch so.«

»Deine Mutter heißt Frieda Fleischmann.«

»Dann streichen Sie doch Freidi aus und schreiben Sie Frieda hin, es ist dieselbe Mutter.«

»Nein, dazu bin ich nicht befugt«, sagt der Beamte, »entweder deine Mutter kommt selbst her, oder du nimmst das Antragsformular mit und sie ändert das.«

»Hundertmal muß man wegen dir laufen«, meckere ich zu Hause, »bei der Polizei steht Frieda und Frieda ist nicht Freidi.«

Meine Mutter hatte einfach keinen Namen. Franja, das war ihr zu polnisch, und so schwankte sie zwischen Frieda, Freida und Freidi hin und her. Hätte man es nicht mit deutschen Beamten zu tun gehabt, wäre es nicht schlimm gewesen, so aber war es eine Katastrophe. Eine Frieda ist keine Freidi, und wenn man aus einer Freidi eine Frieda macht, kommt das einer Urkundenfälschung gleich.

Gott sei Dank wußte mein Vater, wie er heißt, dafür wußte er nicht, was für einen Beruf er hatte.

»Zu Hause in Polen«, erzählte er, »hatten wir eine Schreinerei, und ich bin Tischler.« [...] Ein anderes Mal war mein Vater Pulloververkäufer. Wenn die Kirmes kam, stellte er einen Tisch auf dem Jahrmarkt auf, legte die Pullover drauf und pries sich an: »Der billige Jakob! Kauft beim billigen Jakob!« Ich mußte auf die Pullover aufpassen, wenn er mit den Käufern verhandelte. [...] Eine Zeitlang war er Straßenkehrer. »Jetzt arbeite ich bei der Stadt«, erzählte er zu Hause. Er kehrte die Straßen in der Nähe unserer Wohnung, und samstags ging die Familie spazieren und begutachtete die gekehrten Gassen. »Sieh, wie sauber es bei mir ist«, sagte er zu meiner Mutter, und meine Mutter bestätigte, daß die Straßen gut gekehrt waren. Mir war das wieder einmal sehr peinlich. Auch etwas, worauf man stolz sein konnte: gut gekehrte Gassen.

Die Berufe meines Vaters wechselten zwischen angestellt und selbständig. Keine Arbeit hat er beständig gemacht, und kein Geschäft glückte ihm. Mal verdiente er ein bißchen mehr und mal ein bißchen weniger, aber im großen und ganzen war nie genug

Geld da, und meine Eltern stritten Tag und Nacht wegen des Geldes. Die Juden sind reich, hörte man häufig. Das kann schon sein, aber wir waren es leider nicht.

Aus: Lea Fleischmann, Dies ist nicht mein Land, Hofmann & Campe: Hamburg 1980, S. 24-27, 31f., 36-40. © Lea Fleischmann. Mit freundlicher Genehmigung der Autorin

Esther Alexander-Ihme, »1953 heiratete der polnische Jude die katholisch-bayrische Bauerstochter.« Reshit da'at – Der Anfang der Erkenntnis

»Yirat ha Shem reshit da'at« – »Die Furcht des Herrn ist der Anfang der Erkenntnis«, heißt es in Proverbien 1,7. Und »Reshit da'at« – Anfang der Erkenntnis – heißt dieses Lehrbuch der hebräischen Sprache, das wohl in den dreißiger Jahren des letzten Jahrhunderts in den USA gedruckt wurde. Es ist völlig zerfleddert, hat keinen Einband mehr

und ist überhaupt in einem kläglichen Zustand. Mit Bleistift, Tintenstift (so was gibt es heute nicht mehr), später mit Kugelschreiber, wurde hineingekritzelt. Von wem? Von meinem Vater, meiner Mutter und mir.

Nachdem mein Vater, aus Sieradz in Polen stammend, 1945 in Dachau befreit worden war, lebte er mit einer Unterbrechung (1948 war er in Israel) in diversen DP-Lagern in Bayern. Dort lernte er meine Mutter kennen, eine von nicht wenigen deutschen Nichtjüdinnen, die in den DP-Lagern arbeiteten. 1953 heiratete der polnische Jude die katholisch-bayrische Bauerstochter. An einem Übertritt zum Judentum durch meine Mutter lag meinem Vater nichts, aus welchen Gründen auch immer. Aber: sie sollte Hebräisch lernen. Wofür? Ich weiß es nicht, wir sprachen nie darüber. Bekommen hatte mein Vater das Lehrbuch vermutlich vom American Jewish Joint Distribution Committee, von den Überlebenden kurz »der Joint« genannt (viele Jahre glaubte ich, dass der Joint eine Art gütiger Gottvater sei, der die Juden mit Ritualia, aber auch mit Kaffee und Lucky Strike versorgte...).

Die Eintragungen im Lehrbuch deuten daraufhin, dass mein Vater meiner Mutter die zu lernende Lektion vorgab und auch kontrollierte, ob sie tatsächlich gelernt hatte. Hat sie aber nicht. Sie lernte Jiddisch, sie konnte wunderbar jüdisch-polnische Gerichte kochen und besser Jiddisch als Hebräisch. [...] Und das Heiligenbildchen? Na, das gehört auch dazu. Zu dieser merkwürdigen polnisch-jüdisch-bayrisch-katholischen Familie. Und außerdem war Maria jüdisch!

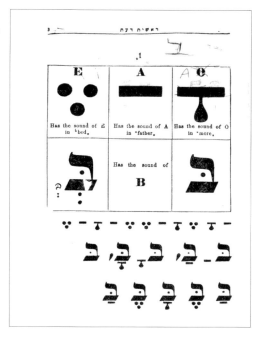

Aus: Raphael Gross (Hrsg.), Geschenkte Geschichten. Zum 20-Jahresjubiläum des Jüdischen Museums Frankfurt am Main, Frankfurt am Main 2009. © Esther Alexander-Ihme. Mit freundlicher Genehmigung der Autorin

Minka Pradelski, Eine durchaus glaubwürdige Familie

Die Journalistin, Schriftstellerin und Filmemacherin Minka Pradelski wurde 1947 in Frankfurt-Zeilsheim im Lager für Displaced Persons geboren. Ihr Vater hatte das Ghetto Lódz überlebt, ihre Mutter hatte als sogenannte Illegale mit falschen Papieren überlebt. 1952 verließ die Familie Deutschland mit dem Ziel New York, kehrte jedoch später nach Frankfurt am Main zurück.

Nach dem Studium der Soziologie an der Johann Wolfgang Goethe-Universität in Frankfurt am Main arbeitete Minka Pradelski als wissenschaftliche Mitarbeiterin an dem Projekt Nachwirkungen massiver Traumatisierungen bei jüdischen Überlebenden der NS-Zeit. Von 1988 bis 1994 betreute Pradelski die Öffentlichkeitsarbeit für die Zentralwohlfahrtsstelle der Juden in Deutschland. Darüber hinaus ist sie für diverse Sozialkommissionen der Jüdischen Gemeinde Frankfurt am Main ehrenamtlich tätig. 2005 erschien ihr Roman »Und da kam Frau Kugelmann«.

XII. Texte und Dokumente

Wenn es so etwas gibt wie eine Familienlüge, dann bin ich darin aufgewachsen. In meiner Familie waren sich alle darin einig, dass ich, die Jüngste, die nach dem Krieg Geborene, die Wahrheit nicht erfahren sollte. Ich sollte glauben, wir seien eine ganz natürlich gewachsene Familie: Vater, Mutter und die drei auf dem Foto abgebildeten Töchter.

Ich kann mich noch genau erinnern, dass ich in eine dick mit Butter bestrichene Käsestulle biss, als meine beste Freundin mich im Alter von zwölf Jahren darüber aufklärte, dass eine meiner Schwestern, vielleicht sogar beide, nicht meine leiblichen Geschwister sind. Ich solle doch mal genau hinsehen, es gebe nicht die Spur einer Ähnlichkeit zwischen uns dreien. Auch meine Schwestern sähen einander nicht ähnlich, die unterschiedlichen Nasen, der Körperbau, die Größe. Nur eines wüsste sie genau, ich sei das richtige Kind meiner Eltern.

Ich schien plötzlich Sand im Mund zu haben und jagte die Freundin zur Tür hinaus. Alleingelassen, fing ich an zu grübeln. Dann durchsuchte ich die Wohnung. Ich suchte in den Schränken, hinter dem Sofa, unter den Betten nach Beweisstücken einer infamen, für mich unfassbaren Lüge. In der obersten Schublade unserer Kredenz, in einem grauen Umschlag, noch nicht einmal in einem besonderen Versteck, fand ich die Adoptionspapiere meiner Schwestern. Ich las mir völlig unbekannte, fremde Nachnamen, die überhaupt nicht zu meinen geliebten Schwestern passten. In diesem Moment hätte ich mein Leben dafür gegeben, wenn ich das adoptierte und sie die leiblichen Kinder gewesen wären.

Stück für Stück fragte ich mich durch, bis ich auf den versprengten Kern einer grausamen Wahrheit stieß: Die Eltern meiner Schwestern haben den Krieg nicht überlebt.

Die adoptierten Mädchen sind die Nichten meiner Mutter, die eine die Tochter ihres chassidischen Bruders, die andere das Kind ihrer orthodoxen Schwester. Meine Mutter schmuggelte beide Kinder unter Einsatz ihres Lebens aus einem polnischen Ghetto und rettete sie vor den Häschern. Eine Schwester überlebte in einem Kloster, die andere als Stiefkind einer polnischen Bäuerin. Nach dem Krieg nahm meine Mutter beide zu sich. Aus ihnen waren inzwischen katholische Mädchen geworden, die erst niederknieten, um ein Gebet zu Jesus zu verrichten, ehe sie ein Glas Milch, ein Stück Brot zu sich nehmen konnten.

Meine beiden Schwestern wurden im selben Jahr geboren, als das große Morden begann. Wer konnte sich angesichts des Todes noch an das genaue Datum ihrer Geburt im Ghetto erinnern. Doch sollten wir, nach dem innigsten Wunsch unserer Eltern, eine unangreifbare, fest zusammengeschweißte, glaubwürdige Familie werden. Also wurde eine meiner Schwestern, vielleicht war sie die jüngere, kurzerhand zur ältesten Tochter erhoben, während die andere um zwölf Monate verjüngt wurde. Unsere Eltern sind seit langer Zeit verstorben, und wir leben Tausende Kilometer voneinander entfernt, aber es ist uns noch nie in den Sinn gekommen, die alte, von den Eltern etablierte Ordnung in Frage zu stellen. Es gibt Familienlügen, die bleiben bis zum Ende des Lebens bestehen.

Aus: Cilly Kugelmann/Hanno Loewy (Hrsg.), So einfach war das. Jüdische Kindheit und Jugend in Deutschland seit 1945. Zeugnisse aus dem Jüdischen Museum Berlin. Dumont: Köln 2002. © Minka Pradelski. Mit freundlicher Genehmigung der Autorin

Ignatz Bubis, »Auf gepackten Koffern«

Ich selbst bin bereits im November 1945 nach Deutschland zurückgekommen, aber auch ich saß auf »gepackten Koffern«. Zunächst einmal war ich in Breslau gewesen, wo ich zur Welt gekommen war. Aber dort wollte und konnte ich nicht bleiben, weil es ganz einfach nicht mehr der Ort war, den ich verlassen hatte, vor allem die Familie war nicht mehr da. So habe ich mich in Berlin-Schlachtensee zur Auswanderung nach Amerika registrieren lassen. Wenn ich meine eigene Geschichte betrachte, dann habe ich zwischen 1945 und 1956, in elf Jahren, in West-Berlin, in Dresden, in Pforzheim, in Stuttgart und in Frankfurt gelebt, d.h. ich saß tatsächlich auf diesen Koffern. Ich habe in den ersten Nachkriegsjahren, gleich nach der Gründung des Staates Israel, das Land besucht. Ich ging nach Amerika, ich ging nach Kanada und eigentlich immer mit dem Ziel: »Wo willst du letztendlich hin?« Wenn mich heute jemand fragt, wann ich mich entschlossen habe, in Deutschland zu bleiben, dann weiß ich es nicht. Es war eine Entwicklung, die nicht über Nacht kam, und es gab auch kein konkretes Geschehen, keinen bestimmten Punkt, wo ich gesagt hätte: »So. Jetzt fällt die Entscheidung – ich bleibe in Deutschland.« Vielleicht ist sie an dem Tag gefallen, als ich 1953 aus Toronto meine Frau in Pforzheim anrief und meinte, Freunde hätten mich fast überredet, gleich dort zu bleiben, und sie solle die Koffer packen. Im Alter von 26 Jahren denkt man manchmal so spontan: »Jetzt packst du die Koffer«, und ich hatte vergessen, daß ich ja kein Junggeselle mehr war, der mit einem Koffer durch Europa reisen konnte, sondern daß ich bereits Pflichten hatte. Und da sagte meine Frau: »Komm erst einmal zurück. Sicher, wir werden nicht in Deutschland bleiben. Vielleicht gehen wir nach Paris, wo die Verwandten leben.« Es kann sein, daß dies der Tag war, an dem die Entscheidung fiel, daß ich nicht nach Kanada oder nach Amerika, auch nicht nach Israel gehen würde, aber vielleicht noch im Hinterkopf, nach Paris. Paris, das war dann der Rest meiner Entschuldigungsstrategie ab 1953. Ich könnte doch jeden Tag von Pforzheim in vier Stunden mit dem Zug oder mit dem Auto in Paris sein. Also konnte man fürs Erste die Koffer mal auspacken. Wenn es sein müßte, war man praktisch zum Mittagessen samt der schnell gepackten Koffer in der französischen Hauptstadt.

Vielleicht war es der Einfluß von Frankfurt, der mich so weit brachte, nicht mehr an Auswanderung zu denken. Als wir in die letzte Wohnung gezogen sind, und das war vor gerade erst zehn Jahren, und meine Frau begriffen hat, daß wir jetzt nicht mehr auf Wanderschaft sind, hat sie geweint. Immerhin dauerte es bis 1986, bis sie begriff, hier werden wir bleiben. Denn als wir in diese Wohnung eingezogen sind, und sie am Abend weinte, habe ich sie gefragt, was denn passiert sei? Da antwortete sie: »Das ist unsere letzte Wohnung, wir werden nicht noch einmal umziehen. Hier werden wir alt werden.«

Ignatz Bubis, Jüdisches Leben in Deutschland 1945-1995. In: Günther B. Ginzel (Hrsg.), Der Anfang nach dem Ende, Droste Verlag: Düsseldorf 1996, S. 41ff. © Mit freundlicher Genehmigung des Herausgebers

XII. Texte und Dokumente

Zu VII.: Gibt es eine Zukunft für die jüdische Jugend in Deutschland?

Moshe Zuckermann, Von Israel nach Deutschland

Moshe Zuckermann wurde 1949 in Tel Aviv geboren. Er ist Soziologe und Professor für Geschichte und Philosophie an der Universität Tel Aviv. Seit 2010 ist er wissenschaftlicher Leiter der Sigmund Freud Privatstiftung in Wien.

Seine Eltern, die beide aus Polen stammten, hatten sich in einem DP-Lager kennen gelernt und waren 1948 nach Palästina/Israel eingewandert. Die Muttersprache der Eltern war Jiddisch, sie konnten Polnisch, aber kein Hebräisch. Sie führten einen harten Existenzkampf und entschieden sich 1959 angesichts der Verschlechterung der wirtschaftlichen Lage in Israel, nach Deutschland auszuwandern, wo Verwandte lebten. Moshe Zuckermann ging in Frankfurt am Main zur Schule und begann hier das Studium. Mit 21 Jahren entschloss er sich, nach Israel auszuwandern.

Im Jahre 1959 entschieden sich meine Eltern, Israel zu verlassen und nach Deutschland auszuwandern.

Was sich jetzt aber so lakonisch-leicht hinschreibt, war für sie damals ein gewaltiges Drama. Denn nicht nur flog mein Vater nach Frankfurt, um über mehrere Monate die Übersiedlung vorzubereiten, so daß meine Mutter mit ihren beiden kleinen Kindern unter nicht leichten Bedingungen allein zurückblieb, sondern die Idee einer Rückkehr nach Deutschland erwies sich für meine Eltern selbst als schwer verdaubar: Deutschland war ihnen nach wie vor akut das Land, von dem ihre lebensgeschichtliche Katastrophe verursacht worden war, und eine Welle von Schändungen jüdischer Friedhöfe, die 1959 in der Bundesrepublik tobte, tat ein übriges, um bei ihnen schlimmste Assoziationen aufkommen zu lassen. Zwar hielten sie diese letztlich nicht von ihrem Vorhaben ab, aber leise, vor den Kindern unterdrückte, von diesen aber dennoch wahrgenommene Befürchtungen hingen in den Monaten vor der endgültigen Abreise in der häuslichen Luft. Befürchtungen waren es, die ich nicht zu bebildern vermochte, die aber etwas mit »Deutschland« zu tun hatten, was in mir eine gewisse Dissonanz weckte, denn ich freute mich schon auf die Reise ins fremde Land, welche sich mir vor allem mit der Erlösung von der Prügelwirklichkeit meiner israelischen Kindheit verband; zugleich aber konnte ich das nebulös Ungute, das sich an dieses Land – und sei's durch die damals merklich gedrückte Stimmung der Mutter – knüpfte, nicht gänzlich ignorieren.

Und doch, so sehr sich mir »Deutschland« durch solche Ambivalenz einfärbte, kam es mir zu keinem Zeitpunkt in den Sinn, daß die nun mal beschlossene Reise hinterfragt werden könnte. Ganz verdutzt war ich also, als mich unsere Nachbarin eines Tages im Treppenhaus fragte: »Nun, Moishele, freust du dich schon auf die Schweiz?« Ich war sichtlich irritiert: »Auf die Schweiz?« Nun kann ich nicht beschwören, daß meine nächstfolgende Wahrnehmung nicht über Jahre von nachdeutender Erkenntnis überdeckt worden ist, aber ich meine mich deutlich erinnern zu können, daß in den Augen der Nachbarin, nach kurzer Überraschung ihrerseits, etwas aufblitzte, in dem ein »Ach-so-ist-das« und ein »Sieh-mal-an« zusammenflössen, um zum bald nachfolgenden Blick des angesichts des gerade überrumpelten Kindes nachsichtig-verständig sich zeigenden Erwachsenen zu gerinnen. Was immer sich die Nachbarin gedacht haben mag, und ohne daß ich damals hätte genau begreifen können, was die Schweiz damit zu tun haben sollte, drängte sich mir von da an die verschwommene, erst nach und nach sich klärende Ahnung davon auf, daß unsere Reise ins fremde Land sich meiner Mutter mit etwas zu Verbergendem verband und daß der Grund dafür in besonderer Weise mit »Deutschland« zusammenhing. Erst später erfuhr ich, daß sie sich schäme, den Nachbarn von unserer Auswanderung nach Deutschland zu erzählen, und sich daher der (Not)lüge bediente, wir würden lediglich für einige Jahre in die Schweiz reisen – um aber ganz gewiß zurückzukehren.

Gleichwohl bereitete meine Mutter auch ein »Geschenk« vor, das sie den Verwandten in Deutschland aus Israel mitbringen wollte. Viel an Materiellem gab es im damals armen Israel nicht, womit man die im wirtschaftlich bald nach dem Krieg merklich erstarkten Deutschland zurückgebliebenen Verwandten hätte beeindrucken können. So griff meine Mutter auf die Schätze des israelischen Überbaus zurück und ließ ihren Sohn einige hebräische Songs aus den 1950er Jahren auswendig lernen, damit sie vor den Verwandten mit der Vortragskunst ihres genuin israelischen Erzeugnisses, des kleinen Sabre, angeben konnte. An das familiäre Rezital kann ich mich nicht mehr erinnern – und das ist wohl auch besser so. Aber die Provinzialität des armen Zugewanderten, der sich vor dem neureichen Protz der arrivierten Verwandten zu produzieren versucht, ist mir nachhaltig in Erinnerung haften geblieben. Im Nachhinein weiß ich nicht, wes Erbärmlichkeit mir heute peinlicher vorkommt.

[...]

[Die Auswanderung aus Israel wurde von den Israelis und ihren Politikern vehement kritisiert und die Auswanderer als Versager und Verräter stigmatisiert. Die Eltern lebten mit einem bleibenden Schuldgefühl in Deutschland.]

Und wenn schon die schiere Auswanderung als ahndungswürdiger Tabubruch galt, nahm sich eine Emigration nach Deutschland in jenen Jahren wie ein unfaßbares Vergehen an allem aus, wofür der zionistische Staat gegründet worden war. Denn wenn es stimmte, was die objektive Einsicht und die subjektive Empfindung suggerierten, nämlich, daß der Staat Israel die letzte, geschichtlich entscheidende Triebkraft für seine dringliche Errichtung durch die Shoah erhalten hatte, dann konnte die freiwillige

Auswanderung von Shoah-Überlebenden mit ihren Kindern in das Land, das die Katastrophe verursacht, mithin der Notwendigkeit eines Staates für Juden zur unabweisbaren historischen Evidenz verholfen hatte, nur als Irrsinnstat gewertet und mit entsprechender Verachtung gestraft werden. Der Mutter, die diesem gerade im Beschweigen des Unaussprechbaren zur höchsten Wirkung gelangten gesellschaftlichen Druck nicht standhalten konnte, fiel denn auch nichts anderes ein als die relativ entlastende Lüge, es gehe in die Schweiz: Wenn schon die an sich inakzeptable Auswanderung, dann wenigstens in ein Land, das in der Zulässigkeitshierarchie der ideologisierten Normenskala irgend vertretbar war. Schweiz ging noch. Kanada oder die USA wären besser gewesen. Deutschland – ganz und gar unausdenkbar.

Bezeichnend war dabei die an das Kind, dessen Eltern sich anschickten, auszuwandern, gerichtete Frage: »Nun, Moishele, freust du dich schon auf die Schweiz?« In der vermeintlich naiven Erkundigung nach der Befindlichkeit des Kleinen schwang die latente Aggression gegen die Tat seiner Eltern mit. Wie die Mutter sich nicht traute, das Zielland der Emigration offen auszusprechen, hätte sich die gute Nachbarin, komplementär zu dieser Halbverschwiegenheit, nie erlaubt, die Mutter wegen der Emigration offen »zur Rede zu stellen«. Vieles mag in diesem »Freust du dich schon auf die Schweiz?« zusammengekommen sein – vom ideologisch indignierten Ärger »Wie könnt ihr das bloß machen?«, über die nachbarliche Verletztheit: »Wie könnt ihr uns bloß verlassen?«, bis hin zur vorbewußt nagenden Frage: »Sollten wir uns das nicht auch überlegen?« Denn eines läßt sich im Nachhinein mit Bestimmtheit behaupten: Sosehr sich die Auswanderung in jenen Jahren wie ein Miniverbrechen der Auswandernden ausnahm, spiegelte sich für ihre Verurteiler in der Übertretung der ideologisierten Norm etwas von dem, was die verbotene Frucht immer schon zur Verführung prädestiniert hat: die Verlockung des das allzu Selbstgewisse unterwandernden Anderen, das ein Ungewisses verheißt, welches im Gewissen – im ideologischen zumal – erstickt worden ist.

Nicht minder bezeichnend war freilich die von der Mutter initiierte Aufbietung des vor den Verwandten in Deutschland hebräische Lieder singenden Sohnes. Denn sosehr man sich über die Wiedervereinigung der nach der Shoah übriggebliebenen Familie freute, so unbeholfen rührend sich die Vorstellung nach wie vor ausnimmt, mit der juvenalen Kunstdarbietung etwas am familiären Ungleichgewicht der Besitzverhältnisse »wettmachen« zu können – schlug sich in dieser kleinen Familienpeinlichkeit auch etwas nieder, das mit dem Blick der Mutter nach Israel zusammenhing, etwas, das mit der Abtragung einer latent wirkenden Schuld zu tun hatte. Sie mußte etwas am Israelischen, das sie lebensgeschichtlich durch Auswanderung verraten hatte, gleichsam performativ wiedergutmachen. Die von ihrem kleinen Sabre-Sohn gesungenen Lieder waren ihr offenbar das, womit sie in jenem Moment des gerade beginnenden neuen Lebensabschnitts das in ihr noch immer vibrierende Israelische, quasi als »Stück von sich selbst«, zu ehren (und vor den Fremden in der eigenen Familie zu wahren) vermochte. Nach und nach sollte die Präsenz des Israelischen im Frankfurter Elternhaus verblassen beziehungsweise die eher abstrakten Formen einer emphatischen, aber eben fernen Solidarität annehmen. Es sollten auch gute acht Jahre vergehen, ehe der erste Besuch der Familie in Israel stattfand – und der zeichnete sich bei aller Wiedersehensfreude der Eltern mit Bekannten und Freunden schon unverkennbar durch seinen merklich gewandelten, seinen touristischen Nimbus aus.

© *Moshe Zuckermann, Israel – Deutschland – Israel*, Passagen Verlag: Wien 2007, 2. überarbeitete Aufl., S. 55ff., 61f.

Moshe Zuckermann, Jüdische Jugend

Das Leben jüdischer Jugendlicher in den ersten Jahrzehnten der alten Bundesrepublik war strukturell zweigeteilt; sie führten zwangsläufig eine Art »Doppelleben«. Zum einen waren sie ausnahmslos in ihre jüdische Lebenswelt integriert, die von der Mentalität des Auf-den-Koffern-Sitzens ihrer Eltern in erheblichem Maß geprägt war und bei ihnen, den Söhnen und Töchtern der sogenannten »zweiten Generation«, nachhaltige psychische wie habituelle Spuren hinterließ. Zum anderen waren so gut wie alle institutionell in einer nichtjüdischen Welt eingebunden, denn es gab ganz wenige unter ihnen, die kein deutsches Gymnasium besuchten. Was sich dabei wie eine neutrale Selbstverständlichkeit für jeden Juden, der nicht in Israel lebt, ausnimmt, hatte für in Deutschland lebende jüdische Jugendliche in jenen Jahren etwas von unentrinnbarem Zwang. Denn nicht nur kam für sie nicht in Frage, was für US-amerikanische Juden in der gleichen Zeit sich zunehmend als möglicher Lebensentwurf abzuzeichnen begann – die rigorose Assimilation beziehungsweise die volle Integration der jüdischen Lebenswelt in den all-American way of life –, sondern sie selbst hatten das Tabu einer allzu engen Verbandelung mit »den Deutschen« in solchem Maße internalisiert, daß die schiere Möglichkeit des Ausbruchs aus dem, was die Logik des »goldenen Käfigs« vorzeichnete, sich ihnen mental versperrte: die langfristige Liaison eines jüdischen Jungen mit einem deutschen nichtjüdischen Mädchen (die Verbindung eines jüdischen Mädchens mit einem nichtjüdischen deutschen Jungen bedarf hier keiner Erwähnung; die gab es nicht) erschien nicht nur der Elterngeneration als eine Katastrophe endzeitlichen Ausmaßes, sondern wurde auch von den jüdischen Altersgenossen, wenn schon nicht offen und aggressiv verurteilt, so zumindest doch schief beäugt. Das selbst auferlegte, zwar nie ausformulierte und doch stets gegenwärtige Gebot, die imaginären Grenzen eines (wie immer verstandenen) »Jüdischen« unhinterfragt einzuhalten, bezog seine Wirkmächtigkeit nicht nur aus dem lebensweltlich etablierten, normativ verfestigten Gehorsam gegenüber der von den Eltern eingerichteten Kollektivität, die gerade in ihrem Ghettohaften etwas notwendig Zusammenschweißendes an sich hatte, sondern in nicht minderem Maße auch aus dem relativ ausgeprägten Shoah-Bewußtsein, das allen in Deutschland geborenen jüdischen Kindern dieser Generation gleichsam in die Wiege mitgelegt worden war. Das Bewußtsein vom Täterland war nicht abstrakt wie in Israel, sondern speiste sich aus einer Alltagserfahrung, die sich in den 1960er Jahren nicht zuletzt am instinktiven Mißtrauen, das man – auf der Straße, in der Straßenbahn, im Kaufhaus, überall – nahezu jedem erwachsenen Deutschen ab vierzig oder fünfundvierzig gegenüber empfand, festmachte. Eine Identität bildete sich heraus, die sich aus einer Melange von Vorstellungen über die Tätergesellschaft, in der man lebte, dem Abschottungsgebot dieser Gesellschaft gegenüber und dem »unguten« Gefühl, daß nichts an der real wahrgenommenen Alltagswelt die Vorstellung von ihr zu stützen vermochte, speiste.

Was indes in der Elterngeneration, selbst wenn sie sich im deutschen Geschäftsleben bewegte, einigermaßen strikt eingehalten wurde, namentlich die Wahrung der imaginären sozialen Mauer gegenüber der nichtjüdischen Umwelt, gestaltete sich bei der Generation der Söhne und Töchter wesentlich elastischer und im persönlichen Umgang mit dieser Umwelt um einiges legerer. Das hatte mehrere strukturelle Gründe. Zum einen machte, wie gesagt, die Schul-, besonders die Gymnasialzeit einen zentralen Bestandteil des Sozialisationsprozesses dieser jüdischen Jugendlichen aus, integrierte sie mithin in Interaktionszusammenhänge, die unabdingbar waren und für die es keinen Ersatz gab (auch diejenigen aus der »zweiten Generation«, die beruflich später in die zumeist väterlichen Geschäftsunternehmungen einsteigen sollten, absolvierten zunächst das Gymnasium; die alte jüdische Lerntradition, die »der Bildung« einen von der Aura des sozialen Aufstiegs der ehemals historisch Ausgegrenzten beschienenen Ehrenplatz zuwies, wurde darin durchgehend gewahrt). Dieser Ausbildung, aber auch der schieren Tatsache, in Deutschland geboren worden zu sein, verdankte es sich, daß die Söhne und Töchter sich des Deutschen auf einem anderen Niveau bemächtigen konnten als die zumeist aus dem osteuropäischen Raum nach Deutschland gekommenen Eltern. Die Sprachverbundenheit kann in diesem Zusammenhang nicht hoch genug eingeschätzt werden, denn in ihr zeichnete sich eine Art abstrakter »Seßhaftigkeit« ab, die zu der polyglotten und allein schon darin die deutsche Umwelt enigmatisch anmutenden Zurückgenommenheit der Elterngeneration in bezeichnendem Gegensatz stand. Das jiddischdurchwirkte Deutsch der Eltern indizierte gleichsam eine gewisse Widerständigkeit, die im perfekten der Söhne und Töchter nolens volens aufgehoben wurde.

Zum anderen wuchsen die jüdischen Jugendlichen jener Jahre in eine im gesamten Westen sich neu gestaltende, nationale Barrieren flutartig niederreißende Jugendkultur hinein, die ihr lebensweltliches Selbstverständnis und die Strukturen ihres Habitus tief prägte. Nicht nur hätte man sich der massenmedialen und kommerziellen Penetranz jener unaufhaltsam sich verbreitenden Populärkultur, die sich auf Musikgeschmack und Modegebaren, auf Sprache und Sozialverhalten, nicht zuletzt auch auf die Enttabuisierung der Sexualität auswirkte, nicht entziehen können, ohne sozialen »Selbstmord« zu begehen – man wollte es gar nicht. Man war als in Deutschland lebender jüdischer Jugendlicher unweigerlich Teil dieser Jugendkultur – wenn nicht als aktiv Produzierender (obgleich es auch solche gab), dann als Konsument, wenn nicht im ideologischen Selbstverständnis, so doch habituell. Die Pubertät junger Juden im Deutschland der 1960er Jahre mag allerlei spezifischen sozialen Faktoren unterworfen gewesen sein, aber die mit ihr einhergehenden generationsbedingten Konflikte mit den Eltern haben auch sie im Zeichen dieser neuen Jugendkultur durchlebt und bewältigt. Schon darin stellte sich eine quasi identitätsstiftende, im schieren Heranwachsen verankerte und in diesem sich bildende Verbundenheit mit der außerjüdischen Welt ein, die ihren Eltern versagt bleiben mußte.

Aber auch die innerjüdische, wie immer kleine und beengte, Lebenswelt jener Jugendlichen gestaltete sich mitnichten homogen, sondern spaltete sich (zumindest in den größeren Städten) institutionell in zwei Lager: Eine Gruppe versammelte sich im Jugendzentrum der Jüdischen Gemeinde und zeichnete sich durch die Ideologie einer unreflektierten Nichtideologie aus; man kann schlecht von »Mitgliedern« dieser Gruppe sprechen, denn sie waren bemerkenswert nichtorganisiert, und ihr Gemeinsames bestand darin, daß sie jüdische Kinder waren, die sich nachmittags zum Tischtennisspielen einfanden, im übrigen aber keinerlei Vorstellungen von ihrer Zukunft als Juden in Deutschland (oder sonstwo) hatten. Die zweite, sich durchaus als Konkurrenz zur anderen verstehende, Gruppe wurde »von oben« ideologisiert; es handelte sich um die bereits erwähnte Zionistische Jugendorganisation Deutschlands, die bundesweit etwa 400 bis 500 Kinder und Jugendliche institutionell einband. Freilich durchlief die von ihr proklamierte Ideologie bereits in den Anfangsstadien der Organisation (Ende der 1950er Jahre) einen Prozeß merklich zunehmender Verblassung: Hieß es zunächst noch in ihren Statuten, jedes Organisationsmitglied verpflichte sich nach dem Abitur nicht nur auf Alijah, sondern gleich auf ein Leben im Kibbutz (die israelischen Gesandten, die die Organisation bildeten und leiteten, kamen allesamt aus der israelischen Kibbutzbewegung), so sah man sehr bald ein, daß die doktrinäre Rigidität nicht durchzuhalten sei, und begnügte sich mit der bloßen Verpflichtung, früher oder später nach Israel zu gehen. Auch dies Wenige an formaler Obligation erwies sich indes als zuviel, und so einigte man sich auf eine allgemeine Israelsolidarität, deren man sich aber auch ohne offizielle Institutionalisierung hätte sicher wähnen dürfen: Welcher in Deutschland lebende Jude hätte sich schon einfallen lassen können, bewußt nicht israelsolidarisch sein zu wollen?

© *Moshe Zuckermann, Israel – Deutschland – Israel, Passagen Verlag: Wien 2007, 2. überarbeitete Aufl., S. 80ff.*

Zu VIII.: Die Anziehungskraft der Studentenbewegung und die Auseinandersetzung mit der deutschen Linken

Moshe Zuckermann, Fern-naher Krieg

Aber gerade mit dem 1967er Krieg trat auch eine andere, sich in jenen Jahren zunehmend konsolidierende Bewegung auf den Plan, die sich durch harsche, ideologisch eingefärbte, zugleich aber auch theoretisch beachtlich fundierte Israelkritik auszeichnete: die sogenannte Neue Linke. Es handelte sich um ein facettenreiches, aus Teilen der Studentenbewegung und anderen Gruppen der außerparlamentarischen Opposition zusammengesetztes Konglomerat, welches sich seit Ende der 1950er Jahre nach und nach als eine Art struktureller Antwort auf die in der westdeutschen Linken nach 1945 unüberbrückbar sich öffnende Kluft zwischen Kommunisten und Sozialdemokraten herauskristallisierte. Das Linke an dieser Neubildung wies dabei eine eigentümliche Tönung auf. Ihre Kritik der in der Bundesrepublik bestehenden Verhältnisse zeichnete sich durch einen brisant antiautoritären, aller überschießenden DDR-Affinität somit von vornherein skeptisch gegenüberstehenden Charakter aus, bei dem sich vieles klassischen Beständen der Frankfurter Kritischen Theorie verdankte. Diese Auflehnung gegen die traditionellen Autoritäten verstand sich als konkrete Auseinandersetzung mit der Katastrophengeschichte Deutschlands im 20. Jahrhundert, bezog mithin ihre moralische Legitimation von der kompromißlosen Abrechnung mit der Nazi-Vergangenheit der gesamten Elterngeneration. An diesem emanzipativ orientierten Gestus rebellierender Auflehnung bildete sich der Kern dessen heraus, was späterhin die kritische Matrix der politischen wie sozialen Ausrichtung weiter Teile der bundesrepublikanischen Intelligenz ausmachen sollte. Wenn noch Ende der 1980er Jahre viele deutsche Schriftsteller und Schriftstellerinnen, gefragt, was es für sie bedeute, gegenwärtig deutsche Schriftsteller zu sein, von Scham, Trauer, Schuldbewußtsein oder dem Gefühl gesteigerter Verantwortung sprachen; wenn ihnen Heinrich Heine und Heinrich Himmler, Weimar und Buchenwald, grandiose Meisterwerke der Kunst und zugleich der Tod als Meister aus Deutschland als untrennbar miteinander vermengt galten, dann hatte diese fundamentale Sicht ihrer deutschen Existenz ihren geistigen wie emotionalen Ursprung in jener Revolte, die zwanzig Jahre zuvor stattgefunden hatte. Das so geprägte mentale Muster manifestierte sich primär in einem weitverbreiteten Zurückschrecken vor allem Nationalen, das sich sowohl in der Rechtfertigung der deutschen Teilung als zu zahlendem Preis für den von den Nationalsozialisten verbrochnen Krieg als auch – damit einhergehend – in einer grundsätzlichen Ablehnung der deutschen Wiedervereinigung niederschlug, wobei sich eine solche Ablehnung durchaus auch als ideologischer Ausdruck der latenten Furcht vor dem nationalistischen Aggressionspotential eines wiedervereinigten Deutschlands verstand. Aber es war nicht primär, und jedenfalls nicht nur eine neuralgische Reaktion, die sich in dieser Grundhaltung objektivierte: die Neue Linke zeichnete sich durch ausgeprägte theoretische Reflexion aus, bettete ihre politischen wie gesellschaftlichen Postulate in zwar richtungskampfgebeutelte, dabei aber doch auch begrifflich gestählte makrosoziologische, sozialpsychologische und politologische Analysen, die eine rigorose Kapitalismus- mit einer nicht minder stringenten Kolonialismus- und Imperialismuskritik verbanden.

Und es war nun in diesem ideologiegeschwängerten Zusammenhang, daß man sich einer harschen Israel- und Zionismuskritik verschrieb. Israel galt großen Teilen der Neuen Linken als Erzeugnis einer historisch verbürgten kolonialistischen Landnahme, als dezidierter Verbündeter des US-amerikanischen Imperialismus und nun – 1967 – als Aggressor in einem Krieg, in dem die Palästinenser, mit deren wenige Jahre zuvor gegründeter nationaler Befreiungsbewegung El Fatah man sich mittlerweile solidarisierte, Hauptleidtragende waren. Viel war es nicht, was die linken Agitatoren mit ihrer Israelkritik auszurichten vermochten, zumal sie die bundesrepublikanische bürgerliche Öffentlichkeit durch ihren rebellischen Habitus dermaßen verschreckten, daß jeder aus ihren Reihen kommende kritische Impuls mit allergrößtem Mißtrauen beäugt, bald schon auch mit polizeilichen und anderen staatlichen Schikanen verfolgt wurde. Endgültig disqualifizierte sich diese ursprünglich agitatorisch, aber eben doch abstrakt ausgetragene Israelkritik in der deutschen Öffentlichkeit jedoch erst, als sich ihre Residuen nach einigen Jahren in der deutschen Terrorbewegung festsetzten. Konnte die Sprengung eines Auftritts des israelischen Botschafters an der Frankfurter Universität im Juni 1969 noch als damals gängige Agitprop-Aktion linker Gruppen hingenommen werden, so war die von einem palästinensisch-deutschen Kommando ausgeführte Entführung einer Air-France-Maschine nach Entebbe, bei der jüdische von nichtjüdischen Passagieren getrennt wurden, um allein die jüdischen Geiseln in der Gewalt der Entführer zu halten, bereits von merklich anderem (Un)geist beseelt.

Ich war bei der Veranstaltung des israelischen Botschafters an der Frankfurter Universität im Juni 1969 zugegen. Nicht etwa als Teil des Protests der antiisraelischen Linken, sondern als Mitglied der zionistischen Jugendorganisation, deren Ortsgruppierung sich einfand, um dem Botschafter Unterstützung und nötigenfalls »Schutz« zu geben. Einige dieser Mitglieder hatten sich zudem vorgenommen, einen jüdisch-israelischen Aktivisten, der sich mit den Palästinensern solidarisierte und bei dieser Veranstaltung ebenfalls das Wort ergreifen sollte, rabiat zu verprügeln. Ich kann mich noch genau an die Ambivalenz erinnern, die mich die gesamte Veranstaltung hindurch in aufwühlende Unruhe versetzte. Denn zum einen war ich damals (noch) zionistisch indoktriniert, erfüllt von allen erdenklichen Stereotypen allem »Arabischen« gegenüber, mithin von klischierter »Angst« vor der »El Fatah« erfaßt. Mir kamen die skandierten Rufe der Palästinenser im Saal wie »barbarische« Schlachtrufe vor. Es erfüllte mich auch mit einigem Unbehagen, deutsche Jugendliche unverhohlen lust- und energiegeladen gegen Israel protestieren zu sehen; das überschritt die Grenzen dessen, was in meinem damaligen Bild vom Verhältnis zwischen »Deutschen« und »Juden« als zulässig hätte gelten dürfen: was immer »Juden« über »Deutsche« dachten, »Deutsche« hatten sich »Juden« gegenüber jeglicher öffentlicher Kritik zu enthalten. Zum anderen spürte ich aber eine deutliche Affinität zu diesen protestierenden Jugendlichen. Denn nicht nur war ich inzwischen selbst von linker Denk- und Kritiktradition geprägt; nicht nur konnte ich mich mit vielem, was in den Reihen der Neuen Linken Deutschlands analysiert, debattiert, erörtert und propagiert wurde, identifizieren – diese Jugendlichen verkörperten in ihrer rebellischen Attitüde, in der (wie immer ödipal gestrickten) Auflehnung gegen die Generation ihrer Eltern, die mir lebensweltlich überall als Tätergeneration suspekt und teilweise verhaßt war, gerade das, was mir als bemerkenswerte Wende in der gängigen deutschen Politmentalität erschien: sie waren in ihrem schieren Sosein Träger eines frischen Antifaschismus (was für mich in erster Linie bewußte Feindschaft gegen jegliche Nazi-Ideologie bedeutete), der mit einem universal formulierten, politisch implementierten Antiimperialismus und – nicht minder bedeutend, denn Marx war in meinem Selbstverständnis längst zum historischen geistigen Vater avanciert – einer rigorosen, wohlfundierten Kapitalismuskritik gepaart war. Was immer mich als Zionist an diesen tobenden Jugendlichen verschreckte, ich spürte latent, daß es aus »richtigen«, mir zumindest nicht ganz fremden Impulsen geschah.

Man hat viele Jahre später die Sprengung der Veranstaltung im Juni 1969 und die Entebbe-Entführung von 1976 als Beweis für den offenen Antisemitismus, von dem die Neue Linke durchdrungen gewesen sei, gleichgesetzt. Das ist barer Unsinn. So wie sich der allergrößte Teil der sogenannten Achtundsechziger-Bewegung mit der versprengten Terroraktivität, die sich aus einer ganz bestimmten Ecke der Bewegung herausentwickelt hatte (was im übrigen genauer Untersuchung, welche sich nicht mit übereiliger Verurteilung begnügen sollte, bedarf), mitnichten identifizierte, ist es mehr als unverantwortlich, den israelkritischen Impuls der damaligen Bewegung pauschal als Antisemitismus zu verbuchen. Daß einiges von dem, was damals als (wie immer exaltierte) Kritik gegen Israel vorgebracht wurde, im heutigen politischen Diskurs Israels als gängige Themen israelischer Realpolitik teilweise ganz im Sinne ebendieser Kritik verhandelt wird, sollte zu denken geben. Denn um eines zumindest kommt man dabei nicht herum: Wenn, wie behauptet, diese Kritik antisemitischen Impulsen entsprang, ihre Inhalte aber spätestens heute (im Grunde schon damals) nicht leichterdings abgeschmettert werden können, dann ist entweder der Antisemitismus-Vorwurf heteronomer Ideologie geschuldet, oder aber es hat sich im Nahen Osten etwas von Israel Ausgehendes zugetragen, das den Antisemitismus »legitimiert« – Israel hätte in diesem unerquicklichen Fall etwas »Antisemitismuswürdiges« verbrochen. Damit sei mitnichten in Abrede gestellt, daß es in der Neuen Linken auch antisemitische Erscheinungen gegeben hat. Die Ausrichtung der Bewegung aber auf diese zu reduzieren erweist der Antisemitismusbekämpfung keinen allzu wünschbaren Dienst.

© Moshe Zuckermann, Israel – Deutschland – Israel, Passagen Verlag: Wien 2007, 2. überarbeitete Aufl., S. 105-108

Susann Heenen, Deutsche Linke, linke Juden und der Zionismus

Susann Heenen-Wolff ist niedergelassene Psychoanalytikerin und Professorin in Brüssel. Sie hat in Jerusalem, Frankfurt am Main und Paris studiert und zahlreiche Bücher veröffentlicht. Sie ist Mitgründerin und Autorin der Zeitschrift »Babylon: Beiträge zur jüdischen Gegenwart«.

Doch es ist in der Tat auffällig, mit welcher Hartnäckigkeit ausgerechnet in Deutschland immer wieder historische Parallelen gezogen werden. [...] Die Gleichsetzung israelisch-jüdischer Politik mit den Taten der Nationalsozialisten deutet eine Vermischung an. Aus guten Gründen müssen linke Juden in der Bundesrepublik eine Entmischung deutscher Vergangenheit und israelisch-jüdischer Gegenwart wollen. Schließlich werden sie ja gerne für die Legitimation der israelisch kritischen Linken benutzt. Linke Juden sind als Kronzeugen der Verbrechen Israels begehrt. Wenn eine Jüdin oder ein Jude an der Spitze einer Demonstration gegen die zionistische Politik steht, dann schützt dies die deutsche Linke scheinbar vor einem Antisemitismusvorwurf. Doch die linken »Aushängejuden« wollen sich nicht als solche mißbrauchen lassen und damit den Vermischungen entgegenkommen. Unter anderem deshalb treten viele jüdische Antizionisten ausdrücklich als gesonderte Gruppe auf, um nicht vereinnahmt zu werden für einen Antizionismus, der sich verhüllt oder unverhüllt als Sammelbecken einer Vergangenheits-»Bewältigung« erweist, die nicht im Sinne von heute in Deutschland lebenden Juden sein kann, Die Überlegungen und Gefühle dieser Juden sind nicht nur von ihren langjährigen Erfahrungen in der deutschen Linken bestimmt, sondern sie hängen vor allem mit dem konkreten Leben der Kinder der Opfer des Nationalsozialismus zusammen und damit auch unmittelbar mit der deutschen Geschichte, die sich gerade die Linke rühmt, noch am ehesten aufgearbeitet zu haben. Eine verantwortungsvolle Linke muß diese Lebenserfahrung zur Kenntnis nehmen und in ihrer Politik berücksichtigen, will sie sich nicht dem Vorwurf aussetzen, die konkreten Auswirkungen und Spuren des Nationalsozialismus zu verleugnen oder zu verharmlosen.

© Susann Heenen, Deutsche Linke, linke Juden und der Zionismus. In: Dietrich Wetzel (Hrsg.), Die Verlängerung von Geschichte. Deutsche, Juden und der Palästinakonflikt. Verlag Neue Kritik: Frankfurt am Main 1983, S. 104f. Mit freundlicher Genehmigung des Verlags

Zu IX.: Selbstbewusste Präzenz – Öffentliche Einmischung

Dokumente und Erklärungen zur Aufführung des Theaterstücks »Der Müll, die Stadt und der Tod« von Rainer Werner Fassbinder

Anzeige

Betr.: „Der Müll, die Stadt und der Tod"

Eindringliche Appelle, stichhaltige Argumente, lange Diskussionen haben bei den „Kulturbossen" nichts bewirkt.
Wir sind daher genötigt, unseren PROTEST auszudrücken.

    GEGEN die Aufführung eines antisemitischen Stückes auf den Städtischen Bühnen!
    GEGEN das Stillhalten der Verantwortlichen!
    GEGEN jegliche Manipulation und Skrupellosigkeit!
    GEGEN Verunglimpfung von Minderheiten!
    GEGEN Beleidigung, Diffamierung und Verhöhnung!

Wir haben unseren Auftrag aus der Geschichte begriffen:

Deshalb müssen wir als jüdische Jugendliche rechtzeitig auf die gefährlichen Tendenzen hinweisen und vor deren Folgen warnen. Unseren Eltern und Großeltern ist solches nicht gelungen — die schrecklichen Folgen sind bekannt.

Daß die Städtischen Bühnen ein solches Stück aufführen wollen, macht sie zu Handlangern der Ewiggestrigen und „Ich-bereue-nichts"-Rufer. Wenn wieder einmal „mit den Juden abgerechnet" werden soll, erinnert dies an die Konstellation, unter der vor über fünfzig Jahren das Unheil seinen Anfang nahm.

Wehret den Anfängen!

Bei einer verantwortungsbewußten Kulturpolitik hätte bereits die bloße Absicht zur Aufführung scheitern müssen! Die Städtischen Bühnen aber nutzen alte Vorurteile (und bringen neue in den Umlauf), um auf dem Rücken der Juden billige Popularität zu erlangen.

    Lassen Sie sich nicht vor diesen Karren spannen!
    Lassen auch Sie Ihr Gewissen sprechen!
    Schließen auch Sie sich unserem Protest an!
    Sagen Sie diesmal nicht, Sie hätten nichts gewußt!

Im Namen aller betroffenen Juden in Frankfurt:

JÜDISCHER JUGEND- und STUDENTENVERBAND HESSEN

Sitz Frankfurt a. M.

Anzeige in der Frankfurter Rundschau, 31. Oktober 1985

XII. Texte und Dokumente

Ignatz Bubis, ...ich wusste, was ich zu tun hatte

Michel Friedman hatte Bubis 1984 den Text des Theaterstücks von Fassbinder gegeben und gebeten, ihn zu lesen:

»Ich begann die knapp 50 Seiten auf einer Toilette im Wiesbadener Kurhaus durchzublättern. Nach einer halben Stunde war ich mit der Toilette und dem Text fertig, hatte ihn von Anfang bis zu Ende gelesen und schwor mir, daß ich alles dafür tun würde, um die Aufführung dieses Stücks in Deutschland zu verhindern.

Vielleicht war es nur ein einziger Satz, der mir in der Kehle stecken blieb: ›Wär' er geblieben, wo er herkam, oder hätten sie ihn vergast, ich könnte heute ruhiger schlafen!‹ Als ich das las, sah ich plötzlich vor mir, wie das Publikum im Saal vielleicht lacht und applaudiert, und bei diesem Gedanken wurde mir heiß und kalt zugleich, und ich wußte, was ich zu tun hatte.«

Ignatz Bubis, »Damit bin ich noch längst nicht fertig«. Die Autobiographie, Frankfurt am Main 1996, S. 137

Äußerungen während der Bühnenbesetzung

»Zu dieser Bühnenbesetzung ging man wie zu einer Theaterpremiere: Man gab Hut und Mantel bei der Garderobe ab, unterhielt sich mit einem der anwesenden Theaterkritiker, oder man verhielt sich wie ein aufgeregter Oberschüler vor der letzten Tanzstunde, um – zu gegebener Zeit – den nicht vorhandenen Orchestergraben zu überspringen.«

Hermann Alter, Rechtsanwalt und Vorstandsmitglied der Jüdischen Gemeinde

»Wir, jüdische Bürger aus Frankfurt, haben diese Bühne besetzt, um unseren Protest gegen die Beleidigung und Diffamierung, die durch die Aufführung eines antisemitischen Stücks an die Bürger von Frankfurt weitergetragen wird, zu demonstrieren. Wir werden diese Bühne besetzt halten, bis wir wissen, daß dieses Stück hier nicht zur Aufführung gelangt. Weil wir überzeugt sind, daß diese Aufführung eine Beleidigung und Diffamierung aller jüdischen Bürger Frankfurts darstellt.«

Daniel Cohn-Bendit im Zuschauerraum

»Wogegen ich mich wehre, daß er sagt, ›alle jüdischen Bürger‹. Dann sage ich, Manns genug als jüdischer Bürger, ich fühle mich von diesem Stück nicht beleidigt. Und ich finde, daß dieses Stück aufgeführt werden sollte. Jetzt müßten wir zu einer Lösung finden. Denn ich akzeptiere [...] Euren Protest, ich akzeptiere sogar, daß Ihr die Uraufführung sprengt. Das haben wir früher auch mal gemacht. Das ist die ehrbare Tradition der 68er Bewegung mit Go-ins und Sit-ins. Und dafür beglückwünsche ich die Jüdische Gemeinde. Ich kann mich noch an einen Punkt erinnern: als ich 1968 hier nach Frankfurt kam, da kam ein Abgesandter der Jüdischen Gemeinde und sagte: Dany, Du bist jetzt nicht in Frankreich, Du sollst als Jude in Frankfurt nicht demonstrieren. Das könnte Antisemitismus provozieren. Das Coming out der Jüdischen Gemeinde ist zu begrüßen. Das ist doch toll, daß die Zeiten sich geändert haben.«

Behrent/Cohn-Bendit/Kiderlen/Siegert, Die Inszenierung der Öffentlichkeit. In: Elisabeth Kiderlen (Hrsg.), Deutsch-jüdische Normalität... Fassbinders Sprengsätze, Pflasterstrand Flugschrift 1, Frankfurt am Main 1985, S. 15f.

Micha Brumlik, Warum ich mit Ignatz Bubis solidarisch bin

Daß und warum ich Fassbinders Stück für alles in allem antisemitisch halte, erläutere ich hier nicht weiter. Zudem war der Umstand, daß dieses Stück antisemitisch ist, nur ein Anlaß für meinen Protest. Vor allem wollte ich durch die Teilnahme an der Bühnenbesetzung meinem unnachgiebigen Widerstand gegen das Ausdruck verleihen, was der Intendant des Frankfurter Schauspiels, Günther Rühle, als Versöhnung bezeichnet — nämlich die erzwungene Aufführung eines Stückes, das die Empfindungen sehr vieler Juden, die zufällig den Gaskammern entronnen waren, zutiefst verletzt. [...]

Die deutsche Linke hat nicht begriffen, daß die vielzitierte »Wende« eben doch ein wenig mehr ist als nur eine nach rechts verschobene Wirtschafts- und Sozialpolitik; sie hat nicht bemerkt, daß die »geistig moralische Wende« in Bitburg tatsächlich vollzogen wurde, daß sich dort das, was man vielleicht früher als »großdeutschen Imperialismus« bezeichnet hätte, von den moralischen Hypotheken der Vergangenheit endgültig freimachen wollte. Und mit der gleichen erbarmungslosen Haltung, in der in Bitburg auf dem Leiden der Überlebenden von Bergen Belsen herumgetrampelt wurde, sollte nun unter dem Beifall progressiver Kreise anhand eines schlechten Stückes ein vermeintliches Tabu, nämlich die Geschichte des Frankfurter Westends und seiner partiellen Zerstörung Anfang der siebziger Jahre, eine Geschichte, die in Frankfurt nun wirklich jedem in allen Einzelheiten bekannt ist, gebrochen werden. Die Sturheit, mit der der Frankfurter Intendant dieses Unternehmen durchziehen wollte, unterscheidet sich in nichts von dem moralischen Kretinismus, den der Kanzler in Bitburg an den Tag legte, weswegen es angemessen ist, Rühle als den Helmut Kohl der Kultur zu bezeichnen. [...]

Der billige Gemeinplatz, daß durch die Verhinderung der Aufführung ein Tabu gedeckt werden sollte, ist selbst nichts anderes als der Ausdruck eines Tabus: nämlich über den tiefsitzenden Wunsch, wieder einmal etwas gegen die Juden sagen zu dürfen, denken zu dürfen, daß sie vielleicht an ihrem grauenhaften Schicksal im Nationalsozialismus doch nicht ganz unschuldig sind.

Hier meldet sich nichts anderes zu Wort als der Wunsch vieler — beileibe nicht aller — junger Deutscher, mit der Generation ihrer Eltern und Großeltern Frieden zu machen — ein Wunsch, der um keinen geringeren Preis erreicht werden kann als um eine Umdeutung der Verbrechen bzw. der Tatenlosigkeit dieser Eltern- und Großelterngenerationen während des Nationalsozialismus.

Und nur auf dem Hintergrund dieses Bedürfnisses ist das beharrliche Mißverstehen von Sinn und Zweck der Bühnenbesetzung zu verstehen: Mir ging es darum, mich mit Ignatz Bubis zu solidarisieren, obwohl er ein Spekulant ist, während sämtliche Befürworter der Aufführung der Auffassung sind, daß wir uns mit Ignatz Bubis deshalb solidarisierten, weil er ein Spekulant ist.

Micha Brumlik, Warum ich mit Bubis solidarisch bin. In: links. Sozialistische Zeitung, 17. Jg., Nr. 189, Dezember 1985, S. 8ff.

Artikel und Stellungnahmen zu den Ausgrabungen am Börneplatz

Paul Arnsberg, Vorstand der Kirchheim'schen Stiftung, an Kulturdezernent Hilmar Hoffmann, 19. Juli 1977

Sehr geehrter Herr Hoffmann,
der augenblickliche Zustand des Dominikanerplatzes, wie er sich dem Besucher zeigt, ist für jeden Bürger der Stadt unerfreulich, besonders aber für diejenigen jüdischen Bürger, die in Frankfurt a. M. und Umgebung geboren sind.

Der Mittelpunkt des jüdischen Lebens in Frankfurt a. M. war für mehr als 350 Jahre (von 1462 bis 1812) die Judengasse (später »Börnestraße«) und der Judenmarkt (später »Börneplatz« und heute »Dominikanerplatz«). Bei der Wertschätzung, die das jüdische Element bei den Städtischen Behörden Frankfurts erfreulicherweise findet und gefunden hat, hoffen wir auf Verständnis für unsere Feststellung und unseren Vorwurf, daß der heutige Zustand des Dominikanerplatzes, wie er sich bietet, unerfreulich, pietätlos und schädlich ist. [...]

Die Börnestraße (die alte Judengasse) existiert nicht mehr; die Fluchtlinien wurden geändert. Von der Synagoge am Börneplatz, der traditionellen Synagoge der fast tausendjährigen Gemeinde und ihren Gebräuchen besteht keine Spur mehr. Nur mit Schwierigkeiten kann man feststellen, daß an dem eisernen Tor, wenn man den jüdischen Friedhof von der Rechneigrabenstraße aus betritt, eine Erinnerungsplakette sich befindet: »Hier stand die Synagoge«. Sie stand aber nie dort; sie stand da, wo heute die Blumenhalle sich befindet.

Nun glauben wir, daß es dem ästhetischen Allgemeininteresse entsprechen würde, den jetzigen Dominikanerplatz in eine Grünfläche zu verwandeln. Die Markthalle dort scheint deplaziert, ebenso die Akkumulation von Blech in Form von vielen hundert PKW.

Es ist doch wohl der Moment gekommen, da es in der Jüdischen Gemeinde Frankfurt a. M. noch etwa zwei Dutzend Mitglieder gibt, welche der alten Frankfurter Israelitischen Gemeinde angehört haben, diesem Zustand ein Ende zu bereiten. Das müßte verhältnismäßig nicht viel Geld kosten und würde die Stadt verschönern. Wir denken daran, daß man einen Gedenkstein aufstellen könnte, mit einem Hinweis, daß dieser Platz das Zentrum der jüdischen Siedlung in Frankfurt a. M. für nahezu 800 Jahre war. Ein weiterer Hinweis sollte gemacht werden auf die etwa 500 Frankfurter jüdischen Gefallenen des 1. Weltkrieges und auf die Opfer des Terrors im 2. Weltkrieg. Dazu könnte man das Denkmal von Benno Elkan »Den Opfern« verwenden und auch Börne, der doch sehr instrumental war für die Emanzipationsbestrebungen der Frankfurter Juden.

Es ließen sich auch noch andere Ideen realisieren, worüber man sich ausführlich unterhalten sollte, wenn ein Grundsatzbeschluß gefaßt ist. Wie zweckmäßig ein derartig historischer Platz auch wäre – nicht nur für ehemalige Frankfurter Juden, sondern für Juden aus der ganzen Welt, mag folgender Hinweis verdeutlichen:

Auf dem alten jüdischen Friedhof, der einzigen Stelle in Frankfurt a. M., wo noch alte jüdisch-historische Dokumente zu finden sind in Form der dort aufgestellten Grabsteine von bedeutenden Rabbinern und jüdischen Gelehrten (auch der Grabstein von M. A. Rothschild, dem Begründer der Bankhaus-Dynastie), kann man häufig Besucher antreffen, die hier beten. [...]

Zit. nach: Michael Best (Hrsg.), Der Frankfurter Börneplatz, Fischer-Taschenbuch-Verlag: Frankfurt am Main 1988, S. 21f.

Erklärung des Vorstands der Jüdischen Gemeinde Frankfurt am Main, Januar 1985

Die Jüdische Gemeinde Frankfurt am Main hat mit Bedauern zur Kenntnis nehmen müssen, daß sie bei der konzeptionellen Gestaltung des Börneplatzes, der für die Geschichte der Stadt Frankfurt und insbesondere der jüdischen Gemeinschaft wichtig und symbolhaft ist, nicht gehört wurde. An diesem Platz stand die in dem berühmten Gemälde von Max Beckmann verewigte und 1938 durch die Nazis gewaltsam zerstörte Börneplatz-Synagoge.

Die Jüdische Gemeinde erwartet, daß jegliche bauliche Gestaltung die historische Bedeutung des Börneplatzes zum Ausdruck bringt, an die Vergangenheit erinnert und für die Zukunft mahnt.

Zit. nach: Michael Best (Hrsg.), Der Frankfurter Börneplatz, Fischer-Taschenbuch-Verlag: Frankfurt am Main 1988, S. 22

Valentin Senger, Erinnerungen an den Börneplatz

Wie oft habe ich in den Nachkriegsjahren diesen Platz, der da noch Dominikanerplatz hieß, durchquert! Er war eine einzige Wüstenei. Natürlich wußte ich, daß das der alte Judenmarkt war, und war dennoch über seinen Zustand nicht empört. Die ganze Altstadt war ja eine Wüstenei. Natürlich sah ich, wie dort später die Blumenhalle gebaut wurde, wußte, daß an der gleichen Stelle bis 1938 die Synagoge stand. Empörung darüber? Ich erinnere mich nicht. Gibt es einen anderen Juden, der damals seiner Empörung Ausdruck gab? Ich kenne keinen. Die zu der Zeit wieder in Frankfurt lebenden Juden hatte andere Sorgen.

Woran ich mich erinnere? Betroffen gewesen zu sein, als 1978 der Platz wieder in Börneplatz umbenannt wurde und ich mir gestehen mußte, die ganzen Jahre über hingenommen zu haben, daß der Platz den von den Nazis verordneten Namen trug. Empört gewesen zu sein, als im Jahre 1979 schwedische Reporter mich vor der Gedenktafel für die Synagoge, die an der altem Friedhofsmauer angebracht war, fotografieren wollten und wir zwischen Baubaracken erst einen Berg Schutt und Kisten und Pappkartons zur Seite räumen mußten, um an die Gedenktafel zu gelangen. Und ich zwei Jahre später dasselbe erlebte, als ich Professor Uriel, einen an den Rollstuhl gefesselten ehemaligen Frankfurter Juden, der in Israel lebte und erstmals wieder seine Geburtsstadt besuchte, die Gedenktafel zeigen wollte. Daran erinnere ich mich.

Viele Jahre war es still um den Börneplatz. Es ist mir kein Protest gegen den trostlosen Zustand dieses Platzes und keine sichtbare Aktion bekannt, die seiner Neugestaltung, der Bewahrung der letzten Erinnerungsstätte an viele Jahrhunderte jüdischen Lebens in Frankfurt galt. Mag es auch Gespräche und Deklamationen gegeben haben, zum Guten verändert hat sich auf dem verwahrlosten Platz nichts.

Erst als die Pläne der Stadtverwaltung bekannt wurden, den Börneplatz mit einem Kundenzentrum der Stadtwerke zu überbauen, wurde mir seine Bedeutung für die Geschichte dieser Stadt und seiner darin lebenden Juden so richtig klar und auch der Verlust, der durch eine Überbauung entstünde. Ich begann, mich für seine Zukunft zu interessieren und wurde auch aktiv. Im Herbst 1985 verfaßte ich einen Aufruf zur Erhaltung des Platzes und initiierte mit Unterstützung der SPD eine Ausstellung im Dominikanerkloster, in der ich die Geschichte dieses Platzes, des ehemaligen Judenmarkts, dokumentierte. Bei der Eröffnung waren auch Vorstandsmitglieder der Jüdischen Gemeinde anwesend. Aber danach tat sich absolut nichts. Zu der Zeit gab es auch noch keine Bürgerinitiative Börneplatz.

Als dann bei der Ausschachtung des Fundaments für das Kundenzentrum die Reste der alten Judengasse freigelegt wurden, kam es zu spektakulären Aktionen der Bürgerinitiative, wurde seine Erhaltung beziehungsweise Überbauung zu einem hochbrisanten Politikum. Es war längst zu spät. Ich kann heute nur die Worte des Publizisten Walter Boehlich wiederholen: »Die Frankfurter haben die Erinnerung an ihre alte jüdische Gemeinde mit einer Brutalität ausgelöscht, die kaum ihresgleichen findet.«

Es steht mir nicht an, mit Fingern auf die Mitschuldigen und Untätigen, die Rechtfertiger und Deklamatoren zu deuten. Aber meine Enttäuschung sitzt tief, meine Trauer ist groß.

© *Stationen des Vergessens. Der Börneplatz-Konflikt. Begleitbuch zur Eröffnungsausstellung Museum Judengasse, Frankfurt am Main, November 1992, S. 45f.*

Claudia Michels, Untergraben Bäder den Bau?

Wird die Entscheidung der Stadt(-werke), am Börneplatz, dem historischen Judenmarkt, die jüdische Geschichte unter einem Verwaltungsgebäude endgültig zu begraben, nun zum Bumerang? Der Fund eines über 500 Jahre alten rituellen Tauchbads, den Archäologen von der Baustelle vor Tagen vermelden konnten, bringt das neue Stadtwerke-Kundenzentrum in Schieflage, noch bevor es steht. Am Donnerstag drückte sich das nicht nur in einer erneut aufgeflammten politischen Diskussion um den Standort Börneplatz aus; auch Stadtwerker, Archäologen und jüdische Gemeindevertreter redeten sich gemeinsam die Köpfe heiß.

Zumal: Das »Kalte Bad«, von dem man bis dato nur den Namen gekannt hatte, wird dort gegenüber dem Dominikanerkloster nicht das einzige bleiben, das aus dem Dunkel der Vergangenheit dem »Neuen Frankfurt« querkommt: Wenige Meter weiter nördlich des beeindruckenden Fundes unter dem Fundament des »Steinernen Hauses« von Isaak Nathan Oppenheimer erwarten sich die Fachleute inzwischen mit ziemlicher Sicherheit ein »Warmes Bad«. Denn wie man vom »Kalten Bad« nur wußte, weil lange vor dem »Steinernen Haus« in der Judengasse ein Haus diesen Namen getragen hat, so kann man jetzt von einem »Haus zum warmen Bad« auf jenes schließen. Beide Grundstücke, so Georg Heuberger vom künftigen Jüdischen Museum, waren einmal eine Einheit. »Kaltes Bad« und »Warmes Bad« zusammen aber, das ist nach Einschätzung von

Salomon Korn (Kirchheim'sche Stiftung) »in Kombination in Europa selten, wenn nicht einmalig«. Auch Georg Heuberger fällt ein vergleichbares Denkmal für traditionelles jüdisches Leben nur in Israel ein.

Doch schon ein Bad allein stellt in der Stadt, wo eine ganze Reihe von Verantwortlichen wegen des wenig sensiblen Umgangs mit der seit den Juden-Morden offenen Wunde Börneplatz das schlechte Gewissen plagt, das Geschichtsverständnis auf den Prüfstein. Alles, bemerkt Georg Heuberger bitter, was vom Judenghetto im Osten der Stadt blieb, »liegt bis hin zur Zeil unter der Erde«, die ganze Geschichte »ist ja hier zugebaut worden«. Und jetzt das »Kalte Bad« – eine Mikwe, wie die Juden das nennen – genau, wie es bei den Stadtwerken schon grob ausgemessen wurde, »zwischen dem zweiten Untergeschoß und dem Boden-Erdgeschoß« der Tiefgarage des vorgesehenen Neubaus. »Als Bauherr haben wir an der Erhaltung da kein Interesse«, sagt Stadtwerke-Direktor Friedrich Gugenberger in typisch zupackender Frankfurter Offenheit.

»Wir sind die Leidtragenden«, sagt der dem Fortschritt Verpflichtete auch, weil nun das Bauvorhaben nicht vorwärts geht. Doch das Thema ist zu heikel, und auch die Stadtwerke-Spitze hat ihre Geschichtslektion inzwischen gelernt. Gugenberger, mit hörbarem Zähneknirschen: »Man wird sehen, ob die Mikwe an Ort und Stelle erhalten werden muß oder abgetragen werden kann.« Längst nämlich schlagen die Wogen zu hoch, um das älteste jüdische Bauwerk der Stadt allein mit Fotos und Filmaufnahmen überliefern zu können. »Wir versuchen, das in unsere Pläne einzuzeichnen«, sagt Gugenberger.

»Der Magistrat hat die Kompetenz, der muß entscheiden«, erklärt Museumsdirektor Heuberger. Vorab aber scheint ihm: »In die Tiefgarage, mit einem Glasdeckel drauf, paßt die Mikwe nicht.« »Bloß nicht zuschütten, möglichst zugänglich halten«, erklärt sich Stefan Szajak als Sprecher der Jüdischen Gemeinde. »Aussparen, isolieren, herausheben«, meint Architekt Salomon Korn – »wenn man das Bad da wegnimmt, ist es nur noch ein Haufen Steine.«

Und kommt, wer über dieses Bad als Denkmal nachdenkt, natürlich auch zurück auf das Mahnmal Börneplatz: »Die Jüdische Gemeinde«, sagt Stefan Szajak, »hat das nicht gewollt, daß der Platz zugebaut wird.«

Frankfurter Rundschau, 15. Mai 1987

Resolution der Jüdischen Gemeinde Frankfurt am Main, 9. August 1987

Die Mitgliederversammlung der Jüdischen Gemeinde nimmt mit Trauer und Betroffenheit zur Kenntnis, daß durch den geplanten Neubau der Stadtwerke auf dem Börneplatz unersetzliche Denkmäler jüdischen Lebens endgültig unzugänglich gemacht werden sollen.

Daher fordert die Mitgliederversammlung Stadtparlament, Magistrat und Stadtwerke auf, die Bauplanung noch einmal zu überdenken sowie einen sofortigen allgemeinen Baustopp auf dem Börneplatz zwecks weiterer Beratung zu beschließen.

Zit. nach: Michael Best (Hrsg.), Der Frankfurter Börneplatz, Fischer-Taschenbuch-Verlag: Frankfurt am Main 1988, S. 53

Stellungnahme von Ignatz Bubis in der Sendung »Hintergrund« des Hessischen Rundfunks, 1. Hörfunkprogramm, 22. August 1987

Wären uns diese Funde früher bekannt geworden, hätten wir uns vor fünf Jahren mit diesem Platz so intensiv beschäftigt, wie wir es heute tun – und hier schreibe ich uns allen, auch der Jüdischen Gemeinde, mit einen Teil der Schuld zu –, bin ich fast sicher, daß das Kundenzentrum der Stadtwerke dort nicht entstanden wäre. Jetzt aber gibt es drei Jahre Planungen und – wie der Oberbürgermeister gesagt hat – 11 Millionen bereits aufgewendete Kosten und 53 Millionen Verpflichtungen. Hier einfach auf Null zurückzudrehen, ist nicht einfach. Wenn wir früher gewußt hätten, was wir heute wissen, bin ich fast sicher, daß wir mit der Stadt eine andere Lösung gefunden hätten. Zum Beispiel hätten am Börneplatz neben dem alten jüdischen Friedhof unser Gemeindezentrum und das Jüdische Museum der Stadt gebaut werden können. Und man hätte dann versuchen können, die Reste der alten Judengasse weitestgehend als Teil des Museums freizulegen.

Zit. nach: Michael Best (Hrsg.), Der Frankfurter Börneplatz, Fischer-Taschenbuch-Verlag: Frankfurt am Main 1988, S. 66

Anhang

Ausgewählte Biografien

August Adelsberger
Beauftragter für jüdische Angelegenheiten 1945/46
1879 Mannheim – 1952 Frankfurt am Main

August Adelsberger war Pazifist und Atheist. Er hatte ein Buch »Völker der Zukunft« geschrieben, das 1918 wegen seines pazifistischen Inhalt verboten wurde. Ende der 1920er Jahre zog er mit seiner (nichtjüdischen) Frau nach Wiesbaden und gründete dort erfolgreich eine Holzgroßhandlung. 1939 wurde er gezwungen, sein Geschäft zu schließen; schon 1936 hatte man ihn beschuldigt, an Widerstandshandlungen beteiligt gewesen zu sein. Seine Frau und er zogen nach Frankfurt am Main, wo sie von Ersparnissen lebten. Ende 1942 zwang die Gestapo August Adelsberger, aus der gemeinsamen Wohnung auszuziehen. Er wohnte zunächst in einer jüdischen Pension, dann in der Uhlandstraße 46. Im März 1943 wies ihn die Gestapo in das Ghettohaus Hermesweg 7 ein und nach der Zerstörung des Hauses in das Haus Ostendstraße 18. Er wurde zu Zwangsarbeit verpflichtet.

Bei der Befreiung war August Adelsberger bereits 66 Jahre alt, übernahm aber das ihm angetragene Amt des »Beauftragten für jüdische Angelegenheiten«, in dem er sich um alle nach den nationalsozialistischen Bestimmungen als Juden Verfolgte und deren Angehörige zu kümmern hatte. Adelsberger trat für die Gleichbehandlung aller Verfolgten ein und verlangte in seinem Entschädigungsverfahren mit Erfolg die Zahlung der gleichen Haftentschädigung für den Zwangsaufenthalt in einem Ghettohaus wie in einem Konzentrationslager.

Nach seiner Rückkehr aus Theresienstadt übernahm Rabbiner Neuhaus die Betreuungsstelle für Juden. Da Adelsberger der Meinung war, dass in interkonfessionellen Ehen lebende Juden nicht ausreichend betreut und versorgt wurden, bemühte er sich fortan besonders um die Anerkennung der Verfolgung der »Sternträger«, d.h. derjenigen, die gezwungen wurden, den »Judenstern« zu tragen, aber wegen der Mischehe nicht oder erst 1945 in ein Konzentrationslager gebracht wurden.

Er baute 1949 wieder ein Holzgeschäft auf. Wiederholt bat er die Wiedergutmachungsbehörde wegen seines Alters und schlechten Gesundheitszustands um Auszahlung der ihm zustehenden Entschädigungsgelder. Die volle Summe hat er nicht erhalten, bevor der Ende 1952 starb.

Entschädigungs- und Wiedergutmachungsakten. Hessisches Hauptstaatsarchiv Wiesbaden, Abt. 518 Nr. 697 und Abt. 519 Nr. 29559

Ewald Alschoff
Arzt, Gemeindevorstand und Vorstand im Landesverband der Jüdischen Gemeinden in Hessen
1895 Gelsenkirchen – 1957 Frankfurt am Main

Dr. Ewald Alschoff floh 1938 aus Berlin, wo er bis zu Beginn der Nazizeit eine gut gehende orthopädische Praxis führte, nach Prag. Ende 1941 wurde er mit seiner Familie nach Theresienstadt deportiert und arbeitete dort als Arzt. Im Oktober 1944 wurde er nach Auschwitz geschickt. Er und eine Schwester überlebten, seine Frau und seine Mutter wurden ermordet.

Ewald Alschoff war einer der ersten Holocaust-Überlebenden, vielleicht sogar der erste, der öffentlich über seine Zeit im Konzentrationslager berichtet hat. In: Frankfurter Rundschau, 9. November 1945: »Ich war in Auschwitz«.

Aus dem Konzentrationslager kehrte Ewald Alschoff sehr krank zurück und war nicht in der Lage, wieder eine Praxis zu eröffnen. Er hatte in den Entschädigungsverfahren besonders um die Rückerstattung von Patenten zu kämpfen, die er 1941 zwangsweise abtreten musste.

In der Jüdischen Gemeinde engagierte sich Alschoff bis zu seinem Tod im Vorstand sowie in dem von ihm mitgegründeten Landesverband der Jüdischen Gemeinden in Hessen.

Er starb 1957 und erhielt ein Ehrengrab auf dem Jüdischen Friedhof Eckenheimer Landstraße.

Jüdisches Gemeindeblatt 3/5, Mai 1957: Abschied von einem unserer Besten; Entschädigungs- und Wiedergutmachungsakten. Hessisches Hauptstaatsarchiv Wiesbaden, Abt. 518 Nr. 14537

Paul Arnsberg
Jurist, Historiker, Journalist; Gemeindevorstand, Vorstand im Zentralrat der Juden in Deutschland
1899 Frankfurt am Main – 1978 Frankfurt am Main

Paul Arnsberg ist im Milieu des jüdischen Frankfurter Ostends aufgewachsen. Nach dem Abitur studierte er Rechtswissenschaften und promovierte an der Universität Gießen. Nach mehrjähriger kaufmännischer Tätigkeit trat er in den juristischen Staatsdienst ein, aus dem er 1933 entlassen wurde.

Er war Zionist und Mitglied in zionistischen Jugendverbänden und Mitglied der Gemeindevertretung der Israelitischen Gemeinde. 1933 wanderte er nach Palästina aus, wo er ein Jahr später Rosl Abrahamowicz aus Berlin heiratete. Er gründete einen Buch- und Zeitungsvertrieb, der 1956 in Liquidation gehen musste.

1958 kehrte das Ehepaar nach Frankfurt am Main zurück. Paul Arnsberg arbeitete fortan als Historiker und Journalist. Er wurde der wichtigste Historiker der Frankfurter Juden, über die er auch regelmäßig Beiträge in der »Frankfurter Allgemeinen Zeitung« und im »Jüdischen Gemeindeblatt« veröffentlichte. Arnsberg war mehr als 15 Jahre aktiv im Gemeinderat, im Vorstand der Jüdischen Gemeinde und im Vorstand des Zentralrats der Juden in Deutschland. Er hat wesentlichen Anteil an der Reaktivierung einiger jüdischer Stiftungen, insbesondere der Henry und Emma Budge-Stiftung, deren Stiftungsvorstand er und später seine Frau viele Jahre angehörten.

Für seine publizistischen Arbeiten und sein Engagement in der Jüdischen Gemeinde erhielt Arnsberg mehrere Auszeichnungen: Der Verleihung des Bundesverdienstkreuzes 1970 folgte der Theodor-Wolff-Preis, die Ehrenplakette der Stadt Frankfurt am Main, der Ehrenbrief des Landes Hessen, das Ehrensiegel der Jüdischen Gemeinde und die Goethe-Plakette der Stadt Frankfurt am Main.

Paul Arnsberg starb 1957 in Frankfurt am Main und wurde in Israel begraben. Rosl Arnsberg verwaltete seinen Nachlass und sein Archiv und übernahm seine Aufgaben in jüdischen Stiftungen. Sie starb im Mai 2010. Der Paul-Arnsberg-Platz im Frankfurter Ostend, der Paul Arnsberg-Saal im Henry und Emmy Budge-Heim und der seit 2009 von der Polytechnischen Gesellschaft verliehene Rosl und Paul Arnsberg-Preis erinnern an die Arnsbergs.

u.a. Paul Arnsberg, Die Geschichte der Frankfurter Juden seit der Französischen Revolution, Band 3: Biographisches Lexikon: Paul Arnsberg

Paul Jehudah Bendix
Arzt
1895 Frankfurt am Main – 1964 Frankfurt am Main

Der Arzt Dr. Paul Bendix war von 1921 bis 1935 als praktischer Arzt in Frankfurt am Main tätig und einige weitere Jahre als »Behandler für Juden« zugelassen. Seine 1936 von ihm geschiedene Frau war Nichtjüdin. Paul Bendix hat vergeblich seine Ausreise von Frankfurt in die USA und nach Kenia betrieben. Am 11. November 1938 wurde er verhaftet und in der Festhalle festgehalten, aber wieder freigelassen.

Im März 1939 gelang ihm die Flucht nach Shanghai. Erst im August 1947 konnte er mit seiner zweiten Frau, von der er sich aber 1950 scheiden ließ, zurückkehren. Er arbeitete als Gutachter für die Landesversicherungsanstalt Hessen und wurde 1950 beamteter Arzt der LVA. Parallel dazu betrieb er bis 1953 eine kleine Privatpraxis, für die er einen Existenzgründungszuschuss erhalten hatte.

Große gesundheitliche Probleme beeinflussten seine Arbeitsmöglichkeiten. Immer wieder musste er Gelder für Heilbehandlungen beantragen und sich mit den Behörden auseinandersetzen, ob die gesundheitlichen Schäden tatsächlich durch die nationalsozialistische Verfolgung und den Aufenthalt in Shanghai entstanden seien.

Während seines achtjährigen Aufenthalts in Shanghai war Bendix zwei Jahre im Stadtteil Hongkew interniert. Für diese Zeit beantragte er eine Entschädigung für den Entzug der Freiheit, d.h. er verlangte die Anerkennung der Internierung als Ghettoaufenthalt. Erst 1955 wurde durch einen Gerichtsentscheid der »Sperrbezirk«, wie die Ämter ihn bezeichneten, als Ghetto anerkannt und eine entsprechende Entschädigung gezahlt. Im gleichen Jahr erhielt er eine Entschädigung für den Schaden im beruflichen und wirtschaftlichen Fortkommen, und erst fünf Jahre später wurden – über den Rechtsweg – seine Gesundheitsschäden anerkannt.

Entschädigungs- und Wiedergutmachungsakten. Hessisches Hauptstaatsarchiv Wiesbaden, Abt. 519/3 Nr. 11.920; Abt. 518 Nr. 12997 Band 1-4

Micha Brumlik
Erziehungswissenschaftler, Professor an der Goethe-Universität Frankfurt am Main, Gründer des heutigen »Egalitären Minjan«
1947 Davos/Schweiz, lebt in Frankfurt am Main

Micha Brumlik wurde in Davos geboren, wohin seine Eltern vor den Nazis geflohen waren. Sein Vater leitete dort die Jüdische Flüchtlingshilfe und war nach dem Krieg Direktor des »Jewish Zionist Committee for Relief and Rehabilitation« und arbeitete in einem Sanatorium für ehemalige KZ-Häftlinge.

Nach der Schließung des Sanatoriums kehrte die Familie 1952 nach Frankfurt am Main zurück. Die Mutter war im Frankfurter Ostend aufgewachsen, der Vater war in Gießen geboren und hatte in Frankfurt ein Teppich- und Gardinengeschäft gehabt.

Es fiel der Familie sehr schwer, in Frankfurt Fuß zu fassen. Die Mutter arbeitete als Sekretärin bei der Zionistischen Organisation, der gesundheitlich sehr geschädigte Vater engagierte sich ehrenamtlich in der zionistischen Arbeit. Micha Brumlik verbrachte viel Zeit in der Religionsschule, im Jugendzentrum und der Zionistischen Jugendgruppe.

Nach seiner Gymnasialzeit am Lessing-Gymnasium wanderte Micha Brumlik nach Israel aus. Dort arbeitete er in einem Kibbuz und studierte anschießend Philosophie an der Hebräischen Universität Jerusalem. Im August 1969 kehrte er nach Deutschland zurück und studierte Pädagogik und Philosophie. Er suchte Anschluss an die Studentenbewegung, distanzierte sich aber bald wegen der mit der Kritik an der israelischen Politik aufkommenden antisemitischen Töne. Er arbeitete mit bei der undogmatischen Linken im Sozialistischen Büro und in der Redaktion der vom SB herausgegebenen Zeitschrift »links«.

Brumlik und andere linke jüdische Intellektuelle fanden sich in der »Jüdischen Gruppe« zu Diskussionen und Aktionen zusammen. Er ist Mitherausgeber der seit 1986 erscheinenden Zeitschrift »Babylon – Beiträge zur jüdischen Gegenwart«.

Nach seinem Studium der Pädagogik und Philosophie war Micha Brumlik wissenschaftlicher Assistent der Pädagogik an den Universitäten Göttingen und Mainz, danach Assistenzprofessor in Hamburg. Von 1981 bis 2000 lehrte er Erziehungswissenschaft an der Universität Heidelberg. Von 2000 bis 2005 leitete er das Fritz Bauer Institut in Frankfurt am Main. Seit 2000 ist er Professor am Institut für Allgemeine Erziehungswissenschaft der Johann Wolfgang Goethe-Universität Frankfurt am Main mit dem Schwerpunkt »Theorie der Erziehung und Bildung«.

Seit 1994 engagiert er sich für die Etablierung eines liberal-jüdischen Gottesdienstes in der Gemeinde. Er gründete gemeinsam mit anderen den Verein Kehillah Chadascha e.V., aus dem der heutige »Egalitäre Minjan« hervorging.

Micha Brumlik hat zahlreiche Bücher und Aufsätze zu pädagogischen und sozialwissenschaftlichen Themen, zur deutsch-jüdischen Geschichte und zum Antisemitismus publiziert.

u.a. Micha Brumlik, Kein Weg als Deutscher und Jude, München 1996

Ignatz Bubis
Immobilieninvestor, Vorstandsvorsitzender der Jüdischen Gemeinde, Präsident des Zentralrats der Juden in Deutschland
1927 Breslau – 1999 Frankfurt am Main

Ignatz Bubis wurde als jüngstes von sieben Kindern in Breslau geboren. Aus Angst vor antisemitischen Übergriffen verließ die Familie 1935 Breslau und zog in das polnische Dorf Dęblin, wo ein Teil der mütterlichen Familie lebte. Im Februar 1941 musste Bubis mit seinem Vater ins Dębliner Ghetto ziehen. Die Mutter war 1940 an Krebs gestorben. Der Judenrat des Ghettos ernannte Bubis zum Postboten. 1942 wurde der Vater in das Vernichtungslager Treblinka deportiert und dort ermordet. Auch Ignatz Bubis' Bruder und eine Schwester kamen durch die Nationalsozialisten ums Leben. Bubis selbst wurde Ende 1944 in das Zwangsarbeitslager Tschenstochau (poln. Częstochowa) gebracht, wo er in einer Munitionsfabrik arbeitete. Am 16. Januar 1945 befreite die Roten Armee das Lager.

Nach der Befreiung ging Bubis nach Deutschland. Seinen Lebensunterhalt verdiente er im Tauschhandel mit sowjetischen Militärbehörden. Er flüchte dann in den Westen. In Pforzheim betätigte er sich im Schmuck- und Goldhandel. 1956 kam er mit seiner Frau Ida nach Frankfurt am Main, wo er im Immobiliengeschäft Fuß fassen konnte.

1966 wurde er Vorstandsmitglied der Jüdischen Gemeinde, kandidierte aber 1973 nicht wegen der Angriffe auf ihn während des »Häuserkampfes« im Frankfurter Westend, wo er Häuser und Grundstücke erworben und Neubaupläne entwickelt hatte. Nach der erneuten Kandidatur 1978 wurde er zum Vorstandsvorsitzenden der Frankfurter Jüdischen Gemeinde gewählt und behielt den Vorsitz bis zu seinem Tod. Ebenfalls 1978 wurde er Mitglied im Direktorium des Zentralrats der Juden in Deutschland, ab 1992 war er Vorsitzender des Zentralrats.

1969 war Ignatz Bubis in die FDP eingetreten. Er blieb Mitglied, wurde Beisitzer im Frankfurter Kreisvorstand, war 1997 Frankfurter Spitzenkandidat im Kommunalwahlkampf und ließ sich zum ehrenamtlichen Stadtrat wählen.

Öffentlich bekannt wurde er insbesondere durch sein entschlossenes Eintreten gegen die Aufführung des Theaterstücks von Rainer Werner Fassbinder »Der Müll, die Stadt und der Tod«. Als Vorsitzender des Zentralrats fand er durch seine starke Medienpräsenz, als Redner auf Veranstaltungen, als Gesprächspartner in Schulen und als Teilnehmer in politischen Gremien große Aufmerksamkeit. Er trat für jüdische Belange ein, sehr stark aber auch gegen die Einschränkung des Asylrechts und warnte vor jeder Art der Fremdenfeindlichkeit.

Ignatz Bubis hat mehrere Auszeichnungen erhalten, auch das Bundesverdienstkreuz 1. Klasse und 1996 das Große Bundesverdienstkreuz. Nach seinem Tod im August 1999 wurde das Jüdische Gemeindezentrum nach ihm benannt und die Obermainbrücke in Ignatz Bubis-Brücke umbenannt. Auf seinen Wunsch hin wurde er in Tel Aviv beigesetzt.

u.a. Ignatz Bubis, Ein jüdisches Leben in Deutschland. Herausgegeben von Fritz Backhaus/ Raphael Gross/Michael Lenarz, Frankfurt am Main 2007

Max Ludwig Cahn
Rechtsanwalt
1889 Mainz – 1967 Frankfurt am Main

Max Ludwig Cahn wurde am 23. Mai 1889 in Mainz geboren. Er studierte in Freiburg i. Br., Berlin und Marburg Rechtswissenschaften und war Kriegsteilnehmer im Ersten Weltkrieg. Seit 1919 war er als Rechtsanwalt in Frankfurt am Main zugelassen und betrieb eine gut gehende Kanzlei, die zahlreiche ausländische Firmen vertrat. Er war mit der Nichtjüdin Tilly Cahn verheiratet, sie hatten sechs Kinder, die alle getauft wurden.

Nach nationalsozialistischer Regelung lebte er also in »privilegierter Mischehe«. 1935 wurde ihm das Notariat entzogen und 1938 die Zulassung als Rechtsanwalt. Im November 1938 – nach der »Kristallnacht« – wurde er verhaftet und in das Lager Buchenwald deportiert, aber auf Intervention des britischen Generalkonsulats nach wenigen Wochen entlassen. Er gehörte zu den wenigen jüdischen Rechtsanwälten, die die Erlaubnis erhielten, als »Konsulent zur rechtliche Beratung und Vertretung von Juden« tätig zu sein, besonders bei den Devisen- und Auswanderungsregelungen. Von Juli 1943 bis Februar 1944 war er als Vertrauensmann der Reichsvereinigung der Juden in Deutschland in Frankfurt am Main eingesetzt. Als er im März 1945 den Bescheid zur

Deportation erhielt, floh er und hielt sich bis zur Befreiung Ende März in Kelkheim versteckt.

Max Ludwig Cahn konnte sich beruflich und gesellschaftlich schnell wieder etablieren. Bereits Mitte 1945 war er erneut als Rechtsanwalt und Notar in Frankfurt am Main tätig und wurde schon im Sommer 1945 in den Vorstand der Rechtsanwaltskammer gewählt.

Vor 1933 war Cahn im Gemeindeleben nicht aktiv, er wurde aber Mitbegründer der neuen Jüdischen Gemeinde. Von 1945 bis 1954 war er Mitglied im Gemeindevorstand, von 1956 bis 1963 Vorsitzender des Gemeinderats. Er setzte sich besonders für die Entschädigung und Restitution an die Jüdische Gemeinde und an Überlebende ein. Cahn gehörte zu den Mitbegründern der Gesellschaft für jüdisch-christliche Zusammenarbeit. 1964 erhielt er die Ehrenplakette der Stadt Frankfurt am Main.

Alon Tauber, Zwischen Kontinuität und Neuanfang, Wiesbaden 2008, S. 71f.; Entschädigungs- und Wiedergutmachungsakten. Hessisches Hauptstaatsarchiv Wiesbaden, Abt. 519/3 Nr. 838, Abt. 518 Nr. 8911

Dan Diner
Jurist und Historiker, Direktor des Simon-Dubnow-Instituts in Leipzig, Professor an der Hebrew University of Jerusalem
1946 München, lebt in Leipzig

Die Eltern von Dan Diner kamen als DPs über Polen und die Tschechoslowakei nach München. Dort wurde er 1946 geboren. »Ausgangspunkt meiner Identitätsentwicklung ist Osteuropa«, schreibt Dan Diner 1979 in einer Reflexion seiner biografischen Erfahrungen. Kindheit und frühe Jugend verbrachte er in Israel. 1954 kam Diner mit seiner Familie nach Deutschland. Nach dem Abitur an einem Gymnasium in Schlüchtern studierte er in Frankfurt am Main Rechtswissenschaft, historische Fächer und Sozialwissenschaften. 1973 wurde er zur israelischen Armee eingezogen.

Während des Studiums engagierte Dan Diner sich einige Zeit in der Jüdischen Gemeinde Frankfurt am Main. 1971 kandidierte er auf der »Jungen Liste«, wurde in den Gemeinderat und als Delegierter in den Zentralrat der Juden in Deutschland gewählt, wo er dem Direktorium angehörte. Er war Vorsitzender des Bundesverbandes Jüdischer Studenten in Deutschland und nahm an Diskussionen und Aktivitäten der in den 1980er Jahren gegründeten »Jüdischen Gruppe« teil. In der israelischen Linken und in ihrer Auslandsorganisation ISRACA war er ebenfalls aktiv.

1973 promovierte er mit einer Arbeit über den »Einfluß von Kriegsbegriff und Waffenstillstandsvertrag auf das Kriegsende im modernen Völkerrecht«. Von 1975 bis 1983 war er Mitglied der Redaktion der vom Sozialistischen Büro herausgegebenen Zeitschrift »links« und beteiligte sich an den theoretischen und programmatischen Debatten einer »Neuen Linken«. 1980 erschien das Buch »Israel in Palästina. Über Tausch und Gewalt im Vorderen Orient«, das sich auf seiner Habilitationsschrift gründet. Er lehrte u.a. an den Universitäten Odense/Dänemark, Tel Aviv, wo er auch Direktor des dortigen Instituts für deutsche Geschichte war, und an der Ben Gurion-Universität, Beer-Scheva. Seit 1999 ist er Direktor des Simon-Dubnow-Instituts für jüdische Geschichte an der Universität Leipzig und seit 2001 Professor of Modern European History an der Hebrew University of Jerusalem. 2006 erhielt er den Ernst-Bloch-Preis der Stadt Ludwigshafen. Durch seine zahlreichen Publikationen zur politischen Geschichte des 20. Jahrhunderts, insbesondere zum Nationalsozialismus, zur jüdischen Geschichte und zum Nah-Ost-Konflikt sowie durch seine geschichtstheoretischen Arbeiten gehört Dan Diner zu den einflussreichsten jüdischen Intellektuellen unserer Zeit.

u.a. Dany Diner, Fragmente von unterwegs. Über jüdische und politische Identität in Deutschland. In: Ästhetik und Kommunikation, Nr. 51, Juni 1983, S. 5-15

Curt Epstein
Jurist
1898 Heydekrug/Memelgebiet – 1976 Zürich

Curt Epstein stammt aus Heydekrug, wo er 1898 als Sohn eines Kantors geboren wurde. Nach dem Militärdienst im Ersten Weltkrieg legte er das Abitur ab und studierte Jura und Nationalökonomie. Nach dem Assessorexamen in Berlin wurde er Richter am Amtsgericht in Heydekrug.

Vor den Nationalsozialisten floh er nach Kowno/Litauen, wo er von 1941 bis 1944 im Ghetto leben musste. Von dort wurde er in das Konzentrationslager Dachau deportiert und auf den Todesmarsch geschickt. 1945 erlebte er in Bad Tölz die Befreiung.

Im Mai 1945 wurde Curt Epstein vom Frankfurter Fürsorgeamt für die Abteilung Sonderbetreuung eingestellt. Ende 1945 ernannte die hessische Regierung ihn zum Leiter der Abteilung Wiedergutmachung im Innenministerium. 1946 wurde er gleichzeitig Staatsbeauftragter für rassisch und religiös Verfolgte in Hessen.

Epstein unterstützte die Gründung eines Landesverbandes der Jüdischen Gemeinden in Hessen und war von 1948 bis 1950 sein Präsident. Er war wohl die einflussreichste jüdische Persönlichkeit in diesen Jahren und geriet wiederholt in Auseinandersetzungen mit dem Frankfurter Gemeindevorstand, der sich gern als Vertreter aller Juden in Hessen verstand. Epstein zeigte Sympathie für osteuropäische Juden mit ihrer zionistischen Einstellung und ihrer Absage an eine jüdische Zukunft in Deutschland. Er war Mitglied im Aufsichtsrat der »Jüdischen Wiedergutmachungsbank«, die in »Jüdische Industrie- und Handelsbank Frankfurt« umbenannt wurde und 1950 in den Verdacht geriet, aufgrund der damaligen Gesetze gesperrte Gelder illegal ins Ausland zu transferieren.

1950 verließ Curt Epstein unerwartet mit seiner Frau Deutschland, lebte 10 Jahre in Sao Paulo und ließ sich dann in Zürich nieder, wo er 1976 starb.

Alon Tauber, Zwischen Kontinuität und Neuanfang, Wiesbaden 2008, S. 63-67

Lea Fleischmann
Schriftstellerin
1947 Föhrenwald, lebt in Jerusalem

Lea Fleischmann wurde 1947 im DP-Lager Föhrenwald (Oberbayern, Kreis Bad Tölz-Wolfratshausen) geboren. Sie trägt den Vornamen ihrer ermordeten Großmutter. 1957 zog die Familie nach Frankfurt am Main, wo Lea Fleischmann zur Schule ging und Pädagogik und Psychologie studierte. Sie war im Jugendzentrum der Jüdischen Gemeinde aktiv und schrieb ihre Diplomarbeit über außerfamiliäre jüdische Erziehung. Lea Fleischmann heiratete 1970 den Volkswirt Jakob Rozencwajg, der ebenfalls aktiv im Jugendzentrum mitarbeitete, 1971 mit der »Jungen Liste« in den Gemeinderat gewählt wurde und sich weiterhin in Einrichtungen der Gemeinde engagierte.

Nach dem Studium war Lea Fleischmann von 1973 bis 1979 im hessischen Schuldienst. Ihre Erfahrungen in diesen Jahren veranlassten sie, 1979 Deutschland mit ihren beiden Kindern zu verlassen und nach Israel zu gehen. Ihr 1980 veröffentlichtes, viel beachtetes Buch »Dies ist nicht mein Land« ist eine autobiografische Abrechnung mit Deutschland. Lea Fleischmann lebt in Jerusalem als Schriftstellerin.

Lea Fleischmann, Dies ist nicht mein Land, Hamburg 1980

Michel Friedman
Jurist, Moderator
1956 Paris, lebt in Frankfurt am Main

Die Eltern von Michel Friedman kamen aus Polen und waren durch den Unternehmer Oskar Schindler vor der Ermordung in einem Konzentrationslager bewahrt worden. Sie flohen nach dem Krieg nach Paris. Die Erlebnisse der Eltern prägten das Bewusstsein Michel Friedmans.

1965 zog seine Familie von Paris nach Frankfurt am Main, wo der Vater ein Pelzgeschäft betrieb. Nach dem Abitur studierte Michel Friedman zunächst zwei Jahre Medizin, dann wechselte er zu Jura. Nachdem er 1988 sein juristisches Staatsexamen abgelegt hatte, ließ er sich in Frankfurt als freier Rechtsanwalt nieder. Er promovierte 1994 an der Universität Mainz in Rechtswissenschaften.

Schon als Schüler hatte sich Friedman im Verband jüdischer Studenten engagiert, seit 1983 war er Mitglied im Gemeinderat und im Vorstand der Jüdischen Gemeinde. Im gleichen Jahr trat er in die CDU ein und wurde 1984 Stadtverordneten. 1994 wurde er in den CDU-Parteivorstand gewählt. Hier setzte er sich in erster Linie für die europäische Einigung und für eine Reform des Einbürgerungs- und Staatsbürgerschaftsrechts ein. Seit 1985 trat er als Moderator im Fernsehen auf, ab 1998 wurde er als Moderator der ARD-Sendung »Vorsicht Friedman!« einem breiteren Publikum bekannt.

2000 wurde Friedmann als Vizepräsident in den Zentralrat der Juden in Deutschland und 2001 zum Präsidenten des Europäischen Jüdischen Kongresses berufen. Er hat sich immer wieder kritisch zu Entwicklungen in der Bundesrepublik geäußert, insbesondere zur wachsenden Fremdenfeindlichkeit und der zunehmenden Indifferenz gegenüber den Verbrechen des Nationalsozialismus. Er ist Mitbegründer der bis heute aktiven Initiative »Gesicht zeigen! Für ein weltoffenes Deutschland e.V.«

Michel Friedman wurde für sein Engagement gegen Fremdenfeindlichkeit und Antisemitismus und für seinen Einsatz für ein stabiles jüdisches Leben in Deutschland 2001 mit dem Bundesverdienstkreuz ausgezeichnet. Im Juni 2003 geriet Friedman in den Verdacht, gegen das Betäubungsmittelgesetz verstoßen zu haben. Er wurde verurteilt; im Rahmen einer Pressekonferenz entschuldigte er sich gegenüber der Öffentlichkeit und trat von allen seinen gewählten Ämtern zurück.

2004 heiratete Michel Friedman die Moderatorin Bärbel Schäfer, die für die Eheschließung zum jüdischen Glauben konvertierte. Im gleichen Jahr kehrte er ins Fernsehen zurück.

Dieter Graumann
Immobilienverwalter, Vorstand der Jüdischen Gemeinde, Präsident des Zentralrats der Juden in Deutschland
1950 Ramat Gan/Israel, lebt in Frankfurt am Main

Dieter Graumanns Eltern sind Polen, die den Holocaust in Konzentrationslagern überlebten und sich im Lager für Displaced Persons in Frankfurt-Zeilsheim kennenlernten. Sie wanderten nach Israel aus. Da sie die Hitze dort nicht vertrugen, kehrten sie mit dem eineinhalbjährigen Kind nach Frankfurt zurück.

Als er hier in die Holzhausenschule kam, beschloss seine Mutter, dass er künftig Dieter heißen solle und nicht länger David. »David, Du heißt jetzt Dieter«, war eine traumatische Erfahrung für das Kind, doch der »schöne Tausch war umsonst«, denn schon am ersten Schultag erfolgte die Einteilung in den Religionsunterricht.

Nach dem Abitur studierte Dieter Graumann Volkswirtschaftslehre, promovierte 1980 mit einer Dissertation über die Europäische Währungsunion und war zweieinhalb Jahre Mitarbeiter in der Volkswirtschaftlichen Abteilung der Deutschen Bundesbank. Seitdem ist er selbständig und führt eine Liegenschaftsverwaltung.

Dieter Graumann war sehr aktiv im Makkabi Frankfurt und lange Jahre Präsident des Dachvereins. Gefördert von Ignatz Bubis, ist er seit 1995 Vorstandsmitglied der Jüdischen Gemeinde Frankfurt am Main und seit einigen Jahren deren Dezernent für Finanzen, Schule, Kulturarbeit und Presse.

Seit 2001 ist Dieter Graumann Mitglied des Präsidiums des Zentralrats und hat mehrere wichtige Verhandlungen mit der Union Progressiver Juden und mit der Bundesregierung über die Zuwanderung geführt. Am 28. November 2010 wurde er als einer der beiden amtierenden Vizepräsidenten zum Präsidenten des Zentralrats der Juden in Deutschland gewählt. Er ist damit der erste Präsident des Zentralrats, der den Holocaust nicht mehr miterlebt hat.

Claudia Michels, »Streiter mit heißem Herzen«. In: Frankfurter Rundschau, 21. März 2007; »Zwischen Aufbruch und Angst«. In: www.sueddeutsche.de, 28. November 2010

Hermann Zwi Guttmann
Architekt
1917 Bielitz – 1977 Frankfurt am Main

Hermann Zwi Guttmann wurde 1917 in Bielitz geboren, einer industriell und kulturell regen mittleren Kleinstadt im österreichischen Schlesien. Bielitz wurde nach dem Ersten Weltkrieg polnisch, blieb aber Mittelpunkt einer deutschen Sprach- und Kulturinsel. Die Familie war strenggläubig. Guttmann besuchte deutsche Schulen und studierte anschließend in Krakau Philosophie und Germanistik. 1939 flüchtete er nach Lemberg, wo er ein Studium der Architektur begann, das er erst nach dem Krieg in München fortsetzen konnte.

In München heiratete er die Ärztin Gitta. Die geplante Auswanderung scheiterte, weil sie die kranke Mutter nicht mitnehmen durften und später ein behindertes Kind hatten. Aus beruflichen Gründen gingen beide nach Frankfurt am Main, wo Hermann Zwi Guttmann ein Architekturbüro aufbaute. Er engagiert sich stark in der Jüdischen Gemeinde, war über zwanzig Jahre Mitglied des Gemeinderats und viele Jahre im Gemeindevorstand. 1977 starb er und wurde in Israel begraben.

Die aus Polen stammende Gitta Guttmann, die in Russland überlebt hatte, unterstützte ihren Mann in seiner Arbeit. Sie gehört zu den Gründerinnen und langjährigen Mitarbeiterinnen der WIZO, war im Gemeinderat und aktiv in der Loge Bnei Brith. Nach dem Tod ihres Mannes arbeitete sie im Gesundheitsamt in Offenbach. Sie lebt in Frankfurt am Main.

Guttmann war der erste Architekt, der nach dem Holocaust in Deutschland wieder Synagogen baute, weil er überzeugt war, dass die Juden in Deutschland Zentren jüdischen Lebens brauchten. Seine wichtigen Bauten seit den späten fünfziger Jahren sind die Synagogen in Offenbach, Düsseldorf, Hannover, Osnabrück, Würzburg und Frankfurt am Main (Altenzentrum). Weitere Synagogen hat er umgebaut, andere Entwürfe wurden nicht verwirklicht. Außerdem entwarf er Friedhofshallen und Gedenkstätten.

Hermann Zvi Guttmann, Vom Tempel zum Gemeindezentrum. Synagogen im Nachkriegsdeutschland, Frankfurt am Main 1989; Interview Gitta Guttmann, in: Susann Heenen-Wolff, Im Haus des Henkers. Gespräche in Deutschland, Frankfurt am Main 1992, S. 262-277

Georg Heuberger
Direktor des Jüdischen Museums Frankfurt am Main
1946 Budapest – 2010 Frankfurt am Main

Georg (Jurek) Heuberger wurde 1946 in Budapest als Sohn von Überlebenden des Holocaust geboren, die aus dem Ghetto Krakau fliehen konnten. 1948 kam er mit seiner Familie nach Frankfurt am Main, machte sein Abitur am Goethe-Gymnasium und studierte Jura in Frankfurt am Main, Tübingen und München. Er gehörte zu den Gründern des Bundesverbandes Jüdischer Studenten in Deutschland, dessen 1. Vorsitzender er wurde. Gleichzeitig engagierte er sich in der Frankfurter Studentenbewegung. Nach seinem juristischen Staatsexamen wechselte er an die Hebräische Universität Jerusalem, wo er Sozialwissenschaften und jüdische Geschichte studierte und unterrichtete.

Nach einer Tätigkeit an der Hochschule für Jüdische Studien in Heidelberg wurde er 1985 zum Gründungsdirektor des ersten Jüdischen Museums in Deutschland berufen, das am 9. November 1988 in Frankfurt am Main eröffnet wurde. Mit zahlreichen Sonderausstellungen und einem umfangreichen pädagogischen Programm versuchte er jüdische Geschichte und Kultur einem breiten Publikum zu vermitteln. Er prägte die Ziele und Inhalte später entstehender jüdischer Museen im Nachkriegsdeutschland, indem er sowohl den Holocaust als auch jüdische Kunst zum Thema von Ausstellungen machte. Daneben war er als Geschäftsführer der Kommission zur Erforschung der Geschichte der Frankfurter Juden tätig.

Von 2006 bis zu seinem Tod war er als Repräsentant der Jewish Claims Conference (kurz: JCC) für Deutschland tätig und setzte sich für die materielle Entschädigung der Holocaust-Überlebenden, insbesondere in Osteuropa, ein. Die Restitution von Raubkunst aus vormals jüdischem Eigentum bildete einen weiteren Schwerpunkt seiner letzten Lebensjahre.

Ehrenamtlich war er Vorsitzender der Freunde und Förderer des Leo Baeck Instituts und initiierte das Programm »Jüdisches Leben in Deutschland – Schule und Fortbildung«, um die jüdisch-deutsche Geschichte in der Schule zu verankern.

2006 wurde Georg Heuberger mit dem Bundesverdienstkreuz am Bande ausgezeichnet.

Rachel Heuberger
Leiterin der Hebraica und Judaica-Abteilung der Universitätsbibliothek Frankfurt am Main
1951 Tel Aviv, lebt in Frankfurt am Main

In Frankfurt am Main aufgewachsen, ging Rachel Heuberger nach dem Abitur am Herder-Gymnasium an die Hebräische Universität Jerusalem, wo sie Geschichte, Politische Wissenschaften und Judaistik studierte. Nach dem Staatsexamen unterrichtete sie diese Fächer an einem Gymnasium in Jerusalem.

In Heidelberg legte sie das zweite Staatsexamen in Bibliothekswesen ab. Seit 1985 lebt sie in Frankfurt am Main, wo sie Ende der 1980er Jahre die Jüdische Volkshochschule begründete und leitete. An der RWTH Aachen promovierte sie mit einer Arbeit über die Entwicklung der Wissenschaft des Judentums. Seit 1991 leitet sie die Hebraica- und Judaica-Abteilung der Universitätsbibliothek Frankfurt am Main, welche die größte Sammlung zum Themenbereich Judentum und Israel in Deutschland beherbergt.

Rachel Heuberger ist Mitglied des Gemeinderats der Jüdischen Gemeinde Frankfurt am Main und Vorsitzende der Schulkommission. Des Weiteren engagiert sie sich ehrenamtlich als Mitglied des Vorstands der Kommission für die Geschichte der Juden in Hessen, des Vorstands des Fördervereins des Fritz-Bauer-Instituts sowie des Vorstands der Freunde der Universitätsbibliothek Frankfurt am Main.

Ludwig Joseph
Kaufmann, Geschäftsführer des Landesverbandes und Geschäftsführer der
Darlehnskasse, Mitglied und Vorsitzender des Gemeinderats
1908 Darmstadt-Eberstadt – 1987 Frankfurt am Main

Ludwig Joseph wurde 1908 in Eberstadt bei Darmstadt geboren. Er ging 1928 aus beruflichen Gründen in die Niederlande. Nach der Besetzung durch die Deutschen schloss er sich der dortigen kommunistischen Partei und ihrem Widerstand an und half u.a. bei der Organisierung von Hilfe für deutsche Genossen. Ab Mai 1941 lebte er illegal mit wechselnden Namen und Aufenthaltsorten. Er kehrte – nach eigenen Aussagen – zurück nach Deutschland, um politisch arbeiten zu können, geriet aber in Streit mit der KPD, die ihn nicht zu wichtigen Arbeiten zuließ, und wurde 1948 ausgeschlossen.

Ludwig Joseph hat immer wieder Stellung bezogen gegen Freisprüche oder geringe Strafen in Prozessen gegen Nationalsozialisten und hat Stellungnahmen des Landesverbandes und der Gemeinde gegen Antisemitismus und Neonazismus verfasst. »Er war stets ein streitbarer und bewusster Jude innerhalb und außerhalb des Gemeindebereichs und scheute sich nicht, in aller Öffentlichkeit die Dinge beim Namen zu nennen, ungeachtet, ob ihm dies zu Vor- oder Nachteil gereichte«, charakterisierte Salomon Korn ihn in der Trauerfeier.

Aus Gesundheitsgründen hatte er 1978 nicht mehr für den Gemeinderat kandidiert.

Sophie Remmlinger, »Sein Andenken wird fortleben«. In: Allgemeine Jüdische Wochenzeitung, 42. Jg., Nr. 37, 11. September 1987 und Jüdische Gemeindezeitung, 19. Jg., Nr. 7/8, 1987 Jüdisches Museum Frankfurt am Main, Archiv, Nachlass Joseph; Entschädigungs- und Wiedergutmachungsakten. Hessisches Hauptstaatsarchiv Wiesbaden, Abt. 518 Nr. 17823

Elisa Klapheck
Rabbinerin
1962 in Düsseldorf, lebt in Frankfurt am Main

Elisa Klapheck wurde 1962 in Düsseldorf geboren. Ihre Mutter stammte aus Rotterdam, ihr Vater war der Künstler Konrad Klapheck. Elisa Klapheck wuchs teilweise in den Niederlanden auf. Sie studierte Politologie, Rechtswissenschaft und Judaistik in Nijmegen, Hamburg und Berlin. Bis 1997 arbeitete sie als Redakteurin und Journalistin für Zeitungen wie den Berliner »Tagesspiegel« und die »taz«. Außerdem produzierte sie Fernseh-Reportagen und Radio-Features. 1998 wurde sie Pressesprecherin der Jüdischen Gemeinde zu Berlin und Redakteurin des »Gemeindeblattes Jüdisches Berlin«.

Im Mai 1999 gründete sie gemeinsam mit Lara Dämmig und Rachel Monika Herweg die Initiative jüdischer Feministinnen »Bet Debora«, die regelmäßig Tagungen europäischer Rabbinerinnen, Kantorinnen und Gemeindepolitikerinnen veranstaltet. In den USA ließ sich Elisa Klapheck fünf Jahre lang zur Rabbinerin ausbilden und erhielt im Januar 2004 durch das Aleph Rabbinic Program ihre S'micha, die rabbinische Ordination. Sie arbeitete danach als Rabbinerin einer liberalen Gemeinde in Amsterdam sowie freiberuflich für den »Egalitären Minjan« in der Frankfurter Jüdischen Gemeinde. Seit Mai 2009 ist sie offiziell die Rabbinerin des »Egalitären Minjan« in Frankfurt am Main.

Elisa Klapheck, So bin ich Rabbinerin geworden. Jüdische Herausforderungen hier und jetzt, Freiburg i. Br. 2005; Elisa Klapheck, Fräulein Rabbiner Jonas – Kann die Frau das rabbinische Amt bekleiden?, Teetz 2000

Salomon Korn
Architekt, Vorsitzender der Jüdischen Gemeinde Frankfurt am Main, Vizepräsident des Zentralrats der Juden in Deutschland, Ehrensenator der Universität Heidelberg
1946 Lublin, lebt in Frankfurt am Main

Salomon Korns Großvater war Rabbiner im polnischen Lublin. Nach dem Krieg kam er mit seinen Eltern als Displaced Person nach Frankfurt am Main. Die Familie beabsichtigte, in die USA oder nach Israel auszuwandern, verschob aber die Emigration immer wieder und blieb schließlich. 1964 heiratete Salomon Korn Maruscha Rawicki.

Korn studierte Architektur mit Nebenfach Soziologie in Berlin und Darmstadt und wurde 1976 über die Reform des Strafvollzugs zum Dr. phil. promoviert. Während des Börneplatz-Konflikts setzte er sich sehr für den Erhalt der Ausgrabungen am Ort ein. Nach seinen Plänen wurde in Frankfurt am Main das 1986 eröffnete Jüdische Gemeindezentrum erbaut.

Salomon Korn wurde 1986 in den Gemeinderat der Jüdischen Gemeinde Frankfurt am Main gewählt. In den 1990er Jahren trat er vor allem in Debatten um ein zentrales Holocaust-Denkmal in Erscheinung. Seit 1999 ist er Vorstandsvorsitzender der Jüdischen Gemeinde Frankfurt am Main und seit 2003 Vizepräsident des Zentralrats der Juden in Deutschland, Kuratoriumsvorsitzender der Hochschule für Jüdische Studien Heidelberg, Vorsitzender des Zentralarchivs zur Erforschung der Geschichte der Juden in Deutschland und Mitglied des Kuratoriums der Bundesstiftung Jüdisches Museum Berlin.

Er ist Mitglied in mehreren Stiftungen. Im Mai 2006 verlieh ihm das Land Hessen aufgrund seiner Verdienste um das Thema »Erinnerung« den Ehrentitel Professor. Seit Oktober 2006 ist er Ehrensenator der Ruprecht-Karls-Universität Heidelberg und seit April 2008 Mitglied des Universitätsrates. 2009 erhielt er den Hessischen Kulturpreis.

Salomon Korn gehört zu den führenden jüdischen Intellektuellen. Er veröffentlichte Werke zu sozialwissenschaftlichen und architekturgeschichtlichen Themen und zum deutschen-jüdischen Zusammenleben.

u.a. Salomon Korn, Die fragile Grundlage. Auf der Suche nach der deutsch-jüdischen »Normalität«, 2. Aufl. Berlin 2004; Salomon Korn, Geteilte Erinnerung. Beiträge zur deutsch-jüdischen Gegenwart, Berlin 1999

Cilly Kugelmann
Soziologin, Programmdirektorin des Jüdischen Museums Berlin
1947 Frankfurt am Main, lebt in Berlin

Cilly Kugelmanns Eltern stammten aus Bedzin, einem Ort in Oberschlesien mit damals ca. 40.000 Einwohnern, von denen etwa ein Drittel Polen, ein Drittel Deutsche und ein Drittel Juden waren. Die Nähe zu Oswiecim (Auschwitz), das nur knapp 50 Kilometer von Bedzin entfernt liegt, machte die Stadt zu einem Einzugsgebiet und Außenlager des KZ Auschwitz-Birkenau, wohin die Eltern im Sommer 1943 deportiert wurden. Sie überlebten, ihre Kinder aber nicht. Sie trafen sich mit Hilfe von Suchdiensten in Frankfurt am Main wieder, von wo sie nach Übersee wollten. Nachdem jedoch ein Auswanderungsversuch nach Israel gescheitert war, blieben sie in Frankfurt und gründeten mit zwei Töchtern eine zweite Familie. Der Vater war selbständiger »Kaufmann«. Die Eltern, die beide, besonders aber der Vater, aus gesetzestreuen Familien stammten, führten ein »traditionelles« Leben, das vom jüdischen Feiertagszyklus geprägt war, ohne sich allerdings an alle Gesetze zu halten. Die Töchter besuchten die Religionsschule.

Nach dem Abitur 1966 wanderte Cilly Kugelmann nach Israel aus. Dort verbrachte sie ein Jahr in einem Kibbuz im Galil und studierte danach an der Hebrew University in Jerusalem Kunstgeschichte und Allgemeine Geschichte. 1971 kehrte sie nach Deutschland zurück und setzte ihr Studium in den Fächern Erziehungswissenschaften, Soziologie und Psychologie fort. Neben dem Studium und im Anschluss daran organisierte sie im Rahmen der Politischen Bildung Tagungen und Konferenzen zur jüdischen Geschichte und dem Nahost-Konflikt.

Nach dem Studium leitete sie Eingliederungslehrgänge für Spätaussiedler und Asylbewerber für den Bund für Volksbildung, gründete eine Selbsthilfeeinrichtung für chronisch Kranke an der Abteilung für Psychiatrie und Sozialpsychiatrie am Krankenhaus Elisabethenstift in Darmstadt und führte Lehraufträge im Fachbereich Erziehungswissenschaften an der Ruprecht-Karls-Universität in Heidelberg durch, wo sie auch an einer empirischen Untersuchung zur Verfolgungserfahrung von Sinti und Roma während der NS-Zeit mitarbeitete.

Cilly Kugelmann war aktives Mitglied der »Jüdischen Gruppe« und gehört seit 1986 zu den Herausgebern der Zeitschrift »Babylon, Beiträge zur jüdischen Gegenwart«.

Von 1986 bis 2000 war sie Wissenschaftliche Mitarbeiterin im Jüdischen Museum Frankfurt am Main. Sie leitete die Pädagogische Abteilung und kuratierte Ausstellungen. Sie hat Aufsätze zur jüdischen Geschichte nach 1945 geschrieben und Bücher zu jüdischen Themen herausgegeben. Seit 2001 ist sie Programmdirektorin des Jüdischen Museums Berlin und Stellvertreterin des Direktors.

Isaak Emil Lichtigfeld
Rabbiner
1894 Burstyn/Ostgalizien – 1967 Frankfurt am Main

Dr. Isaak Emil Lichtigfeld wurde 1894 in Burstyn/Ostgalizien geboren, einem Ort der Österreichisch-Ungarischen Doppelmonarchie, der nach 1918 zu Polen gehörte. Er studierte Jura in Deutschland und besuchte einige Semester die Breuersche Jeschiwa in Frankfurt am Main. Im Ersten Weltkrieg meldete er sich als Freiwilliger und wurde Offizier. Nach der Promotion 1921 ließ er sich als Anwalt in Düsseldorf und Köln nieder.

1933 emigrierte Lichtigfeld mit seiner Frau und drei Kindern nach England, wo er eine Rabbinerausbildung und 1937 die Smicha (Ordination als Rabbiner) erhielt. Er arbeitete als Rabbiner in London und in den von den Engländern eingerichteten Lagern für Einwanderer nach Palästina auf Zypern, dann wieder in London.

1954 bewarb er sich um die Stelle des Landesrabbiners für Hessen und des Rabbiners der Jüdischen Gemeinde Frankfurt am Main. Diese Stelle hatte er bis zu seinem

Tod inne. Sein Hauptinteresse lag in der religiösen Bildung und der Stärkung der Jüdischen Gemeinde als orthodox-religiöser Gemeinde. Er betrieb deshalb die Einrichtung einer jüdischen Schule, engagierte sich für Jugendliche und setzte die Anstellung ausgebildeten Personals in der Gemeinde durch. Er wollte das Selbstbewusstsein einer religiösen Minorität stärken.

Lichtigfeld war religiöser Zionist. Die Existenz Israels betrachtete er als ein göttliches Wunder, und er forderte alle Juden auf, finanziell und personell an der Gestaltung des Landes mitzuwirken. Israel betrachtete er als geistiges Zentrum, das aber das Leben in der Diaspora nicht ausschloss.

Er entfaltete eine breite journalistische Tätigkeit in der Jüdischen Presse, schrieb regelmäßig zu den Feiertagen über Thoraabschnitte im Jüdischen Gemeindeblatt und im Mitteilungsblatt des Landesverbandes, um die Gemeindemitglieder mit den religiösen Quellen vertraut zu machen und zu aktuellen Fragen Stellung zu nehmen.

Zum 70. Geburtstag 1964 wurde ihm die Ehrenplakette der Stadt Frankfurt am Main durch den Magistrat verliehen: »Er ehrt damit eine Persönlichkeit, die aus tiefinnerer Religiosität immer wieder im Geiste der Verständigung und Versöhnung wirkt, zu Humanität und Toleranz mahnt und danach strebt, die Menschen wieder zu einem echten Glauben zurückzuführen, aus dem allein die Achtung vor allen Geschöpfen Gottes erwächst. Er würdigt damit zugleich die Verdienste, die Dr. Lichtigfeld sich um den Wiederaufbau der Jüdischen Gemeinde erworben hat.«

Die jüdische Schule in Frankfurt am Main trägt seit 1968 seinen Namen, und das Museum in der Synagoge in Michelstadt heißt Landesrabbiner Dr. I. E. Lichtigfeld-Museum

Julius Carlebach/Andreas Brämer, Continuity or New Beginning? Isaac Emil Lichtigfeld, Rabbi in Frankfurt am Main and Hesse, 1954-1967. In: Leo Baeck Institute Yearbook 1997, S. 275-302

Arno Lustiger
Kaufmann, Historiker
1924 in Bedzin, lebt in Frankfurt am Main

Arno Lustiger wurde als Kind polnischer Juden im oberschlesischen Będzin (deutsch: Bendzin) geboren, wo er auch seine Kindheit verbrachte. Sein Vater David Lustiger war Stadtrat und belieferte Bäckereien und Konditoreien mit Maschinen usw. Das Unternehmen wurde 1939 von den Nationalsozialisten arisiert.

Als Anfang 1943 die jüdische Bevölkerung im Ghetto Bedzin interniert wurde, versteckte sich die Familie Lustiger in einem Keller. Einige Tage nach der Räumung des Ghettos und der Deportation der Bewohner in das Vernichtungslager Auschwitz-Birkenau ging die Familie im August 1943 ins Zwangsarbeitslager Annaberg in Schlesien. Dort wurde sie auseinandergerissen. Arno Lustiger kam in das Konzentrationslager Ottmuth und dann in das KZ Blechhammer, ein Außenlager von Auschwitz. Ab dem 21. Januar 1945 wurde Lustiger wegen der anrückenden sowjetischen Truppen im eiskalten Winter von der SS zu einem Todesmarsch zum KZ Groß-Rosen in Niederschlesien gezwungen, den nur 2.000 von 4.000 Häftlingen überlebten. Dann wurde er zum Konzentrationslager Buchenwald transportiert und von dort ins KZ Langenstein-Zwieberge bei Halberstadt.

Im April 1945 floh Lustiger bei einem weiteren Todesmarsch. Dabei fiel er Angehörigen des Volkssturms in die Hände, konnte jedoch abermals entkommen, wurde von amerikanischen Panzersoldaten gefunden, gerettet und als uniformierter und bewaffneter Dolmetscher der US-Army verpflichtet.

Sein Vater und ein Bruder wurden in Auschwitz ermordet. Die Mutter und drei Schwestern überlebten.

1945 kam Arno Lustiger nach Frankfurt am Main und lebte bis 1948 als Displaced Person im DP-Lager Frankfurt- Zeilsheim. Seit Ende 1948 lebt er in Frankfurt am Main. Als Textilfabrikant baute er Unternehmen für Damenmoden auf.

Arno Lustiger ist Mitbegründer der Jüdischen Gemeinde Frankfurt am Main, gehörte seit 1955 dem ersten Gemeinderat an und war viele Jahre als Gemeinderats- und Vorstandsmitglied aktiv. Von 1964 bis 2004 war er stellv. Vorstandvorsitzender des einzigen jüdisch-christlichen Altenzentrums in Europa, der Budge-Stiftung. Viele Jahre war er Vorsitzender der »Förderer des Leo Baeck Instituts« in Deutschland und Bundesvorsitzender der Zionistischen Organisation Deutschland, deren Ehrenvorsitzender er bis heute ist.

Arno Lustiger, der sich schon als Jugendlicher eine akademische Karriere wünschte, forscht, schreibt und lehrt zu Themen der deutsch-jüdischen Geschichte, zum Spanischen Bürgerkrieg, zum Jüdischen Widerstand sowie zur stalinistischen Judenverfolgung. Arno Lustiger hat zahlreiche Auszeichnungen erhalten, u.a. die Goethe Plakette; zusammen mit Wolf Biermann wurde er mit dem Heinz Galinski Preis geehrt. 2004 ernannte ihn die Universität Potsdam zum Dr. phil. h.c. Im Januar 2005 hielt er im Deutschen Bundestag die Rede zum Holocaust-Gedenktag. 2007 wurde er vom Land Hessen zum Professor ernannt. 2009 wurde ihm das Große Bundesverdienstkreuz verliehen.

Arno Lustiger erzählt aus seinem Leben: »Ich habe mein ganzes Leben Glück gehabt, CD Aktives Museum Spiegelgasse für deutsch-jüdische Geschichte in Wiesbaden e.V, Wiesbaden 2008

Max Meyer
Kaufmann
1884 Limburg/Lahn – 1971 Frankfurt am Main

Max Meyer stammt aus einer alteingesessenen Familie in Limburg. Der Vater handelte mit Fellen und war Vorsitzender der Jüdischen Gemeinde in Limburg. Als junger Mann ging Max Meyer zur Lehre nach Frankfurt am Main und gründete dort 1912 eine Fellteppichfabrik, die er nach dem Ersten Weltkrieg um einen Rauchwarenhandel erweiterte. Er trat der Israelitischen Religionsgesellschaft bei und heiratete 1935 eine Nichtjüdin. 1938 musste er zwangsweise sein Geschäft aufgeben. Am 11. November 1938 wurde er nach Dachau verschleppt, nach vier Wochen ließ man ihn wieder frei. In Frankfurt musste er gering bezahlte Zwangsarbeit leisten und aus seiner Wohnung ausziehen.

Am 14. Februar 1945 wurde er nach Theresienstadt deportiert. Er überlebte und kehrte im Juli 1945 nach Frankfurt am Main zurück. Unmittelbar danach bemühte er sich um den Neuaufbau der Jüdischen Gemeinde und insbesondere um die Durchführung von Gottesdiensten. 1946 gehörte er dem provisorischen Gemeindeausschuss an. 1947 wurde er erster Vorsitzender der Jüdischen Gemeinde, deren Vorstand er bis 1962 angehörte. Er, ein religiös konservativer Jude, sorgte für die Einrichtung der Synagoge und für die Durchführung eines täglichen Gottesdienstes nach dem Frankfurter Ritus. Daneben arbeitete er im Kuratorium verschiedener gemeinnütziger Stiftungen.

Max Meyer nahm seine kaufmännische Tätigkeit wieder auf, was sich als sehr schwierig erwies, da sein Geschäft sechs Jahre geschlossen war, er die Geschäftseinrichtung 1939 hatte verkaufen müssen und seine ausgelagerte Wohnungseinrichtung durch Bomben zerstört worden war. Er lebte zunächst in sehr schwierigen Verhältnissen. Mitte 1949 erhielt er nach dem Hessischen Entschädigungsgesetz Mittel zur Existenzgründung, erst Mitte der 1950er Jahre aber Zahlungen nach dem Bundesentschädigungsgesetz, die es dem über 70jährigen ermöglichten, sein Geschäft zu schließen.

1956 wurde ihm die Ehrenplakette der Stadt Frankfurt am Main verliehen: »Der Magistrat verleiht Herrn Max Meyer die Ehren-Plakette der Stadt Frankfurt am Main. Er ehrt damit einen großzügig und human denkenden Mitbürger, der nach der tiefen Erniedrigung vergangener Jahre gemeinsam mit Gleichgesinnten geholfen hat, für die so unsagbar hart getroffene Jüdische Gemeinde den Weg in eine bessere Zukunft zu ebnen und ein friedvolles Zusammenleben aller Menschen in unserer Stadt anzubahnen.«

Max Meyer starb 1971 und wurde in Limburg begraben. Er gehörte zu den wenigen Frankfurter Juden, die eine Verbindung zwischen der alten israelitischen Gemeinde mit der Jüdischen Gemeinde nach 1945 schufen.

Frankfurter Biographie. Personengeschichtliches Lexikon: Max Meyer; Jüdisches Gemeindeblatt, 2. Jg., Nr. 9, Oktober 1956: Erhalt der Ehrenplakette der Stadt Frankfurt; Entschädigungs- und Wiedergutmachungsakten. Hessisches Hauptstaatsarchiv Wiesbaden, Abt. 518 Nr. 4297 Band 1-2; Abt. 519 Nr. 4273

Ausgewählte Biografien

Leopold Neuhaus
Rabbiner
1879 Rotenburg/Fulda – 1954 Detroit

Leopold Neuhaus wurde 1879 in Rotenburg an der Fulda geboren. Sein Vater war Kaufmann. Er besuchte zunächst die Israelitische Volksschule in Rotenburg, dann dort die höhere Bürgerschule und das städtische Gymnasium in Kassel. Anschließend studierte er am jüdisch-orthodoxen Zentrum in Halberstadt, besuchte das orthodoxe Rabbinerseminar in Berlin und studierte Philosophie an der dortigen Universität. 1904 promovierte er an der Universität Rostock mit einer historischen Arbeit.

Neuhaus wurde Rabbiner in Lauenburg (Pommern) und seit 1909 in Ostrowo (Provinz Posen). Im Ersten Weltkrieg betreute er russisch-jüdische Gefangene und war Rabbiner der deutschen Besatzungsarmee in Litauen. Nach Abtretung der Provinz Posen an Polen floh Neuhaus nach Leipzig. Dort leitete er eine jüdische Schule, war dann Rabbiner in Mühlheim an der Ruhr und ab 1933 Lehrer an der Schule Philanthropin in Frankfurt am Main und Gemeinderabbiner.

Er war verheiratet mit Cilly Carlebach (geb. 1884 in Lübeck, gest. 1968 in New York), die intensiv in der jüdischen Wohlfahrtspflege tätig war.

Am 18. August 1942 wurden Leopold und Cilly Neuhaus mit weiteren 1.020 Juden nach Theresienstadt deportiert. Dort wirkte er in der Magdeburger Kaserne als Rabbiner und war Mitglied des Ältestenrats. Zwischen September und November 1942 musste er an manchen Tagen 150 und mehr Juden beerdigen. Er führte eine Sterbeliste der Juden aus Frankfurt und Wiesbaden.

Nach der Rückkehr aus Theresienstadt übernahm Rabbiner Neuhaus für mehrere Monate die Jüdische Betreuungsstelle und amtierte als Rabbiner. Mitte Juni 1946 emigrierten seine Frau und er und zogen in die Nähe des einzigen Sohnes nach New York. Neuhaus fand eine Tätigkeit als Rabbiner in einer von Juden aus Süddeutschland gegründeten Gemeinde, die den Ritus von Frankfurt am Main angenommen hatte. Finanziell ging es ihm in den USA sehr schlecht.

Alon Tauber, Zwischen Kontinuität und Neuanfang, Wiesbaden 2008, S. 34ff.; Neue deutsche Biografie, Bd. 19, Berlin 1999

Max Moses Neumann
Musiklehrer, Dirigent
1894 Schöllkrippen (bei Aschaffenburg) – 1960 Frankfurt am Main

Max Moses Neumann lebte nach seinem Studium von 1920 bis 1938 in Frankfurt am Main, war Musiklehrer an der Samson-Raphael-Hirsch-Schule und leitete den Synagogenchor der Israelitischen Religionsgesellschaft. Er beschäftigte sich intensiv mit der synagogalen Musik und organisierte viele große Konzerte.

Im Juli 1938 floh Max Neumann nach Paris, nachdem er in Frankfurt eine Warnung erhalten hatte. Dort lebte er völlig mittellos und wurde von Wohlfahrtseinrichtungen unterstützt. Bei Kriegsausbruch internierten ihn die Franzosen und verschleppten ihn in mehrere Lager: Cepoy (bei Orléans), Les Milles (bei Marseilles), Bayonne (südlich von Bordeaux), St. Nicola (bei Nîmes). Anschließend kam er in ein Zwangsarbeiterlager bei Avignon. Dort wurde er mit der Auszahlung von Unterstützungsgeldern an jüdische Mithäftlinge beauftragt und hatte ein Büro in der Stadt. Als er nach der Besetzung Avignons durch die Deutschen verhaftet werden sollte, floh er nach Nizza, das damals von den Italienern besetzt war. Beim Anmarsch der Deutschen kam es zu Massenverhaftungen. Neumann kam ins Gefängnis, konnte aber durch die Bestechung eines Wächters nach Valence fliehen. Das Hotel, in dem er wohnte, wurde wiederholt von der Gestapo durchsucht. Er sprang aus dem zweiten Stock, holte sich Verletzungen und versteckte sich in den Wäldern, wo er nach zehn Tagen auf einen Arzt traf. Bis Oktobe 1943 lebte er im Freien Teil Frankreichs in einem Gebiet der Ardèche, später beschäftigte ihn zwölf Monate ein landwirtschaftlicher Hof. In dieser Zeit wurde er mehrmals von der französischen Polizei gewarnt und musste sich verstecken.

Ab März 1946 lebte Neumann wieder in Paris, mittellos und nur durch Verwandte unterstützt. Mit Hilfe des Konsistoriums in Frankreich konnte er den Chor »Oratorio de Paris« aufbauen und mit ihm Konzertreisen unternehmen, die aber kaum Geld einbrachten. Dieser Chor trat auch bei der Einweihung der Westend-Synagoge 1950 auf.

1948 kehrte er nach Frankfurt am Main zurück, wohnte bei Bekannten, pendelte zwischen Frankfurt, Paris und Antwerpen und fand keine Möglichkeit, in seinem Beruf eine Anstellung zu erhalten. Sein gesundheitlicher Zustand erschwerte die Situation. Mit den Entschädigungsbehörden kämpfte er um die Anerkennung seiner gesundheitlichen Schäden ebenso wie um die Entschädigung für seine Verfolgung in Frankreich. Die Behörde unterschied zwischen der von Nationalsozialisten und der von der Vichy-Regierung verursachten Verfolgung und verwies wiederholt auf einige Unklarheiten.

Erst 1955-1957 erhielt er erhebliche Geldsummen als Haftentschädigung, für die Vernichtung seiner umfangreichen Sammlung von Partituren und Musikwerken, für den Schaden an seinem beruflichen Fortkommen und für entgangene Bezüge. Mit dem Pariser Chor gab er noch mehrere Konzerte und veröffentlichte Schallplattenaufnahmen.

Paul Arnsberg nennt Max Neumann in einer kurzen Biografie einen der bedeutendsten Repräsentanten jüdisch-liturgischer Musik in Europa. Er kannte ihn persönlich und wusste, dass er in Frankfurt ein einsames Leben führte und vergessen und krank starb.

Entschädigungs- und Wiedergutmachungsakten. Hessisches Hauptstaatsarchiv Wiesbaden, Abt. 518 Nr. 55202 Bd. 1-3; Paul Arnsberg, Die Geschichte der Frankfurter Juden seit der Französischen Revolution, Darmstadt 1983, Band 3 Biographisches Lexikon: Max Moses Neumann; ders, in: Frankfurter Allgemeine Zeitung, 5. November 1960, S. 51

Ausgewählte Biografien

Adolf Max Olkowicz
Kaufmann
1901 Striegau/Schlesien – 1968 Frankfurt am Main

Adolf Max Olkowicz entstammt einer alten jüdischen Kaufmannsfamilie aus Striegau in Schlesien und war bis 1938 in Breslau als Kaufmann tätig. Am 9. November 1938 wurde er in das Konzentrationslager Buchenwald verschleppt und erst im Februar 1939 entlassen. Nach der Rückkehr nach Breslau musste er Zwangsarbeit verrichten und wurde ca. 1941 von der Gestapo als Hilfsarbeiter mit geringer Entlohnung einem SS-Uniformbetrieb zugeteilt. Er wurde gezwungen seine Wohnung aufzulösen und wurde mit seiner Frau in ein Judenhaus eingewiesen. 1944 wurde er in das Zwangsarbeiterlager Grünthal-Dirschken gebracht, das 1945 von sowjetischen Truppen befreit wurde. Seine Eltern und seine Schwester wurden in Konzentrationslagern ermordet.

Nach der Befreiung durfte Adolf Max Olkowicz im polnischen Breslau als Deutscher keine Erwerbstätigkeit aufnehmen und wurde im Januar 1946 »ausgesiedelt«. In Frankfurt am Main war er zunächst für verschiedene jüdische Hilfsorganisationen tätig. Er trat der Jüdischen Gemeinde bei, wurde aber auch Gründungsmitglied des Komitees der befreiten Juden in Frankfurt am Main. Vom 1951 bis 1957 war er Regierungsangestellter bei der Entschädigungsbehörde in Wiesbaden. Aus gesundheitlichen Gründen wurde ihm eine achtzigprozentige Erwerbsminderung zuerkannt. Seit 1951 gehörte er dem Gemeindevorstand und dem Gemeinderat an und war von 1962 bis zu seiner Pensionierung Ende 1966 hauptamtlicher Geschäftsführer der Gemeinde. Ehrenamtlich arbeitete er außerdem in sozialen Bereichen der Stadt Frankfurt am Main. Er war Mitglied der Ratsversammlung des Zentralrats der Juden in Deutschland, des Frankfurter Keren Hayesod-Komitees und einiger jüdischer Wohlfahrtsorganisationen. Ausgezeichnet wurde er mit dem Verdienstorden der Bundesrepublik Deutschland (1966) und der Frankfurter Römerplakette in Bronze (1968).

Adolf M. Olkowicz ist auf dem jüdischen Friedhof Eckenheimer Landstraße beerdigt.

Frankfurter Biographie. Personengeschichtliches Lexikon: Max Adolf Olkowicz; Jüdische Gemeindezeitung, Jg. 1, Nr. 10/11, 1968, S. 9; Entschädigungs- und Wiedergutmachungsakten. Hessisches Hauptstaatsarchiv Wiesbaden, Abt. 518 Nr. 14543 Bd. 1-3

Walter J. Oppenheimer
Pädagoge und Psychotherapeut
1925 in Frankfurt am Main, lebt in Markgröningen

Walter Jacob Oppenheimer wurde 1925 in Frankfurt am Main geboren. Sein Vater war Arzt, die Familie gehörte zur Israelitischen Religionsgesellschaft und besuchte die

Synagoge Friedberger Anlage. Unmittelbar nach der »Kristallnacht« konnte die Mutter mit den Kindern nach Palästina fliehen, der Vater folgte nach seiner Entlassung aus dem Konzentrationslager Buchenwald.

Mit 15 Jahren verließ Oppenheimer sein Elternhaus und lebte in dem religiösen Kinderdorf Kfar Hanoar in der Nähe von Haifa. Dort wurde er von der Jewish Agency angeworben für die Tätigkeit der Jugendaliya in Frankreich, um Kinder aus Marokko für die Einwanderung nach Israel zu gewinnen. 1952 kehrte er nach Israel zurück, heiratete und leitete ein Kinderdorf im Galil.

1955 bewarb er sich bei der Jewish Agency auf eine Stelle nach Deutschland und wurde nach Frankfurt am Main geschickt. Dort arbeitete er als Religionslehrer und Jugendleiter bei der Jüdischen Gemeinde und als freier Mitarbeiter bei der Zentralwohlfahrtsstelle bei der Durchführung von Jugendleiterseminaren und Ferienlagern. Er absolvierte anschließend ein Studium der Psychologie und hat sich als Psychotherapeut niedergelassen.

Interview Walter Jacob Oppenheimer, ca. 1990. Jüdisches Museum Frankfurt am Main

Lucian Rogozinski
Textilingenieur
1902 Lodz – 1976 in Frankfurt am Main

Lucian Rogozinski wurde 1902 in Lodz geboren. Er machte eine Ausbildung zum Textilingenieur und arbeitete in der väterlichen Firma. Von Oktober 1940 bis März 1943 lebte er im Warschauer Ghetto und wurde für Arbeiten für die Deutsche Wehrmacht eingesetzt. Nach seiner Flucht aus dem Ghetto verbrachte er einige Wochen als Pole in Warschau und wurde nach einer Razzia in das Strafarbeitslager Vörde-Ost bei Wesel verschleppt, wo er für die Firma Krupp arbeiten musste.

Mit schweren gesundheitlichen Schäden kam er nach Frankfurt am Main als Displaced Person, arbeitete mit geringem Verdienst als Geschäftsführer der von einer amerikanischen Hilfsorganisation bezahlten rituellen Volksküche. Er war fast zwei Jahrzehnte aktiv im Jüdischen Komitee und im Gemeindevorstand und Gemeinderat der Jüdischen Gemeinde und gehörte zu den Personen, die die Geschichte der Jüdischen Gemeinde Frankfurt am Main in den Nachkriegsjahren entscheidend mitgeprägt haben.

Lucian Rogozinski hat ein Ehrengrab auf dem Jüdischen Friedhof Eckenheimer Landstraße.

Entschädigungs- und Wiedergutmachungsakten. Hessisches Hauptstaatsarchiv Wiesbaden, Abt. 518 Nr. 14544 Bd. 1-5; Frankfurter Jüdisches Gemeindeblatt, 9. Jg., Nr. 2, 1976, S. 33

Ausgewählte Biografien

Berthold Simonsohn
Jurist, Geschäftsführer der Zentralwohlfahrtsstelle der Juden in Deutschland, Professor für Sozialpädagogik und Jugendrecht an der Johann Wolfgang Goethe-Universität Frankfurt am Main
1912 Bernburg – 1978 Frankfurt am Main

Berthold Simonsohn gehört zu den Überlebenden des Holocaust mit deutscher Herkunft. Er wurde 1912 in Bernburg, einem Kur- und Badeort an der Saale geboren, wo sein Vater eine Zigarrenfabrik und eine papierverarbeitende Fabrik besaß. Berthold Simonsohn studierte In Leipzig und Halle Jura und Nationalökonomie und schloss das Studium 1934 mit der Promotion ab, da er als Jude zum Staatsexamen nicht mehr zugelassen wurde. Danach half er bei der Auflösung der väterlichen Geschäfte, die nach den Boykottaufrufen nicht länger aufrecht erhalten werden konnten. 1936 starb der Vater, sein Bruder Carl konnte im gleichen Jahr nach Palästina auswandern.

Berthold Simonsohn war Zeit seines Lebens Sozialist, der für soziale Gerechtigkeit, Demokratie und Rechtsstaatlichkeit eintrat. Wie seine Geschwister gehörte er der Friedensbewegung an; in jüdischen Jugendgruppen und in der sozialistisch-zionistischen Gruppe Haschomer Hazair diskutierten sie Zukunftsvorstellungen von freien jüdischen Menschen. Zu Beginn des Studiums trat Berthold Simonsohn der Sozialistischen Arbeiterpartei (SAP) bei.

1938 stellte die Reichsvertretung der Juden in Deutschland Simonsohn als Fürsorger in der Zweigstelle Pommern-Mecklenburg an, ab April 1939 war er in Hamburg Hauptfürsorger in der Bezirksstelle Nordwest-Deutschland der Reichsvereinigung der Juden in Deutschland.

Am 19. Juli 1942 wurde er mit seiner Mutter und Schwester nach Theresienstadt deportiert. Dort war er in der jüdischen Selbstverwaltung tätig, arbeitete im illegalen Bildungswesen, war Leiter der Abteilung Jugendfürsorge und organisierte den Jugendverband Hechaluz, der gemeinsam mit tschechischen Kommunisten Widerstand leistete. Im Konzentrationslager heiratete er Trude Gutmann. Er überlebte den Transport nach Auschwitz und weitere drei Lager und wurde schwer erkrankt in Dachau befreit. Von dort kehrte er nach Theresienstadt zurück, wo er seine Frau fand.

Beide gingen zunächst nach Prag, dann übernahm Berthold Simonsohn die Leitung eines Lungensanatoriums in der Schweiz und studierte anschließend mit einem Stipendium des American Jewish Joint Distribution Committee. Vergeblich suchte er in Deutschland eine Tätigkeit im wissenschaftlichen Bereich und nahm schließlich eine Anstellung in der Jüdischen Gemeinde Hamburg an.

1951 wurde er Geschäftsführer der wieder gegründeten Zentralwohlfahrtsstelle der Juden in Deutschland und zog mit ihr 1955 nach Frankfurt am Main. Bis 1961 war er geschäftsführender Direktor und engagierte sich in der Jüdischen Gemeinde Frankfurt am Main. 1962 erfolgte seine Ernennung zum Professor für Sozialpädagogik und Jugendrecht an der Johann Wolfgang Goethe-Universität. Bald nach seiner Emeritierung verstarb er 1978.

Wilma Aden-Grossmann, Berthold Simonsohn. Biographie des jüdischen Sozialpädagogen und Juristen (1912-1978), Frankfurt am Main 2007

Trude Simonsohn
Krankenpflegerin, Vorsitzende des Gemeinderats, Zeitzeugin in Schulen
1921 Olmütz, lebt in Frankfurt am Main

Trude Simonsohn wurde 1921 im nordmährischen Olmütz in der Tschechischen Republik geboren. Sie wuchs zweisprachig in einem liberalen Elternhaus auf, besuchte eine tschechische Grundschule und das deutsche Gymnasium. Nach der deutschen Besetzung verließ sie die Schule und entschied sich, in der zionistischen Jugendbewegung zu arbeiten und an einer landwirtschaftlichen Ausbildung zur Vorbereitung auf die Ausreise nach Palästina teilzunehmen. Die Ausreise gelang jedoch nicht vor Kriegsbeginn. Ihr Vater wurde bereits 1939 verhaftet, in das Konzentrationslager Buchenwald verschleppt und im Konzentrationslager Dachau ermordet; ihre Mutter später in Auschwitz. 1942 wurde Trude Gutmann verhaftet, kam ins Gefängnis und wurde nach mehreren Wochen in das Ghetto Theresienstadt gebracht. Dort arbeitete sie in einem Mädchenheim und lernte den Sozialpädagogen und Juristen Berthold Simonsohn kennen. Sie heirateten jüdisch. Beide wurden nach Auschwitz deportiert. Mit einer abenteuerlichen Flucht rettete Trude Simonsohn sich vor dem Todesmarsch.

In der Schweiz machte sie eine Ausbildung zur Krankenpflegerin und arbeitete in Zürich mit gestörten Kindern und Jugendlichen. 1950 ging das Ehepaar nach Hamburg, 1955 nach Frankfurt am Main. Bis zur Geburt des Sohnes arbeitete Trude Simonsohn im Krankenhaus.

Nach dem Tod ihres Mannes 1978 entschied sie sich, ehrenamtliche Aufgaben in sozialen Bereichen zu übernehmen, bei der Arbeiterwohlfahrt und insbesondere der Jugendgerichtshilfe. Außerdem begann sie, als Zeitzeugin Jugendlichen in Schulen, Vereinen und Institutionen über ihre Erlebnisse in der Nazizeit und ihr Schicksal zu berichten und mit ihnen zu diskutieren, meist gemeinsam mit Irmgard Heydorn, die in Hamburg als junge Frau im Widerstand aktiv gewesen war.

Im Beirat der Frankfurter Jugendbegegnungsstätte Anne Frank und als Sprecherin des Überlebendenbeirats des Fritz-Bauer-Instituts beteiligte sie sich an dem Wachhalten der Erinnerung an die Vernichtung der Juden.

Seit Gründung der WIZO in Frankfurt war sie dort ebenso engagiert wie bei den Freunden der hebräischen Universität. 1986 wurde sie in den Gemeinderat und von diesem in den Vorstand der Jüdischen Gemeinde gewählt. 1989 bis 1998 war sie Vorsitzende des Gemeinderats und repräsentierte die Gemeinde zusammen mit dem Vorstandsvorsitzenden Ignatz Bubis in der Öffentlichkeit.

Sie wurde ausgezeichnet mit der Ehrenplakette der Stadt Frankfurt an Main, dem Ehrensiegel der Jüdischen Gemeinde und der Wilhelm-Leuschner-Medaille. 2010 erhielt sie den Ignatz-Bubis-Preis. Die Auszeichnung mit dem Bundesverdienstkreuz lehnte sie ab.

Trude Simonsohn erzählt aus ihrem Leben, Aktives Museum Spiegelgasse für Deutsch-Jüdische-Geschichte, 2008 (Audio-CD); Susann Heenen-Wolff (Hrsg.), Im Land der Täter. Gespräche in Deutschland, Frankfurt am Main 1992; Ingrid Wiltmann (Hrsg.), Jüdisches Leben in Deutschland – Siebzehn Gespräche, Frankfurt am Main 1999; Trude Simonsohn. Ein Leben mit tiefen Abgründen, Film von Peter de Leuw, 2008; »Eine Ausnahme...« Film von Adrian Oeser über Irmgard Heydorn und Trude Simonsohn, 2007

Friedrich Leopold (Fritz) Stein
Kaufmann, Angestellter der Jüdischen Gemeinde
1890 Groß-Karlbach – 1957 Frankfurt am Main

Fritz Stein lebte seit 1908 in Frankfurt am Main und war Inhaber der Rheinischen Tabakmanufactur und der Kaffeerösterei Batavia. Er war mit einer Nichtjüdin verheiratet, die sich bemühte, einige Jahre das Geschäft weiter zu führen. 1938 wurde Stein in das Konzentrationslager Buchenwald gebracht. Nach seiner Entlassung fand er sein Auskommen als Angestellter der Jüdischen Gemeinde und später der Reichsvereinigung der Juden in Deutschland. Er musste die Abgaben von auswandernden Juden kontrollieren, die unter Kontrolle der Gestapo stehenden Wohnheime beaufsichtigen und die Deportationstransporte leiten. 1942 wurde er zur Zwangsarbeit verpflichtet. Im Februar 1945 floh er vor der Deportation und hielt sich im Taunus versteckt.

Seine Mutter und Geschwister wurden im Konzentrationslager ermordet. Er und seine Frau hatten die Auswanderung vorbereitet, konnten aber Ende 1939 wegen der Krankheit der Frau nicht fahren. Ab Mai 1945 war Fritz Stein von A. Adelsberger bzw. der Militärregierung mit dem Wiederaufbau der Jüdischen Gemeinde beauftragt. Materiell und gesundheitlich ging es ihm sehr schlecht, er erlitt zwei Schlaganfälle und wurde 1948 pensioniert.

Entschädigungs- und Wiedergutmachungsakten. Hessisches Hauptstaatsarchiv Wiesbaden, Abt. 518 Nr. 9033 Bd. 1-2; Abt. 519 Nr. 7806

Wilhelm Weinberg
Rabbiner
1901 Dolina/Ostgalizien – 1976 in New Jersey

Wilhelm Weinberg wurde 1901 in Dolina/Ostgalizien geboren und wuchs in Wien auf. Er studierte und promovierte an der Universität für Welthandel in Wien zum Doktor der politischen Wissenschaften. Anschließend wechselte er nach Berlin an die Hochschule für die Wissenschaft des Judentums und erwarb dort 1939 das Rabbinerdiplom.

Weinberg überlebte mehrere Gefängnis- und Konzentrationslageraufenthalte in der Sowjetunion und kehrte nach Wien zurück. 1948 wurde er zum Frankfurter Gemeinderabbiner und ersten hessischen Landesrabbiner berufen. 1951 emigrierte Wilhelm Weinberg mit seiner Familie in die USA, wo er verschiedene Rabbinerposten in New York und Washington übernahm. Er starb 1976 in New Jersey.

Y. Michael Bodemann, »Ich verlasse dieses Land mit Verbitterung, doch vor keinem Volk darf man die Fensterläden zuschlagen...« Zur Abschiedspredigt von Rabbiner Dr. Wilhelm Weinberg. In: Menora, 1995, S. 345-357; Frankfurter Rundschau, 12. November 1951; Allgemeine Jüdische Wochenzeitung, 6. Jg., Nr. 31, 9. November 1951

Dawid Werba
Kaufmann
1890 Lublin/Polen – 1971 Los Angeles

Dawid Werba war Kaufmann und führte in Lublin eine gut gehende Holzhandlung. Nach der Besetzung Lublins durch die Deutschen im September 1939 und der Einrichtung des Lubliner Ghettos musste er Zwangsarbeit verrichten. Im April 1942 wurde er in das Zwangsarbeitslager Bodzechow-Ostrowiec gebracht und im August 1944 in das Konzentrationslager Buna-Monowitz. Befreit wurde er in Buchenwald.

Im Oktober 1945 gelangte er nach Hessen, war 1946 im DP-Lager Zeilsheim und wohnte danach in Frankfurt am Main. Seine Frau und eine Tochter waren in Konzentrationslagern ums Leben gekommen, eine Tochter überlebte. Dawid Werba wurde Vorsitzender des Komitees der befreiten Juden in Frankfurt und war der führende Interessenvertreter der Displaced Persons in Frankfurt am Main. Im Dezember 1948 emigrierte er in die USA.

Entschädigungs- und Wiedergutmachungsakten. Hessisches Hauptstaatsarchiv Wiesbaden, Abt. 518 Nr. 15136 Bd. 1-2

Emil Wulkan
Kaufmann
1890 Breslau – 1961 Frankfurt am Main

Emil Wulkan war in Breslau Erzhändler, in Frankfurt später als Kaufmann tätig. Er wurde aus den arischen Betrieben entlassen, seine Wohnung und sein Eigentum von SS-Truppen beschlagnahmt oder zerstört. Er arbeitete für die Jüdische Gemeinde und die Reichsvereinigung der Juden in Deutschland und war ab 1942 Inspektor des jüdischen Krankenhauses in Breslau. Nach Aussagen in seinem Entschädigungsantrag versuchte er, den Menschen in den »Judenlagern« in der Nähe von Breslau zu helfen und schickte Pakete nach Theresienstadt.

Er war »deutscher Jude« und lebte in Breslau in »privilegierter Mischehe« mit seiner Frau und zwei Kindern. Im Januar 1945 war er zur Deportation nach Groß-Rosen vorgesehen, entzog sich ihr aber und versteckte sich in der Festung Breslau. Die russische Besatzungsregierung setzte ihn als Bürgermeister in Breslau ein. Einige in Frankfurt lebende Breslauer bezweifelten die Richtigkeit seiner Angaben.

Im Februar 1946 floh er in den Westen. Obwohl er »deutscher Jude« war, wurde er Vorstandsmitglied des Komitees der befreiten Juden in Frankfurt am Main, Leiter der ORT-Schule und dann Generalsekretär des Komitees. Gleichzeitig war er Mitglied der Jüdischen Gemeinde.

Nach der Fusion arbeitete er als Kaufmann. 1951 bereitete er seine Auswanderung vor, die aber nicht zustande kam, möglicherweise aus gesundheitlichen Gründen. Er litt an einer Verwundung aus dem Ersten Weltkrieg und unter den Folgen aus der Zeit des Nationalsozialismus.

Entschädigungs- und Wiedergutmachungsakten. Hessisches Hauptstaatsarchiv Wiesbaden, Abt. 518 Nr. 14550 Bd. 1-2

Glossar

Aliya (hebr. Hinaufsteigen, Aufstieg): Bezeichnung 1. für den ehrenvollen Aufruf im Gottesdienst zur Thoralesung, 2. für die Einwanderung von Juden nach Palästina und später Israel.

American Jewish Joint Distribution Committee (Joint): größte Hilfsorganisation in den Vereinigten Staaten von Amerika. Sie wurde 1914 gegründet zur Unterstützung jüdischer Opfer des Ersten Weltkriegs. Zwischen 1924 und 1938 unterstützte der Joint mehr als 100.000 Juden in der Sowjetunion bei der Ansiedelung in Landwirtschaftsgenossenschaften in der Ukraine und auf der Krim. Während des »Dritten Reichs« linderte er die wirtschaftliche Not der deutschen Juden durch Zuwendungen an jüdische Einrichtungen und unterstützte die Emigration aus Deutschland. Nach dem Zweiten Weltkrieg wurde der Joint als Zentralorganisation aller jüdischen Wohlfahrtsverbände die wichtigste Hilfsorganisation für die überlebenden jüdischen Displaced Persons in Deutschland, Italien und den osteuropäischen Staaten.

Bar Mizwa (hebr. Sohn des Gebotes): Bezeichnung für einen Jungen, der mit Vollendung des dreizehnten Lebensjahrs nach dem Religionsgesetz volljährig geworden ist und am religiösen Leben teilnimmt. Er wird in die Gemeinde aufgenommen, indem er Segenssprüche über der Thora spricht und zum ersten Mal zum Lesen der Thora aufgerufen wird. Die Bar Mizwa ist in der Regel ein großes Familienfest.

Bat Mizwa (hebr. Tochter des Gebots): In liberalen Gemeinden und in Israel erhalten Mädchen mit 12 oder 13 Jahren eine Einsegnung, die sie auf das Einhalten der Gebote der Thora verpflichtet.

Bricha (hebr. Flucht): zionistische Untergrundorganisation, die nach dem Krieg Juden aus Osteuropa die Flucht in die amerikanische Zone Deutschlands ermöglichte und illegale Einwanderung nach Palästina organisierte.

Chanukka (hebr. Einweihung): Achttägiges Fest, an dem jeden Tag ein zusätzliches Licht entzündet wird. Es erinnert an die Wiedereinweihung des Tempels in Jerusalem und die Vertreibung der hellenistischen Seleukiden durch die Makkabäer im Jahr 164 v.Chr. Ein Krug mit Öl wurde im Tempel gefunden, das »wunderbarerweise« acht Tage reichte, um die Menora im Tempel brennen zu lassen, bis neues Öl hergestellt war.

Chassidismus (hebr. Chassid – der Fromme): religiöse Bewegung in Osteuropa seit dem 18. Jahrhundert.

Chevra Kadischa (hebr. Heiliger Verband): eine ehrenamtliche Vereinigung zur Erweisung von Liebesdiensten in Krankheits- und Todesfällen, besonders bei der Bestattung. Deshalb wird sie auch oft als Beerdigungsbrüderschaft bezeichnet.

Conference on Jewish Material Claims against Germany – Claims-Conference: Die Claims-Conference ist ein 1951 erfolgter Zusammenschluss von 23 nationalen und internationalen jüdischen Hilfsorganisationen, um mit der deutschen Regierung Entschädigungsprogramme für die materiellen Verluste jüdischer Einzelpersonen sowie des jüdischen Volkes zu verhandeln und die gezahlten Gelder zu verwalten.

Diaspora (griech. Zerstreuung): Der Begriff Diaspora bezeichnet die Ausbreitung der Juden in viele Länder außerhalb von Palästina/Israel. Die Jüdische Diaspora begann mit dem Untergang des Reiches Juda 586 v. Chr., als ein Teil seiner Bevölkerung nach Ägypten umsiedelte, die meisten aber nach Babylon exiliert wurden und dort siedelten. Von dort und von Palästina aus verbreiteten sich jüdische Siedlungen im syrischen Raum bis nach Kleinasien und an der östlichen Mittelmeerküste. Bereits um die Zeitenwende lebten mehr Juden in der Diaspora als in Israel. Die von den Römern verursachte Vertreibung im Jahr 70 n.Chr. führte zu weiteren Niederlassungen in Nordafrika und Spanien.

DP-Lager: Lager in der britischen und insbesondere der amerikanischen Zone im Nachkriegsdeutschland, die eingerichtet wurden für Displaced Persons, die auf die Auswanderung in die USA und nach Palästina warteten. Die Lager wurden der UNO-Flüchtlingsorganisation UNRRA unterstellt.

Displaced Persons: Bezeichnung für von den Nationalsozialisten verschleppten oder aus ihrer Heimat vertriebenen Personen, die nach 1945 nicht in ihre Heimat zurückkehren wollten oder konnten.

Einheitsgemeinde: Die Mehrzahl der jüdischen Gemeinden in Deutschland sind Einheitsgemeinden. Als Einheitsgemeinde bezeichnet sich eine jüdische Gemeinde, die nicht ausdrücklich einer bestimmten religiösen Richtung folgt und alle als Mitglieder aufnimmt, die nach dem Religionsgesetz Jude/Jüdin sind. In den meisten Einheitsgemeinden werden aber die Feiern und Gottesdienste nach orthodoxem Ritus durchgeführt. Das hat historische Gründe, weil in der Nachkriegszeit vor allem Displaced Persons aus Osteuropa die Durchführung der Gottesdienste sicherten. Einige Gemeinden lassen inzwischen unterschiedliche Richtungen innerhalb der Einheitsgemeinde zu, von anderen Gemeinden haben sich liberale Gruppen abgespalten und eine eigene Gemeinde gegründet.

El-Fatah: Kampforganisation der Palästinensischen Befreiungsbewegung PLO.

Galut (hebr. Verbannung): Galut bezeichnet das unfreiwillige Exil, das mit dem Gefühl der Entwurzelung und der Bedrohung unter fremder Herrschaft verbunden ist. Diese Bezeichnung wird insbesondere auf die Zeit nach der Zerstörung des 2. Tempels 70 n.Chr. durch die Römer und die Vertreibung aus Palästina bis zur Gründung des Staates Israel 1948 angewandt.

Halacha (hebr. der Weg): das jüdische Religionsgesetz. Die Halacha umfasst die Ge- und Verbote der Thora und der verbindlichen rabbinischen Überlieferung.

Holocaust: Die Begriffe **Holocaust** und **Schoa** haben sich auch im deutschsprachigen Raum durchgesetzt für die Ermordung von sechs Millionen Juden Europas durch die nationalsozialistische Regierung. Holocaust (griech. vollständig verbrannt) wurde aus dem englischen Sprachbereich übernommen nach der Ausstrahlung der amerikanischen Fernsehserie »Holocaust – Die Geschichte der Familie Weiß« im Jahr 1979.
In Israel wird der Völkermord an den Juden als Schoa (hebr. Unheil, große Katastrophe) bezeichnet. Seit der Ausstrahlung des Dokumentarfilms »Shoah« von Claude Lanzmann Mitte der 1980er Jahre wird dieser Begriff auch in Deutschland verwandt.
Beide Bezeichnungen weisen auf die Singularität der Vernichtung der Juden unter den Nationalsozialisten hin.

Iwrit: modernes Hebräisch, das in Israel gesprochen wird

JCR – Jewish Cultural Reconstruction: Schon während des Krieges haben jüdische Emigranten aus Europa aus dem Gedächtnis und aus der Literatur Listen über jüdische Kulturgüter zusammengestellt, die Grundlage für die Nachforschungen nach Ende des Kriegs wurden. 1947 wurde in New York die Organisation JCR gegründet, deren Aufgabe es war, erbenloses jüdisches kulturelles Eigentum zu sichern. Die Organisation, für die u.a. auch Hannah Arendt tätig war, hatte ihre Basis in Offenbach und Wiesbaden.

Jewish Agency: Die Jewish Agency – hebräisch: ha-Sochnut ha-jehudit – wurde 1929 auf dem 16. Zionistenkongress errichtet. Sie war die im Völkerbundmandat für Palästina vorgesehene Vertretung der Juden und diente dem britischen Mandatar als alleiniger Ansprechpartner und war verantwortlich für die internen Angelegenheiten der in Palästina lebenden Juden. Seit der Unabhängigkeitserklärung des Staates Israel ist die Jewish Agency in erster Linie für die Einwanderung nach Israel zuständig.

Joint: siehe American Jewish Joint Distribution Committee

Jom Haazmaut (hebr. Tag der Unabhängigkeit): Der Unabhängigkeitstag des Staates Israel wird am 5. Ijar begangen. Am 5. Ijar 5708 (14. Mai 1948) hatte David Ben-Gurion die israelische Unabhängigkeitserklärung verlesen. In Israel wird die Gründung des heutigen Staates Israel mit Paraden und Festlichkeiten in allen größeren Städten gefeiert. In den jüdischen Gemeinden in der Diaspora wird an diesem Tag ebenfalls an die Staatsgründung erinnert.

Glossar

Jom Kippur (hebr. Tag der Versöhnung): Sühnetag oder Versöhnungstag; wichtigster Feiertag im Jüdischen Jahr, der mit strengem Fasten und Beten begangen wird.

JRSO – Jewish Restitution Successor Organization: 1948 gegründete amerikanische Organisation, die in der amerikanischen Zone die Interessen der Überlebenden des Holocaust und der Ermordeten und der zerstörten Gemeinden gegenüber kommunalen, Landes- und Bundeseinrichtungen vertrat. Ihre Aufgaben wurden später von der Claims Conference übernommen.

Keren Kayemeth LeIsrael (hebr. dauernder Fonds für Israel): 1901 von den Zionisten gegründete Organisation zum Sammeln von Spenden für den Ankauf von Boden und zur Bewirtschaftung des Bodens in Palästina und später in Israel. Der Boden wurde Siedlungen und Einrichtungen verpachtet. Seit der Staatsgründung unterstützt der Keren Kayemeth besonders die Erschließung des Landes und die Wiederaufforstung.

Kibbuz: Landwirtschaftliche Siedlungsform in Palästina und Israel, die auf einer kollektiven Grundlage beruht.

Kippa: Käppchen als Kopfbedeckung für Juden. Vorgeschrieben ist die Kippa für Männer beim Gebet, manchmal auch überhaupt an allen Gebetsorten wie beim Synagogenbesuch oder auf jüdischen Friedhöfen; viele orthodoxe Juden tragen sie auch im Alltag.

Kaschern: religionsgesetzlich brauchbar machen, besonders Geschirr und Besteck, das einmal zur Zubereitung oder zum Verzehr von religionsgesetzlich verbotenen Speisen benutzt wurde.

Koscher (hebr. rein, tauglich): Bezeichnung für nach dem Religionsgesetz für den Verzehr erlaubte Lebensmittel und nach den religionsgesetzlichen Vorschriften hergestellte Speisen und Getränken und Textilien.

Libanonkrieg: Anfang Juni 1982 marschierten israelische Truppen in den Libanon ein mit dem Ziel, die im Libanon erstarkte PLO zu zerschlagen Sie erreichten dieses Ziel, stießen bis Beirut vor und kesselten die Stadt ein. Im September richteten israelische Truppen ein Massaker in zwei palästinensischen Flüchtlingslagern an. Gegen das Vorgehen des israelischen Militärs fanden in Israel heftige Proteste statt, und international wurde scharfe Kritik geübt.

Menora: Der siebenarmige Leuchter gehörte zu den Kultusgeräten im zweiten, 70 n.Chr. zerstörten Tempel. Er ist seit der Antike ein bedeutendes jüdisches Symbol und steht in allen Synagogen. 1948 wurde die Menora offizielles Emblem des Staates Israel.

Mikwe (hebr. Zusammenfließen): Die Mikwe ist ein religiöses Tauchbad, eine notwendige Einrichtung in jeder Jüdischen Gemeinde, für die es genaue Vorschriften gibt. Das Tauchbad dient der rituellen Reinheit. Es gibt verschiedene Vorschriften, die in der orthodoxen Tradition die Benutzung regeln. Eine verheiratete Frau soll nach der Menstruation oder einer Entbindung und am Vorabend der Hochzeit das Tauchbad benutzen. In orthodoxen Kreisen benutzen Männern vor Beginn des Schabbats oder von Feiertagen die Mikwe zur rituellen Reinigung.

Minjan (hebr. Zahl): Mindestzahl von zehn Männern, die zur Durchführung eines Gottesdienstes in der Synagoge anwesend sein müssen. Die Zahl 10 ist in der Bibel ein Symbol für das Mindestmaß.

Mischehe: allgemein übliche Bezeichnung für eine interkonfessionelle Ehe. Sie war lange im Judentum nur erlaubt, wenn der Ehepartner übertrat, und sie war von den christlichen Kirchen verboten. In Deutschland war eine interkonfessionelle Ehe erst nach der Einführung der Zivilehe 1875 möglich.

Die Nationalsozialisten nutzten den Begriff »Mischehe« ausschließlich rassisch für die Verbindung mit nicht »deutschblütigen« Partnern. Sie übten erheblichen Druck aus auf die Ehepartner, sich scheiden zu lassen und erließen zahlreiche Verordnungen, die das Leben und Überleben der »Mischehen« erschwerten. Kinder aus »Mischehen« wurden als »Mischlinge« bezeichnet.

ORT – Organisation for Rehabilitation through Training: eine im zaristischen Russland gegründete, auf Spenden beruhende Organisation zur Ausbildung von Juden in Handwerk und Landwirtschaft. 1921 erfolgte die Gründung der Welt ORT-Organisation. Sie unterstützte Juden in der Nazizeit bei der Ausbildung in handwerklichen und landwirtschaftlichen Berufen und richtete nach 1945 zahlreiche Schulen und Werkstätten in den DP-Lagern ein.

Pesach (hebr. Vorüberschreiten): Das einwöchige Pesach-Fest erinnert an den Auszug aus Ägypten, also die Befreiung der Israeliten aus der dortigen Sklaverei und die Wanderung durch die Wüste und den Beginn des israelitischen Volkes als eigenes, von Gott erwähltes Volk. Pesach wird als Familienfest gefeiert.

PLO: 1954 von Jasir Arafat gegründete Palästinensische Befreiungsorganisation

Rabbiner (von hebr. Rabbi – mein Lehrer): Der Rabbiner wird in einer Hochschule, dem Rabbinerseminar, ausgebildet. Zu seinen Aufgaben gehört die religiöse Lehre, vor allem der Religionsunterricht, Talmud-Lektionen, die Predigt. Ihm kommt die Entscheidung in religiösen Fragen zu. Er beaufsichtigt die Einhaltung der religiösen Speisevorschriften, bereitet für die Bar Mizwa vor, führt Trauungen, Beerdigungen und Scheidungen durch. In vielen Gemeinden leitet er heute auch die Schabbat- und Festtagsgottesdienste, wofür traditionell der Vorbeter oder Vorsänger zuständig ist.

Reichsvereinigung der Juden in Deutschland: Im September 1938 hatten sich zahlreiche jüdische Verbände zur Reichsvereinigung der deutschen Juden zusammengeschlossen. Diese Interessensvertretung wurde 1938 aufgrund neuer Verordnungen und Regelungen in den Reichsverband der Juden in Deutschland ungewandelt, in dem jeder in Deutschland lebende Jude Mitglied sein musste. Dieser eigenständige Zusammenschluss wurde Mitte 1939 der Kontrolle des Reichssicherheitshauptamtes (RSHA) beziehungsweise der Gestapo unterstellt und hatte deren Anordnungen umzusetzen. Alle Personen, die nach den Nürnberger Gesetzen als Juden galten, wurden in die Reichsvereinigung zwangsweise eingegliedert und mussten Pflichtbeiträge entrichten. Ausgenommen von der Pflichtmitgliedschaft waren anfangs noch Juden aus Mischehen; diese mussten jedoch später ebenfalls beitreten.

Rosch Haschana (hebr. Kopf des Jahres): Jüdisches Neujahrsfest

Schabbat (hebr. Ruhetag, Ruhepause): Der Schabbat ist im Judentum der siebte Wochentag, ein Ruhetag, an dem keine Arbeit verrichtet werden soll. Er beginnt wie alle Tage im jüdischen Kalender am Abend und dauert von Sonnenuntergang am Freitag bis zum Eintritt der Dunkelheit am folgenden Samstagabend. Orthodoxe Juden verrichten am Sabbat keine Tätigkeiten, die gemäß der Halacha als Arbeit definiert sind (Kochen, Fahren, Lichtmachen usw.). Konservative Juden befolgen einige halachische Schabbatvorschriften weniger streng, liberale und progressive Juden geben den ethischen Vorschriften Vorrang und überlassen die Befolgung ritueller Vorschriften der individuellen Verantwortung.

Schoa siehe Holocaust

Sechs-Tage-Krieg: Bezeichnung für den Nahostkrieg 1967. Damals schlug Israel in sechs Tagen die vereinten arabischen Armeen, eroberte Ost-Jerusalem und Westjordanien, die sogenannte Westbank, und den Sinai. Der Sinai wurde an Ägypten zurückgegeben bis auf den Gaza-Streifen.

She'erit Haplejta (hebr. Rest der Geretteten): ein biblischer Begriff aus dem Buch Esra. Die Überlebenden in den DP-Lagern in Deutschland haben sich so genannt.

Sternträger: Mit Gesetz vom 15. September 1941 ordnete die nationalsozialistische Regierung an, dass alle Juden im deutschen Reich vom sechsten Lebensjahr an einen gelben Stern mit der Aufschrift »Jude« sichtbar tragen mussten. Bereits vorher hatte die deutsche Besatzung dieses in Polen und im Baltikum verordnet. In der ersten Nachkriegszeit wurden als »Sternträger« im Gegensatz zu den »KZlern« Juden bezeichnet, die als »Mischlinge« und »Judenchristen« nicht oder spät deportiert wurden und viele Jahre mit dieser Kennzeichnung unter der Bevölkerung leben mussten.

Synagoge (griech. sich versammeln): Die Synagoge ist ein jüdisches Versammlungs- und Gotteshaus für Gebet, Schriftstudium und Unterweisung. Die in Israel übliche hebräische Bezeichnung »Beth Knesset« wird in der Diaspora nur selten benutzt. Die

Synagoge ist unterteilt in den Gebetsraum und kleinere Räume zum Studium. Hinzu kommen meist weitere Räume zu Versammlungszwecken. Die Synagogen der Welt haben keinen einheitlichen Grundriss, die architektonischen Formen und Ausprägungen sind sehr unterschiedlich und im Allgemeinen den Landestraditionen angepasst. Die Synagoge soll nach Jerusalem ausgerichtet sein, an der Stirnseite einen Schrank für die Thorarollen haben und einen Ort, auf dem die Thora zum Verlesen der Wochenabschnitte ausgerollt wird. Männer und Frauen sitzen getrennt (außer in liberalen Gemeinden), meistens sitzen die Frauen auf der Empore.

Tallit: Gebetsschal. Der Tallit ist ein viereckiges Tuch aus Wolle, Baumwolle oder Seide. Er ist traditionell weiß oder cremefarben und mit schwarzen oder blauen Streifen verziert. An den Ecken sind zu Quasten verknotete Fäden, die an die Einhaltung der Gebote erinnern sollen.

Thora (hebr. Lehre, Unterweisung): Sammelbezeichnung für die fünf Bücher Moses. Sie werden für den synagogalen Gebrauch als Thorarolle auf Pergament geschrieben. Der Begriff Thora bezeichnet auch die jüdische Lehre insgesamt.

UNRRA – United Nations Relief and Rehabilitation Administration: Die UNRRA war eine Nothilfe- und Wiederaufbauverwaltung der Vereinten Nationen, die in Europa nach dem Krieg bis Ende 1946 tätig war. Ihre Hauptaufgabe war die Unterstützung der Militäradministration bei der Betreuung der DP-Lager und die Repatriierung der sogenannten Displaced Persons (DP).

WIZO – Women's International Zionist Organisation: Internationale Frauenorganisation zur Unterstützung von Kinder- und Jugendeinrichtungen und Erholungsheimen für Mütter in Israel.

Zentralrat der Juden in Deutschland: 1950 gegründet als Zentralorgan der jüdischen Gemeinden. Ihm gehören 23 Landesverbände mit derzeit 108 Gemeinden und ca. 105.000 Mitgliedern an. Seine Organe sind: die Ratsversammlung, in die alle Landesverbände Delegierte entsenden, und das Direktorium, das sich aus Vertretern der Landesverbände zusammensetzt. Das Direktorium wählt aus seinen Mitgliedern das Präsidium, das wiederum den Vorstand wählt. Die wichtigsten Einrichtungen des Zentralrats sind die Zentralwohlfahrtsstelle der Juden in Deutschland, die Rabbinerkonferenz, die Hochschule für jüdische Studien in Heidelberg und die Wochenzeitung »Jüdische Allgemeine«.

Zentralwohlfahrtsstelle der Juden in Deutschland – ZWST: Die ZWST wurde 1917 als Zentralwohlfahrtsstelle der deutschen Juden gegründet, um als Dachverband die vielfältigen sozialen Einrichtungen und Wohlfahrtsorganisationen der jüdischen Gemeinschaft zu koordinieren. Unter der Herrschaft der Nationalsozialisten wurde die ZWST 1939 zwangsweise aufgelöst. Die Neugründung erfolgte 1951 durch den Zentralrat.

Seit 1955 hat sie ihren Sitz in Frankfurt am Main. Die ZWST ist einer der sechs Spitzenverbände der freien Wohlfahrtspflege in Deutschland.

Zionismus (abgeleitet vom Berg Zion in Jerusalem): Der Zionismus ist eine ideologische und politische Bewegung zur Errichtung einer jüdischen Heimstätte oder eines Nationalstaats in Palästina. Seine Entstehung im ausgehenden 19. Jahrhundert hing eng mit dem Antisemitismus und der Gründung von Nationalstaaten in Europa zusammen. Es gab viele politische und religiöse Richtungen im Zionismus. Die heutigen zionistischen Ziele sind die Stärkung des Staates Israel als jüdischer Staat, die Einwanderung aller Juden nach Israel und die weltweite Pflege der Einheit des jüdischen Volkes.

Zitierte Literatur

Wilma Aden-Grossmann, Berthold Simonsohn. Biographie des jüdischen Sozialpädagogen und Juristen, Frankfurt am Main 2007

Heinrich Appel, Heißer Boden. Stadtentwicklung und Wohnprobleme in Frankfurt am Main. Eine Publikation des Presse- und Informationsamts, Frankfurt am Main 1974

Paul Arnsberg, Henry Budge. Der »geliebten Vaterstadt – Segen gestiftet«, Frankfurt am Main 1972

Paul Arnsberg, Neunhundert Jahre »Muttergemeinde Israel« Frankfurt am Main. Chronik der Rabbiner, Frankfurt am Main 1974

Paul Arnsberg, Die Geschichte der Frankfurter Juden seit der Französischen Revolution, 3 Bände, posthum Darmstadt 1983

Fritz Backhaus/Raphael Gross/Michael Lenarz (Hrsg.), Ignatz Bubis: Ein jüdisches Leben in Deutschland, Frankfurt am Main 2007

Behrent/Cohn-Bendit/Kiderlen/Siegert, Die Inszenierung der Öffentlichkeit, Der Verlauf der Ereignisse. In: Elisabeth Kiderlen (Hrsg.), Deutsch-jüdische Normalität... Fassbinders Sprengsätze, Pflasterstrand Flugschrift 1, Frankfurt am Main 1985

Dmitrij Belkin/Raphael Gross (Hrsg.), Ausgerechnet Deutschland! Jüdisch-russische Einwanderung in die Bundesrepublik, Berlin/Frankfurt am Main 2010

Werner Bergmann/Rainer Erb, Antisemitismus in der Bundesrepublik Deutschland, Ergebnisse der empirischen Forschung von 1946-1989, Opladen 1991

Werner Bergmann, Antisemitismus in öffentlichen Konflikten. Kollektives Lernen in der politischen Kultur der Bundesrepublik 1949-1989, Frankfurt am Main 1997

Michael Best (Hrsg.), Der Frankfurter Börneplatz. Zur Archäologie eines politischen Konflikts, Frankfurt am Main 1988

Bibliographie zur Geschichte der Frankfurter Juden 1781-1945, herausgegeben von der Kommission zur Erforschung der Geschichte der Frankfurter Juden. Bearb. Hans-Otto Schembs, Frankfurt am Main 1978

Janusz Bodek, Die Fassbinder-Kontroversen: Entstehung und Wirkung eines literarischen Textes, Frankfurt am Main 1991

Y. Michael Bodemann, »Ich verlasse dieses Land mit Verbitterung, doch vor keinem Volk darf man die Fensterläden zuschlagen...« Zur Abschiedspredigt von Rabbiner Dr. Wilhelm Weinberg (1901-1976) in Frankfurt am Main am 11. November 1951. In: Menora. Jahrbuch für deutsch-jüdische Geschichte 1995, S. 345-357

Monika Boll/Raphael Gross (Hrsg.), Eine Rückkehr nach Frankfurt. Die Frankfurter Schule und Frankfurt, Göttingen 2009

Petra Bonavita, Mit falschem Pass und Zyankali. Retter und Gerettete aus Frankfurt am Main in der NS-Zeit, Stuttgart 2009

Verena Bopp, Carl von Weinbergs »Villa Waldfried«. Eine Kunstsammlung in Frankfurt am Main. In: Inka Bertz/Michael Dorrmann, Raub und Restitution, Kulturgut aus jüdischem Besitz, Göttingen 2008, S. 173-178

Zitierte Literatur

Verena Bopp, Der Fall Nauheim: Raub oder Rettung? Eine Judaica-Sammlung im Museum jüdischer Altertümer. In: Inka Bertz/Michael Dorrmann, Raub und Restitution, Kulturgut aus jüdischem Besitz, Göttingen 2008, S. 172-178

Michael Brenner, Nach dem Holocaust. Juden in Deutschland 1945-1950, München 1995

Henryk M. Broder/Michel Lang, Fremd im eigenen Land, Frankfurt am Main 1979

Alexa Brum (Hrsg.), Ich bin, was ich bin, ein Jude: jüdische Kinder in Deutschland erzählen, Köln 1995

Micha Brumlik, Warum ich mit Ignatz Bubis solidarisch bin. Ein Bekenntnis. In: Elisabeth Kiderlen (Hrsg.), Deutsch-jüdische Normalität... Fassbinders Sprengsätze, Pflasterstrand Flugschrift 1, Frankfurt am Main 1985, S. 74-80 und links. Sozialistische Zeitung, 17. Jg., Nr. 189, S. 8ff.

Micha Brumlik/Doron Kiesel/Cilly Kugelmann/Julius H. Schoeps (Hrsg.), Jüdisches Leben in Deutschland seit 1945, Frankfurt am Main 1986

Micha Brumlik, Das Öffnen der Schleusen. Bitburg und die Rehabilitation des Nationalsozialismus in der Bundesrepublik. In: Georg M. Hafner/Edmund Jacoby, Die Skandale der Republik, Hamburg 1990

Micha Brumlik, Kein Weg als Deutscher und Jude, München 1996

Ignatz Bubis, »Ich bin deutscher Staatsbürger jüdischen Glaubens«. Ein autobiographisches Gespräch mit Edith Kohn, Köln 1993

Ignatz Bubis/Peter Sichrowsky »Damit bin ich noch längst nicht fertig«. Die Autobiographie, Frankfurt am Main/New York 1996

Naomi Bubis/Sharon Mehler, Shtika. Versuch, das Tabu zu brechen, Frankfurt am Main 1996

Julius Carlebach/Andreas Brämer, Continuity or New Beginning? Isaac Emil Lichtigfeld, Rabbi in Frankfurt am Main and Hesse, 1954 – 1967. In: Leo Baeck Institute Yearbook 1997, S. 275-302

Anatol Chari, »Undermensch«, München 2010

Adolf Diamant, Geschändete jüdische Friedhöfe in Deutschland 1945-1999, Potsdam 1992

Dan Diner, Israel in Palästina. Über Tausch und Gewalt im Vorderen Orient, Königstein 1980

Dan Diner, Keine Zukunft auf den Gräbern der Palästinenser. Eine historisch-politische Bilanz der Palästinenserfrage, Hamburg 1982

Dan Diner, »Man hat mit der Sache eigentlich nichts mehr zu tun«. In: Richard Chaim Schneider, Wir sind da! Geschichte der Juden in Deutschland von 1945 bis heute, Berlin 2000

Walter Dirks, Der Fall Offenbach. In: Frankfurter Hefte, 5. Jg., Nr. 1, 1950, S. 32-40

Dokumente zur Geschichte der Frankfurter Juden 1933-1945, herausgegeben von der Kommission zur Erforschung der Geschichte der Frankfurter Juden, Frankfurt am Main 1963

Roberto Fabian, Das Erbe als Herausforderung, In: Otto R. Romberg/Susanne Urban-Fahr (Hrsg.), Juden in Deutschland nach 1945, Frankfurt am Main 1999

Lea Fleischmann, Dies ist nicht mein Land, Hamburg 1980

Josef Foschepoth, Im Schatten der Vergangenheit. Die Anfänge der Gesellschaft für Christlich-Jüdische Zusammenarbeit, Göttingen 1993

Frankfurter Biographie. Personengeschichtliches Lexikon. Hrsg. Wolfgang Klötzer, Band 1-2, 1994 und 1996

Zitierte Literatur

Tobias Freimüller, Max Horkheimer und die Jüdische Gemeinde in Frankfurt am Main nach 1945. In: Monika Boll/Raphael Gross (Hrsg.), Eine Rückkehr nach Frankfurt. Die Frankfurter Schule und Frankfurt, Göttingen 2009, S. 150-157

Michel Friedman, Zukunft ohne Vergessen. Ein jüdisches Leben in Deutschland, Köln 1995

Michel Friedman, Kaddisch vor Morgengrauen, Berlin 2005

Heinz Ganther (Hrsg.), Die Juden in Deutschland, Almanach, Hamburg 1959

Gedenkstätte am Neuen Börneplatz für die von Nationalsozialisten vernichtete dritte jüdische Gemeinde in Frankfurt am Main. Herausgegeben vom Amt für Wissenschaft und Kunst, Stadt Frankfurt am Main, 1996

Jael Geis, Übrig sein, Leben »danach«. Juden deutscher Herkunft in der britischen und amerikanischen Zone 1945-1949, Berlin 2000

Jacqueline Giere/Rachel Salamander (Hrsg.), Ein Leben aufs neu: Das Robinson Album. DP-Lager: Juden auf deutschem Boden, Wien 1995

Etty, Peter und Silvia Gingold, Die Antwort heißt Assimilation. In: Henryk M. Broder/Michel Lang, Fremd im eigenen Land, Frankfurt am Main 1979, S. 157-166

Peter Gingold, Paris, Boulevard St. Martin No. 11. Ein jüdischer Antifaschist und Kommunist in der Résistance und der Bundesrepublik, Köln 2009

Günther B. Ginzel (Hrsg.), Der Anfang nach dem Ende, Düsseldorf 1996

Ralph Giordano, Die zweite Schuld oder Von der Last Deutscher zu sein, Hamburg 1987

Dieter Graumann, Unterwegs: Von der Einwanderung auf dem Weg zum Neuen Deutschen Judentum. In: Dmitrij Belkin/Raphael Gross (Hrsg.), Ausgerechnet Deutschland! Jüdisch-russische Einwanderung in die Bundesrepublik, Berlin/Frankfurt am Main 2010, S. 171ff.

Dr. S. Gringauz, Knechtschaft – Freiheit – Eigenstaatlichkeit vor 3000 Jahren und heute. In: Israel Blumenfeld (Hrsg.), Pessach-Buch 5706-1946. Zum ersten Freiheits- und Frühlingsfest der Überreste Israels in Europa, Jüdische Rundschau, Marburg 1946

Raphael Gross u.a. (Hrsg.), Geschenkte Geschichten. Zum 20-Jahres-Jubiläum des Jüdischen Museums Frankfurt am Main, Frankfurt am Main 2009

Hermann Zvi Guttmann, Vom Tempel zum Gemeindezentrum, Synagogen im Nachkriegsdeutschland, Frankfurt am Main 1989

Häuserrat Frankfurt, Wohnungskampf in Frankfurt, Frankfurt am Main 1974

Wanja Hargens, »Der Müll, die Stadt und der Tod«. Rainer Werner Fassbinder und ein Stück deutscher Zeitgeschichte, Berlin 2010

Susann Heenen-Wolff, Im Land der Täter. Gespräche mit überlebenden Juden, Frankfurt am Main 1994, S. 263ff.

Georg Heuberger, Die Jüdische Gemeinde Frankfurt am Main: Anfänge, Gegenwart und Zukunft. In: Jüdisches Museum (Hrsg.), Wer ein Haus baut, will bleiben. 50 Jahre Jüdische Gemeinde Frankfurt am Main. Anfänge und Gegenwart, Frankfurt am Main 1998, S. 18-30

Georg Heuberger, Zur Vorgeschichte der Gründung des Jüdischen Museums Frankfurt. In: Die Pracht der Gebote. Die Judaica-Sammlung des Jüdischen Museums Frankfurt am Main, Köln 2005, S. 24-39

Georg Heuberger (Hrsg.), Die Pracht der Gebote. Die Judaica-Sammlung des Jüdischen Museums Frankfurt am Main, Köln 2005

Zitierte Literatur

Rachel Heuberger/Helga Krohn, Hinaus aus dem Ghetto... Juden in Frankfurt am Main 1800-1950, Frankfurt am Main 1988, 2. Aufl. 1997

Rachel Heuberger, Bibliothek des Judentums. Die Hebraica- und Judaica-Sammlung der Stadt- und Universitätsbibliothek Frankfurt am Main. Entstehung, Geschichte und heutige Aufgaben, Frankfurt am Main 1996

Sabine Hock, Frankfurt am Main zur Stunde Null 1945. Zwei Briefe von Walter H. Rothschild. In: Archiv für Frankfurts Geschichte und Kunst 63,1997, S. 535-566

Max Horkheimer, Gesammelte Schriften, Bd. 17, Briefwechsel 1941-1948, Frankfurt am Main 1996

100 Jahre Westend-Synagoge. Herausgegeben von Rachel Heuberger im Auftrag der Jüdischen Gemeinde Frankfurt am Main, Frankfurt am Main 2010

Initiative 9. November, Erinnerung braucht Zukunft. Der Ort der zerstören Synagoge in Frankfurt am Main, Frankfurt am Main 2010

israel & palästina, Sonderheft Nr. 2

Wolfgang Jacobmeyer, Die Lage der Jüdischen Displaced Persons in den deutschen Westzonen 1946/47 als Ort jüdischer Selbstvergewisserung. In: Micha Brumlik u.a. (Hrsg.), Jüdisches Leben in Deutschland seit 1945, Frankfurt am Main 1986, S. 31-48

Jüdische Gemeindezeitung Frankfurt, 60 Jahre Jüdische Gemeinde Frankfurt, 1948-2008, Frankfurt am Main 2008

Jüdisches Museum (Hrsg.), Wer ein Haus baut, will bleiben. 50 Jahre Jüdische Gemeinde Frankfurt am Main. Anfänge und Gegenwart, Frankfurt am Main 1998

Jüdisches Museum (Hrsg.), »Und keiner hat für uns Kaddisch gesagt...« Deportationen aus Frankfurt am Main 1941-1945, Frankfurt am Main 2004

Leo Katcher, Post-mortem. The Jews in Germany today, New York 1968

Antony D. Kauders, Unmögliche Heimat. Eine deutsch-jüdische Geschichte der Bundesrepublik, München 2007

Shila Khasani, Eine Minderheit in der Minderheit. Das politische Engagement der linksorientierten Juden der Frankfurter Jüdischen Gruppe. In: Trumah 14, 2005, S. 55-74

Elisabeth Kiderlen (Hrsg.), Deutsch-jüdische Normalität... Fassbinders Sprengsätze, Pflasterstrand Flugschrift 1, Frankfurt am Main 1985

Monica Kingreen (Hrsg.), »Nach der Kristallnacht«. Jüdisches Leben und antijüdische Politik in Frankfurt am Main 1938-1945, Frankfurt am Main/New York 1999

Monica Kingreen, Gewaltsam verschleppt aus Frankfurt. Die Deportationen der Juden in den Jahren 1941-1945. In: Monica Kingreen (Hrsg.), Nach der Kristallnacht. Jüdisches Leben und antijüdische Politik in Frankfurt am Main 1938-1945, Frankfurt am Main 1999, S. 357-390

Monica Kingreen, Zurück nach Frankfurt. Rückkehr aus dem Exil in die Stadt Frankfurt am Main. In: Irmela von der Lühe, Axel Schildt, Stefanie Schüler-Springorum (Hrsg.), »Auch in Deutschland waren wir nicht wirklich zu Hause«. Jüdische Remigranten nach 1945, Göttingen 2008

Monica Kingreen, Max Horkheimers »Erkundungsreisen« an die Universität Frankfurt 1948 und 1949. In: Monika Boll/Raphael Gross (Hrsg.), Eine Rückkehr nach Frankfurt. Die Frankfurter Schule und Frankfurt, Göttingen 2009

Zitierte Literatur

Elisa Klapheck, So bin ich Rabbinerin geworden. Jüdische Herausforderungen hier und jetzt, Freiburg i. Br. 2005

Angelika Königseder/Juliane Wetzel (Hrsg.), Lebensmut im Wartesaal. Die jüdischen DPs (Displaced Persons) im Nachkriegsdeutschland, Frankfurt am Main 1994

Salomon Korn, Die 4. jüdische Gemeinde in Frankfurt am Main. Zukunft oder Zwischenspiel? In: Karl E. Grözinger (Hrsg.), Judentum im deutschen Sprachraum, Frankfurt am Main 1991, S. 409-432

Salomon Korn, Auf der Suche nach innerer Festigung. Über die Gefährdung der jüdischen Gemeinden in Deutschland und Europa. Ein Ausblick auf das 21. Jahrhundert. In: Frankfurter Rundschau, 21. April 1998

Salomon Korn, Synagogen in Frankfurt am Main nach 1945. In: Jüdisches Museum (Hrsg.), Wer ein Haus baut, will bleiben, Frankfurt am Main 1998, S. 130-143

Salomon Korn, Geteilte Erinnerung. Beiträge zur deutsch-jüdischen Gegenwart, Berlin 1999

Salomon Korn, Synagogenarchitektur in Deutschland nach 1945. In: Geteilte Erinnerung. Beiträge zur deutsch-jüdischen Gegenwart, Berlin 1999, S. 35-70

Salomon Korn, Die fragile Grundlage. Auf der Suche nach der deutsch-jüdischen »Normalität«, 2. Aufl., Berlin 2004

Salomon Korn, Im Andern den Nächsten sehen. Erinnerungen an Ignatz Bubis. In: Salomon Korn, Die fragile Grundlage. Auf der Suche nach der deutsch-jüdischen »Normalität«, 2. Aufl., Berlin 2004, S. 31-44

Helga Krohn (Hrsg.), Ostend – Blick in ein jüdisches Viertel, Frankfurt am Main 2000

Wolf-Arno Kropat, Jüdische Gemeinden, Wiedergutmachung, Rechtsradikalismus und Antisemitismus nach 1945, In: Neunhundert Jahre Geschichte der Juden in Hessen, Wiesbaden 1983, S. 479-508

Cilly Kugelmann, Auf»opfernde« Annäherungsversuche. Jünger, Bitburg, Fassbinder – Sprengsätze im deutsch-jüdischen Verhältnis. In: Elisabeth Kiderlen, Deutsch-jüdische Normalität... Fassbinders Sprengsätze, Pflasterstrand Flugschrift 1, Frankfurt am Main 1985, S. 70-73

Cilly Kugelmann, »Kindergartensandkastenperspektive vom polnischen Stetl«. In: Richard Chaim Schneider, Wir sind da!, Berlin 2000, S. 276-295

Cilly Kugelmann/Hanno Loewy, So einfach war das. Jüdische Kindheit und Jugend in Deutschland seit 1945, Berlin/Köln, 2002

Artur Lauinger, »...in besonderer Weise dazu berufen, dem Deutschland der Zukunft einen besseren Weg zu bereiten«. In: Frankfurter Jüdische Erinnerungen. Ein Lesebuch zur Sozialgeschichte 1864 – 1951, herausgegeben von der Kommission für die Geschichte der Frankfurter Juden, bearbeitet von Elfriede Pracht, Sigmaringen 1997, S. 300-307

Michael Lenarz, Ignatz Bubis und die Auseinandersetzungen um das Frankfurter Westend. In: Fritz Backhaus/Raphael Gross/Michael Lenarz (Hrsg.), Ignatz Bubis: Ein jüdisches Leben in Deutschland, Frankfurt am Main 2007, S. 52-66

Manfred Levy, Geschichte und Gegenwart der Isaak Emil Lichtigfeld-Schule. In: Jüdisches Museum (Hrsg.), Wer ein Haus baut, will bleiben. 50 Jahre Jüdische Gemeinde Frankfurt am Main. Anfänge und Gegenwart, Frankfurt am Main 1998, S. 144-151

Heiner Lichtenstein, Die Fassbinder-Kontroverse oder das Ende der Schonzeit, Frankfurt am Main 1980

Zitierte Literatur

Jürgen Lillteicher, Raub, Recht und Restitution. Die Rückerstattung jüdischen Eigentums in der Bundesrepublik, Göttingen 2005

Ernst Loewy, Zwischen den Stühlen. Essays und Autobiographisches aus 50 Jahren, Hamburg 1995

Madlen Lorei/Richard Kirn, Frankfurt und die drei wilden Jahre, Frankfurt am Main 1962

Arno Lustiger (Hrsg.), Jüdische Stiftungen in Frankfurt am Main, Frankfurt am Main 1988

Arno Lustiger, Wie die Budge-Stiftung von den Nazis ausgeraubt wurde. In: Arno Lustiger (Hrsg.), Jüdische Stiftungen in Frankfurt am Main, Frankfurt am Main 1988, S. 312-320

Arno Lustiger erzählt aus seinem Leben: »Ich habe mein ganzes Leben Glück gehabt, CD Aktives Museum Spiegelgasse für deutsch-jüdische Geschichte in Wiesbaden e.V, Wiesbaden 2008

Gila Lustiger, So sind wir. Ein Familienroman, Berlin 2005

Harry Maor, Über den Wiederaufbau der Jüdischen Gemeinden in Deutschland seit 1945, Mainz 1961

Gert Mattenklott, Über Juden in Deutschland, Frankfurt am Main 1992

Eugen Meyer, Die Frankfurter Juden. Blicke in die Vergangenheit, Frankfurt am Main 1966

Mich erinnern, dich erkennen, uns erleben. 50 Jahre Gesellschaft für Christlich-Jüdische Zusammenarbeit, 1949-1999, Frankfurt am Main 1999

Siegfried Mielke/Peter Rüttgers, die politischen Häftlinge des KZ Oranienburg. www.stiftung-bg.de/KZ-Oranienburg

Judah Nadich, Eisenhower and the Jews, New York 1953

Fritz Neumark, Zuflucht am Bosporus: Deutsche Gelehrte, Politiker und Künstler in der Emigration 1933-1953, Frankfurt am Main 1980

Walter Jacob Oppenheimer, Über die jüdische Jugend im heutigen Deutschland, München 1969

Walter Jacob Oppenheimer, Jüdische Jugend in Deutschland. In: Emuna Horizonte, 5. Jg., Heft 1, 1970, S. 10-14

Walter Jacob Oppenheimer, Interview ca. 1995, Jüdisches Museum Frankfurt am Main

Viktoria Pollmann, Frankfurter KZ-Häftlinge kehren zurück. In: Nassauer Annalen 116, 2005, S. 563-586

Minka Pradelski, Und da kam Frau Kugelmann, Frankfurt am Main 2005

Minka Pradelski, Eine durchaus glaubwürdige Familie. In: Cilly Kugelmann/Hanno Loewy, So einfach war das. Jüdische Kindheit und Jugend in Deutschland seit 1945, Berlin/Köln 2002

Katharina Rauschenberger, Das Museum jüdischer Altertümer 1922-1938. Die Entstehung einer neuen Wissenschaft und ihr gewaltsames Ende. In: Georg Heuberger (Hrsg.), Die Pracht der Gebote. Die Judaica-Sammlung des Jüdischen Museums Frankfurt am Main, Frankfurt am Main 2005, S. 12-23

Marcel Reich-Ranicki, Mein Leben, 3. Aufl., München 2006

Zvi Rosen, Max Horkheimer. Über die gesellschaftliche Rolle des Judaismus. In: Monika Boll/Raphael Gross (Hrsg.), Eine Rückkehr nach Frankfurt. Die Frankfurter Schule und Frankfurt, Göttingen 2009, S. 128-135

Zvi Rosen, Max Horkheimer, München 1995

Zitierte Literatur

Berthold Scheller, Das Bild unserer Vierzehnjährigen. Eine soziologische Untersuchung. In: Jüdische Sozialarbeit 5. Jg., Nr. 7-8, 23. Dezember 1960

Hans-Otto Schembs, Der Börneplatz in Frankfurt am Main, Frankfurt am Main 1987

Richard Chaim Schneider, Wir sind da! Die Geschichte der Juden in Deutschland von 1945 bis heute, Berlin 2000

Karlheinz Schneider/Nikolaus Simon, Solidarität und deutsche Geschichte. Die Linke zwischen Antisemitismus und Israelkritik. Deutsch-Israelischer Arbeitskreis für Frieden im Nahen Osten e.V., Berlin 1984

Valentin Senger, Kaiserhofstraße 12, Hamburg/Zürich 1978, Frankfurt am Main 2010

Valentin Senger, Kurzer Frühling, Zürich 1984

Valentin Senger, Der Heimkehrer, München 1995

Alphons Silbermann/Herbert Sallen, Juden in Westdeutschland. Selbstbild und Fremdbild einer Minderheit, Köln 1992

Berthold Simonsohn, Fragen und Aufgaben der Gegenwart. Die »neue« ZWST. In: Jüdische Sozialarbeit, 2. Jg., Nr. 5/6, 1957, S. 41-42

Sammy Speier, Von der Pubertät zum Erwachsenendasein. Bericht einer Bewußtwerdung. In: Micha Brumlik u.a. (Hrsg.), Jüdisches Leben in Deutschland seit 1945, Frankfurt am Main 1986, S. 182-194

Stationen des Vergessens. Der Börneplatz-Konflikt. Begleitbuch zur Eröffnungsausstellung Museum Judengasse, Frankfurt am Main 1992

Michael Stoessinger und Rafael Seligmann, Gespräch mit Ignatz Bubis. In: Stern, 29. Juli 1999

Alon Tauber, Zwischen Kontinuität und Neuanfang. Die Entstehung der jüdischen Nachkriegsgemeinde in Frankfurt am Main 1945-1949, Wiesbaden 2008

The Jewish Travel Guide 5713 (1952-1953), German Edition, Frankfurt am Main 1952

Was übrig blieb. Das Museum Jüdischer Altertümer in Frankfurt 1922-1938, Frankfurt am Main 1988

Dietrich Wetzel (Hrsg.), Die Verlängerung von Geschichte. Deutsche, Juden und der Palästinakonflikt, Frankfurt am Main 1983

Wolfgang Wippermann, Das Leben in Frankfurt zur NS-Zeit. Bd. 1: Die nationalsozialistische Judenverfolgung, Frankfurt am Main 1986

Dalia Wissgott-Moneta, BRD – Gelobtes Land. 20 Jahre danach. In. Dmitrij Belkin/Raphael Gross (Hrsg.), Ausgerechnet Deutschland! Jüdisch-russische Einwanderung in die Bundesrepublik, Berlin/Frankfurt am Main 2010, S. 98-101

Irmtrud Wojak, Fritz Bauer (1903-1968), eine Biographie, München 2009

Walter Wuttke, Die Aufarbeitung der Medizin im »Dritten Reich« durch die deutsche Medizinhistoriograhie. In: Argument Sonderband 186, S. 156-175

Moshe Zuckermann, Israel – Deutschland – Israel, 2. Aufl. Wien 2007

Stefanie Zweig, Irgendwo in Deutschland, München 1996

Zitierte Literatur

Zeitungen und Zeitschriften

Hessisches Hauptstaatsarchiv Wiesbaden, Abt. 519 Entschädigungsakten, Abt. 518/3 Devisenakten

Institut für Stadtgeschichte (IfS); Fürsorgeamt Akte 459, 460, 461; Magistratsakten 751, 971, 4.388, 8.833, 9.485, 9.796, 9.797; Protokoll der Stadtverordnetenversammlung P. 1073; S3/A 5136; S2/2.325 Max Meyer; S2/4.838 Alfons Militscher; S276.114 Irene Militscher

Jüdisches Museum, Fotoarchiv, Nachlässe

Zentralarchiv Heidelberg, Akten der Jüdischen Gemeinde Frankfurt am Main B1/13

Zeitungen und Zeitschriften

Aufbau – Reconstruction. Wochenzeitung des New World Clubs, New York

Babylon. Beiträge zur jüdischen Gegenwart, 1986ff.

Cheschbon, Hrsg. Bundesverband Jüdischer Studenten in Deutschland, 1980-1987

Frankfurter Jüdische Nachrichten, 1960-2005

Jüdische Allgemeine: Wochenzeitung für Politik, Kultur, Religion und jüdisches Leben; Hrsg.: Zentralrat der Juden in Deutschland, 2002 – vorher: Allgemeine Wochenzeitung der Juden in Deutschland, Hrsg. seit 1955 Zentralrat der Juden in Deutschland, 1949-1966; Allgemeine unabhängige jüdische Wochenzeitung, 1966-1972; Allgemeine jüdische Wochenzeitung, Hrsg. Zentralrat der Juden in Deutschland, 1973-2001

Jüdische Gemeindezeitung Frankfurt: amtliches Organ der Jüdischen Gemeinde Frankfurt, seit 1986, vorher: Frankfurter jüdisches Gemeindeblatt: amtl. Organ d. Jüdischen Gemeinde, 1968-1986; Frankfurter Jüdisches Gemeindeblatt, Mitteilungsorgan der Jüdischen Gemeinden in Hessen, 1955-1959

Jüdische Rundschau – The Jewish Review, by and for liberated Jews, Marburg 1945-1948

Jüdische Sozialarbeit. Mitteilungsblatt der Zentralwohlfahrtsstelle der Juden in Deutschland, 1956-1965

Mitteilungsblatt der jüdischen Gemeinden und Betreuungsstellen, Frankfurt am Main 1945-1946

Regew. Zeitschrift des Jugendzentrums der Jüdischen Gemeinde Frankfurt 1963-1966; dann Negew chadasch, freie, unabhängige Zeitung der jüdischen Jugend Frankfurt am Mai, 1967

Mitteilungen der Stadt Frankfurt am Main, Hrsg. Presseamt der Stadt, seit 1945

Statistisches Jahrbuch Frankfurt am Main, Hrsg. Stadt Frankfurt am Main; Der Magistrat, Bürgeramt, Statistik und Wahlen, seit 1955

Frankfurter Rundschau, seit 1946

Frankfurter Allgemeine Zeitung, seit 1949

Internetseiten:

www.lichtigfeldschule.de
www.liberale-juden.de
www.minjan-ffm.de
www.jg-ffm.de

Bildnachweis

Esther Alexander-Ihme, Frankfurt am Main: S. 111, 288f.

Archiv Akademie der Künste, Berlin / Hamburger Stiftung zur Förderung von Wissenschaft und Kultur: S. 70

Archiv Institut für Sozialforschung, Frankfurt am Main: S. 73

Micha Brumlik / Jüdisches Museum Frankfurt am Main: S. 145

Anatol Chari, Kalifornien / Deutscher Taschenbuch Verlag: S. 58

Deutsches Theatermuseum München / Archiv Abisag Tüllmann: S. 176

Adolf Diamant, Geschändete Jüdische Friedhöfe in Deutschland, Berlin 2000: S. 102, 103 unten rechts

Dpa Picture-Alliance GmbH, Frankfurt am Main: Umschlagvorderseite unten, S. 44 oben, 131, 156f., 218ff.

Josef Foschepoth, Im Schatten der Vergangenheit: Die Anfänge der Gesellschaft für Christlich-Jüdische Zusammenarbeit, Göttingen 1993: S. 104f.

Hermann Zvi Guttmann, Vom Tempel zum Gemeindezentrum, Synagogen im Nachkriegsdeutschland, Frankfurt am Main 1989: S. 45, 76

Josef Guttmann (Hrsg.), For Every Thing A Season. Proceedings of the Symposium on Jewish Ritual Art, Sept. 13, 2000, Cleveland Ohio, 2002: S. 93

Henry und Emma Budge-Stiftung, Frankfurt am Main: S. 92

Rafael Herlich, Frankfurt am Main: 188, 203, 237f., 241

Institut für Stadtgeschichte Frankfurt am Main: S. 29, 183

Isaak Emil Lichtigfeldschule: Umschlagrückseite unten, S. 225f.

Jüdisches Museum Frankfurt am Main: S. 18f., 21, 37, 39, 44 unten, 48, 51, 52 links, 53-56, 59, 77, 82f., 87, 94f., 110, 113f., 116, 118, 120 oben, 124, 127f., 134, 143f., 148f., 164, 166, 186f., 211, 213f.

Klaus Malorny, Frankfurt am Main / Institut für Stadtgeschichte: S. 189

Klaus Meier-Ude, Frankfurt am Main: Umschlagvorderseite oben und Rückseite oben, S. 32, 42f., 103 unten links, 120 unten, 177, 196f., 204, 206, 216, 224, 235f.

Adrian Oeser, Darmstadt: S. 208

Minka Pradelski, Frankfurt am Main: S. 290

Irmgard Senger, Frankfurt am Main: S. 68, 210

Kartengrundlage © Stadtvermessungsamt Frankfurt am Main, Stand mm.jjjj: S. 16f.

Universitätsbibliothek Johann Christian Senckenberg Frankfurt am Main: S. 79, 122, 132, 134 oben, 139f., 200

Zentralarchiv zur Erforschung der Geschichte der Juden in Deutschland, Heidelberg: S. 35, 71, 160

Edgar Weick, Frankfurt am Main: 23, 52 rechts, 126, 192

Personenregister

Adelsberger, August 30ff., 34, 38, 46, 85f., 246ff., 315, 340
Adorno, Theodor W. 11f., 70ff., 105
Ajnwojner, Simon 118, 282
Alechem, Scholem 176
Alexander-Ihme, Esther 111, 288f.
Alschoff, Ewald 109, 114, 260, 263, 316
Alter, Hermann 177, 187, 201, 304
Alter, Schoschana 151
Andernacht, Dietrich 135, 211
Arnsberg, Paul 12, 75, 91ff., 95, 112, 125, 136, 161, 183ff., 198, 225, 306, 316f., 335

Baeck, Leo 40, 72
Balser, Frolinde 177
Balser, Gerhard 197
Baruch, Siegfried 212
Bauer, Fritz 12, 214
Ben Gurion, David 54, 268
Ben Natan, Asher 157
Bendix, Paul Jehudah 64, 85, 317f.
Bergmann, Mimi 145
Bevier, Alden 33
Bischheim, Simon 134
Blaum, Kurt 39f., 45, 82
Blumenthal, Ami 200
Bockelmann, Werner 133
Böhm, Franz 74, 104f., 135
Börner, Holger 216
Brandt, Heinz 80
Broder, Henryk M. 163
Brück, Wolfgang 180, 189, 202
Brumlik, Josef 112
Brumlik, Micha 12f., 145ff., 153f., 164, 169, 172, 174, 205, 236, 305, 318f.
Buber, Martin 72
Bubis, Ignatz 12f., 15, 78, 128, 133, 176, 178f., 187, 192, 195-199, 201, 204, 207, 212, 215-227, 236, 291, 304-306, 311, 319f., 325, 340
Bubis, Naomi 210
Buch, Sally 48
Budge, Emma und Henry, 91

Cahn, Max Ludwig 48, 89, 91, 93, 104, 106, 118, 245, 320f.
Carlebach, Emil 34, 42
Chari, Anatol 58, 268ff.
Cohn-Bendit, Daniel 12, 170, 178, 181, 204f.
Cohn-Bendit, Erich 75, 89
Criswell 27, 30

Daum, Ahron 166
Degenhardt, Lina 34
Demski, Eva 186
Diamant, Max 80
Diner, Dan 12, 145, 154, 156, 158ff., 164, 169f., 174, 190, 321f.
Drevermann, Ria 69
Dreyfuß, Amichai 170

Elkan, Benno 184, 307
Eppelsheimer, Hans-Wilhelm 79
Epstein, Curt 49, 114, 322f.
Ettlinger, Fritz 145
Evron, Boaz 169

Fabian, Walter 158

Personenregister

Fassbinder, Rainer Werner 11, 168, 176f., 180, 215, 220, 303ff., 320
Feder, Red 77
Feldmann, Peter 205
Fest, Joachim 175
Fetscher, Iring 158
Flapan, Simcha 158
Fleischmann, Lea 13, 110, 138f., 163, 283, 323
Freimann, Therese 47, 257
Freudenberg, Adolf E. 104
Friedman, Michel 12, 176, 180, 196f., 199, 201, 204f., 210, 215f., 223f., 304, 323f.
Fulda, Maria 64f.

Galinski, Heinz 77, 203, 222, 230
Gemeinder, Lore 253
Gerloff, Wilhelm 73
Gertler, Moritz 120
Gingold, Etty und Peter 66f.
Giordano, Ralph 130
Gisel, Ernst 185
Glezermann, Marek 159-162
Goldmann, Nahum 72
Goldschmidt, Leopold 75, 106
Goldschmidt, Ludwig 182
Goldschmidt-Rothschild, Max von 87
Gollancz, Victor 105
Gorski, Meta 212
Graumann, Dieter 241f., 324f.
Guttmann, Gitta 76, 276ff., 325
Guttmann, Hermann Zvi (Zwi) 11, 45, 76, 118, 325f.

Habermas, Jürgen 175
Harlan, Veit 105
Hauff, Volker 192, 204
Hedler, Wolfgang 99f.

Heenen-Wolff, Susann 164, 169f., 174, 302
Hermlin, Stephan 10
Herzl, Theodor 153
Heuberger, Georg 212f., 309f., 326
Heuberger, Rachel 79, 327
Heydorn, Heinz-Joachim 158
Heydorn, Irmgard 208, 339
Heye, Uwe-Karsten 223
Hirsch, Robert 87
Hoffmann, Hilmar 176, 179, 183, 211, 306
Hollbach, Wilhelm 27, 30f., 33f., 39, 41
Horkheimer, Max 11f., 69-73, 105, 134f.
Huch, Ricarda 74

Joseph, Ludwig 101, 164f., 280, 327
Jouhy, Ernest 12
Jünger, Ernst 181

Kaminer, Isidor 170
Kempin, Daniel 237
Kiesel, Doron 153f.
Klapheck, Elisa 237, 328
Klein, Menachem Halewi 234f.
Klibansky, Joseph 75, 88, 114
Kluke, Paul 135
Koch, Gertrud 174
Kogon, Eugen 105
Kohl, Helmut 168, 173, 180, 202f., 305
Kolb, Walter 63f., 71, 133
Konizer, Armando 170
Korn, Benjamin 151
Korn, Salomon 11-15, 150, 185, 187, 190, 195, 197f., 215f., 222, 224f., 227f., 239, 241, 310, 328f.
Kronberger, Paul 65, 80,
Kugelmann, Cilly 12, 145, 154, 164, 168ff., 174, 329f.

Personenregister

Landmann, Ludwig 20
Lang, Joseph 66
Lang, Michel R. 163
Lauinger, Artur 69
Leiske, Walter 132, 134
Lentz, Wolfgang 104f.
Lesczynska, Anna 170
Levitus, Emil 38
Levy, Zwi Harry 116
Lewin, Herbert 100f.
Lichtigfeld, Isaak Emil 77, 116f., 119, 123, 125, 143, 165, 330f.
Loewy, Ernst 12, 78f., 134, 273, 275
Loewy, Hanno 214f.
Löw-Beer, Martin 169, 174
Löwenthal, Leo 72
Lustiger, Arno 12, 93, 159, 207, 264, 331f.
Lustiger, Gila 210

Mann, Golo 10
Maor, Harry 125
Marcuse, Herbert 72
Marx, Lilly 77
May, Ernst 66
Mayer, Eugen 24, 135
Mayer, Hans 10
Mayer, J. 182
McCloy, John 71, 83
Mehler, Sharon 207
Mendelssohn, Meir 222
Merton, Richard 73
Meyer, Hans 120
Meyer, Max M. 48, 61, 64, 94, 113f., 133f., 333
Michels, Claudia 309
Militscher, Alfons 165
Militscher, Irene 165
Moneta, Jacob 12, 80

Moritz, Ruth, 119f.

Nachmann, Werner 201
Nadich, Judah 42, 268
Neuhaus, Leopold 35ff., 38-41, 43, 45ff., 49, 60, 83, 112, 315, 334
Neumann, Max Moses 75, 85, 334f.
Neumann, Siegfried 80
Neumark, Fritz 12, 73ff.
Newman, James R. 45
Nielsen, Josef 104
Noam, Ernst 134
Nolte, Ernst 175

Olejski, Jacob 50
Olkowicz, Adolf Max 61, 120, 336
Opel, Fritz 80
Oppenheimer, Karl 31
Oppenheimer, Walter Jacob 139, 144ff., 149f., 336f.
Oswalt, August 104

Peters, Gerhard 98f.
Pollock, Friedrich 71, 73
Postone, Moishe 170
Pradelski, Minka 289f.

Rajk, Laszlo 110
Ramaty, Osnat 145
Reagan, Ronald 168, 173
Reich-Ranicki, Marcel 12, 15, 178, 201
Rein, Ludwig 151
Reiss, Schlomo 166
Robinson, Ephraim 56f.
Rogozinski, Lucian 61, 337
Roszencwajg, Jakob 159f., 162
Roth, Petra 133
Rothschild, Mayer Carl von 211

Rothschild, Walter H. 243ff.
Rotmensch, Heschi (Hersch) 159f., 162
Rüegg, Walter 156
Rühle, Günther 176, 179f., 305

Sagalowitz, B. 129
Salomon, Hanna 170
Salzberger, Georg 113f., 134f., 211
Sander, Arnold 104
Schäffer, Fritz 86
Schatz, Tolly 159f.
Scheiner, Lorette 139
Scheller, Berthold 141
Schindler, Oskar 315, 323
Scholem, Gershom 72
Schuster, Josef 241
Seckbach, Amalie 48
Seckel, Leo 151, 167
Segall, Rudolf 80
Senger, Valentin 32, 67ff., 186, 209f., 253ff., 256, 258, 308
Shechter, M. 182
Simonsohn, Berthold 76f., 142, 158, 161, 338
Simonsohn, Trude 78, 208, 215f., 223, 339f.
Slansky, Rudolf 110
Speier, Sammy 148
Spiegel, Paul 223
Stein, Dina 170
Stein, Friedrich Leopold (Fritz) 29, 40f., 43, 45, 340
Steinbach, Erika 177
Steinman, Andy 236
Stöhr, Martin 158
Stumpf, Edith 177
Stutzmann, Markus 23
Szajak, Stefan 145, 229, 310
Szanckower, Moszak und Majer 110, 124
Szobel, Sigmund 165f.

Szold, Henrietta 144, 146

Teicher, Samy 170
Thorn, Leon 49, 52
Trautwein, Dieter 187

Wallmann, Walter 180, 185, 189, 198, 203
Walser, Martin 221
Weichselbaum, Alfred 143
Weinberg, Carl von 87
Weinberg, Max 200
Weinberg, Wilhelm 49, 94, 101, 104, 109, 112-116, 126, 129, 257, 341
Weinberger, Anton Jakob 283
Weizmann, Ezer 130
Weizsäcker, Richard von 202f.
Weltsch, Robert 72, 135
Werba, David (Dawid), 60, 341
Wiener, Alfred 135
Wilhelm, Kurt 134f.
Wissgott-Moneta, Dalia 170, 233
Wolff, Jeanette 77
Wulkan, Emil 342
Zuckermann, Moshe 293ff., 296ff., 299ff.

Zweig, Max 145
Zweig, Stefanie 259ff.
Zweig, Walter 75, 112

Danksagung

Dieses Buch hat eine längere Geschichte. Schon während meiner Tätigkeit am Jüdischen Museum beschäftigte ich mich mit der Geschichte der Frankfurter Juden nach 1945. Der Gedanke, sie in einer Ausstellung oder einem Buch darzustellen, begleitete mich mehrere Jahre. 2009 habe ich mich damit bei der Stiftung Polytechnische Gesellschaft um den Rosl und Paul Arnsberg-Preis beworben. Ohne die Anerkennung und das Vertrauen, die mit der Preisvergabe geäußert wurden, hätte ich die Arbeit an dem Buch nicht begonnen. Deshalb bedanke ich mich besonders bei der Stiftung Polytechnische Gesellschaft und dem damaligen Vorsitzenden der Jury, Prof. Arno Lustiger, für die mit dem verliehenen Preis ausgesprochene Ehrung.

Bei meiner Arbeit an dem Buch habe ich große Unterstützung und stetige Ermunterung erfahren, für die ich sehr dankbar bin. Insbesondere bedanke ich mich bei Dr. Rachel Heuberger, Michael Lenarz, Dr. Katharina Rauschenberger, Stefan Szajak und Horst Linder. Ein besondere Dank gilt meinem Mann Edgar Weick, der die Arbeit in ständigen Gesprächen begleitet hat.

Den Mitarbeiterinnen und Mitarbeitern des Instituts für Stadtgeschichte, des Hessischen Hauptstaatsarchivs Wiesbaden, des Jüdischen Museums Frankfurt am Main, der Universitätsbibliothek Frankfurt am Main, des Zentralarchivs zur Erforschung der Geschichte der Juden in Deutschland danke ich für ihre Unterstützung bei der Recherche und bei der Auswahl von Fotos. Ebenso danke ich den Fotografen Klaus Meier-Ude, Rafael Herlich und Klaus Malorny für die Fotos, die sie für die Veröffentlichung zur Verfügung gestellt haben. Auch einige Privatalben wurden dankenswerterweise für diese Publikation geöffnet. Die Mehrzahl der Fotos erhielt ich aus der umfangreichen Sammlung des Jüdischen Museums.

Verlagen, Autoren und Herausgebern habe ich zu danken für die Abdruckgenehmigungen von Textauszügen. Zu danken ist insbesondere auch der Georg und Franziska Speyer'sche Hochschulstiftung und der Ernst von Chambré-Stiftung, die mit einem erheblichen finanziellen Beitrag den Druck des Buches ermöglicht haben.

Bedanken möchte ich mich auch bei den Mitarbeitern des Brandes & Apsel Verlages für die engagierte Zusammenarbeit bei der Veröffentlichung des Buches.

Helga Krohn
Frankfurt am Main, April 2011

Brandes & Apsel

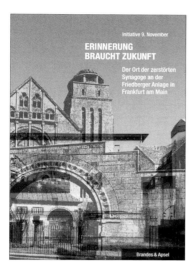

Initiative 9. November

Erinnerung braucht Zukunft

*Der Ort der zerstörten Synagoge
an der Friedberger Anlage
in Frankfurt am Main*

Die Adresse Friedberger Anlage 5-6 steht für die Vielfalt jüdischen Lebens in Frankfurt am Main und auch für dessen Zerstörung. Hier fanden Brandstiftung und Vernichtung der Synagoge unter den Augen der Bevölkerung statt. Ausgerechnet hier erfolgte 1942/43 die Errichtung eines Schutzbunkers als Zufluchtsort vor dem Bombenkrieg.

Seit Jahrzehnten wird die zukünftige Gestaltung und Nutzung dieses besonderen Frankfurter Ortes intensiv diskutiert.

*268 S., Frz. Br., zahlr. Abb., € 19,90
ISBN 978-3-86099-627-0*

Joachim Carlos Martini

Musik als Form geistigen Widerstandes

*Jüdische Musikerinnen und Musiker 1933-1945
Das Beispiel Frankfurt am Main*

**Band 1: Texte, Bilder, Dokumente
Band 2: Quellen**

Eine reich illustrierte Dokumentation der Verfolgung, aber auch des Widerstandes jüdischer Musikerinnen und Musiker unter der Naziherrschaft. Da Frankfurt neben Berlin das Zentrum jüdischen Musiklebens in Deutschland war, hat Martinis Werk exemplarische Bedeutung.

Band 1: *312 S., geb., zahlr. Abb., € 29,90*
ISBN 978-3-86099-620-1
Band 2: *494 S., geb., € 29,90*
ISBN 978-3-86099-621-8
Bd. 1 u. 2 zusammen: *€ 54,90*
ISBN 978-3-86099-622-5

Unser Verlagsprogramm erhalten Sie unter: Brandes & Apsel Verlag
Scheidswaldstr. 22 • 60385 Frankfurt/M. • info@brandes-apsel.de • www.brandes-apsel-verlag.de